JN091804

スーパー英語.comシリーズ

世界史で学ぶ 教養の英単語

IELTS & TOEFL®テストの頻出単語2120語

青山学院大学教授 永井忠孝

ダイヤモンド社

はしがき

本書は，大学生を主たる対象とした英単語の学習書です。各節 180 語前後の英文の中に重要単語がちりばめてあります。英文を読むことで，重要単語を学ぶとともに，教養を身につけることを目的としています。教養にはさまざまありますが，本書は世界史を主な題材とします。

本書は 150 の節からなります。それぞれの節で，歴史上の人物，出来事，宗教などを取り上げています。各節で扱う主題は，高校の世界史で学ぶ事項を中心にしています。高校で世界史を学んだ人や現在学んでいる人にとっては，世界史の教科書で簡単に記述されている事項について，各節の文章をとおしてより詳しく知ることができるでしょう。もっとも，必ずしも世界史の教科書に載っている事項ばかりではありません。筆者自身の興味・関心にそって，こういうことについても知ってほしいという思いから入れた項目も少なくありません。

本書の第一の目的は英単語を学ぶことです。本書では，学ぶべき英単語を「教養単語」と「学校単語」の二種類に区分します。

教養単語とは，次の二つの要件のいずれかを満たす単語です。

① 各種英和辞典で "大学生に必要とされる単語" に分類される単語

② TOEFL，IELTS で，主題に絡む重要語として過去 20 年で三回以上登場した単語

一方，学校単語は，上記の教養単語の要件を満たさない，高校までの学習語です。

各節では，本文の下に，本文に登場する教養単語やその関連語を 8 ～ 10 語紹介します。下部に紹介されている教養単語を確認しながら本文を読むことで，本文をスムーズに読むことができます。

一方，本文に登場する学校単語は，本書の後半部にまとめてあります。ここで学校単語を確認してから／しながら本文を読むことで，高校生や学校単語の習得に自信がない人でも，本書で学習することができます。

本書で英単語を学ぶことをとおして，教養の一端を身につけるとともに，読書の面白さに目覚めていただきたいということが，本書のもう一つのねらいです。各節の本文は，筆者が本やネットの各種資料で学んだことを，なるべく教養単語を多く含むかたちで，英文にまとめたものです。したがって，専門家の決定版的な解説ではなく，より深く知るための第一歩と考えてください。そして，本書を読んだ後は，自分で各節の事項に関連する本を読み進めて，読書の大切さ，面白さを実感してほしいと念じています。

本書の出版にあたっては，多くの方々にお世話になりました。同僚の佐藤亨先生，大道千穂先生には，本書の企画の初期段階で執筆にご協力いただきました。株式会社エル・インターフェースの高橋新悟さんには，本書の企画をかたちにする上でご助力いただくとともに，過去のTOEFL，IELTSの語彙データをご提供いただきました。株式会社シー・レップスの飯尾美子さんはじめスタッフの方々には，編集とネイティブチェックをご担当いただきました。ダイヤモンド社の今給黎健一さんには，本書を出版まで導いていただきました。みなさまにこの場を借りてお礼を申し上げます。

2023年4月

永井忠孝

CONTENTS

はしがき …… 2
本書の構成 …… 12
本書の使い方 …… 14

Chapter I 教養の世界史

古代 Ancient Period

1 **Ancient Egypt** 古代エジプト …… 20
2 **King Hammurabi** ハンムラビ王 …… 22
3 **Nebuchadnezzar II** ネブカドネザル２世 …… 24
4 **Zoroastrianism** ゾロアスター教 …… 26
5 **Pythagoras** ピタゴラス …… 28
6 **Socrates** ソクラテス …… 30
7 **Plato** プラトン …… 32
8 **Aristotle** アリストテレス …… 34
9 **Alexander the Great** アレクサンドロス大王 …… 36
10 **Confucius** 孔子 …… 38
11 **Buddhism** 仏教 …… 40
12 **Gautama Buddha** ゴータマ・ブッダ …… 42
13 **Hinduism** ヒンドゥー教 …… 44
14 **Emperor Shi Huang of Qin** 秦の始皇帝 …… 46
15 **Modu Chanyu** 冒頓単于 …… 48
16 **Emperor Wu of Han** 漢の武帝 …… 50

17 **Cao Cao** 曹操 …… 52

18 **Judaism** ユダヤ教 …… 54

19 **Jesus of Nazareth** ナザレのイエス …… 56

20 **Christianity** キリスト教 …… 58

21 **Julius Caesar** ユリウス・カエサル …… 60

22 **Cicero** キケロ …… 62

23 **Cleopatra VII** クレオパトラ７世 …… 64

24 **Augustus** アウグストゥス …… 66

25 **Hadrian** ハドリアヌス …… 68

26 **Julian** ユリアヌス …… 70

27 **Islam** イスラム教 …… 72

28 **Muhammad** ムハンマド …… 74

29 **Ali** アリー …… 76

30 **Al-Mansur** マンスール …… 78

31 **Emperor Taizong of Tang** 唐の太宗 …… 80

32 **An Lushan** 安禄山 …… 82

33 **Liu Zongyuan** 柳宗元 …… 84

34 **Yelü Abaoji** 耶律阿保機 …… 86

35 **Wang Anshi** 王安石 …… 88

36 **Wanyan Aguda** 完顔阿骨打 …… 90

知っておきたい名言集 Ｉ …… 92

CONTENTS

Chapter II 教養の世界史

中世・近世 Medieval and Early Modern Period

37 **Charlemagne** カール大帝 …… 96

38 **Al-Ghazali** ガザーリー …… 98

39 **Saladin** サラディン …… 100

40 **Genghis Khan** チンギス・ハン …… 102

41 **Marco Polo** マルコ・ポーロ …… 104

42 **Ibn Battuta** イブン・バットゥータ …… 106

43 **Mansa Musa** マンサ・ムーサ …… 108

44 **Ottoman Empire** オスマン帝国 …… 110

45 **Yi Seong-gye** 李成桂 …… 112

46 **Timur** ティムール …… 114

47 **Yongle Emperor** 永楽帝 …… 116

48 **Zheng He** 鄭和 …… 118

49 **Johannes Gutenberg** ヨハネス・グーテンベルク …… 120

50 **Francisco Pizarro** フランシスコ・ピサロ …… 122

51 **Bartolomé de Las Casas** バルトロメ・デ・ラス・カサス …… 124

52 **Babur** バーブル …… 126

53 **William Tyndale** ウィリアム・ティンダル …… 128

54 **Francisco Xavier** フランシスコ・ザビエル …… 130

55 **Ivan the Terrible** イヴァン雷帝 …… 132

56 **Philip II** フェリペ２世 …… 134

57 **Elizabeth I** エリザベス１世 …… 136

58 **William Shakespeare** ウィリアム・シェイクスピア …… 138

59 **Galileo Galilei** ガリレオ・ガリレイ …… 140

60 **Sikhism** シク教 …… 142

61 **Hong Taiji** ホン・タイジ（皇太極） …… 144

62 **Li Zicheng** 李自成 …… 146

63 **Zheng Chenggong** 鄭成功 …… 148

64 **Oliver Cromwell** オリヴァー・クロムウェル …… 150

65 **Louis XIV** ルイ14世 …… 152

66 **Peter the Great** ピョートル大帝 …… 154

67 **Frederick the Great** フリードリヒ大王 …… 156

68 **Maria Theresa** マリア・テレジア …… 158

69 **Napoleon Bonaparte** ナポレオン・ボナパルト …… 160

70 **Johann Wolfgang von Goethe** ヨハン・ヴォルフガング・フォン・ゲーテ …… 162

71 **Muhammad Ali** ムハンマド・アリー …… 164

72 **George Stephenson** ジョージ・スティーヴンソン …… 166

73 **Simón Bolívar** シモン・ボリバル …… 168

74 **Lin Zexu** 林則徐 …… 170

75 **Hong Xiuquan** 洪秀全 …… 172

知っておきたい名言集 Ⅱ …… 174

CONTENTS

Chapter III 教養の世界史

近代 Modern Period

76 **Baha'i Faith** バハイ教 …… 178

77 **Tecumseh** テカムセ …… 180

78 **Sitting Bull** シッティング・ブル …… 182

79 **Kingdom of Hawai'i** ハワイ王国 …… 184

80 **Ainu** アイヌ …… 186

81 **Ryukyu Kingdom** 琉球王国 …… 188

82 **Shô Tai** 尚泰 …… 190

83 **Thomas Glover** トマス・グラバー …… 192

84 **Louis Braille** ルイ・ブライユ …… 194

85 **Charles Darwin** チャールズ・ダーウィン …… 196

86 **Otto von Bismarck** オットー・フォン・ビスマルク …… 198

87 **Karl Marx** カール・マルクス …… 200

88 **Florence Nightingale** フローレンス・ナイチンゲール …… 202

89 **Friedrich Nietzsche** フリードリヒ・ニーチェ …… 204

90 **Ludwik Zamenhof** ルドヴィク・ザメンホフ …… 206

91 **Muhammad Abduh** ムハンマド・アブドゥフ …… 208

92 **Philippine Revolution** フィリピン革命 …… 210

93 **Ishi** イシ …… 212

94 **John Peabody Harrington** ジョン・ピーボディ・ハリントン …… 214

95 **Woodrow Wilson** ウッドロー・ウィルソン ………… 216
96 **Mexican Revolution** メキシコ革命 ………… 218
97 **Mustafa Kemal Atatürk** ムスタファ・ケマル・アタテュルク ………… 220
98 **Empress Dowager Cixi** 慈禧西太后 ………… 222
99 **Sun Yat-sen** 孫文 ………… 224
100 **Yuan Shikai** 袁世凱 ………… 226
101 **Sigmund Freud** ジークムント・フロイト ………… 228
102 **Ferdinand de Saussure** フェルディナン・ド・ソシュール ………… 230
103 **Eliezer Ben-Yehuda** エリエゼル・ベン=イェフダ ………… 232
104 **Vladimir Lenin** ヴラジーミル・レーニン ………… 234
105 **Lev Trotsky** レフ・トロツキー ………… 236
106 **Marie Curie** マリー・キュリー ………… 238
107 **Chen Duxiu** 陳独秀 ………… 240
108 **Kim Ok-kyun** 金玉均 ………… 242
109 **Chulalongkorn the Great** チュラーロンコーン大王 ………… 244
110 **Phan Bội Châu** ファン・ボイ・チャウ（潘佩珠）………… 246
知っておきたい名言集 Ⅲ ………… 248

Chapter Ⅳ 教養の世界史

現代 Contemporary Period

111 **Rastafari** ラスタファリ教 ………… 252

CONTENTS

112 Navajo ナバホ …… 254
113 Albert Einstein アルバート・アインシュタイン …… 256
114 Benito Mussolini ベニート・ムッソリーニ …… 258
115 Raoul Wallenberg ラウル・ワレンバーグ …… 260
116 Winston Churchill ウィンストン・チャーチル …… 262
117 J. Robert Oppenheimer ロバート・オッペンハイマー …… 264
118 Joseph Stalin ヨシフ・スターリン …… 266
119 Charles Chaplin チャールズ・チャップリン …… 268
120 Ibn Saud イブン・サウード …… 270
121 Franz Kafka フランツ・カフカ …… 272
122 Rachel Carson レイチェル・カーソン …… 274
123 Mahatma Gandhi マハトマ・ガンジー …… 276
124 Bhimrao Ambedkar ビームラーオ・アンベードカル …… 278
125 Chiang Kai-shek 蒋介石 …… 280
126 Aisin Gioro Puyi 愛新覚羅溥儀 …… 282
127 Aung San アウン・サン …… 284
128 Hồ Chí Minh ホー・チ・ミン（胡志明）…… 286
129 Charles de Gaulle シャルル・ド・ゴール …… 288
130 Mao Zedong 毛沢東 …… 290
131 Sukarno スカルノ …… 292
132 Kwame Nkrumah クワメ・ンクルマ …… 294
133 Margaret Mead マーガレット・ミード …… 296

134 **Kurt Gödel** クルト・ゲーデル …… 298
135 **Peter Scott** ピーター・スコット …… 300
136 **Gamal Abdel Nasser** ガマール・アブドゥン・ナセル …… 302
137 **Ernesto "Che" Guevara** エルネスト・チェ・ゲバラ …… 304
138 **Martin Luther King, Jr.** マーティン・ルーサー・キング・ジュニア …… 306
139 **Malcolm X** マルコムX …… 308
140 **Richard Nixon** リチャード・ニクソン …… 310
141 **Fela Kuti** フェラ・クティ …… 312
142 **John Lennon** ジョン・レノン …… 314
143 **Ruhollah Khomeini** ルーホッラー・ホメイニー …… 316
144 **Mother Teresa** マザー・テレサ …… 318
145 **Michel Foucault** ミシェル・フーコー …… 320
146 **Deng Xiaoping** 鄧小平 …… 322
147 **Mikhail Gorbachev** ミハイル・ゴルバチョフ …… 324
148 **14th Dalai Lama** ダライ・ラマ14世 …… 326
149 **Ngũgĩ wa Thiong'o** グギ・ワ・ジオンゴ …… 328
150 **Indian gaming** インディアン・カジノ …… 330
知っておきたい名言集 Ⅳ …… 332

学校単語800 …… 333
索引 …… 398
参考文献 …… 418

本書の構成

本書は時代順に「Chapter I　古代」,「Chapter II　中世・近世」,「Chapter III　近代」,「Chapter IV　現代」の4つの章からなります。各章は36～40の節で構成され，本文と教養単語を提示しています。

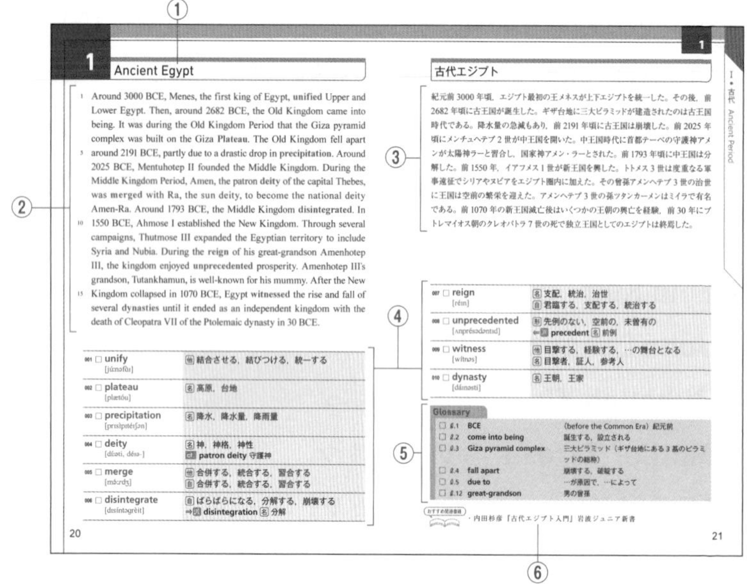

1

Ancient Egypt

Around 3000 BCE, Menes, the first king of Egypt, **unified** Upper and Lower Egypt. Then, around 2682 BCE, the Old Kingdom came into being. It was during the Old Kingdom Period that the Giza pyramid complex was built on the Giza **Plateau**. The Old Kingdom fell apart around 2191 BCE, partly due to a drastic drop in **precipitation**. Around 2025 BCE, Mentuhotep II founded the Middle Kingdom. During the Middle Kingdom Period, Amen, the patron **deity** of the capital Thebes, was **merged** with Ra, the sun deity, to become the national deity Amen-Ra. Around 1793 BCE, the Middle Kingdom **disintegrated**. In 1550 BCE, Ahmose I established the New Kingdom. Through several campaigns, Thutmose III expanded the Egyptian territory to include Syria and Nubia. During the **reign** of his great-grandson Amenhotep III, the kingdom enjoyed **unprecedented** prosperity. Amenhotep III's grandson, Tutankhamun, is well-known for his mummy. After the New Kingdom collapsed in 1070 BCE, Egypt **witnessed** the rise and fall of several **dynasties** until it ended as an independent kingdom with the death of Cleopatra VII of the Ptolemaic dynasty in 30 BCE.

001 □ unify [jú:nəfàɪ]	他 結合させる，結びつける，統一する
002 □ plateau [plætóu]	名 高原，台地
003 □ precipitation [prɪsìpɪtéɪʃən]	名 降水，降水量，降雨量
004 □ deity [dí:əti, déɪə-]	名 神，神格，神性 Cl patron deity 守護神
005 □ merge [mə́:rdʒ]	他 合併する，統合する，習合する 自 合併する，統合する，習合する
006 □ disintegrate [dɪsíntəgrèɪt]	自 ばらばらになる，分解する，崩壊する ⇒ 派 disintegration 名 分解

20

1

古代エジプト

紀元前3000年頃，エジプト最初の王メネスが上下エジプトを統一した。その後，前2682年頃に古王国が誕生した。ギザ台地に三大ピラミッドが建造されたのは古王国時代である。降水量の急減もあり，前2191年頃に古王国は崩壊した。前2025年頃にメンチュヘテプ2世が中王国を開いた。中王国時代に首都テーベの守護神アメンが太陽神ラーと習合し，国家神アメン・ラーとされた。前1793年頃に中王国は分解した。前1550年，イアフメス1世が新王国を興した。トトメス3世は度重なる軍事遠征でシリアやヌビアをエジプト圏内に加えた。その曾孫アメンヘテプ3世の治世に王国は空前の繁栄を迎えた。アメンヘテプ3世の孫ツタンカーメンはミイラで有名である。前1070年の新王国滅亡後はいくつかの王朝の興亡を経験，前30年にプトレマイオス朝のクレオパトラ7世の死で独立王国としてのエジプトは終焉した。

007 □ reign [réɪn]	名 支配，統治，治世 自 君臨する，支配する，統治する
008 □ unprecedented [ʌnprésədəntɪd]	形 先例のない，空前の，未曾有の ⇐ 派 precedent 名 前例
009 □ witness [wítnəs]	他 目撃する，経験する，…の舞台となる 名 目撃者，証人，参考人
010 □ dynasty [dáɪnəsti]	名 王朝，王家

Glossary

□ ℓ.1	BCE	(before the Common Era) 紀元前
□ ℓ.2	come into being	誕生する，設立される
□ ℓ.3	Giza pyramid complex	三大ピラミッド（ギザ台地にある3基のピラミッドの総称）
□ ℓ.4	fall apart	崩壊する，破綻する
□ ℓ.5	due to	…が原因で，…によって
□ ℓ.12	great-grandson	男の曾孫

おすすめ関連書籍
・内田杉彦『古代エジプト入門』岩波ジュニア新書

21

①タイトル

各節で扱う出来事や人物です。

各章の冒頭には，Chapterで扱う人物が活躍した場所を世界地図に示してあります（特定の時代の位置関係を表すものではありません）。

②本文

180語前後の英文を掲載しています。

赤太字になっている語は，解説されている教養単語，またはその関連語です。

③和訳

本文に対応する和訳です。

④教養単語（見出し語）

本文で赤太字になっている教養単語および関連語を出現順に解説しています。1つの節で8～10語の教養単語，およびそれに関連する単語や語句を取り上げています。

各教養単語について，発音記号，品詞，語義を示しています。

〈品詞〉

自	自動詞	他	他動詞
名	名詞	形	形容詞
副	副詞		

〈記号〉

（　）　・不規則変化（複数形が -s の形でない名詞の複数形，不規則動詞の過去形・過去分詞形）
　　　・見出し語と一緒に使われる前置詞などを対応する語義の中に示しています。
　　　・その他補足説明

〔　〕　言いかえ可能

⇒派	派生語	⇐派	派生元
⇔反	反意語	≒類	類義語

〈　〉　用法上の注意

cf.　関連語句　本文内にある見出し語の句用例です。本文を読む上で知っておく必要があるものも示してあります。

☞　参照　派生語や関連語，トピックについての参照先を示します。

⑤ Glossary

本文を読んで理解するための背景となる歴史的な出来事や固有名詞，専門用語など，また，英文理解のための語句・表現を掲載しています。

⑥おすすめ関連書籍

本文の主題に関連する本を一冊紹介しています。紹介する本は以下のような基準で選びました。

・入手しやすい本
・平易で薄い本
・小説
・本文で言及している本

学校単語 800

各節に登場する学校単語をまとめてあります。

Chapter Ⅰ～Ⅳの各節に登場する学校英語およびそれに関連する単語・語句を，各節ごとにアルファベット順で掲載しています。

複数の節で登場する単語や語句は，最初に登場する節で解説し，参照先を☞で示します。

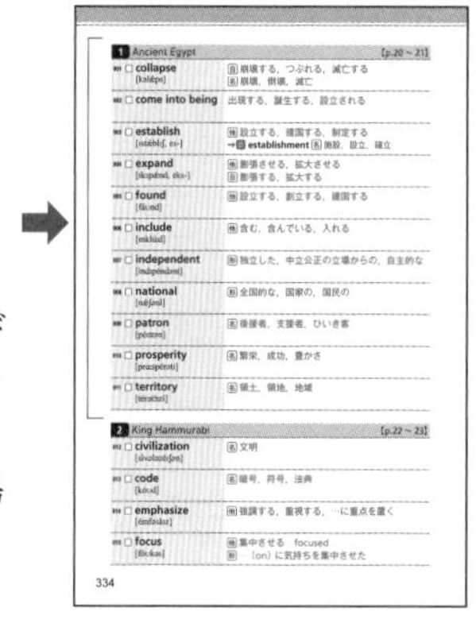

1 Ancient Egypt 【p.20～21】

□ collapse	自 崩壊する，つぶれる，滅亡する 名 崩壊，倒壊，滅亡
□ come into being	出現する，誕生する，設立される
□ establish	他 設立する，建国する，制定する →派 establishment 名 施設，設立，確立
□ expand	他 膨張させる，拡大させる 自 膨張する，拡大する
□ found	他 設立する，創立する，建国する
□ include	他 含む，含んでいる，入れる
□ independent	形 独立した，中立公正の立場からの，自主的な
□ national	形 全国的な，国家の，国民の
□ patron	名 後援者，支援者，ひいき客
□ prosperity	名 繁栄，成功，豊かさ
□ territory	名 領土，領地，地域

2 King Hammurabi 【p.22～23】

□ civilization	名 文明
□ code	名 暗号，符号，法典
□ emphasize	他 強調する，重視する，…に重点を置く
□ focus	他 集中させる　focused 形 …（on）に気持ちを集中させた

334

本書の使い方

本書は本文と教養英語の解説を提示するChapter I～IVの単語と，本文に登場する学校英語をまとめた「学校単語800」からなります。

高校までに学習した英単語に自信がある人はChapter I～IVだけを学習すればよいでしょう。一方，高校までの英単語も同時に学びたい，復習したいという人には，Chapter I～IVと「学校単語800」を併用することをおすすめします。

Chapter I ～ IVを使った学習法

Step 1 本文だけを読む

はじめに，単語の解説や右ページの和訳に頼らず，本文を読んでみましょう。

細かいところまでは気にせず，どんな人名や地名が登場するかなど，書かれている内容を大づかみにとらえることを目標とします。

この段階で内容がよく理解できれば，解説や和訳に頼る必要はなく，次の節に進んでもよいでしょう。

Step 2 単語の解説を参照しながら本文を読む

本文だけを読んで十分に理解できなかった場合，次は知らない単語や語句を下の解説で参照しながら読んで，理解を深めます。

参照する際には，単語の色とその行数が参考になります。本文に赤字で登場する単語は，下の解説欄でも赤字になっています。また，下の解説欄で赤字になっている単語は，すべて本文に赤字で登場します。一方，Glossaryで説明される単語・語句は，本文中で黒字です。こちらは各単語・語句が本文で登場する行数とともに示してありますので，これを参考にして参照することができます。

Step 3 単語の解説と右ページの和訳を参照しながら読む

単語解説を参照しながら読んでも本文の十分な理解に至らなかった場合，和訳を活用しましょう。

本文を単語の解説および和訳と対照しながら読むことで，今度は理解がぐっと深まるはずです。

Step 4 赤セルシートで定着度を確認する

次に，単語の定着度を付属の赤セルシートで確認しましょう。

赤セルシートを本文の上に置くと，教養単語とその関連語のみ隠れた状態で本文を読むことができます。この状態で，右ページの和訳を手がかりに，単語が隠れているところに入るべき単語を推測しながら本文を読んでいきましょう。

同様にセルシートを下の単語解説欄に置くと，本文に登場する単語のみが隠れます。示された品詞と意味から，各単語を推測します。教養単語の定着度を確認することができます。

その節に出てくる教養単語の定着度が十分だと確認できたら，次の節に進みましょう。

「学校単語800」を併用した学習法

見出し語以外の単語（学校単語）の習得に自信がない，学校単語も並行して学びたいという人は，Chapter Ⅰ～Ⅳと「学校単語 800」を併用して学習しましょう。

Chapter Ⅰ～Ⅳの各節に登場する学校単語をアルファベット順に掲載しています。これを利用することで，各節の本文を読む助けになります。

使い方 1 各節の本文を読む前に，まず「学校単語 800」でその節に出る学校単語を前もって頭に入れた上で，本文を読むという方法があります。

使い方 2　または，本文を読みながら，知らない単語や語句が出てくるたびに「学校単語 800」で単語を確認する方法があります。

本文に知らない単語が出てきたときには，三段階の確認法があります。本文中の単語が赤字の場合には，下の単語解説で確認します。黒字の場合は，右ページ下の Glossary に載っているかもしれません。Glossary に載っていない場合は，「学校単語 800」を確認してください。

以上三段階の手順で，本文と「学校単語 800」を行き来しながら読むこともできます。

使い方 3　さらに，もう一つの「学校単語 800」の使い方は，各節の本文を読んだ後で確認に使うという方法です。各節で本文を読んだ後で，「学校単語 800」の該当する節のページを開き，赤セルシートで単語の意味を隠して，各単語の意味をどのくらい覚えているか確認することができます。

以上は教養単語や学校単語の学習に主眼を置いた本書の使い方です。本書はそれ以外にも，一種の世界史ブックガイドとして使うこともできます。

英語で書かれた本文や下の単語の解説は読まなくとも，右側の和訳のみを読むことで，各事項についてのごく大まかな知識を得ることができます。そこで興味を抱いた項目について，右下の「おすすめ関連書籍」で紹介された本を読むことで，当該項目についての理解をさらに深めるきっかけにしてください。

本書で取り上げる 150 の事項は，もとより世界史の全体を網羅するものではありません。世界史から 150 の事項を点として取り上げているにすぎません。ここで得た知見を出発点にして，そこからそれぞれの読者が自分なりの読書で教養を深めていただきたいと思います。

Chapter I

教養の世界史

古代

Ancient Period

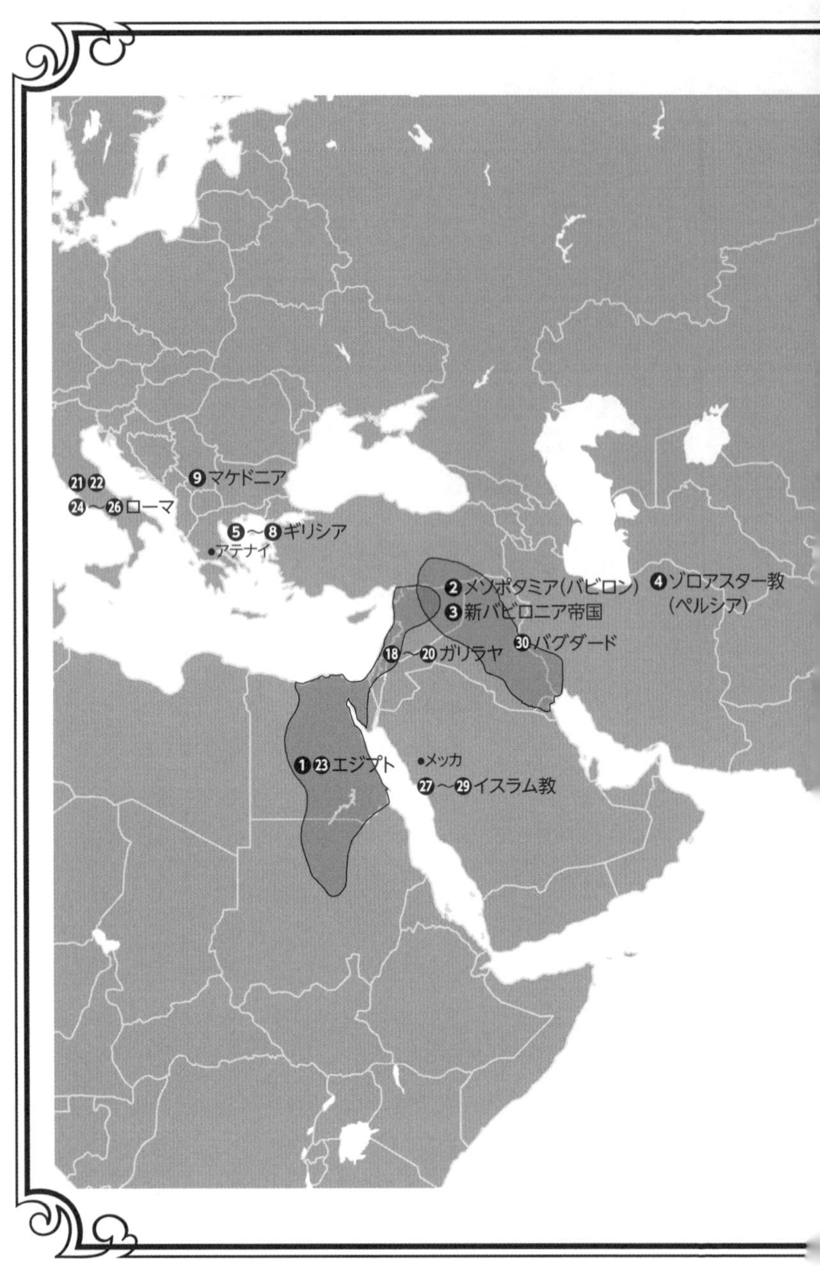

21 22
24～26ローマ
9マケドニア
5～8ギリシア
●アテナイ
2メソポタミア（バビロン）
3新バビロニア帝国
4ゾロアスター教
（ペルシア）
30バグダード
18～20ガリラヤ
●メッカ
1 23エジプト
27～29イスラム教

㊱金(完顔阿骨打)
⑮匈奴帝国
㉞遼(北東部)
⑭秦(始皇帝)
⑩魯国(孔子)
⑯漢(武帝)
⑰魏(曹操)
㉛〜㉝唐
㉟北宋(王安石)
⑪⑫ゴータマ・ブッダ
⑬ヒンドゥー教(インド)

1 Ancient Egypt

Around 3000 BCE, Menes, the first king of Egypt, **unified** Upper and Lower Egypt. Then, around 2682 BCE, the Old Kingdom came into being. It was during the Old Kingdom Period that the Giza pyramid complex was built on the Giza **Plateau**. The Old Kingdom fell apart around 2191 BCE, partly due to a drastic drop in **precipitation**. Around 2025 BCE, Mentuhotep II founded the Middle Kingdom. During the Middle Kingdom Period, Amen, the patron **deity** of the capital Thebes, was **merged** with Ra, the sun deity, to become the national deity Amen-Ra. Around 1793 BCE, the Middle Kingdom **disintegrated**. In 1550 BCE, Ahmose I established the New Kingdom. Through several campaigns, Thutmose III expanded the Egyptian territory to include Syria and Nubia. During the **reign** of his great-grandson Amenhotep III, the kingdom enjoyed **unprecedented** prosperity. Amenhotep III's grandson, Tutankhamun, is well-known for his mummy. After the New Kingdom collapsed in 1070 BCE, Egypt **witnessed** the rise and fall of several **dynasties** until it ended as an independent kingdom with the death of Cleopatra VII of the Ptolemaic dynasty in 30 BCE.

001	□ **unify** [júːnəfàɪ]	他 結合させる，結びつける，統一する
002	□ **plateau** [plætóu]	名 高原，台地
003	□ **precipitation** [prɪsìpɪtéɪʃən]	名 降水，降水量，降雨量
004	□ **deity** [díːəti, déɪə-]	名 神，神格，神性 cf. **patron deity** 守護神
005	□ **merge** [mə́ːrdʒ]	他 合併する，統合する，習合する 自 合併する，統合する，習合する
006	□ **disintegrate** [dɪsíntəgrèit]	自 ばらばらになる，分解する，崩壊する ⇒派 **disintegration** 名 分解

古代エジプト

紀元前 3000 年頃，エジプト最初の王メネスが上下エジプトを統一した。その後，前 2682 年頃に古王国が誕生した。ギザ台地に三大ピラミッドが建造されたのは古王国時代である。降水量の急減もあり，前 2191 年頃に古王国は崩壊した。前 2025 年頃にメンチュヘテプ 2 世が中王国を開いた。中王国時代に首都テーベの守護神アメンが太陽神ラーと習合し，国家神アメン・ラーとされた。前 1793 年頃に中王国は分解した。前 1550 年，イアフメス 1 世が新王国を興した。トトメス 3 世は度重なる軍事遠征でシリアやヌビアをエジプト圏内に加えた。その曾孫アメンヘテプ 3 世の治世に王国は空前の繁栄を迎えた。アメンヘテプ 3 世の孫ツタンカーメンはミイラで有名である。前 1070 年の新王国滅亡後はいくつかの王朝の興亡を経験，前 30 年にプトレマイオス朝のクレオパトラ 7 世の死で独立王国としてのエジプトは終焉した。

007 □ **reign** [réɪn]	名 支配，統治，治世 自 君臨する，支配する，統治する
008 □ **unprecedented** [ʌnprésədəntɪd]	形 先例のない，空前の，未曽有の ⇐派 **precedent** 名 前例
009 □ **witness** [wítnəs]	他 目撃する，経験する，…の舞台となる 名 目撃者，証人，参考人
010 □ **dynasty** [dáɪnəsti]	名 王朝，王家

Glossary

□ ℓ.1	**BCE**	(before the Common Era) 紀元前
□ ℓ.2	**come into being**	誕生する，設立される
□ ℓ.3	**Giza pyramid complex**	三大ピラミッド（ギザ台地にある 3 基のピラミッドの総称）
□ ℓ.4	**fall apart**	崩壊する，破綻する
□ ℓ.5	**due to**	…が原因で，…によって
□ ℓ.12	**great-grandson**	男の曾孫

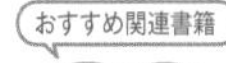

・内田杉彦『古代エジプト入門』岩波ジュニア新書

2 King Hammurabi

King Hammurabi was the 6th king of the First Babylon dynasty, which occurred in Mesopotamia in the 19th century BCE. He **ascended** the **throne** in 1792 BCE and reigned for over 40 years until his death. His dynasty was a lesser power when he came to the throne, but he took over one city after another until he unified Mesopotamia around 1757 BCE. He **proclaimed** the Code of Hammurabi. **Inscribed** in Akkadian on a stone **pillar**, it was based on the principle of retaliation, expressed in the famous phrase, "An eye for an eye, a tooth for a tooth." Unlike earlier codes, which focused on **compensating** the victim, the Code of Hammurabi emphasized physically punishing the **offender**. After King Hammurabi died in 1750 BCE, his successors faced political **turmoil** until the First Babylon dynasty fell to the Hittite forces in 1595 BCE. King Hammurabi fell into **oblivion** with the collapse of the Mesopotamian civilization, but when the Code of Hammurabi was discovered in Iran in 1901, he became known worldwide for having issued "the oldest code in the world."

011 □ **ascend** [əsénd]	[他] …に登る，上がる　[自] 登る，上がる ⇔[反] **descend** [他] 下る，降りる
012 □ **throne** [θroún]	[名] 王座，王位，玉座 cf. **ascend the throne** 即位する **come to the throne** 即位する
013 □ **proclaim** [proʊkléɪm]	[他] 布告する，公布する，宣言する ⇒[派] **proclamation** [名] 公布，布告（☞112）
014 □ **inscribe** [ɪnskráɪb]	[他]（石などに）書き記す，刻む，刻みつける ⇒[派] **inscription** [名] 銘，碑銘，碑文（☞11）
015 □ **pillar** [pílər]	[名] 柱，石柱；記念碑
016 □ **compensate** [kɑ́ːmpənsèɪt, -pen-]	[他] …に賠償する，補償する，報いる [自] 償う，補う ⇒[派] **compensation** [名] 賠償(金)，補償(金)

ハンムラビ王

ハンムラビ王は，紀元前 19 世紀にメソポタミアに興ったバビロン第一王朝の 6 代目の王である。前 1792 年に即位し，死ぬまで 40 年以上にわたって君臨した。即位当時バビロン第一王朝は弱小国だったが，ハンムラビ王は都市を次々と征服していき，前 1757 年頃にメソポタミアを統一した。彼はハンムラビ法典を発布した。石碑にアッカド語で刻まれた同法典は，「目には目を，歯には歯を」の条文で有名な同害復讐の原則に立っていた。それまでの法典が被害者への補償に重点を置いていたのに対して，ハンムラビ法典は犯罪者に身体的な罰を与えることに重きを置いた。前 1750 年にハンムラビ王が死んで以降，歴代の後継者は政治的混乱に見舞われ，前 1595 年にバビロン第一王朝はヒッタイト軍の前に滅びた。ハンムラビ王はメソポタミア文明の滅亡と同時に忘れられたが，1901 年にイランでハンムラビ法典が発見されるや「世界最古の法典」の発布者として世界中に知られるようになった。

017 □ **offender** [əféndər]	名 犯罪者，罪人，違反者 ⇐派 **offend** 他 …の気分を害する，…に不快感を与える 自 罪を犯す
018 □ **turmoil** [tə́ːrmɔil]	名 騒動，混乱，動揺
019 □ **oblivion** [əblíviən]	名 忘却，忘れられた状態 cf. **fall into oblivion** 忘れ去られる

Glossary

□	ℓ.4	**take over**	引き継ぐ，受け継ぐ，乗っ取る
□	ℓ.5	**one ... after another**	一つまた一つと，次々と
□	ℓ.5	**Mesopotamia**	メソポタミア
□	ℓ.6	**Code of Hammurabi**	ハンムラビ法典
□	ℓ.6	**Akkadian**	アッカド語（古代メソポタミアのセム語派に属する言語）
□	ℓ.7	**based on**	…に基づいて
□	ℓ.7	**retaliation**	報復，復讐

・中田一郎『ハンムラビ王　法典の制定者』山川出版社

3 Nebuchadnezzar II

Nebuchadnezzar II was a king of Babylon. In 626 BCE, Nabopolassar established the Neo-Babylonian Empire in southern Mesopotamia. After he died in 605 BCE, his eldest son Nebuchadnezzar succeeded him to the throne. In 586 BCE, his Babylonian forces **looted** Jerusalem and **deported** the inhabitants to Babylon. This event, called the Babylonian **Captivity**, is described in the Old Testament. Nebuchadnezzar constructed Babylon into a **paramount** capital with many gorgeous buildings, a **lavish** gateway and a grand **boulevard**. The Tower of Babel **narrative** in **Genesis** stems from the Jewish people's memory from when they saw the **imposing** ziggurat of the Temple of Marduk that rose into the sky while they were **captives** in Babylon. After Nebuchadnezzar died in 562 BCE, his empire declined until it was **overthrown** by the Achaemenid Empire of Persia in 539 BCE. Since then, Nebuchadnezzar II has always been remembered as the ideal king of Babylon.

020 □ **loot** [lúːt]	他 略奪する，強奪する，…に強奪に入る 名 戦利品；賞品
021 □ **deport** [dɪpɔ́ːrt]	他 強制退去させる，強制送還する，強制移住させる
022 □ **captivity** [kæptívəti]	名 監禁状態，束縛 cf. **Babylonian Captivity** バビロン捕囚 ⇐派 **captive** 名 捕虜，人質，捕獲動物
023 □ **paramount** [pérəmàʊnt]	形 最高の，最重要の，最高位の
024 □ **lavish** [lǽvɪʃ]	形 豪華な，贅沢な，気前のよい ≒類 **luxurious**, **extravagant**
025 □ **boulevard** [búləvàːrd]	名 大通り
026 □ **narrative** [nǽrətɪv]	名 物語，話，語り ⇒派 **narration** 名 物語ること，語り

ネブカドネザル２世

ネブカドネザル 2 世はバビロンの王である。紀元前 626 年にナボポラサルがメソポタミア南部に新バビロニア帝国を建国した。前 605 年にナボポラサルが歿すると，長子ネブカドネザルが王位を継承した。前 586 年，ネブカドネザル率いるバビロニア軍がエルサレムを略奪し，住民をバビロンに連行した。バビロン捕囚と呼ばれるこの事件は旧約聖書に記されている。ネブカドネザルはバビロンを，多くの壮麗な建造物，豪華な門，広壮な大通りを有する卓越した都に築き上げた。創世記のバベルの塔の物語は，連行先のバビロンのマルドゥク神殿にそびえる壮大なジックラトを見たユダヤ民族の記憶に由来する。前 562 年にネブカドネザルが死ぬと帝国は衰退し，前 539 年にアケメネス朝ペルシアに滅ぼされた。以来，ネブカドネザル 2 世は理想のバビロン王として記憶され続けた。

027	□ **genesis** [dʒénəsɪs]	名 起源，発生；〈G-〉創世記
028	□ **imposing** [ɪmpóuzɪŋ]	形 堂々とした，壮大な，印象的な
029	□ **overthrow** [動 òuvərθróu 名 ∸∸]	他 打倒する，滅ぼす（overthrew，overthrown） 名 打倒，転覆

Glossary

□	ℓ.3	**succeed ... to the throne**	…を継いで即位する
□	ℓ.6	**Old Testament**	旧約聖書
□	ℓ.9	**stem from**	…に起因する，…に由来する
□	ℓ.10	**ziggurat**	ジッグラト（聖塔）
□	ℓ.11	**rise into the sky**	空高くそびえる

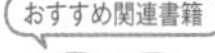

・山田重郎『ネブカドネザル 2 世　バビロンの再建者』山川出版社

4 Zoroastrianism

Zoroastrianism is one of the oldest religions in the world. It arose in ancient Persia sometime around 1000 BCE. It was founded by Zarathushtra, who **preached** one supreme God, Ahura Mazda. The Zoroastrian **scripture** is the Avesta. For Zoroastrians, it is not enough just to do good **deeds**, but one must actively combat evil. Zoroastrians normally do not attend a **congregation**, but instead pray individually. A number of concepts found in other world religions such as Christianity and Buddhism can trace their roots to Zoroastrianism, including the concepts of a **Savior** to come and life everlasting. In Iran, where Zoroastrianism arose, there is only a small **remnant** of Zoroastrians today. After Persia came under Muslim rule in the 7th century CE, Zoroastrians began to be **harassed**. Around the 10th century, many Zoroastrians **migrated** to India, where they called themselves Parsis. They have since prospered, quite a few of them **amassing** fortunes in such areas as shipbuilding and trading. The founding family of Tata Group, India's largest **conglomerate**, are Parsis.

030	□ **preach** [príːtʃ]	他 説教する，説諭する，説く 自 説教する，宣教する，伝道する ⇒派 **preacher** 名 牧師，説教者，唱導者（☞91）
031	□ **scripture** [skríptʃər]	名 経典，聖典；〈S-〉聖書
032	□ **deed** [díːd]	名 功績，行為，行動
033	□ **congregation** [kɑ̀ːŋgrəgéɪʃən]	名 会衆，集団，集会 ⇒派 **congregational** 形 集会の，会衆の
034	□ **savior** [séɪvjər]	名 救う人，救済者；〈S-〉救世主 ⇐派 **save** 他 救う
035	□ **remnant** [rémnənt]	名 残り，残部 ≒類 **remains**

ゾロアスター教

ゾロアスター教は世界最古の宗教の一つである。紀元前1000年頃に古代ペルシアに興った。開祖ザラスシュトラは，アフラ・マズダーが至高の唯一神だと説いた。ゾロアスター教の聖典は『アヴェスター』である。ゾロアスター教では善行をなすだけでは不十分で，積極的に悪と戦わなければならないと説く。ゾロアスター教徒はふつう集会に通うことなく個人個人で祈る。キリスト教や仏教などの世界宗教に今日見られる教義にはゾロアスター教に起源をもつものが多い。救世主の降臨や永遠の生命の教義などがそうである。ゾロアスター教発祥の地イランには，今日ゾロアスター教徒は少ししか残っていない。後7世紀にペルシアがイスラム教徒の支配下に入ると，ゾロアスター教徒は嫌がらせを受けるようになった。10世紀頃に彼らの多くはインドに移住し，パールシーと称した。以来彼らは繁栄を享受してきた。造船業や貿易などの分野で巨万の富を蓄えた者も多い。インド最大の複合企業，タタ財閥の創業者一族はパールシーである。

036 □ **harass** [həræ̀s]	他 …に嫌がらせをする，困らせる，苦しめる ⇒派 **harassment** 名 嫌がらせ
037 □ **migrate** [máɪgreɪt]	自 移動する，移住する，移り住む ⇒派 **migration** 名 移住，転送，移動（☞93）
038 □ **amass** [əmǽs]	他 蓄える，貯める，蓄積する ≒類 **accumulate**
039 □ **conglomerate** [kəŋglɑ́:mərət]	名 複合企業，企業グループ，コングロマリット

Glossary

□ ℓ.2	**Persia**	ペルシア（今日のイラン）
□ ℓ.3	**one supreme God**	最高神
□ ℓ.4	**Zoloastrian**	ゾロアスター教の，ゾロアスター教徒
□ ℓ.8	**Christianity**	キリスト教
□ ℓ.8	**Buddhism**	仏教
□ ℓ.11	**Muslim**	イスラム教（徒）の
□ ℓ.12	**CE**	（Common Era）紀元後

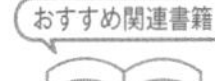

・青木健『ゾロアスター教』講談社選書メチエ

5 Pythagoras

Pythagoras was an ancient Greek **philosopher**. He was born around 570 BCE on the island of Samos. In about 530 BCE, he left Samos and settled in Croton. He lived there until around 500 BCE, when he left for Metapontum, where he died. In Croton, he had a significant impact as a teacher. Potential students **flocked** to him. His students heard his teachings, worked out problems using **pebbles**, and **pondered** the **cosmos**. The Pythagoreans found that the connections between harp string lengths and human ears are not accidental. They **formulated** the relationship between musical pitch and the length of a **vibrating** harp string in a remarkably simple way. They found that there are laws and order hidden behind all the complexity of nature and that it is possible to understand it all through numbers. There is not much known about the Pythagoreans, who left no **scrolls** or other records. But it is now known that they were not the first to discover the Pythagorean theorem. We have evidence that the theorem was actually known in ancient Mesopotamia, long before Pythagoras.

040 □ **philosopher** [fəlá:səfər]	名 哲学者 ⇐派 **philosophy** 名 哲学
041 □ **flock** [flá:k]	自 群がる，集まる，群れをなして移動する 名 群れ，一団，一群
042 □ **pebble** [pébl]	名 小石，玉石
043 □ **ponder** [pá:ndər]	他 熟考する ≒類 **consider**
044 □ **cosmos** [ká:zməs, -mous, -mɑ:s]	名 宇宙，調和，秩序
045 □ **formulate** [fɔ́:rmjəlèɪt]	他 組み立てる，明確に述べる，公式化する ⇐派 **formula** 名 公式

ピタゴラス

ピタゴラスは古代ギリシアの哲学者である。紀元前 570 年頃サモス島に生まれた。前 530 年頃サモスからクロトンに移住した。前 500 年頃メタポンティオンに移り，そこで死去した。クロトンでは教師として多大な影響を及ぼした。弟子志願者は引きも切らなかった。弟子たちは彼の教えを聞き，小石を使って問題を解き，宇宙について思いをめぐらせた。ピタゴラス学派は，竪琴の弦の長さとその聞こえ方の関係は偶然ではないことを発見した。彼らは音の高さと振動する竪琴の弦の長さの関係を非常に単純な形で公式化した。彼らは，自然の複雑さの背後には規則と秩序があり，それは数を通して理解できることを発見した。巻物などの記録を一切残さなかったため，ピタゴラス学派についてわかっていることは少ない。しかし，三平方の定理を最初に発見したのが彼らでないことはわかっている。ピタゴラスよりずっと前に古代メソポタミアでこの定理が知られていた証拠がある。

046 □ **vibrate** [váɪbreɪt]	自 振動する，揺れる，震える ⇒派 **vibration** 名 振動
047 □ **scroll** [skróʊl]	名 巻物，巻本 自（画面などを）スクロールする

Glossary

□ ℓ.5	**teaching**	教え，教義
□ ℓ.6	**work out**	解決する
□ ℓ.7	**Pythagoreans**	ピタゴラス学派
□ ℓ.14	**Pythagorean theorem**	ピタゴラスの定理，三平方の定理

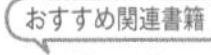

・キティ・ファーガソン『ピュタゴラスの音楽』柴田裕之訳，白水社

6 Socrates

Socrates was an ancient Greek philosopher. He was born around 470 BCE as the son of a **sculptor**. Except for participating in three military campaigns as an infantry soldier, he lived a **frugal** life in Athens. He began teaching around the early 430's BCE. He said that awareness of ignorance is the beginning of wisdom. He **enraged** many people by criticizing politicians for **misleading** people. In 399 BCE, he was **prosecuted** for **corrupting** youth and was sentenced to death. While in jail, his friends encouraged him to take flight, offering to **bribe** the **warden** to let him escape. But Socrates said that it would be against justice to break the state's law even though the state acted unreasonably, and met his death **serenely**. Socrates taught **orally** without writing anything, and his ideas are known chiefly through the writings of his students, Plato and Xenophon.

048 □ **sculptor** [skʌ́lptər]	名 彫刻家 ⇐派 **sculpture** 名 彫刻
049 □ **frugal** [frúːgl]	形 つましい，倹約する，質素な
050 □ **enrage** [ɪnréɪdʒ, en-, ən-]	他 ひどく怒らせる，立腹させる；〈be -d〉…（at）にひどく怒る ⇐派 **rage** 名 激怒，憤怒，怒り（☞55）
051 □ **mislead** [mìslíːd]	他 誤導する，誤解させる，欺く ⇒派 **misleading** 形 誤解を招きやすい，惑わせる，まぎらわしい
052 □ **prosecute** [práːsəkjùːt]	他 起訴する，告訴する，立証しようとする ⇒派 **prosecution** 名 起訴，告訴
053 □ **corrupt** [kərʌ́pt]	他 堕落させる，乱れさせる 形 悪徳の，堕落した，腐敗した ⇒派 **corruption** 名 堕落，汚職，不正行為
054 □ **bribe** [bráɪb]	他 …に賄賂を贈る，買収する　名 賄賂 ⇒派 **bribery** 名 賄賂，収賄

ソクラテス

ソクラテスは古代ギリシアの哲学者である。紀元前470年頃に彫刻家の息子として生まれた。歩兵として三度軍事遠征に参加した以外は，アテナイで質素な生活を送った。前430年代の初めごろ教えはじめた。不知の自覚が知恵のはじまりと説いた。人々を誤り導くとして政治家を批判し，多くの人の怒りを買った。前399年，ソクラテスは若者を堕落させたとして告訴され，死刑を宣告された。収監中友人たちに，牢番を買収して見逃させるからと逃亡を勧められた。しかしソクラテスは，国が不当なことをするとしても国の法を犯すのは正義にもとるとして，従容(しょうよう)として死を迎えた。口頭で教え，著作を残さなかったソクラテスの思想は，主に弟子のプラトンとクセノフォンの著作を通して伝わっている。

055 □ **warden** [wɔ́ːrdn]	名 監視人，番人，牢番
056 □ **serene** [sərí:n]	形 落ち着いた，平静な，穏やかな ⇒派 **serenely** 副 穏やかに，平静に，従容として
057 □ **oral** [ɔ́ːrəl]	形 口頭の，口述の，口腔の ⇒派 **orally** 副 口頭で，口で，口から

Glossary

□ ℓ.3	**infantry soldier**	歩兵
□ ℓ.4	**teaching**	教え，教義
□ ℓ.7	**sentence ... to death**	…に死刑を宣告する
□ ℓ.8	**take flight**	逃亡する，脱出する
□ ℓ.13	**Plato**	プラトン（☞ 7）
□ ℓ.13	**Xenophon**	クセノフォン（古代ギリシアの哲学者・軍人）

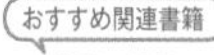

・納富信留『哲学の誕生　ソクラテスとは何者か』ちくま学芸文庫

7 Plato

Plato was an ancient Greek **philosopher**, the first to see **philosophy** as a subject **distinct** from other approaches such as **rhetoric** and poetry. He was born in Athens in 427 BCE. “Plato” was a nickname, and his real name was **supposedly** Aristocles. According to a **convincing** theory, he was named after his **paternal** grandfather. When young, he was an athlete, particularly skilled as a wrestler. He then became a **zealous** follower of Socrates. One of the most striking **traits** of Plato's works is that they are all written in either a dialogue or a **monologue** form. In most of his dialogues, Socrates is the main figure. In 387 BCE, he founded the Academy, the first **philosophical** school, which met in a public gymnasium. There he taught **disciples** such as Aristotle until he died in 347 BCE.

058 □ **distinct** [dɪstíŋkt]	形 明瞭な，…(from) とまったく異なった，別個の
059 □ **rhetoric** [rétərɪk]	名 話術，修辞法，弁論術
060 □ **supposedly** [səpóuzɪdli]	副 一般に考えられているところでは，おそらく ⇐派 **supposed** 形 …と思われている
061 □ **convincing** [kənvínsɪŋ]	形 説得力のある，信憑性の高い，もっともらしい ⇐派 **convince** 他 納得させる，確信させる
062 □ **paternal** [pətə́ːrnl]	形 父の，父らしい，父方の ⇔反 **maternal** 形 母の，母らしい，母方の
063 □ **zealous** [zéləs]	形 熱心な，一途な，懸命な ⇐派 **zeal** 名 熱意，熱心さ
064 □ **trait** [tréɪt]	名 特質，特性，特徴

プラトン

プラトンは古代ギリシアの哲学者であり，弁論術や詩などの他の学問とは別個の学問分野として哲学をとらえた最初の人物である。アテナイで紀元前427年に生まれた。「プラトン」はあだ名で，本名はアリストクレスだったと考えられている。信憑性（しんぴょうせい）のある説によると，父方の祖父にちなんだ名前らしい。若い頃は運動選手で，特にレスラーとしての技量が高かった。そしてソクラテスの熱心な弟子となった。プラトンの著作の際立った特徴は，どれも対話か独白の形式であることだ。ほとんどの対話篇でソクラテスが主役をつとめる。前387年に，公共の体育場を集会場所として，最初の哲学学校アカデメイアを創設した。そこでアリストテレスらの弟子を教え，前347年に世を去った。

065 □ **monologue** [máːnəlɔ̀ːg]	名 独白，長広舌，一人芝居
066 □ **philosophical** [fìləsáːfɪkl]	形 哲学の，哲学に通じた，思慮深い ⇐派 **philosophy** 名 哲学 ⇒派 **philosopher** 名 哲学者（☞5）
067 □ **disciple** [dɪsáɪpl]	名 弟子，信奉者　≒類 **follower** ⇐派 **discipline** 名 訓練，しつけ

Glossary

□ ℓ.4	**according to**	…によれば
□ ℓ.5	**name ～ after ...**	～を…にちなんで名づける
□ ℓ.9	**main figure**	主役
□ ℓ.10	**academy**	教育機関；〈A-〉アカデメイア
□ ℓ.11	**gymnasium**	（= gym）体育館
□ ℓ.12	**Aristotle**	アリストテレス（☞8）

・納富信留『プラトンとの哲学　対話篇をよむ』岩波新書

8 Aristotle

Aristotle was the third of the great trio of ancient Greek Philosophers. He was the foremost expert of his day in an amazingly wide range of fields, from astronomy and **ethics** to **anatomy** and **geology**. Born in Stagira in 384 BCE, he was brought up by a **guardian** after his father died. At age 17, he migrated to Athens and joined Plato's Academy. At first, he **imitated** Plato's style of writing in dialogue form. After Plato died in 347 BCE, he left the Academy for Asia Minor. In 343 BCE, he was **summoned** to Macedonia by King Philip II to **tutor** his son, the future Alexander the Great. In 335 BCE, he returned to Athens to establish his own school known as the Lyceum in a **grove** on the outskirts of the city. After the death of Alexander in 323 BCE **triggered** political turmoil, Aristotle left Athens to take **refuge** on the Mediterranean island of Euboea, where he died the following year.

068 □ **ethics** [éθɪks]	名 倫理，道徳，倫理学 ⇒派 **ethical** 形 倫理の，道徳上の
069 □ **anatomy** [ənǽtəmi]	名 解剖学，構造，構成
070 □ **geology** [dʒiɑ́:lədʒi]	名 地質学 ⇒派 **geological, -ic** 形 地質学（上）の
071 □ **guardian** [gɑ́:rdiən]	名 守護者，番人，後見人 ⇐派 **guard** 他 守る，警備する 名 警備員
072 □ **imitate** [ímətèɪt]	他 見習う，手本にする，まねる ⇒派 **imitation** 名 模造品，まね
073 □ **summon** [sʌ́mən]	他 招集する，招聘する，呼びつける
074 □ **tutor** [t(j)ú:tər]	他 …に教える，個人教授をする 名 家庭教師，個人教師
075 □ **grove** [gróuv]	名 木立，（小さな）林，果樹園

アリストテレス

アリストテレスは古代ギリシアの三大哲学者の三人目である。天文学や倫理学から解剖学や地質学まで，実に幅広い分野で当代の第一人者だった。紀元前 384 年にスタゲイラに生まれ，父の死後は後見人に育てられた。17 歳でアテナイに移り，プラトンのアカデメイアに入学した。初期はプラトンにならって対話形式で書いていた。前 347 年にプラトンが亡くなると，アリストテレスはアカデメイアを去り，小アジアへ赴いた。前 343 年，マケドニア王フィリポス 2 世に招聘（しょうへい）され，フィリポスの息子，後のアレクサンドロス大王の家庭教師をつとめた。前 335 年にアテナイに戻り，郊外の果樹園にリュケイオンという自身の学校を設立した。アレクサンドロスが前 323 年に死去して政情が混乱すると，アテナイを離れて地中海のエウボイア島に亡命し，その翌年に歿した。

076 □ **trigger** [trígər]	他 …の引き金となる，…のきっかけとなる，誘発する 名 引き金，誘因，きっかけ
077 □ **refuge** [réfjuːdʒ]	名 避難，保護，逃げ場 cf. **take refuge** 避難する，逃避する，亡命する

Glossary

□	ℓ.2	**foremost**	最も優れた
□	ℓ.4	**bring up**	育てる
□	ℓ.7	**Asia Minor**	小アジア
□	ℓ.8	**Macedonia**	マケドニア
□	ℓ.9	**Alexander the Great**	アレクサンドロス大王（☞ 9）
□	ℓ.11	**outskirts**	郊外
□	ℓ.13	**Mediterranean**	地中海の
□	ℓ.13	**following year**	翌年，次の年に

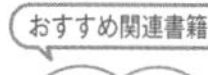

・山口義久『アリストテレス入門』ちくま新書

9 Alexander the Great

Alexander the Great was a king of ancient Macedonia who **conquered** vast areas stretching from Greece to northwestern India. Born the son of King Philip II in 356 BCE, Alexander was tutored by Aristotle. In 336 BCE, Philip was **assassinated** by his bodyguard, rumored to have been **manipulated** by Alexander, who then succeeded the throne and took over Philip's project of invading Persia. Having launched a campaign in 334 BCE, Alexander seized Egypt without **casualties** and became its king. He declined the olive branch offered by King Darius III of Achaemenid Persia and conquered the empire in 331 BCE. He advanced further east until he reached the Punjab region in 326 BCE. As his plan to march still further east was **flatly** refused by his homesick soldiers **weary** from years of campaigning, he decided to turn back. After he got back to Persia, he **succumbed** to a fever and died at age 32. As he had no **legitimate heir**, his generals fought with each other over who would succeed him, until his empire split into three kingdoms.

078 □ **conquer** [kɑ́ːŋkər]	[他] 征服する，制覇する，…に勝つ ⇒[派] **conquest** [名] 征服 ⇒[派] **conqueror** [名] 征服者，勝利者
079 □ **assassinate** [əsǽsənèɪt]	[他] 暗殺する ⇐[派] **assassin** [名] 暗殺者 ⇒[派] **assassination** [名] 暗殺
080 □ **manipulate** [mənípjəlèɪt]	[他] 操る，操作する，巧みに扱う ⇒[派] **manipulation** [名] 上手な扱い，巧みな操作（☞34）
081 □ **casualty** [kǽʒuəlti]	[名] 死傷者，被害者，損失物
082 □ **flatly** [flǽtli]	[副] きっぱりと，断固として，にべもなく ≒[類] **absolutely**
083 □ **weary** [wíəri]	[形] …（from）で疲れた，疲れている，…（of）にあきあきしている

アレクサンドロス大王

アレクサンドロス大王は古代マケドニアの王である。ギリシアから北西インドにいたる広大な地域を征服した。紀元前 356 年に父王フィリポス 2 世のもとに生まれたアレクサンドロスはアリストテレスに学んだ。前 336 年，フィリポスが護衛官に暗殺された。アレクサンドロスが糸を引いていたとも噂された。即位したアレクサンドロスは父のペルシア征服の計画を受け継いだ。前 334 年に遠征に出ると，エジプトを無血占領し，エジプト王となった。前 331 年，アケメネス朝ペルシアの王ダレイオス 3 世の講和申し入れを一蹴し，アケメネス朝を征服した。さらに東進し，前 326 年にパンジャブ地方に到達した。さらなる遠征計画を，長征に倦(う)み疲れ帰国を望む将兵たちに断固拒絶され，反転を決めた。ペルシアに帰着すると，熱病に倒れて 32 歳で歿した。嫡出子がいなかったため武将たちの跡目争いが起こって，彼の帝国は三つに分裂した。

084 □ **succumb** [səkʌ́m]	自 …（to）に負ける，屈する，…（to）で倒れる
085 □ **legitimate** 形 [lɪdʒítəmət] 動 [-mèɪt]	形 筋道の通った，合法な，嫡出の 他 合法化する，…の正当性を示す，嫡出と認める
086 □ **heir** [éər]	名 跡継ぎ，後継者，世子

Glossary

□ ℓ.5	**succeeded the throne**	王位を継承する
□ ℓ.8	**olive branch**	和解
□ ℓ.14	**general**	将軍，将官

おすすめ関連書籍
・森谷公俊『興亡の世界史　アレクサンドロスの征服と神話』講談社学術文庫

10 Confucius

Confucius was an ancient Chinese sage. He was a thinker with **acute** insight and **imaginative** vision who founded Confucianism. Confucius was born in the state of Lu in 551 BCE as the son of a warrior. His **courtesy** name was Zhongni. He was appointed minister of crime in 500 BCE, but departed the state of Lu in 497 BCE. He made a long journey, looking in **vain** for rulers who would accept his political beliefs. He returned to the state of Lu in 484 BCE, and died in 479 BCE. He **advocated** the importance of morality and sincerity. The most important concepts of Confucianism include *ren* and *li*. *Ren* may be translated as "good" or "virtue," whereas the **literal** meaning of *li* is "**ritual**" or "**rite**." Confucius is traditionally credited with editing the Five Classics: *Classic of Poetry*, *Book of Documents*, *Book of Rites*, *Book of Changes* and *Spring and Autumn Annals*. One of the most **cherished** scriptures of Confucianism is the *Analects*, a collection of Confucius's teachings.

087 □ **acute** [əkjúːt]	形 深刻な，急性の，鋭い
088 □ **imaginative** [ɪmǽdʒənətɪv]	形 創造的な，独創的な，想像力に富んだ ⇐派 **imagine** 他 想像する
089 □ **courtesy** [kə́ːrtəsi]	名 礼儀正しさ，ていねいさ，儀礼的な行為 cf. **courtesy name** 字（あざな）
090 □ **vain** [véɪn]	形 無駄な，無益な，骨折り損の cf. **in vain** 無駄に，空しく，失敗して
091 □ **advocate** [ǽdvəkèɪt]	他 主張する，擁護する，唱える ⇒派 **advocacy** 名 弁護，擁護
092 □ **literal** [lítərəl]	形 文字通りの，逐語的な，散文的な ⇒派 **literally** 副 文字通りに
093 □ **ritual** [rítʃuəl]	名 儀式，習慣的行為，しきたり

孔子

孔子は古代中国の哲人である。鋭い見識と独創的な洞察を備えた思想家で，儒教を創始した。孔子は紀元前 551 年，戦士の息子として魯国に生まれた。字は仲尼。前 500 年に司法大臣に就任するも，前 497 年に魯国を離れた。長い放浪の旅で自分の政治信条を受け入れてくれる君主を探し求めたが，思いは遂げられなかった。前 484 年に魯に帰国し，前 479 年に歿した。孔子は道徳や誠意の大切さを謳った。儒教における鍵概念には「仁」と「礼」がある。「仁」は「善」「徳」などと訳しうる語であり，「礼」とは文字通りには「儀式」「儀礼」のことである。孔子は『詩経』『書経』『礼記』『易経』『春秋』の五経を編纂したと考えられてきた。重要な儒教の正典に，孔子の教えをまとめた『論語』がある。

094 □ **rite** [ráɪt]	名 儀式，儀礼
095 □ **cherish** [tʃérɪʃ]	他 大事にする，慈しむ，愛用する

Glossary

□ ℓ.1	**sage**	賢人，哲人
□ ℓ.2	**Confucianism**	儒教
□ ℓ.3	**state of Lu**	魯国
□ ℓ.4	**minister of crime**	司法大臣
□ ℓ.10	**whereas**	…だが一方
□ ℓ.12	**Five Classics**	五経
□ ℓ.13	**annals**	年代記
□ ℓ.14	***Analects***	『論語』

おすすめ関連書籍

・『論語』金谷治訳注，岩波文庫

11 Buddhism

Buddhism is a religion that arose in India in the 5th century BCE. It is based on Gautama Buddha's teachings on how to reach the **enlightened** state. Unlike the Ten Commandments of Christianity, which forbid killing people, Buddhism forbids killing all living beings, including even **beasts** and flies. Buddhism has three major branches: Theravāda Buddhism, **prevalent** mainly in Southeast Asia, Mahāyāna Buddhism, practiced largely in East Asia, and Tibetan Buddhism. Around the 3rd century BCE, Ashoka the Great of the Maurya dynasty unified India under the **banner** of Buddhism and promoted its spread. His **inscriptions** show that he sent out Buddhist **missionaries**. Around the beginning of the Common Era, Mahāyāna Buddhism began to take shape as a distinct branch from the earlier school of Theravāda Buddhism. Theravāda Buddhists **strive** to achieve their own **enlightenment**, whereas Mahāyāna Buddhists strive to help others to achieve enlightenment as well as themselves. Around the 7th century, the **mystical** elements of Buddhism developed into Tantric Buddhism. Tibetan Buddhism was established under the influence of Tantric Buddhism in the 14th century.

096 □ **enlighten** [enláɪtn]	他 教える，啓蒙する，啓発する ⇒派 **enlightened** 形 見識のある，啓蒙された ⇒派 **enlightenment** 名 明確な理解，啓発，悟り
097 □ **beast** [bíːst]	名 獣，野獣，動物
098 □ **prevalent** [prévələnt]	形 流布している，普及している，流行している ⇐派 **prevail** 自 …（over）に打ち勝つ，普及する（☞81）
099 □ **banner** [bǽnər]	名 横断幕，旗印，旗 cf. **under the banner of** …の旗印のもとに
100 □ **inscription** [ɪnskrípʃən]	名 銘，碑銘，碑文 ⇐派 **inscribe** 他（石などに）書き記す，刻む，刻みつける（☞2）

仏教

仏教は紀元前 5 世紀にインドに興った宗教である。悟りの境地に達する途についてのゴータマ・ブッダの教えにもとづいている。キリスト教の十戒が人殺しを禁止するのに対し，仏教では獣やハエにいたるまであらゆる生き物の殺生を禁じる。主として東南アジアに広まった上座仏教，主に東アジアで信仰される大乗仏教，およびチベット仏教の大きく三系統に分けられる。紀元前 3 世紀頃に，マウリヤ朝のアショーカ大王が仏教の御旗をかかげてインドを統一し，仏教の普及に務めた。大王の碑文には，彼が仏教の使節を各地に派遣したことが記録されている。紀元前後に，従来の上座仏教とは異なる大乗仏教が成立した。上座仏教が自身の悟りをめざすのに対して，大乗仏教は自分だけではなく他人も悟りに導こうとする点が異なる。7 世紀頃には仏教の神秘主義的な要素から密教が興った。チベット仏教は 14 世紀に密教の影響を受けて成立した。

101 □ **missionary** [míʃənèri]	名 伝道師，宣教師　形 伝道の，宣教の，宣教師の ⇐派 **mission** 名 任務，伝道
102 □ **strive** [stráɪv]	自 …（to）しようと奮闘する，努力する，懸命に励む（**strove, striven**）
103 □ **mystical** [místɪkl]	形 隠された霊的力をもつ，神秘主義の，神秘的な

Glossary

□ ℓ.3	**Ten Commandments**	十戒
□ ℓ.6	**Theravāda Buddhism**	上座仏教
□ ℓ.7	**Mahāyāna Buddhism**	大乗仏教
□ ℓ.7	**Tibetan Buddhism**	チベット仏教
□ ℓ.11	**Common Era**	西暦紀元
□ ℓ.12	**take shape**	成立する
□ ℓ.17	**Tantric Buddhism**	密教
□ ℓ.18	**under the influence of**	…の影響下で

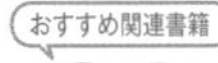

・松尾剛次『仏教入門』岩波ジュニア新書

12 Gautama Buddha

Gautama Buddha was the **founder** of Buddhism. Buddha means "**awakened** one." Siddhartha was born a prince of the Gautama family of the Shakya clan in India on April 8 in the 5th century BCE. He got married at age 16 and had a son, whom he named Rahula, meaning "**restraint**." Though comfortably off, he was **tormented** by anxiety over man's **mortality**, and **renounced** his home at age 29. He learned **meditation** and **mortified** himself for 6 years, but did not reach **salvation**. Then he started to **meditate** under a pipal tree. After fighting against the temptations of demons, he finally awakened and became the Buddha. The Buddha then preached the way to salvation to many believers. A variety of people, from kings to robbers, **apprenticed** themselves to him. On his way back home at age 80, the Buddha entered Nirvana while lying between sal trees.

104	□ **founder** [fáʊndər]	名 創始者，建国者，始祖 ⇐派 **found** 他 設立する，創立する
105	□ **awaken** [əwéɪkən]	他 起こす，眠りから覚ます，悟らせる 自 目が覚める，起きる，悟る
106	□ **restraint** [rɪstréɪnt]	名 制限，束縛，自制 ⇐派 **restrain** 他 抑える，抑制する，断念させる
107	□ **torment** 他 [tɔːrmént] 名 [tɔ́ːrment]	他 苦しめる，痛めつける，悩ます 名 苦悩，苦痛，激痛
108	□ **mortality** [mɔːrtǽləti]	名 死ぬ運命，死亡率，死亡者数 ⇐派 **mortal** 形 死ぬ運命にある
109	□ **renounce** [rɪnáʊns]	他 断念する，放棄する，捨てる
110	□ **meditation** [mèdɪtéɪʃən]	名 瞑想，黙想，熟慮 ⇐派 **meditate** 自 瞑想する，黙想する，熟慮する
111	□ **mortify** [mɔ́ːrtəfàɪ]	他 苦行によって抑制する，克服する，…に屈辱を感じさせる

ゴータマ・ブッダ

ゴータマ・ブッダは仏教の開祖である。ブッダとは「悟りを開いた人」という意味である。紀元前5世紀の4月8日にインドのシャカ族ゴータマ家の王子としてシッダルタは生まれた。16歳で結婚，男児が生まれ，その子に「束縛」を意味するラーフラと名づける。何不自由ない生活を送っていたが，人は必ず死ぬという悩みに苛まれるようになり，29歳の時に出家した。瞑想法を習得し，苦行を6年間続けるも，解脱は得られなかった。その後，菩提樹の下で瞑想に入った。悪魔の誘惑と戦った末ついに開悟を遂げ，ブッダとなった。それからブッダは解脱にいたる道を多くの信者に説いた。国王から盗賊まで様々な人々が帰伏した。80歳で帰郷の旅に出たが，途中沙羅双樹の間に横たわり，ブッダは入滅した。

112 □ **salvation** [sælvéɪʃən]	名 魂の救済，解脱
113 □ **apprentice** [əpréntɪs]	他 弟子入りさせる，奉公に出す 名 弟子，徒弟，見習い

Glossary

□	ℓ.3	**Shakya clan**	シャカ族（古代インドの部族・小国）
□	ℓ.3	**get married**	結婚する
□	ℓ.5	**be comfortably off**	かなり裕福である
□	ℓ.8	**pipal tree**	菩提樹
□	ℓ.9	**fight against**	…と戦う
□	ℓ.9	**demon**	悪魔
□	ℓ.11	**a variety of**	様々な
□	ℓ.13	**Nirvana**	涅槃
□	ℓ.13	**sal tree**	沙羅双樹

・中村元『ブッダ伝　生涯と思想』角川ソフィア文庫

13 Hinduism

Hinduism is an Indian religion. It is a **fusion** of various cultures and traditions that has developed for over 5000 years. Unlike other world religions, Hinduism does not have a founder. Consequently, it does not have a single scripture like the Bible or the Qur'an. The *Vedas*, the *Upanishads*, and the *Bhagavad Gītā*, among others, are all **authoritative**, but none is **exclusively** so. Although Hinduism is often regarded as polytheistic, some Hindus consider it to be a monotheistic religion with many deities. God is worshipped in various forms, as Brahma, Shiva, or Vishnu, depending on the **sect**. Hindus show a particular attachment to a particular deity in Indian **mythology** and worship God in that form. The one God is called by different names, and different forms are **attributed** to Him. Hinduism **prescribes refraining** from injuring living beings. In Hinduism, the cow is considered divine and thus **adored**.

114 □ **fusion** [fjúːʒən]	名 融合，融解，混合物 ⇐派 **fuse** 他 融合させる，一体化させる（☞141）
115 □ **authoritative** [əθɔ́ːrətèɪtɪv]	形 権威のある，信頼できる，命令的な ⇐派 **authority** 名 権威，権力
116 □ **exclusively** [ɪksklúːsɪvli, eks-]	副 もっぱら，独占的に，排他的に ⇐派 **exclusive** 形 独占的な，排他的な
117 □ **sect** [sékt]	名 宗派，分派，党派
118 □ **mythology** [mɪθáːlədʒi]	名 神話 ⇒派 **mythological** 形 神話の
119 □ **attribute** [ətríbjuːt, ətríbjət]	他 …（to）に帰する，…に帰責する，…のせいにする
120 □ **prescribe** [prɪskráɪb]	他 処方する，規定する，指示する ⇒派 **prescription** 名 処方箋，助言，指示（☞70）

ヒンドゥー教

ヒンドゥー教はインドの宗教である。5000 年以上にわたって様々な文化や伝統が融合してできた宗教である。他の世界宗教とはちがって開祖がいない。したがってこの宗教には聖書やクルアーンにあたる特定の聖典はない。『ヴェーダ』『ウパニシャッド』『バガヴァッド・ギーター』などはいずれも権威ある文書ではあるが，そのうちいずれかが特別というわけではない。多神教とされることが多いが，多くの神の形をもつ一神教と考えるヒンドゥー教徒もいる。神はブラフマー，シヴァ，ヴィシュヌなど宗派によって様々な形で礼拝される。ヒンドゥー教徒はインド神話の中のある特定の神に愛着を示し，それを通して神を礼拝する。唯一神が種々の名前で呼ばれ，様々な姿が与えられる。ヒンドゥー教は非暴力を旨とする。ヒンドゥー教では牛が神聖視され，崇拝される。

121 □ **refrain** [rɪfréɪn]	自 …（from）を慎む，差し控える，遠慮する
122 □ **adore** [ədɔ́ːr]	他 熱愛する，崇拝する，あがめる

Glossary

□	ℓ.4	**Bible**	聖書
□	ℓ.4	**Qur'an**	(= Koran) クルアーン，コーラン（イスラム教の聖典）
□	ℓ.5	**among others**	…など
□	ℓ.7	**polytheistic**	多神教の
□	ℓ.7	**monotheistic**	一神教の
□	ℓ.9	**depending on**	…によって，…に応じて
□	ℓ.13	**living being**	生き物

・クシティ・モーハン・セーン『ヒンドゥー教』中川正生訳，講談社現代新書

14 Emperor Shi Huang of Qin

Emperor Shi Huang of Qin was the first emperor of China. Zhao Zheng was born in 259 BCE as the son of the Qin prince Zichu, who later became King Zhuangxiang. Upon the death of King Zhuangxiang, Zhao Zheng took the throne as King of Qin in 247 BCE. He hired **talented** people irrespective of their birthplace or social status, which helped **strengthen** his army. In 221 BCE, he unified all of China and proclaimed himself Emperor Shi Huang. He **abolished feudalism** and divided his empire into **administrative** districts such as counties and townships. He unified China economically and culturally as well, by **standardizing** the units of **measurement** and the **currency** as well as the writing system. Such policies had a profound impact on the Chinese civilization. After he died in 210 BCE, he was succeeded by his youngest son Huhai as Emperor Er Shi, who was forced to kill himself and was succeeded by his nephew Ziying as King of Qin in 207 BCE. The Qin dynasty ended in 206 BCE, when Ziying **surrendered** to Liu Bang, who would later found the Han dynasty.

123 □ **talented** [tǽləntɪd]	[形] 才能のある，有能な
124 □ **strengthen** [stréŋ*k*θn]	[他] 強める，強くする，強化する ⇐[派] **strong** [形] 強い
125 □ **abolish** [əbɑ́:lɪʃ]	[他] 廃止する，撤廃する ⇒[派] **abolition** [名] 廃止，撤廃，廃絶（☞109）
126 □ **feudal** [fjú:dl]	[形] 封建的な，封建制の，封建時代の ⇒[派] **feudalism** [名] 封建制度
127 □ **administrative** [ədmínəstrèɪtɪv, -trə-]	[形] 管理の，運営上の，行政の ⇐[派] **administer** [他] 管理する，統治する，運営する（☞16）
128 □ **standardize** [stǽndə*r*dàɪz]	[他] 標準化する，規格化する ⇐[派] **standard** [名] 基準，標準　[形] 標準の

秦の始皇帝

秦の始皇帝は中国初の皇帝である。趙正は紀元前 259 年に，秦の太子で後に荘襄王となる子楚の子として生まれた。前 247 年，荘襄王の死を受けて趙正は秦王に即位した。出身地や身分不問で有能な人材を登用したため，強い軍隊をもつこととなった。前 221 年に中国を統一した趙正は，帝位にのぼり始皇帝になった。封建制を廃し，国土を郡や県などの行政区に分割した。度量衡の単位や通貨，また書記法を標準化して，経済面，文化面でも中国をひとつにまとめた。こうした政策は中国文明に多大な影響を与えた。始皇帝が前 210 年に死去すると，末子胡亥が二世皇帝として襲位した。しかし前 207 年，二世皇帝は自害を余儀なくされ，その甥の子嬰が秦王に立った。前 206 年，子嬰が劉邦に降ったことで，秦は滅亡した。後に劉邦は漢を興した。

129 □ **measurement** [méʒərmənt]	名 測定，計量，寸法 ⇐派 **measure** 他 測る
130 □ **currency** [kə́ːrənsi]	名 貨幣，通貨，流布
131 □ **surrender** [səréndər]	自 降伏する，投降する　他 引き渡す，明け渡す 名 降伏，降参

Glossary

□	ℓ.1	**Qin**	秦（中国最初の統一王朝）
□	ℓ.5	**irrespective of**	…を問わず
□	ℓ.5	**birthplace**	出生地
□	ℓ.6	**social status**	社会的地位
□	ℓ.9	**township**	小さな町，県
□	ℓ.10	**as well**	…も
□	ℓ.11	**as well as**	…だけでなく，…のほかに
□	ℓ.14	**kill *oneself***	自殺する

おすすめ関連書籍

・鶴間和幸『人間・始皇帝』岩波新書

15 Modu Chanyu

Modu Chanyu was the founder of the Xiongnu Empire. Born the son of Touman Chanyu of the Xiongnu, Modu was sent **hostage** to the Yuezhi, but he stole a fleet horse and returned. As a reward for his bravery, Touman appointed him commander of 10,000 horsemen. In 209 BCE, Modu killed Touman and became chanyu. Around 206 BCE, he **subdued** the Donghu. In 200 BCE, when he **lured** Emperor Gaozu of Han to Baideng Mountain and surrounded him, Gaozu used a **cunning** plan to **narrowly** escape. The **dishonored** Gaozu learned a lesson about the strength of the Xiongnu, and made a peace treaty with them. It was an unequal treaty **favorable** to the Xiongnu, and included periodic **tribute** of cotton, silk, **liquor** and rice. Around 177 BCE, Modu **overran** the Yuezhi, and the Xiongnu rose as the first nomadic empire that ruled all of Northern Asia. The Xiongnu's advantage over the Han lasted until Emperor Wu of Han reversed the situation. After Modu Chanyu died in 174 BCE, the Xiongnu dominated the Mongolian Plateau for 400 years.

132	□ **hostage** [há:stɪdʒ]	名 人質，人質の状態 cf. **be sent hostage to** …に人質に出される
133	□ **subdue** [səbd(j)ú:]	他 征服する，支配する，鎮圧する
134	□ **lure** [l(j)ʊ́ər]	他 おびき出す，誘惑する
135	□ **cunning** [kʌ́nɪŋ]	形 ずる賢い，狡猾な，巧みな
136	□ **narrowly** [nérouli, nǽr-]	副 かろうじて，危うく，狭く
137	□ **dishonor** [dɪsá:nər, diz-]	他 …の名誉をけがす，…に敬意を払わない 名 不名誉，屈辱
138	□ **favorable** [féɪvərəbl]	形 好感を得るような，…（to）に好意的な，…にとって有利な

冒頓単于

冒頓単于は匈奴帝国の創始者である。匈奴の頭曼単于の太子として生まれた冒頓は，月氏に人質に出されるも，駿馬を盗んで帰還した。その勇敢さを称えて，頭曼は冒頓を万騎の将に任じた。紀元前 209 年，冒頓は父頭曼を弑逆し，単于に即位した。前 206 年頃に東胡を平らげた。前 200 年，漢の皇帝高祖を白登山におびき寄せ包囲するも，高祖は奇計を用いて辛くも脱出した。この屈辱で匈奴の実力を思い知った高祖は，匈奴と和親条約を締結した。定期的に匈奴に綿，絹，酒，米を献上することを定めるなど，匈奴に有利な不平等条約だった。前 177 年頃，冒頓は月氏を圧服し，匈奴は北アジア全域を支配する初の遊牧帝国として台頭した。匈奴の漢に対する優位は漢の武帝が形勢を逆転するまで続いた。冒頓単于は前 174 年に歿したが，匈奴はその後 400 年間モンゴル高原に君臨した。

139	□ **tribute** [tríbjuːt]	名 贈り物，付け届け，貢物 ⇒派 **tributary** 形 貢物を納める，属国の（☞81）
140	□ **liquor** [líkər]	名 酒，蒸留酒
141	□ **overrun** [òʊvərrʌ́n]	他 占領する，占拠する（overran，overrun）

Glossary

□ ℓ.1	**chanyu**	単于（君主の称号）
□ ℓ.1	**Xiongnu**	匈奴（モンゴル高原の遊牧騎馬民族）
□ ℓ.3	**fleet**	速い，すばやい
□ ℓ.3	**as a reward for**	…へのほうびとして
□ ℓ.4	**horseman**	騎手
□ ℓ.9	**peace treaty**	和平条約
□ ℓ.10	**unequal treaty**	不平等条約
□ ℓ.11	**periodic**	定期的
□ ℓ.13	**nomadic**	遊牧民の

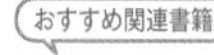

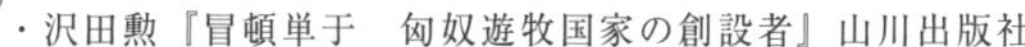
・沢田勲『冒頓単于　匈奴遊牧国家の創設者』山川出版社

16 Emperor Wu of Han

Emperor Wu of Han was the 7th emperor of the Han dynasty of China, who reigned for over 50 years from 141 BCE to 87 BCE. The Han dynasty reached its **zenith** of power during his reign. Besides carrying out military campaigns against the surrounding nations such as the Xiongnu and Wiman Joseon to greatly expand his territory, he also improved the government **machinery**. Instead of employing government officials' children as before, he called on local governors to recommend people of **integrity** so that the government could call in the best brains. He set up a system in which the country was systematically **administered** by the emperor and his brain trust, rather than by the emperor as an individual. As his heir Fuling was still in his boyhood, in case of a **contingency**, he formed a system where the officials would govern in place of the **juvenile** emperor. Thus, he organized the imperial rule so that the country was **stably** and continuously governed even under an emperor **devoid** of talent or an **immature** emperor. This explains why, unlike the Qin dynasty, which went downhill after Emperor Shi Huang died, the Han dynasty lasted for almost 300 years after Emperor Wu died.

142 □ **zenith** [zíːnəθ]	名 絶頂，頂点，天頂 ⇔反 **nadir** どん底，天底
143 □ **machinery** [məʃíːnəri]	名 機械装置，機械部分，機構 ⇐派 **machine** 名 機械
144 □ **integrity** [ɪntégrəti]	名 誠実，品格，一体性
145 □ **administer** [ədmínəstər]	他 管理する，統治する，運営する ⇒派 **administration** 名 管理，運営，行政 ⇒派 **administrative** 形 管理の，運営上の，行政の（☞14）
146 □ **contingency** [kəntíndʒənsi]	名 不測の事態，偶然性，偶発性

漢の武帝

武帝は漢の第7代皇帝である。紀元前141年から前87年まで50年以上君臨した。漢の国力は武帝の時代に絶頂期を迎えた。匈奴や衛氏朝鮮（えいしちょうせん）など周辺諸民族に遠征して漢の版図を大きく拡大したのみならず，武帝は統治機構も整備した。官吏の子弟を任用する従来の方式をやめて，地方長官に廉潔（れんけつ）の士を推挙させる方針をとったことにより，有為の人材が集まることになった。皇帝個人ではなく皇帝と顧問団が組織的に統治する仕組みを整えた。嗣子弗陵（ふつりょう）は幼かったため，不測の事態に備え，年少の皇帝の統治を臣下が代行する体制を構築した。こうして武帝は皇帝支配を組織化し，能力のない皇帝や幼い皇帝のもとでも安定的，継続的に統治される国家体制を作りあげた。これにより，始皇帝なきあと衰退の一途をたどった秦とは異なり，漢は武帝の死後300年近く続くこととなった。

147 □ **juvenile** [dʒúːvənàɪl]	形 未成年の，青少年の，子供じみた
148 □ **stably** [stéɪbli]	副 安定して，安定的に，落ち着いて ⇐派 **stable** 形 安定した
149 □ **devoid** [dɪvɔ́ɪd]	形 …（of）を欠いている，…（of）が全くない
150 □ **immature** [ìmət(j)ʊ́ər]	形 子供っぽい，大人げない，未成熟な ⇔反 **mature** 成熟した

Glossary

□ ℓ.4	**carry out**	実行する，行う
□ ℓ.6	**instead of**	…しないで
□ ℓ.7	**as before**	以前のように
□ ℓ.7	**call on**	…に依頼する
□ ℓ.9	**call in**	呼び寄せる
□ ℓ.9	**set up**	樹立する，設立する
□ ℓ.10	**brain trust**	顧問団，ブレーン
□ ℓ.12	**in case of**	…に備えて
□ ℓ.13	**in place of**	…の代わりに
□ ℓ.17	**go downhill**	衰える

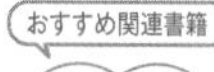

・吉川幸次郎『漢の武帝』岩波新書

17 Cao Cao

Cao Cao was a Chinese general who laid the foundation for the Wei dynasty. He was born in 155 CE to the family of a powerful eunuch. While at a young age, a famous commentator said of him that he would become a **treacherous** hero in **turbulent** times. He distinguished himself after he suppressed the Yellow Scarves **Rebellion** that broke out in 184. In 196, he took Emperor Xian with him and moved the capital to Xu. With a victory over Yuan Shao at the Battle of Guandu in 200, he unified northern China. After being appointed chancellor in 208, he gradually began to assume imperial prerogatives, with Emperor Xian as a **puppet**. When he was wholly defeated by Sun Quan and Liu Bei at the Battle of Red Cliffs, his efforts to unify all of China under his rule was fell through. After he died in 220, his son Cao Pi **deposed** Emperor Xian and created the Wei dynasty with himself as Emperor Wen, thus ending the Han dynasty and beginning the Three Kingdoms period, during which China was divided into the Wei, Shu and Wu kingdoms. Cao Cao is **portrayed** as a **shrewd** villain in the novel *Romance of the Three Kingdoms*. In Chinese opera, he wears white makeup, which reflects his **malicious** personality.

151 □ **treacherous** [trétʃərəs]	形 裏切りの，不誠実な，油断できない ⇐派 **treachery** 名 裏切り
152 □ **turbulent** [tə́ːrbjələnt]	形 激動の，不穏な，荒れ狂う
153 □ **rebellion** [rɪbéljən]	名 反乱，蜂起，謀反 cf. **Yellow Scarves Rebellion** 黄巾の乱
154 □ **puppet** [pʌ́pət]	名 操り人形，傀儡
155 □ **depose** [dɪpóuz, də-]	他 退陣させる，失脚させる，廃位する

曹操

曹操は魏の礎を築いた武将である。155年に有力な宦官の家庭に生まれた。若い頃，名高い評論家に乱世の姦雄と評された。184年に起こった黄巾の乱の鎮圧に当たって名をあらわした。196年，曹操は許を都として献帝を奉戴した。200年に官渡の戦いで袁紹を破り，中原の覇者となった。208年に丞相に任じられると，献帝を傀儡として徐々に帝権を担うようになった。赤壁の戦いで孫権と劉備に大敗し，天下統一に挫折した。220年に曹操が歿すると，息子の曹丕は献帝を廃位，自身即位して文帝となり，魏を建国した。ここに漢は滅亡し，魏・蜀・呉が鼎立する三国時代が幕を開けた。小説『三国志演義』では曹操は奸智にたけた悪玉として描かれている。京劇での曹操は腹黒い性格を表す白塗りのメークを施される。

156 □ **portray** [pɔːrtréɪ]	他 表現する，描く，描写する ⇒派 **portrait** 名 肖像画
157 □ **shrewd** [ʃrúːd]	形 賢明な，そつがない，抜け目がない
158 □ **malicious** [məlíʃəs]	形 悪意のある，意地の悪い，腹黒い ⇐派 **malice** 名 悪意，敵意

Glossary

□	ℓ.1	**lay the foundation for**	…の基盤を築く
□	ℓ.3	**eunuch**	宦官
□	ℓ.5	**distinguish *oneself***	頭角を現す
□	ℓ.6	**break out**	勃発する，起こる
□	ℓ.8	**Battle of Guandu**	官渡の戦い
□	ℓ.9	**chancellor**	首相，宰相，丞相
□	ℓ.9	**imperial prerogative**	帝権（皇帝の権限）
□	ℓ.11	**Battle of Red Cliffs**	赤壁の戦い
□	ℓ.12	**fall through**	失敗に終わる
□	ℓ.17	**villain**	悪玉
□	ℓ.18	**Chinese opera**	京劇

・高島俊男『三国志　きらめく群像』ちくま文庫

18 Judaism

Judaism is a religion received by Moses at Mount Sinai and preserved by the Jews ever since. Judaism and Christianity were originally one and the same religion. By around 50 CE, the followers of Jesus had formed a group distinct from the Jewish leaders. After 70, Christians developed **contempt** for the Jews. The Jews were **maligned** as Christ killers and accused of every **wickedness**. This caused profound **misery** until it **culminated** in the Holocaust in World War II. Food rules serve an important role in Judaism. Among the four-footed animals, only those having divided **hooves** and chewing their cud are permitted for eating. Permitted birds include geese, peacocks and domestic **fowl**. All fish with **scales** and **fins** may be eaten. This excludes octopi, crabs and eels.

159	□ **contempt** [kəntémpt]	名 軽蔑，さげすみ，あなどり
160	□ **malign** [məláɪn]	他 けなす，中傷する
161	□ **wicked** [wíkɪd]	形 邪悪な，悪い，不正な ⇒派 **wickedness** 名 邪悪，悪意，不正
162	□ **misery** [mízəri]	名 悲惨，不幸，苦難 ⇒派 **miserable** 形 不幸な，みじめな
163	□ **culminate** [kʌ́lmənèɪt]	自 結果的に…（in）になる，…という結果に終わる
164	□ **hoof** [hʊ́f, húːf]	名 ひづめ（hooves）
165	□ **fowl** [fáʊl]	名 ニワトリ，家禽，鳥肉

ユダヤ教

ユダヤ教は，モーセがシナイ山で授かって以来，ユダヤ人が保持してきた宗教である。ユダヤ教とキリスト教はもともと同じ宗教だった。50 年頃までにイエスの信奉者たちがユダヤ教の指導者たちとは別個の集団を形成した。70 年以後，キリスト教徒はユダヤ人をさげすむようになった。ユダヤ人はキリスト殺しと中傷され，あらゆる悪事の責めを負わされた。それが多くの不幸を引き起こし，ついには第二次世界大戦のホロコーストにまで至った。ユダヤ教では食品規定が重要である。四つ足の動物で食べていいのはひづめが分かれた反芻(はんすう)動物だけである。鳥で食べていいのはガチョウ，クジャク，ニワトリなどである。うろことひれがある魚は何でも食べていいが，タコ，カニ，ウナギはいけない。

166	□ **scale** [skéɪl]	名 うろこ
167	□ **fin** [fín]	名 ひれ

Glossary

□	ℓ.2	**Jew**	ユダヤ人
□	ℓ.2	**Christianity**	キリスト教
□	ℓ.7	**Holocaust**	ホロコースト
□	ℓ.8	**four-footed**	四本足の
□	ℓ.9	**chew the cud**	反芻する

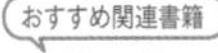

・ミルトス編集部編『やさしいユダヤ教 Q&A』ミルトス

19 Jesus of Nazareth

Jesus of Nazareth refers to the real Jesus who lived in the 1st century, as opposed to the Jesus Christ of Christianity. His life has been **reconstructed** by critically analyzing the **Gospels**. Born sometime between 7 and 4 BCE, he grew up in Nazareth, Galilee. He led an ordinary life as a **carpenter** until he joined John the **Baptist**. After receiving **baptism** from John, Jesus began his ministry. He sided with such people as the poor, the sick and the tax collectors, considered criminals in the Jewish society. After preaching for 2 or 3 years, Jesus went up to Jerusalem with his disciples in 30 CE. He visited the Temple and **cleansed** it by **expelling** the merchants, accusing them of turning the Temple into a **den** of thieves, which added to the Jewish leaders' **animosity** toward him. After the Last Supper, Jesus willingly allowed himself to be arrested by the crowd guided by Judas in Gethsemane. After the trial, he was **crucified**. Later, Christianity began when people believed him to have risen from the dead.

168 □ **reconstruct** [rèkənstrʌ́kt]	他 再建する，再構する，復元する ≒類 **rebuild** ⇒派 **reconstruction** 名 再建，再興，復元
169 □ **gospel** [gɑ́:spl]	名〈G-〉福音書，福音
170 □ **carpenter** [kɑ́:rpəntər]	名 大工
171 □ **baptism** [bǽptɪzm]	名 洗礼，洗礼式，初体験 ⇒派 **Baptist** バプテスト派の人；〈通例 b-〉洗礼を授ける人
172 □ **cleanse** [klénz]	他 清める，清潔にする，消毒する
173 □ **expel** [ɪkspél, eks-]	他 追放する，除名する，追い出す

ナザレのイエス

ナザレのイエスとは，キリスト教のイエス・キリストではなく，1世紀に実在した人間イエスを指す。その生涯は福音書の批判的分析にもとづいて再構されている。イエスは紀元前7ないし4年に生まれ，ガリラヤのナザレで育った。大工として平凡な生活を営んでいたイエスは，洗礼者ヨハネに出会った。ヨハネの洗礼を受け，イエスは宣教をはじめた。貧乏人，病人，徴税人などユダヤ社会で罪人とされた人々の側に立って教えを説いた。2，3年宣教し，紀元30年にイエスは弟子たちを連れてエルサレムに上った。神殿に着いたイエスは，神殿を盗人の巣にしたと非難して商人たちを追い出し，神殿を清めた。これによりユダヤ教指導者たちのイエスへの敵意は高まった。最後の晩餐の後，イエスはゲツセマネでユダが手引きした群衆に抵抗もせず捕えられる。裁判の後，彼は磔刑（たっけい）に処せられた。その後イエスが復活したと信じられ，キリスト教がはじまった。

174 □ **den** [dén]	名 巣穴，巣，巣窟
175 □ **animosity** [ænəmɑ́:səti]	名 敵意，憎しみ，反目
176 □ **crucify** [krú:səfai]	他 はりつけにする，十字架にかける，磔刑に処す

Glossary

□ ℓ.1	**refer to**	表す
□ ℓ.2	**as opposed to**	…ではなく
□ ℓ.4	**grow up**	成長する
□ ℓ.6	**side with**	…の側につく
□ ℓ.9	**go up to**	…（首都・主要都市）へ行く

・田川建三『イエスという男　増補改訂版』作品社

20 Christianity

Christianity is a religion based on the teachings of Jesus of Nazareth. After claiming Jesus's **resurrection**, the apostles went about teaching the Christian message. In 1054, the Roman Catholic Church and the Eastern Orthodox Church split into two branches. There are three orders of clergy: **bishop**, priest and **deacon**. Catholic priests are not permitted to be married. Catholics may not marry again unless their original marriage is **annulled** by the church. The Orthodox priesthood has both married and **monastic** clergy. Monastic clergy usually live in **monasteries**. One of the unique features of the Orthodox Church is the importance of **icons**, or representations in paint or enamel of Christ and the saints. During the 16th century, the Reformation led to the development of Protestantism. Compared with the unity that characterizes the Roman Catholic Church and the Eastern Orthodox Church, Protestantism has divided into hundreds of separate **denominations**. Protestants believe that God is present in their **midst** when they read the Bible. The Anglican Church was established when King Henry VIII of England broke with the Roman Catholic Church in 1534.

177	□ **resurrection** [rèzərékʃən]	名 よみがえり，復活，再生
178	□ **bishop** [bíʃəp]	名（正教会・新教・聖公会の）主教，（旧教の）司教
179	□ **deacon** [dí:kən]	名（新教・聖公会の）執事，（旧教の）助祭，（正教会の）輔祭
180	□ **annul** [ənʌ́l]	他 無効にする，取り消す
181	□ **monastery** [mɑ́:nəstèri]	名 修道院，僧院 ⇒派 **monastic** 形 修道士の
182	□ **icon** [áɪkɑ:n]	名 アイコン，図像；偶像，イコン

キリスト教

キリスト教はナザレのイエスの教えにもとづく宗教である。イエスの復活後，使徒たちがキリストの教えを説きはじめた。1054 年にローマ・カトリック教会と東方正教会が二つの宗派に分かれた。聖職には司教／主教，司祭／牧師，助祭／輔祭の三つの位階がある。カトリックの司祭は結婚できない。カトリックは元の結婚が教会によって無効とされない限り再婚できない。正教会には妻帯した聖職者と独身の修道士がいる。修道士はふつう修道院で生活する。東方正教会の特色は，キリストや聖人を絵の具やエナメルで描いたイコンが重視される点である。16 世紀の宗教改革によって新教が誕生した。ローマ・カトリック教会と東方正教会に統一性があるのとは異なり，新教は何百もの異なる教派に分かれる。新教では，聖書を読む時には神が自身の中にあると信じる。聖公会は 1534 年にイングランド王ヘンリ 8 世がカトリック教会と絶縁したことにより成立した。

183 □ **denomination** [dɪnὰːmənéɪʃən]	名 宗派，教派
184 □ **midst** [mídst, mítst]	名 真ん中，ただ中，真っただ中

Glossary

□	ℓ.2	**apostle**	使徒
□	ℓ.2	**go about**	…（*doing*）し始める
□	ℓ.3	**Catholic**	旧教（徒）の，旧教徒
□	ℓ.4	**Eastern Orthodox Church**	東方正教会
□	ℓ.5	**clergy**	聖職者
□	ℓ.8	**priesthood**	聖職，司祭職
□	ℓ.12	**Reformation**	宗教改革
□	ℓ.12	**Protestantism**	新教
□	ℓ.15	**Protestant**	新教徒
□	ℓ.16	**Anglican Church**	英国教会，聖公会

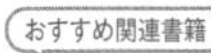

・八木谷涼子『なんでもわかるキリスト教大事典』朝日文庫

21 Julius Caesar

Julius Caesar was a **statesman** of the Roman Republic who played a central role in the rise of the Roman Empire. Born into a noble family in 100 BCE, he became a consul in 59 BCE. Around that time, he formed a triumvirate with the general Pompey the Great and the millionaire Marcus Licinius Crassus. Then he invaded Gaul, today's France, and made it a Roman province. Meanwhile, the triumvirate came to an end due to the **contention** between Caesar and Pompey. In 49 BCE, when Caesar crossed the Rubicon from Gaul and entered Italy, a civil war broke out between Caesar and Pompey. Caesar defeated Pompey and became a life **dictator**. But in 44 BCE, he was **stabbed** to death by senators afraid of his power. In William Shakespeare's *Julius Caesar*, Caesar **exclaims** the famous phrase, "*Et tu, Brute?* (And you, Brutus?)," on **spotting** his friend Brutus among the assassins. Caesar's adopted son Octavius became the first emperor of the Roman Empire. Caesar's **legacy** includes the Julian calendar, a solar calendar which he introduced in place of the formerly used **lunar** calendar.

185	□ **statesman** [stéɪtsmən]	名 政治家（**statesmen**）
186	□ **contention** [kənténʃən]	名 争い，口論，主張
187	□ **dictator** [díkteɪtər, -ˊ-]	名 独裁者，専制君主，独裁官 ⇒派 **dictatorship** 名 独裁（☞96）
188	□ **stab** [stǽb]	他 刺す，突き刺す，突きつける cf. **stab to death** 刺し殺す，刺殺する
189	□ **exclaim** [ɪkskléɪm, eks-]	自 叫ぶ ⇒派 **exclamation** 名 叫び声，叫ぶこと
190	□ **spot** [spɑ́ːt]	他 見つける，発見する，…に斑点をつける 名 斑点，場所，順位

ユリウス・カエサル

ユリウス・カエサルは共和政ローマの政治家で，ローマ帝国の礎を築いた。紀元前100年に貴族の家に生まれたカエサルは前59年に執政官になった。このころ将軍グナエウス・ポンペイウス・マグヌスおよび大富豪マルクス・リキニウス・クラッススと三頭政治を結成した。その後現在のフランスにあたるガリアに侵攻し，ローマの属州にした。その頃，カエサルとポンペイウスの対立によって三頭政治は破綻していた。前49年，カエサルがガリアからルビコン川を渡ってイタリアに侵入し，カエサルとポンペイウスの間で内乱が勃発，カエサルはポンペイウスを破り終身独裁官となる。しかし前44年，カエサルの権力を恐れる元老院議員たちによって刺殺された。ウィリアム・シェイクスピアの『ジュリアス・シーザー』で暗殺者の中に友人のブルートゥスを見つけたカエサルが叫ぶ「お前もか，ブルータス」の台詞は有名である。カエサルの養子オクタウィウスはローマ帝国初代皇帝となった。後世に残るカエサルの遺産には，従来の太陰暦に代えて制定した太陽暦ユリウス暦がある。

191 □ **legacy** [légəsi]	名 遺産，遺物，（オリンピック施設の）再利用
192 □ **lunar** [lúːnər]	形 月の，太陰暦の cf. **lunar calendar** 太陰暦

Glossary

□ ℓ.1	**Roman Republic**	共和制ローマ
□ ℓ.3	**consul**	執政官
□ ℓ.4	**triumvirate**	三頭政治
□ ℓ.4	**general**	将軍
□ ℓ.7	**come to an end**	終わる
□ ℓ.9	**civil war**	内乱，内戦
□ ℓ.14	**assassin**	暗殺者
□ ℓ.16	**solar calendar**	太陽暦

・シェイクスピア『ジュリアス・シーザー』安西徹雄訳，光文社古典新訳文庫

22 Cicero

Cicero was a Roman statesman and writer. He was born in 106 BCE in Arpinum. After campaigning vigorously, he was elected quaestor in 75 BCE and joined the Senate. In 63 BCE, he was elected consul, a remarkable **accomplishment** for a man without noble **pedigree**. In 60 BCE, he was invited by Caesar to join his **alliance**, but declined the invitation to protect the Republic. Caesar, Pompey and Crassus formed a triumvirate without Cicero. In 58 BCE, Cicero was forced abroad by his enemies, but thanks largely to lobbying by Pompey, he was allowed to return to Rome, warmly welcomed with **applause**. He began to support the triumvirate, supposedly to **repay** the obligation he owed them for approving his return, and was accused of **inconsistencies**. After Caesar was killed, Antony and Octavius vied for **supremacy**. Cicero supported Octavius in the hope that he would side with the Senate. But in 43 BCE, Octavius and Antony as well as Lepidus formed a second triumvirate, and **executed** Cicero and other **republicans**. Cicero had his head **sawed** off and displayed in the Forum.

193	□ **accomplishment** [əkɑ́:mplɪʃmənt]	名 業績，功績，達成 ⇐派 **accomplish** 他 成し遂げる，完遂する，達成する（☞61）
194	□ **pedigree** [pédɪgrì:]	名 家系，血統，経歴
195	□ **alliance** [əláɪəns]	名 同盟，連合，提携 ⇐派 **ally** 他 同盟する，連合する
196	□ **applause** [əplɔ́:z]	名 拍手，歓声，賞賛
197	□ **repay** [rɪpéɪ, rə-]	他 返済する，…に報いる，…に恩返しをする
198	□ **inconsistency** [ìnkənsístənsi]	名 不一致，不調和，矛盾 ⇐派 **inconsistent** 形 一致しない，矛盾する

キケロ

キケロは古代ローマの政治家，著述家である。紀元前106年にアルピヌムに生まれた。精力的な選挙活動で前75年の財務官に当選し，元老院議員になった。前63年には執政官に当選した。貴族の血統でない者としては異例の出世だった。前60年，カエサルに同盟を持ちかけられたが，共和政護持の立場から断った。カエサル，ポンペイウス，クラッススはキケロ抜きで三頭政治を結成した。前58年，キケロは政敵によって国外追放されたが，ポンペイウスの根回しも功を奏して，温かい拍手に迎えられてローマ帰還を果たした。帰還を認めてくれた恩に報いるためか三頭政治を支持するようになり，一貫性のなさを批判された。カエサル暗殺後はアントニウスとオクタウィウスが覇を競った。キケロは元老院と協調してくれることを期待してオクタウィウスを支持した。しかし前43年，オクタウィウスとアントニウスはレピドゥスとともに第二次三頭政治を結成し，キケロら共和政擁護派を処刑した。キケロは打ち首にされ，公共広場で晒（さら）し首にされた。

199 □ **supremacy** [su(:)préməsi]	名 優位，支配権，覇権
200 □ **execute** [éksəkjù:t]	他 死刑にする，処刑する，実行する ⇒派 **execution** 名 処刑，死刑執行，実行（☞148）
201 □ **republican** [rɪpʌ́blɪkən]	名 共和政擁護派；〈R-〉共和党員 形 共和国の；〈R-〉共和党の
202 □ **saw** [sɔ́:]	他（のこぎり状のもの）で切る 名 のこぎり

Glossary

□ ℓ.2	**quaestor**	財務官
□ ℓ.3	**Senate**	元老院
□ ℓ.6	**Republic**	共和政
□ ℓ.8	**lobbying**	ロビー活動
□ ℓ.12	**vie for**	…をめぐって競う，張り合う
□ ℓ.13	**in the hope that**	…であることを期待して
□ ℓ.17	**Forum**	（古代ローマの）公共広場

・アントニー・エヴァリット『キケロ　もうひとつのローマ史』髙田康成訳，白水社

23 Cleopatra VII

Cleopatra VII was the last queen of the Ptolemaic dynasty of Egypt, founded by Ptolemy I Soter, a **companion** of Alexander the Great. Born in 69 BCE, she took up the throne as a joint ruler with her brother Ptolemy XIII, but soon was forced to flee the throne by Ptolemy's **faction**. When Julius Caesar arrived in Egypt, she **fascinated** him and became his lover. Ptolemy was **outraged**, but when Caesar's **reinforcements** came, he fled and died. Cleopatra was restored to the throne as a co-ruler with another of her brothers, Ptolemy XIV. She gave birth to Caesarion, Caesar's supposed son, but after Caesar was killed, she **seduced** and married Caesar's general Mark Antony. In 31 BCE, Antony and Cleopatra fought against Caesar's heir Octavius, only to suffer a **resounding** defeat. When she learned of Octavius's plan to take her to his victory **procession** in Rome, Cleopatra killed herself by allowing a **venomous** snake to bite her. After her death, Egypt fell under Roman **domination**, thus ending the Ptolemaic dynasty.

203	□ **companion** [kəmpǽnjən]	名 友達，仲間，付き添い
204	□ **faction** [fǽkʃən]	名 派閥，党派，少数派
205	□ **fascinate** [fǽsənèɪt]	他 …の心を引き付ける，魅了する，とりこにする ⇒派 **fascinated** 形 …（by, with）にうっとりする，引き付けられる，興味をそそられる
206	□ **outrage** [áʊtrèɪdʒ]	他 憤慨させる　名 激怒，暴力 ⇐派 **rage** 名 激怒，憤怒，怒り（☞55）
207	□ **reinforcement** [rìːɪnfɔ́ːrsmənt]	名〈-s〉援軍，増援部隊；補強 ⇐派 **reinforce** 他 強力にする，強化する，補強する（☞124）
208	□ **seduce** [sɪd(j)úːs]	他 誘惑する，口説く，魅惑する

クレオパトラ 7 世

クレオパトラ 7 世は，アレクサンドロス大王の学友プトレマイオス 1 世ソーテールが創始したプトレマイオス朝エジプトの，最後の女王である。紀元前 69 年に生まれたクレオパトラは，弟プトレマイオス 13 世の共同統治者として王位に就くも，弟の一派に王位を追われた。ユリウス・カエサルがエジプトに来ると，彼女はカエサルを魅了し，愛人になった。プトレマイオスは激怒したが，カエサルの援軍が到着すると逃亡し，死亡した。クレオパトラはもう一人の弟プトレマイオス 14 世の共同統治者として復位した。クレオパトラはカエサルの子とされるカエサリオンを産んだが，カエサルが殺されると，カエサル麾下(きか)の将軍マルクス・アントニウスを誘惑し，結婚した。前 31 年，アントニウスとクレオパトラはカエサルの後継者オクタウィウスと戦ったものの，大敗を喫した。オクタウィウスが自分をローマの凱旋式に連行しようとしていると知ると，クレオパトラは毒蛇に自らを噛ませて死んだ。クレオパトラの死後，エジプトはローマの支配下に入り，プトレマイオス朝は滅びた。

209 □ **resound** [rɪzáʊnd, rə-]	自 反響する，鳴り続ける ⇒派 **resounding** 形 完全な，決定的な，鳴り響く
210 □ **procession** [prəséʃən]	名 行列，列，連続すること cf. **victory procession** 凱旋式
211 □ **venomous** [vénəməs]	形 毒を分泌する，有毒な，悪意に満ちた
212 □ **domination** [dὰːmənéɪʃən]	名 支配，統治，優位 ⇐派 **dominate** 他 支配する

Glossary

□ ℓ.3	**take up the throne**	即位する
□ ℓ.8	**co-ruler**	共同統治者
□ ℓ.9	**give birth to**	…を産む
□ ℓ.12	**only to**	結局…する羽目になる
□ ℓ.13	**learn of**	…について知る

おすすめ関連書籍

・シェイクスピア『アントニーとクレオパトラ』松岡和子訳，ちくま文庫

24 Augustus

Augustus was the first Roman emperor. Born Gaius Octavius in 63 BCE into a **respectable** family of considerable means, he was adopted by his great-uncle Julius Caesar in 44 BCE. In 43 BCE, he established the second triumvirate with Antony and Lepidus, Caesar's generals. In 36 BCE, he defeated Lepidus. In 31 BCE, he defeated Antony and Cleopatra in the Battle of Actium. In 27 BCE, he was granted the title Augustus, meaning **Venerable** One. Governing fairly and efficiently, Augustus laid the foundations of his empire. Under his rule, Rome gained more territory than in any previous period in history. He extended Roman **citizenship** to many **provincials** throughout the empire. **Phenomenally** wealthy, he invested heavily in new public **landmarks** in Rome from his own pocket. In 14 CE, he died after eating figs which, as rumors had it, his wife Livia had coated with a **poisonous ointment**. He was succeeded by Tiberius, Livia's son by her former husband. Augustus's work endured, with **modification**, for many generations.

213 ☐ **respectable** [rɪspéktəbl]	[形] ちゃんとした，立派な，相当な ⇐[派] **respect** [他] 尊敬する，尊重する
214 ☐ **venerable** [vénərəbl]	[形] 尊敬すべき，尊厳なる，立派な
215 ☐ **citizenship** [sítəznʃìp]	[名] 市民権，公民権
216 ☐ **provincial** [prəvínʃəl, proʊ-]	[名] 田舎者，地方出身者，属州民 [形] 州の，省の，地方の
217 ☐ **phenomenal** [fɪnɑ́:mənl]	[形] すごい，驚くべき，並外れた ⇒[派] **phenomenally** [副] 驚くほど，並外れて，桁外れに
218 ☐ **landmark** [lǽndmɑ̀:rk]	[名] 目印となる建造物，画期的な出来事

アウグストゥス

アウグストゥスは初代ローマ皇帝である。紀元前 63 年に相当な資産を持つ名家に生まれたガイウス･オクタウィウスは，前 44 年に大叔父ユリウス･カエサルの養子になった。前 43 年，カエサル麾下の将軍のアントニウスとレピドゥスとともに第二次三頭政治を結成した。前 36 年にレピドゥスを追い落とした。前 31 年にはアクティウムの海戦でアントニウスとクレオパトラを破った。前 27 年，「尊厳者」を意味するアウグストゥスという称号を与えられた。公平で効率的な統治を行いながら，アウグストゥスは帝国の基盤を築いていった。彼の統治下のローマはそれまでのどの時代よりも広大な領土を獲得した。彼は帝国中の多数の属州民にローマ市民権を拡大した。莫大な富を持つ彼は，ローマの新たな公共建造物の建築に自腹で多額の投資を行った。後 14 年に死去したが，妻リウィアが毒を塗ったイチジクを食べたためという説もある。その後リウィアの連れ子ティベリウスが後を継いだ。アウグストゥスの事業は，修正を施されながらも何代にもわたり継続された。

219 □ **poisonous** [pɔ́ɪznəs]	形 有害な，有毒な，毒を持つ ⇐派 **poison** 名 毒，毒薬
220 □ **ointment** [ɔ́ɪntmənt]	名 軟膏，クリーム
221 □ **modification** [mὰːdəfɪkéɪʃən]	名 修正，変更，修飾 ⇐派 **modify** 他 修正する，変更する，修飾する

Glossary

□ ℓ.2	**of considerable means**	相当な資産を持つ
□ ℓ.3	**great-uncle**	大おじ
□ ℓ.8	**lay the foundations of**	…の基盤を築く
□ ℓ.13	**fig**	イチジク
□ ℓ.13	**as rumors have it**	うわさでは
□ ℓ.15	**former husband**	前夫

・アントニー・エヴァリット『アウグストゥス　ローマ帝国のはじまり』伊藤茂訳，白水社

25 Hadrian

Hadrian was a Roman emperor, the 3rd of the Five Good Emperors. He was born in 76. When his father died of an **epidemic** in 85, he was **entrusted** to the care of his father's cousin Trajan, who became emperor in 99. Upon the death of Emperor Trajan in 117, Hadrian became emperor. He took to the road for long years in the provinces. In Germania, he built an **unbroken** wall consisting of **oak** posts. In Britannia, he constructed Hadrian's wall. These walls were a visible **confirmation** of his policy of non-expansion. Hadrian had a **contradictory** personality. While he was generous and **sociable**, he also changed his intimate relationships easily. He had his secret police **pry** into people's private lives. His last years were **marred** by illness, and he died at the seaside resort of Baiae in 138. He secured his line of succession by adopting his wife's niece's husband Antoninus Pius, whom he required to adopt his wife's great-nephew Marcus Aurelius Antoninus. The death of Marcus Aurelius Antoninus marked the end of the Pax Romana.

222 □ **epidemic** [èpədémɪk]	名 伝染病の発生，流行
223 □ **entrust** [ɪntrʌ́st, en-]	他 任せる，託す
224 □ **unbroken** [ʌnbróukən]	形 とぎれない，連続した ⇔反 **broken** 形 とぎれとぎれの，断続的な
225 □ **oak** [óuk]	名 オークの木，オーク材，オーク材の製品
226 □ **confirmation** [kɑ̀nfərméɪʃən]	名 確認，裏づけ，批准 ⇐派 **confirm** 他 示す，確認する，実証する
227 □ **contradictory** [kɑ̀ntrədíktəri]	形 矛盾した，相反する，反対の ⇐派 **contradict** 他 否定する，反論する，…と矛盾する
228 □ **sociable** [sóuʃəbl]	形 社交的な，愛想のよい，打ち解けた ⇐派 **social** 形 社会の，社交の

ハドリアヌス

ハドリアヌスはローマ皇帝で，五賢帝の3人目である。76年に生まれた。85年に父が伝染病で他界すると，父の従弟トラヤヌスの被後見人になった。トラヤヌスは99年に皇帝になった。117年にトラヤヌス帝が死ぬと，ハドリアヌスが帝位に就いた。ハドリアヌスは何年もかけて属州を視察してまわった。ゲルマニアではオークの柱を使って切れ目のない壁を建てた。ブリタンニアにはハドリアヌスの長城を築いた。これらの壁は彼の不拡大方針を目に見える形で示すものだった。ハドリアヌスの性格は矛盾に満ちていた。心優しく社交的だった反面，近しい人々との関係を簡単に変えることもあった。秘密警察を使って人々の私生活をせんさくさせた。晩年は病に苦しみ，138年に海辺の景勝地バイアエで死去した。妻の姪の夫アントニヌス・ピウスを養子にし，妻の大甥マルクス・アウレリウス・アントニヌスをその養子に取らせて後の帝位継承を盤石にしたが，マルクス・アウレリウス・アントニヌスの死とともにパックス・ロマーナは終焉を迎えた。

229 □ **pry** [práɪ]	自 …（into）をのぞき込む，せんさくする，…（into）に首をつっこむ
230 □ **mar** [mɑ́ːr]	他 損なう，台なしにする，傷つける

Glossary

□ ℓ.1	**Five Good Emperors**	五賢帝（ネルウァ，トラヤヌス，ハドリアヌス，アントニヌス・ピウス，マルクス・アウレリウス・アントニヌス）
□ ℓ.2	**die of**	…で死ぬ
□ ℓ.5	**take to the road**	旅に出る
□ ℓ.14	**great-nephew**	大甥
□ ℓ.15	**mark the end of**	…の終わりを告げる
□ ℓ.16	**Pax Romana**	パックス・ロマーナ（「ローマの平和」。アウグストゥスから五賢帝時代までの200年を指す）

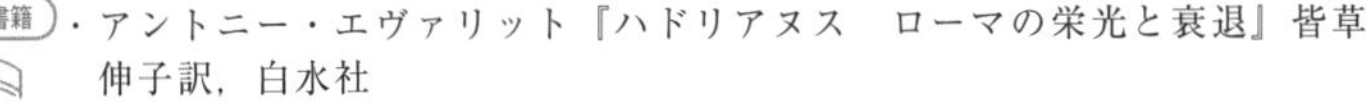
おすすめ関連書籍 ・アントニー・エヴァリット『ハドリアヌス　ローマの栄光と衰退』草皆伸子訳，白水社

26 Julian

Julian was a Roman emperor, famous as a heathen emperor. He was born around 331 as the nephew of Constantine the Great, who approved Christianity. Julian's close relatives were **massacred** and Julian was **exiled** by his cousin Constantius II, who succeeded Constantine. While in exile, Julian became **acquainted** with Greek classics and Neo-Platonic philosophy. He converted to traditional Greek religion in 351, but he concealed his religion. When he became emperor in 361, he **stripped** away the pretense of being a Christian. He then proclaimed the reopening of the traditional religious temples and universal religious **tolerance**, and **persecuted** Christianity. But his rule was short-lived. In 363, in a war with Sassanian Persia, he was **pierced** to death by a **spear**. With his death, the transformation he had set in motion **abruptly** stopped. Christianity would gain a final victory when Theodosius the Great **decreed** Christianity as the state religion of the Roman Empire in 392.

231 □ **massacre** [mǽsəkər, mǽsi-]	[他] 大虐殺する，大量虐殺する，…に圧勝する [名] 大虐殺
232 □ **exile** [égzaɪl, éksaɪl]	[他] 追放する，追い出す　[名] 国外追放，亡命 cf. **in exile** 追放されて，追放中に
233 □ **acquaint** [əkwéint]	[他] 知らせる，教える，熟知させる ⇒[派] **acquainted** [形] …（with）を知っている，わかっている，面識がある
234 □ **strip** [stríp]	[他] 裸にする，はがす，取り除く
235 □ **tolerance** [tá:lərəns]	[名] 寛容，寛大さ，我慢 ⇐[派] **tolerate** [他] 許容する，大目に見る，黙認する（☞96）
236 □ **persecute** [pə́:rsəkjù:t]	[他] 迫害する，しいたげる，しつこく悩ます ⇒[派] **persecution** [名] 迫害，弾圧

ユリアヌス

ユリアヌスは異教徒皇帝として知られるローマ皇帝である。キリスト教を公認したコンスタンティヌス大帝の甥として331年頃に生まれた。大帝の後を襲った従兄のコンスタンティウス2世によって近親者は粛清され，自身は国外追放された。この間にギリシアの古典作品と新プラトン派哲学に精通するようになった。351年にギリシアの伝統宗教に改宗したが，自分の宗教を隠し通した。361年に皇帝に即位すると，キリスト教徒の仮面をはぎ取った。伝統宗教の寺院の再開と普遍的な宗教寛容を宣言し，キリスト教を迫害した。しかし彼の治世は短かった。363年，ユリアヌスはササン朝ペルシアとの戦争で槍に刺されて死んだ。彼の死とともにその変革は途絶した。392年にテオドシウス大帝がキリスト教をローマ帝国の国教とした時に，キリスト教は最終的勝利を手にすることになる。

237 □ **pierce** [píərs]	他 突き刺す，貫通する，…に穴をあける cf. **pierce to death** 刺し殺す
238 □ **spear** [spíər]	名 槍，やす
239 □ **abruptly** [əbrʌ́ptli]	副 急に，突然，ぶっきらぼうに ⇐ 派 **abrupt** 形 急な，突然の，ぶっきらぼうな
240 □ **decree** [dɪkríː]	他 命じる，布告する，宣言する 名 命令，布告，判決

Glossary

□ ℓ.1	**heathen**	異教徒の
□ ℓ.5	**Neo-Platonic philosophy**	新プラトン派哲学
□ ℓ.8	**pretense**	見せかけ，仮面
□ ℓ.10	**short-lived**	短命の
□ ℓ.11	**Sassanian Persia**	ササン朝ペルシア
□ ℓ.12	**set in motion**	始める
□ ℓ.14	**state religion**	国教

おすすめ関連書籍

・G・W・パワーソック『背教者ユリアヌス』新田一郎訳，思索社

27 Islam

Islam is a religion founded by the **prophet** Muhammad. The Qur'an, the scripture of Islam, **testifies** of itself that it was revealed to Muhammad by the one God, Allah. "Islam" means "**submission** to the will of Allah." Islam followers, or Muslims, worship Allah by praying and **reciting** the Qur'an. Every Muslim is required to fast during the daylight hours in Ramadan, the 9th lunar month. And every Muslim is required to make the **pilgrimage** to Mecca at least once in his or her lifetime. The annual pilgrimage takes place during the 12th lunar month, reaching its climax with the **Feast** of Sacrifice, a festival honored throughout the Muslim world with the **slaughter** of a specially fattened sheep, cow or camel. "Jihad" means "**exertion**" or "struggle," and its use in the traditional Islamic **discourse** is far from being **confined** to military matters. The usual translation "holy war" is misleading.

241	□ **prophet** [prɑ́:fət]	[名] 預言者，予言者 ⇐[派] **prophecy** [名] 預言，予言（☞111） ⇐[派] **prophesy** [他] 予言する
242	□ **testify** [téstəfàɪ]	[他] 証言する，証明する
243	□ **submission** [səbmíʃən]	[名] 服従，降伏，提出 ⇐[派] **submit** [他] 提出する　[自] 服従する
244	□ **recite** [rɪsáɪt]	[他] 暗誦する，朗誦する，列挙する ⇒[派] **recitation** [名] 暗誦，朗読
245	□ **pilgrimage** [pílgrəmɪdʒ]	[名] 聖地巡礼，聖地巡り ⇐[派] **pilgrim** [名] 巡礼者（☞42）
246	□ **feast** [fí:st]	[名] 祝宴，大宴会，祝祭
247	□ **slaughter** [slɔ́:tər]	[名] 殺すこと，畜殺，屠殺 [他] 屠殺する，屠る，殺す

イスラム教

イスラム教は預言者ムハンマドが創始した宗教である。イスラム教の聖典クルアーンはムハンマドに伝えられた唯一神アラーの言葉である。「イスラム」とは「アラーの意志への服従」という意味である。ムスリム（イスラム教徒）は祈りとクルアーンの暗誦をとおしてアラーを崇拝する。イスラム教徒はみんな，太陰暦の第 9 月にあたるラマダン月の日中に断食しなければならない。また，すべてのイスラム教徒は生涯に少なくとも一度はメッカに巡礼しなければならない。毎年巡礼は太陰暦の第 12 月に行われ，犠牲祭で最高潮に達する。犠牲祭とは，特別に太らせた羊や牛やラクダを屠(ほふ)ってムスリム世界全体で祝う祝祭である。ジハードとは「努力」や「苦闘」という意味であり，伝統的なイスラム教の言説では軍事的な意味だけで使われるものではない。よく用いられる「聖戦」は誤解をまねく訳語である。

248 □ **exertion** [ɪgzə́ːrʃən, egz-, -ʒən]	名 努力，尽力，発揮
249 □ **discourse** [dískɔːrs, -ˊ]	名 講演，談話，言説
250 □ **confine** [kənfáɪn]	他 制限する，限定する，監禁する ⇒派 **confined** 形 …（to）に限定される

Glossary

□	ℓ.1	**Qur'an（= Koran）**	クルアーン，コーラン（イスラム教の聖典）
□	ℓ.5	**fast**	断食する
□	ℓ.7	**Mecca**	メッカ（イスラム教の聖地）
□	ℓ.12	**far from**	決して…でない

おすすめ関連書籍

・井筒俊彦『「コーラン」を読む』岩波現代文庫

28 Muhammad

Muhammad was the founder of Islam. He was born in 570 to the Hashim clan of the Quraysh tribe, which ruled Mecca. After being **orphaned** at age 6, he was raised by his uncle. When he was 25, he married Khadijah, a successful businesswoman. Around age 35, he began to have doubts about the world. He **secluded** himself in a cave and gave himself over to **contemplation**. Isramic tradition holds that, in 610, the angel Gabriel appeared to him while he was **dozing** in the cave, and told him to recite verses. When he returned home **trembling** with fear, Khadijah and her cousin **reassured** him that that was a **revelation**. After that, Muhammad began to receive revelations periodically. His close friends and family recognized him as a prophet and became his believers. But many of the Quraysh tribe **clung** to the old religion and persecuted him and his followers. In 622, Muhammad took flight to Medina. After many jihads, he returned to Mecca in 630. Then he united the tribes of Arabia. After he passed away in 632, his calm and **collected** companion Abu Bakr was declared the first caliph.

251 □ **orphan** [ɔ́:rfn]	他 孤児にする 名 孤児，みなしご
252 □ **seclude** [sɪklú:d]	他 引きこもらせる，隔絶する cf. **seclude *oneself*** 引きこもる，隠遁する ⇒派 **seclusion** 名 隔離，幽閉，隠遁（☞98）
253 □ **contemplation** [kɑ̀:ntəmpléɪʃən]	名 熟慮，瞑想 ⇐派 **contemplate** 他 熟慮する，熟考する，凝視する
254 □ **doze** [dóʊz]	自 うたたねする，居眠りする
255 □ **tremble** [trémbl]	自 震える，身震いする，おののく
256 □ **reassure** [rìəʃʊ́ər]	他 安心させる，自信を回復させる ⇒派 **reassurance** 名 安心，励まし

ムハンマド

ムハンマドはイスラム教の開祖である。570年にメッカを治めるクライシュ族のハーシム家に生まれた。6歳で孤児になって以降伯父に養育され，25歳で大商人ハディージャと結婚した。35歳頃から世界に対する疑問を抱き始め，洞窟にこもって瞑想にふけるようになった。イスラム教の伝承によると，610年に，洞窟でまどろむ彼のもとに天使ガブリエルが現れ，言葉を復誦するよう命じた。恐れおののいて家に帰ると，ハディージャとそのいとこが，それは啓示だと安心させた。それ以後ムハンマドは規則的に啓示を受けるようになった。近しい友達や家族は彼を預言者と認め入信した。しかしクライシュ族の多数は伝来の宗教に固執し，ムハンマドとその信者を迫害した。ムハンマドは622年にメディナに聖遷（せいせん）した。度重なるジハードを経て630年にメッカに帰還した。その後アラビア半島の諸部族を平定した。632年にムハンマドが崩御すると，ムハンマドの冷静沈着な教友アブー・バクルが初代カリフとなった。

257 □ **revelation** [rèvəléɪʃən]	名 新発見，啓示 ⇐派 **reveal** 他 明らかにする
258 □ **cling** [klíŋ]	自 …（to）にすがりつく，ぴったりとつく，執着する（**clung, clung**）
259 □ **collected** [kəléktɪd]	形 落ち着いた，冷静な cf. **calm and collected** 冷静沈着な

Glossary

□ ℓ.2	**clan**	氏族，一族
□ ℓ.6	**give *oneself* over to**	…に没頭する，ふける
□ ℓ.14	**take flight**	逃亡する，脱出する
□ ℓ.14	**jihad**	聖戦，ジハード
□ ℓ.15	**pass away**	死ぬ
□ ℓ.17	**caliph**	カリフ（イスラム世界の指導者）

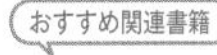

・鈴木紘司『預言者ムハンマド』PHP 新書

29 Ali

Ali was the 4th caliph. Born around 600 to the Hashim clan, he was the first to accept Islam after Khadijah. As Muhammad's **trustworthy** secretary, he helped the believers with their **chores**. He won fame as a **gallant** warrior, and helped to establish the Islamic order. After the 3rd caliph Uthman was killed in 656, Ali was appointed caliph, although at first he refused, saying that he would rather be a **counselor**. The first four caliphs from Abu Bakr to Ali are called the rightly guided caliphs. Ali was opposed by Muawiyah, Uthman's cousin's son, and a civil war broke out. It ended in 661 when they agreed to **arbitration**. Ali was assassinated while praying in a **mosque**. Muawiyah became caliph and founded the Umayyad Caliphate. Ali's supporters objected to this, and became Shia. The Shias do not recognize the first three caliphs or the Umayyad caliphs, none of whom belonged to the Hashim clan, whereas the Sunnis do recognize them. As the only caliph recognized by both the Sunnis and Shias, Ali has been respected for his **unswerving devotion** to Muhammad.

260	□ **trustworthy** [trʌ́stwə̀ːrði]	形 信用できる，信頼に足る，当てになる
261	□ **chore** [tʃɔ́ːr]	名 決まりきった仕事，日々の仕事，日課
262	□ **gallant** [gǽlənt]	形 勇敢な，勇ましい，雄々しい
263	□ **counselor** [káʊnslər]	名 カウンセラー，助言者，相談役
264	□ **arbitration** [ɑ̀ːrbətréɪʃən]	他 仲裁，調停 ⇐ 派 **arbitrate** 他 仲裁する，調停する
265	□ **mosque** [mɑ́ːsk]	名 モスク，イスラム教寺院

アリー

アリーは第 4 代カリフである。600 年頃にハーシム家に生まれた彼は，ハディージャに次いでイスラム教に入信した。ムハンマドの信望厚き秘書官を務め，信者たちの日々の仕事を手伝った。勇将の名声を高め，イスラムの秩序確立に貢献した。第 3 代カリフ，ウスマーンが 656 年に殺害されると，アリーはカリフに就任した。当初は相談役になることを希望し，固辞した末の就任だった。アブー・バクルからアリーまでの最初の 4 代を正統カリフと呼ぶ。ウスマーンの従兄の子ムアーウィヤがアリーに反旗を翻し，内戦が勃発した。661 年に両者が仲裁に応じて内戦は終わった。アリーはモスクで祈禱中に暗殺された。ムアーウィヤはカリフに就任し，ウマイヤ朝を興した。アリーの支持者はこれに反発し，シーア派を形成した。最初の 3 代とウマイヤ朝のカリフはハーシム家出身でないため，シーア派はこれを認めない。一方スンニ派はこれを認める。スンニ派とシーア派がともに認める唯一のカリフであるアリーは，ムハンマドへのゆるぎない献身により尊崇されてきた。

266 □ **swerve** [swə́ːrv]	自 急ハンドルをきる，急にそれる ⇒派 **unswerving** 形 不動の，ゆるぎない
267 □ **devotion** [dɪvóʊʃən]	名 深い愛情，献身，信心 ⇐派 **devote** 他 ささげる，振り向ける

Glossary

□ ℓ.4	**win fame**	名声を高める
□ ℓ.6	**would rather**	…する方がよい
□ ℓ.12	**caliphate**	カリフの統治
□ ℓ.12	**Shia**	シーア派
□ ℓ.14	**Sunni**	スンニ派

・池内恵『シーア派とスンニ派』新潮選書

30 Al-Mansur

Al-Mansur was the 2nd caliph and the **virtual** founder of the Abbasid Caliphate. He was born around 713 in Jordan after his family's **emigration** from Medina. He was a great-great-grandson of Abbas, the prophet Muhammad's uncle. In 749, his half-brother As-Saffah declared himself caliph and founded the Abbasid Caliphate in Kufa in what is today Iraq. As-Saffah died in 754 before **consolidating** the foundation of his caliphate, after which Al-Mansur inherited it. In order to **stabilize** the **bureaucracy**, Al-Mansur established the capital city of Baghdad in 762. He made efforts to elevate **competent** non-Arab Muslims to high positions. His succeeding Abbasid caliphs inherited the principle of treating Muslims equally regardless of race, which encouraged a speedy shift towards Islam in West Asia. Al-Mansur died in 755 when he **tumbled** off a horse and broke his **spine** on his pilgrimage to Mecca. All his succeeding Abbasid caliphs were his direct **descendants**, until Baghdad fell to the Mongols in 1258.

268 □ **virtual** [vəːrtʃuəl]	[形] 事実上の，仮想の，ネットワーク上の ⇒[派] **virtually** [副] 事実上，ほぼ，ほとんど
269 □ **emigration** [èmɪgréɪʃən]	[名] 他国への移住，移民，出稼ぎ ⇐[派] **emigrate** [他]（他国に）移住する，出稼ぎに行く（☞103） ⇔[反] **immigration** [名] 入国，入植，移住（☞93）
270 □ **consolidate** [kənsɑ́ːlədèɪt]	[他] 固める，強固にする，統合する
271 □ **stabilize** [stéɪbəlàɪz]	[他] 安定化させる
272 □ **bureaucracy** [bjuərɑ́ːkrəsi]	[名] 官僚制度，官僚主義，お役所仕事 ⇐[派] **bureaucrat** [名] 官僚，役人 ⇒[派] **bureaucratic** [形] 官僚の，官僚主義的な（☞61）
273 □ **competent** [kɑ́ːmpətnt]	[形] 能力のある，堪能な，有能な ⇔[反] **incompetent** [形] 能力のない，無能な（☞36）

マンスール

マンスールはアッバース朝の第2代カリフにして事実上の創建者である。マンスールは713年頃に，一家でメディナから移住した先のヨルダンに生まれた。彼は預言者ムハンマドの叔父アッバースの玄孫(やしゃご)である。749年，異母弟サッファーフが現在のイラクのクーファでカリフに即位し，アッバース朝を開創した。754年，王朝の基盤を固めないうちにサッファーフが死去すると，マンスールがカリフ位を継承した。762年，官僚機構の安定を図って，マンスールはバグダードを建都した。彼は有能な非アラブ人ムスリムを積極的に高官に登用した。以降のアッバース朝のカリフも，ムスリムであれば民族を問わず平等に扱うという原則を継承したため，西アジアの急速なイスラム化が進んだ。775年，マンスールはメッカ巡礼の途上で落馬して背骨を折り，命を落とした。1258年にバグダードがモンゴル軍の前に陥落するまで，アッバース朝のカリフは全員マンスールの直系の末裔(まつえい)だった。

274 □ **tumble** [tʌ́mbl]	自 …(off)から転落する，転ぶ，暴落する
275 □ **spine** [spáɪn]	名 背骨，脊柱
276 □ **descendant** [dɪséndənt]	名 子孫，末裔 ⇐ 派 **descend** 他 降りる，伝わる，系統を引く

Glossary

- □ ℓ.3 **great-great-grandson** 男の玄孫(やしゃご)
- □ ℓ.4 **half-brother** 異母〔異父〕兄弟
- □ ℓ.8 **in order to** …するために
- □ ℓ.9 **make efforts to** …するよう努力する
- □ ℓ.11 **succeeding** 次の，後継の
- □ ℓ.12 **regardless of** …を問わず
- □ ℓ.16 **fall to** …の攻撃によって陥落する

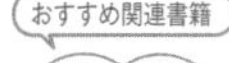

・高野太輔『マンスール　イスラーム帝国の創建者』山川出版社

31 Emperor Taizong of Tang

Emperor Taizong of Tang was the 2nd emperor of the Tang dynasty of China. Li Shimin was born the son of Li Yuan in 598. In 617, as one rebellion broke out after another against Emperor Yang's **tyrannical** rule, Yuan **rebelled** against the **doomed** Sui dynasty. In 618, Yuan founded the Tang dynasty as Emperor Gaozu. After he made his firstborn son Li Jiancheng crown prince, **discord** appeared between Shimin, whom many considered suited to be crown prince, and Jiancheng, who was **overshadowed** by Shimin. Fearful of being killed, Shimin staged the Xuanwu Gate Incident to kill Jiancheng in 626. He then deposed Gaozu to be crowned as Emperor Taizong. **Responsive** to **blunt** criticism from his ministers, Taizong is considered one of the greatest emperors in Chinese history. The **tranquil** era under his reign is called the Reign of Zhenguan. *The Essentials of Governance*, a collection of his dialogues, is a popular read in Japan. After Taizong died in 649, his son Li Zhi succeeded the throne as Emperor Gaozong. Too **feeble** to be **attentive** to the business of the state, Gaozong was controlled by his Empress Wu Zetian, who would interrupt the Tang dynasty by creating her own Zhou dynasty.

277 □ **tyrannical** [tɪrǽnɪkl, taɪ-]	形 暴君の，専制的な，暴虐な ⇐派 **tyranny** 名 圧政，暴虐，専制政治
278 □ **rebel** 自 [rɪbél] 名 [rébl]	自 …（against）に謀反を起こす，そむく，反抗する 名 反乱者，反逆者
279 □ **doom** [dúːm]	他 運命づける 名 破滅，運命 ⇒派 **doomed** 形 運がつきた，絶望的な
280 □ **discord** [dískɔːrd]	名 不和，仲たがい，不一致
281 □ **overshadow** [òʊvərʃǽdoʊ]	他 …の影を薄くする，見劣りさせる，陰らせる
282 □ **responsive** [rɪspáːnsɪv, rə-]	形 …（to）にすぐ答える，よく反応する ⇐派 **response** 名 反応，反響

唐の太宗

太宗（たいそう）は唐（とう）の第 2 代皇帝である。李世民（りせいみん）は 598 年に李淵（りえん）のもとに生まれた。617 年，煬帝（ようだい）の苛政に対する反乱が続発する中，淵は命運のつきた隋に対し反旗を翻した。618 年，淵は唐を開き，即位して高祖（こうそ）になった。高祖が長男の李建成（りけんせい）を皇太子に冊立（さくりつ）すると，皇太子の器と見られていた世民と，弟のせいで影の薄い建成の間に不和が生じた。殺害を恐れた世民は，626 年に玄武門（げんぶもん）の変で建成を殺した。その後高祖を廃位し，太宗として即位した。臣下の遠慮のない諫言（かんげん）をよく聞いた太宗は，中国史上きっての名君とされる。太宗治下の太平の世は貞観（じょうがん）の治と呼ばれる。太宗の問答集『貞観政要（じょうがんせいよう）』は日本で広く読まれている。太宗が 649 年に薨（こう）じた後，息子の李治（りち）が高宗（こうそう）として即位した。柔弱で国事を顧みない高宗は后の則天武后（そくてんぶこう）のいいなりで，武后の建てた周（しゅう）により唐は中断することになる。

283 □ **blunt** [blʌ́nt]	形 鈍い，無遠慮な，率直な
284 □ **tranquil** [trǽŋkwɪl, -kwəl]	形 静かな，穏やかな，平和な
285 □ **feeble** [fíːbl]	形 弱い，ひ弱な，力量がない
286 □ **attentive** [əténtɪv]	形 …（to）に注意を払っている，…を注意深く聞いている ⇐ 派 **attention** 名 注意，注意力，注目

Glossary

□ ℓ.3	**one ... after another**	一つまた一つと，次々と
□ ℓ.4	**Sui dynasty**	隋王朝
□ ℓ.7	**crown prince**	皇太子
□ ℓ.9	**Xuanwu Gate Incident**	玄武門の変
□ ℓ.15	**succeed the throne**	帝位を継ぐ

おすすめ関連書籍

・呉兢『貞観政要』守屋洋訳，ちくま学芸文庫

32 An Lushan

An Lushan was a Chinese general who launched the An Lushan Rebellion against the Tang dynasty. An was born around 703 in Mongolia between a Sogdian father and a **Celestial** Turkic mother. In his teens, he migrated to Tang China, where he became a general. In 755, he raised an army, claiming to kill the chancellor for the emperor's sake. He captured Luoyang and proclaimed himself emperor of Yan in 756. As his eye problems led to blindness, he became cruel and **prone** to **batter** his servants. He favored his youngest son An Qing'en, and his elder son An Qingxu became **apprehensive** about losing his status as heir. An Qingxu murdered Lushan and became emperor in 757. Next year, Qingxu was killed by Shi Siming, An Lushan's **sworn** friend, who became emperor. In 761, Shi Siming was **strangled** by his son Shi Chaoyi, who then became emperor. But the generals did not see him as qualified to be emperor, and the Yan forces **dissolved**. In 762, the Tang forces regained Luoyang and **routed** Shi Chaoyi. He tried to flee abroad, but was **intercepted** on the way. Chaoyi killed himself, thus ending the rebellion.

287 □ **celestial** [səléstʃəl]	形 天体の，空の，美しい cf. **Celestial Turk** 突厥人，**Celestial Turkic** 突厥人の
288 □ **prone** [próʊn]	形 …（to）しがちな，…しやすい，…（to）を被りやすい
289 □ **batter** [bǽtər]	他 乱打する，たたく，虐待する
290 □ **apprehensive** [æ̀prɪhénsɪv]	形 …（about / of）が不安な，心配な，こわい ⇒派 **apprehension** 名 不安，心配
291 □ **sworn** [swɔ́ːrn]	形 宣誓した上での，誓った ⇐派 **swear** 他 自 誓う
292 □ **strangle** [strǽŋgl]	他 絞め殺す，絞殺する

安禄山

安禄山は唐に対して安史の乱を起こした軍人である。安は703年頃にモンゴリアでソグド人の父と突厥人の母の間に生まれた。10代で唐に移住し，将軍になった。755年，安は宰相の誅殺をとなえて挙兵した。756年に洛陽を陥落させ，燕国皇帝を名乗った。眼病で失明するにつれ残忍になり，家来を打擲するようになった。彼は末子安慶恩を寵愛したため，慶恩の兄安慶緒は跡継ぎの座を失う不安に陥った。757年に安慶緒は禄山を弑し，皇帝になった。慶緒は翌年禄山の盟友史思明に殺され，思明が皇帝となった。思明は761年に息子史朝義に絞殺され，朝義が即位した。しかし将軍たちは彼を皇帝の器と見なさず，燕軍は分裂した。762年に唐軍が洛陽を奪還すると，史朝義は敗走した。彼は亡命を図るも，途中で捕らえられた。朝義が自害して，安史の乱は終焉した。

293 □ **dissolve** [dızɑ́:lv]	自 溶ける，消える，分解する
294 □ **rout** [ráʊt]	他 打ち破る，敗走させる 名 壊滅的敗走，大敗北，総崩れ
295 □ **intercept** [ìntərsépt]	他 途中で捕らえる，途中で奪う，傍受する ⇒派 **interception** 名 傍受，妨害

Glossary

□ ℓ.1	**An Lushan Rebellion**	安史の乱
□ ℓ.3	**Sogdian**	ソグド人の
□ ℓ.5	**chancellor**	宰相
□ ℓ.5	**for ...'s sake**	…のために
□ ℓ.17	**kill *oneself***	自殺する

おすすめ関連書籍

・森部豊『安禄山 「安史の乱」を起こしたソグド人』山川出版社

33 Liu Zongyuan

Liu Zongyuan was a Chinese writer of the Tang dynasty. In the period of **tumult** after the An Lushan Rebellion, he led the Classical **Prose** Movement. He promoted **clarity** and **precision** of the classical prose style, and produced many examples of charming and **reflective** prose. Born in 773, Liu became a **government** official and joined the Wang Shuwen faction. When Emperor Dezong died in 805, the Wang faction helped crown prince Li Song take the throne as Emperor Shunzong. The faction seized power and started a series of reforms **collectively** called the Yongzhen Reformation, which included the forbidding of improper tributes to the emperor. When the Wang faction tried to strip power from the eunuchs, they aggressively opposed, urging Emperor Shunzong to step down from the throne. When the emperor gave the throne to his son, the Yongzhen Reformation suffered a **setback**, and the Wang faction's political influence ended. Liu was **shuffled** out to Yongzhou, where he wrote many of his works, as he was not allowed to attend to **governmental** affairs. In 815, he was packed off to Liuzhou, where he died in 819.

296 □ **tumult** [t(j)úːmʌlt]	名 騒動，混乱，動揺
297 □ **prose** [próʊz]	名 散文，文章 cf. **Classical Prose Movement** 古文復興運動
298 □ **clarity** [klǽrəti]	名 明快さ，明晰さ，鮮明さ
299 □ **precision** [prɪsíʒən]	名 正確さ，精密さ，慎重さ ⇐派 **precise** 形 正確な，精密な，慎重な
300 □ **reflective** [rɪfléktɪv, rə-]	形 思慮深い，思索にふける，思索的な ⇐派 **reflect** 他 熟考する
301 □ **collective** [kəléktɪv]	形 集団の，共同の，集合的な ⇒派 **collectively** 副 集合的に，まとめて

柳宗元

柳宗元(りゅうそうげん)は唐代の文学者である。安史の乱後の動乱期に古文復興運動を唱導した。古文の明快さと正確さを称揚し，魅力的で思索に富む多数の文章で範を示した。773 年に生まれた柳は官僚になり，王叔文(おうしゅくぶん)の派閥，王党に加わった。805 年に皇帝徳宗(とくそう)が崩御すると，王党は皇太子李誦(りしょう)を順宗(じゅんそう)として擁立した。王党は政権を奪取し，皇帝への不正な付け届けの禁止など，永貞(えいてい)革新と総称される一連の改革を開始した。王党が宦官から権限を奪おうとすると宦官たちは猛反発し，順宗に退位を迫った。順宗が息子に譲位して永貞革新は頓挫し，王党の政治生命は尽きた。柳は永州に左遷された。彼の作品の多くは政務に携われなかったこの地で書かれた。815 年には柳州に飛ばされ，その地で 819 年に歿した。

302 □ **setback** [sétbæ̀k]	名 つまずき，挫折，後退
303 □ **shuffle** [ʃʌ́fl]	他 もぞもぞ動かす，ごちゃ混ぜにする 自 足を引きずって歩く
304 □ **governmental** [gʌ̀vərnméntl]	形 政府の，政治の，国営の ⇐ 派 **government** 名 政府，内閣，政治

Glossary

□ ℓ.5	**government official**	官僚
□ ℓ.8	**seize power**	権力を手に入れる
□ ℓ.11	**eunuch**	宦官
□ ℓ.12	**step down from the throne**	退位する
□ ℓ.13	**give the throne to**	…に譲位する
□ ℓ.16	**attend to**	処理する，対処する
□ ℓ.17	**pack off**	追い立てる

・戸崎哲彦『柳宗元　アジアのルソー』山川出版社

34 Yelü Abaoji

Yelü Abaoji was the founder of the Liao dynasty that ruled northeastern China. He was born in 872 to the Yelü tribe, the largest of the **affiliated** tribes of the Khitans, nomadic people in Southern Mongolia. **Legend** has it that his mother dreamed that the sun fell into her **bosom** before she **conceived** him. In 907, Abaoji became khagan of the Khitans. He met with constant rebellions, but his skillful **manipulation** of his enemies allowed him to increase his power. Then he advanced to North China during the **confusion** after the collapse of the Tang dynasty. In 916, he became emperor and founded the Khitan State, later to be renamed Liao. The Liao dynasty began a process of territorial expansion. After subduing Balhae, Abaoji unexpectedly died on his way home in 926. His legacy includes the Khitan scripts, which **comprises** the large script, a logographic script similar to the Chinese script, and the small script, a phonetic script **reminiscent** of the Korean alphabet, **devised** to **accommodate** the Khitan language. The Liao dynasty lasted for over 200 years until it fell to the Jurchen Jin dynasty in 1125.

305 □ **affiliate** [əfílıèıt]	[他] 提携させる，手を組ませる，付属させる ⇒[派] **affiliated** [形] 提携関係にある，系列の，付属の
306 □ **legend** [lédʒənd]	[名] 伝説，言い伝え [cf.] **legend has it that** 伝説によれば ⇒[派] **legendary** [形] 伝説的な，伝説に名高い
307 □ **bosom** [búzəm]	[名] 胸，胸部；〈-s〉乳房
308 □ **conceive** [kənsíːv]	[他] 思いつく，…だと思う，妊娠する ⇒[派] **conception** [名] 構想，着想，考え（☞101）
309 □ **manipulation** [mənìpjəléıʃən]	[名] 上手な扱い，巧みな操作 ⇐[派] **manipulate** [他] 操る，操作する，巧みに扱う（☞9）
310 □ **confusion** [kənfjúːʒən]	[名] 混乱，混同，困惑 ⇐[派] **confuse** [他] 困惑させる，混同する

耶律阿保機

耶律阿保機(やりつあぼき)は中国北東部を支配した遼(りょう)の創始者である。872 年，モンゴル高原南部の遊牧民契丹(きったん)族の氏族連合の最大氏族である耶律氏に生まれた。伝説によると，阿保機の母は太陽が自分の胸に落ちてくる夢を見て阿保機を身ごもったという。907 年，阿保機は契丹族の可汗(かがん)に即位した。たえず謀反に遭うも，巧みに敵をあしらい，権力を固めていった。唐滅亡後の混乱に乗じて華北に進出した。916 年に帝位に即き，契丹国を興した。国号は後に遼となる。爾後(じご)遼は領土拡張に乗り出した。926 年に渤海(ぼっかい)を征服した阿保機は帰国途上に急死した。阿保機が後世に遺したものに契丹文字がある。大字と小字からなり，大字は漢字に似た表語文字である。一方小字は朝鮮語の文字を思わせる表音文字で，契丹語を表すのに便利なように作られた。遼は 200 年以上存続し，1125 年に女真族の金に滅ぼされた。

311 □ **comprise** [kəmpráɪz]	他 含む，…から成る ≒類 **conist of**
312 □ **reminiscent** [rèmənísnt]	形 …（of）を思い出させる，しのばせる
313 □ **devise** [deváɪz]	他 考案する，発明する，計画する ⇐派 **device** 名 装置，工夫
314 □ **accommodate** [əkɑ́ːmədèɪt]	他 収容する，受け入れる，…の場所がある ⇒派 **accomodation** 名 収容設備，収容能力

Glossary

□ ℓ.3	**Khitan**	契丹族
□ ℓ.3	**nomadic**	遊牧民の
□ ℓ.6	**khagan**	可汗（君主の称号）
□ ℓ.6	**meet with**	…に遭遇する，経験する
□ ℓ.13	**Khitan scripts**	契丹文字
□ ℓ.13	**logographic**	各文字が一語を表す，表語の
□ ℓ.14	**phonetic**	表音の，音声表記の
□ ℓ.17	**Jurchen**	女真族

・島田正郎『契丹国　遊牧の民キタイの王朝　新装版』東方書店

35 Wang Anshi

Wang Anshi was a politician of the Northern Song dynasty of China. Born in 1021, Wang Anshi passed the imperial examination and became a government official. After being appointed chancellor in 1069, he carried out a series of reforms called the New Policies, which included the regulation of prices, the **dredging** of rivers, and the reorganization of the army. As the reforms progressed, dissatisfaction built up among the Conservatives, led by Sima Guang, who edited the **monumental chronicle** *Zizhi Tongjian*. When **droughts** and locust **plagues** occurred in 1074, the Conservatives **reproached** Wang for causing the disasters, which they saw as a warning from **Providence** against his bad government, and he was **obliged** to resign. In his closing days, he lay sick in bed, listening to reports of Sima Guang canceling each of his reforms, one after another. He died in 1086. Wang Anshi was long **denounced** as the cause of the fall of the Northern Song dynasty, and it was not until thinker Liang Qichao highly **reappraised** his reforms in the early 20th century that he was rediscovered as a reformer far too ahead of his time.

315	□ **dredge** [drédʒ]	他 浚渫（しゅんせつ）する，さらう，さらい上げる
316	□ **monumental** [mɑ̀:njəméntl]	形 記念碑的な，重要な，大変な ⇐派 **monument** 名 記念碑，遺跡
317	□ **chronicle** [krɑ́:nɪkl]	名 年代記，編年史，記録
318	□ **drought** [dráʊt]	名 旱魃（かんばつ），日照り，渇水
319	□ **plague** [pléɪg]	名 疫病，伝染病，異常発生 cf. **locust plague** 蝗害（こうがい）
320	□ **reproach** [rɪpróʊtʃ]	他 非難する，とがめる，叱責する

王安石

王安石は北宋の政治家である。1021年に生まれた彼は，科挙に合格し官僚になった。1069年に宰相に任命されると，物価の調整，河川の浚渫，軍隊の再編など，新法と呼ばれる一連の改革を行った。改革の進展につれ，年代記の大作『資治通鑑』を編纂した司馬光をはじめとする旧法派の不満が鬱積していった。1074年に旱魃と蝗害が発生すると，旧法派はこれを失政に対する天の警告として王を責め，王は辞任を余儀なくされた。晩年は病床で司馬光が新法を次々に廃止していくのを耳にしながら，1086年に生涯を閉じた。王安石は北宋を滅ぼした政治家として長いこと非難されていたが，20世紀初頭に思想家の梁啓超がその改革を再評価して以降，時代に先んじすぎた改革者として再評価されるにいたった。

321 □ **providence** [prɑ́ːvədəns, -dèns]	名 〈P-〉摂理，神意，天佑
322 □ **oblige** [əbláɪdʒ]	他 (be obliged to) …することを義務づけられる
323 □ **denounce** [dɪnáʊns]	他 非難する，批判する，告発する
324 □ **appraise** [əpréɪz]	他 評価する，検討する ⇒派 **reappraise** 他 再評価する，再検討する

Glossary

□ ℓ.2	**imperial examination**	科挙
□ ℓ.4	**a series of**	一連の，ひと続きの
□ ℓ.7	**build up**	大きくなる，強まる
□ ℓ.7	**conservative**	保守的な人，保守派の人
□ ℓ.12	**closing days**	晩年
□ ℓ.15	**it was not until ... that ～**	…して初めて～した
□ ℓ.17	**ahead of *one's* time**	時代に先んじて

おすすめ関連書籍

・小林義廣『王安石　北宋の孤高の改革者』山川出版社

36 Wanyan Aguda

Wanyan Aguda was the founder of the Jin dynasty of China. He was born in 1068 as the son of a chief of the Wanyan **tribe** of the Jurchens, who were then ruled by the Liao dynasty, which held **sway** over North China. In 1113, Aguda became chief of his tribe. He **loathed** being ruled by the Liao. When Emperor Tianzuo of the Liao ordered the **tribal** chiefs to dance for him at a feast, he was the only chief who **obstinately defied** the order. In 1114, Aguda rebelled against the Liao, and repeatedly defeated the Liao forces. In 1115, he created the Jin dynasty with himself as emperor. The Jin and Northerrn Song dynasties sent **envoys** and **delegations** to each other and formed an alliance. Then Aguda closed in on Beijing. Emperor Tianzuo, **incompetent** in dealing with the threat, fled from Beijing. He intended to strike back, but his general **withheld** his support. In 1123, Aguda died and was succeeded by his brother Wuqimai, who destroyed the Liao dynasty in 1125 and the Northern Song dynasty in 1127. The Jin dynasty ruled North China until it fell to the Mongol Empire in 1234.

325 □ **sway** [swéɪ]	名 揺れ，支配　自 揺れる cf. **hold sway over** …を支配する
326 □ **loathe** [lóʊð]	他 ひどく嫌う，…〈-ing〉するのをひどく嫌う ≒類 **detest**
327 □ **tribal** [tráɪbl]	形 部族の，種族の ⇐派 **tribe** 名 部族，種族
328 □ **obstinate** [á:bstənət]	形 頑固な，強情な，しつこい ⇒派 **obstinately** 副 頑固に，強情に，しつこく
329 □ **defy** [dɪfáɪ]	他 そむく，拒む，裏切る
330 □ **envoy** [énvɔɪ]	名 特使，使節，使者

完顔阿骨打

完顔阿骨打(ワンヤンアグダ)は金朝の創始者である。1068 年に女真(じょしん)族完顔部の族長の息子に生まれた。当時女真族は華北を治める遼の支配下にあった。1113 年，阿骨打は完顔部の族長になった。彼は遼の支配を嫌っていた。遼の天祚(てんそ)帝が宴席で族長たちに歌舞の披露を命じた際，彼のみが断固命令を拒んだ。1114 年，阿骨打は遼に反乱を起こし，度重なる戦闘で遼軍を討ち破った。1115 年，金を建国し，皇帝に即位した。金と北宋は特使や使節団をやり取りし，同盟を結んだ。その後，阿骨打は北京に迫った。脅威を前になす術のない天祚帝は北京から逃走した。天祚帝は反撃するつもりだったが，部下の将軍は協力しなかった。1123 年の阿骨打の死後は弟の呉乞買(ウキマイ)が後を継ぎ，1125 年に遼を，1127 年に北宋を滅ぼした。金は 1234 年にモンゴル帝国によって滅ぼされるまで華北を支配した。

331 □ **delegation** [dèlıgéıʃən]	名 代表団，派遣団，使節団
332 □ **incompetent** [ınkáːmpətnt]	形 能力のない，無能な，役に立たない ⇔ 反 **competent** 形 能力のある，有能な，適任の
333 □ **withhold** [wiðhóʊld, wıθ-]	他 与えずにおく，保留する，差し引く（withheld, withheld）

Glossary

- □ ℓ.11 **close in on** …に近づく
- □ ℓ.12 **deal with** 処理する，扱う
- □ ℓ.13 **strike back** 反撃する
- □ ℓ.16 **fall to** …の攻撃によって陥落する

おすすめ関連書籍
・古松崇志『草原の制覇　大モンゴルまで　シリーズ中国の歴史③』岩波新書

知っておきたい 名言集 I

Socrates

By all means marry: if you get a good wife, you'll become happy; If you get a bad one, you'll become a philosopher.

ソクラテス

ぜひ結婚しなさい。良妻を迎えれば幸せになれるし，悪妻を迎えれば哲学者になれるから。

Confucius

The gentleman is alert to what is right. The petty man is alert to what is profitable.

孔子

君子は正義に明るく，小人は利益に明るい。

Julius Caesar

As a rule, what is out of sight disturbs men's minds more seriously than what they see.

ユリウス・カエサル

概して人は見えるものより見えないものに心を乱される。

Cicero

To be ignorant of what occurred before you were born is to remain forever a child.

キケロ

自分が生まれる前に起こったことを知らないということは，永遠に子供であり続けるのと同じことだ。

Emperor Taizong of Tang

The military is a baleful instrument, it should only be used as a last resort.

唐の太宗

兵は凶器である。万やむをえざるときに用いるものだ。

Chapter II

教養の世界史
中世・近世

Medieval and Early Modern Period

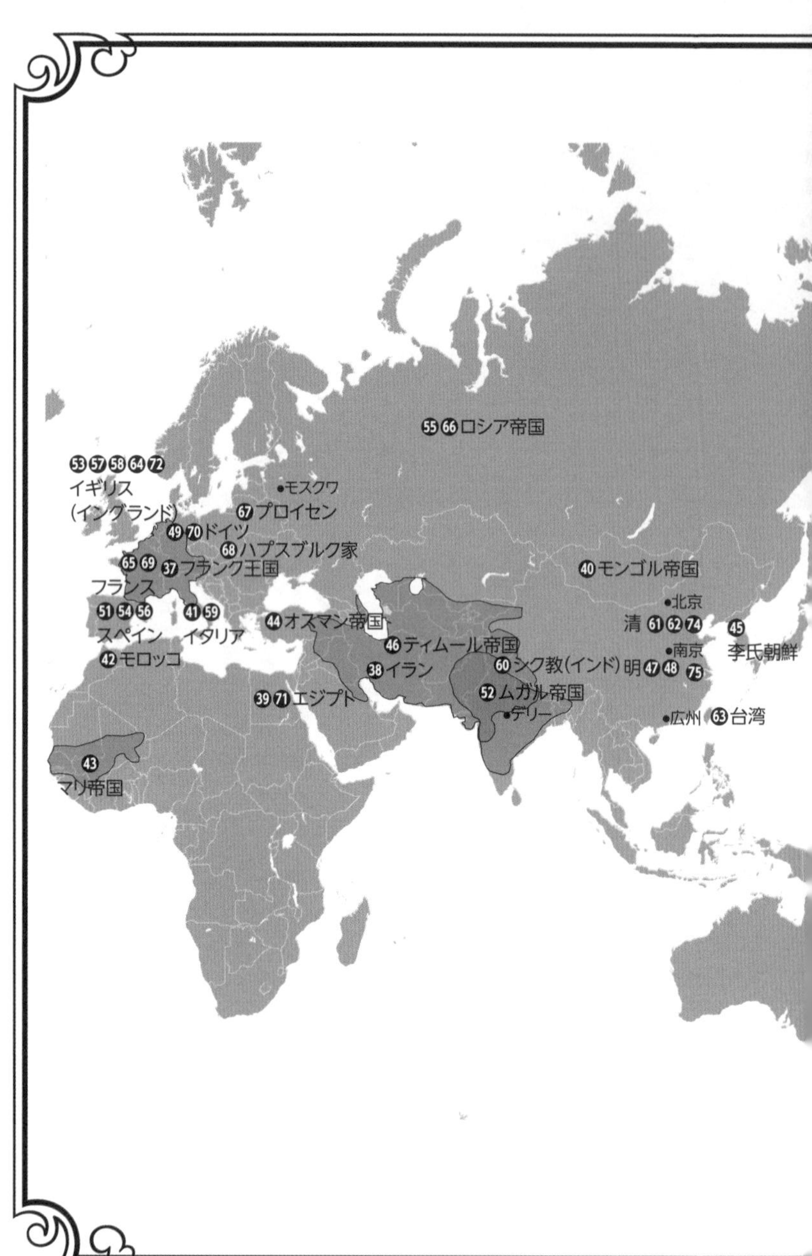
55 66 ロシア帝国
53 57 58 64 72
イギリス
(イングランド)
・モスクワ
67 プロイセン
49 70 ドイツ
68 ハプスブルク家
65 69 37 フランク王国
フランス
40 モンゴル帝国
・北京
51 54 56
スペイン
41 59
イタリア
44 オスマン帝国
清 61 62 74
45
李氏朝鮮
46 ティムール帝国
・南京
42 モロッコ
38 イラン
60 シク教(インド)
明 47 48 75
52 ムガル帝国
39 71 エジプト
・デリー
・広州
63 台湾
43
マリ帝国

73 大コロンビア
50 インカ帝国

37 Charlemagne

Charlemagne was a king of the Frankish Kingdom and a Roman emperor. Born in 748 as the son of Pepin III, who founded the Carolingian dynasty, he inherited the throne in 768. He defeated the Lombard Kingdom in 774 and the Saxons in 785. He **assaulted** the Avars and **compelled** them to become his vassals in 796. He unified most of western Europe and produced the golden age of the Frankish Kingdom, which was now comparable to the Byzantine Empire. With a **willingness** to learn, he invited scholars and **clergymen**. His court produced books that taught Latin to improve **literacy**. Thus, he spurred the Carolingian Renaissance. In 800, Pope Leo III crowned him emperor of Rome. Charlemagne's biographer claimed that he did not know of his **elevation** beforehand, but it is generally agreed that he must have known about it. In 802, Charlemagne prepared to marry Empress Irene of the Byzantine Empire. Irene was **poised** to marry him, but she was deposed by a **coup**. After Charlemagne died in 814, his grandsons divided the Frankish **realm** into what would later become France, Germany and Italy in 843.

333	□ **assault** [əsɔ́:lt]	[他] 襲う，襲撃する，…に暴行する [名] 暴行，攻撃，襲撃
334	□ **compel** [kəmpél]	[他] …に無理やり～させる，…に強いる
335	□ **willingness** [wílɪŋnəs]	[名] 進んで…（to）すること，しようとする気持ち ⇐[派] **willing** [形] 進んでやる，…する気がある
336	□ **clergyman** [klə́:rdʒɪmən]	[名] 聖職者，牧師（**clergymen**）
337	□ **literacy** [lítərəsi]	[名] 読み書き能力，識字能力
338	□ **elevation** [èləvéɪʃən]	[名] 昇進，昇格，高度 ⇐[派] **elevate** [他] 昇進させる
339	□ **poise** [pɔ́ɪz]	[他] …の平衡を保つ　[名] 落ち着き，姿勢，つり合い ⇒[派] **poised** [形] …（to）する準備ができて，…しそうで

カール大帝

カール大帝はフランク国王，ローマ皇帝である。カロリング朝を開いたピピン3世の息子として748年に生まれ，768年に王位を継承した。774年にランゴバルド王国を，785年にザクセン人を征服した。796年にはアヴァール人を襲撃し，支配下に置いた。西ヨーロッパの大半を統一したカールは，フランク王国の全盛期を現出させた。彼の国はビザンツ帝国に比肩する国となった。学ぶ意欲が旺盛なカールは，学者や聖職者を招聘した。宮廷でラテン語の教科書を作成し，識字率を向上させた。こうしてカロリング・ルネサンスを演出した。800年に教皇レオ3世はカールをローマ皇帝に推戴（すいたい）した。カールの伝記作家は，彼は戴冠することを前もって知らなかったと書いているが，知っていたはずだと一般に考えられている。802年，カールはビザンツ帝国の女帝イレーネとの結婚を準備した。イレーネも結婚に乗り気だったが，政変が起こって廃位された。カールが814年に死去した後，孫の代になって843年にフランク王国は分裂し，現在のドイツ・フランス・イタリアの原型が出来あがった。

340 □ **coup** [kúː]	名 政変，クーデター（coup d'état）
341 □ **realm** [rélm]	名 領域，範囲，分野

Glossary

□ ℓ.1	**Frankish Kingdom**	フランク王国
□ ℓ.3	**inherit the throne**	王位を継ぐ
□ ℓ.5	**vassal**	属国
□ ℓ.6	**golden age**	全盛期
□ ℓ.9	**Latin**	ラテン語
□ ℓ.10	**Renaissance**	ルネサンス，文芸復興
□ ℓ.10	**Pope**	ローマ教皇
□ ℓ.11	**biographer**	伝記作家

おすすめ関連書籍

・五十嵐修『地上の夢キリスト教帝国』講談社選書メチエ

38 Al-Ghazali

Al-Ghazali was one of the most prominent thinkers in Islamic history. He created the Sunni ideological **framework** for the majority of Muslims as opposed to the Shias, who were ideologically **coherent**. He is one of the representative ulamas, or Islamic scholars, who today's ulama **cite** as their authority when giving a fatwa, or Islamic **verdict**. Born in 1058 in Iran under the Seljuk rule, he studied Islamic **theology** and was elected as professor at the Nezamiyeh in 1091. But in 1095, he suddenly left the Nezamiyeh to go on a pilgrimage to Mecca. After that, he spent his life as a sufi. In 1106, at the **premier**'s request, he resumed teaching, until he died in 1111. Before Al-Ghazali, sufis, some of whom were publicly **immersed** in alcohol drinking or **homosexual lust**, had been quite **incompatible** with ulamas. Al-Ghazali made sufism acceptable to many people. He thus made sufism a part of Islamic scholarship and established Sunni thought.

342 □ **framework** [fréɪmwə̀ːrk]	[名] 枠組，基盤，構造
343 □ **coherent** [koʊhíərənt]	[形] 筋の通った，まとまった，理路整然としている
344 □ **cite** [sáɪt]	[他] 挙げる，引き合いに出す，引用する ⇒[派] **citation** [名] 引用文，引用語句
345 □ **verdict** [və́ːrdɪkt]	[名] 評決，判断，見解
346 □ **theology** [θi(ː)ɑ́ːlədʒi]	[名] 神学，宗教学，神学体系 ⇒[派] **theological** [形] 神学の，神学上の（☞118）
347 □ **premier** [prɪmíər]	[名] 首相，宰相，総理大臣
348 □ **immerse** [ɪmə́ːrs]	[形] 浸す，沈める，埋める ⇒[派] **immersed** [形] …（in）に没頭した，ふけった，陥った

ガザーリー

ガザーリーはイスラム史上最大の思想家の一人である。彼は，思想的にまとまったシーア派に対する多数派イスラム教徒にスンニ派としての思想の枠組を与えた。現代のウラマー（イスラム法学者）がファトワ（法見解）を出す際典拠とするウラマーの代表である。1058 年にセルジュク朝治下のイランに生まれたガザーリーはイスラム神学を学び，1091 年にニザーミーヤ学院教授に抜擢された。しかし 1095 年に突然学院を辞職，メッカ巡礼の旅に出る。その後はスーフィー（神秘主義者）としての生活を送った。1106 年，宰相の要請に応じて再び教鞭をとり，1111 年に死去した。ガザーリー以前は，公然と飲酒や同性愛にふける者もいるスーフィーは，ウラマーとは水と油だった。ガザーリーはスーフィズムを大勢に受け入れられるようにした。こうして彼はスーフィズムをイスラム諸学の一部にし，スンニ派思想を確立した。

349	□ **homosexual** [hòʊməsékʃuəl, -sékʃəl]	形 同性愛の　名 同性愛者 ⇒派 **homosexuality** 名 同性愛
350	□ **lust** [lʌ́st]	名 強い欲望，性欲，肉欲
351	□ **incompatible** [ìnkəmpǽtəbl]	形 …（with）と相容れない，…と気が合わない，…と水と油の ⇔反 **compatible** 形 矛盾しない，うまが合う

Glossary

□	ℓ.2	**Sunni**	スンニ派の
□	ℓ.2	**ideological**	イデオロギー（上）の
□	ℓ.3	**as opposed to**	…とは対照的に
□	ℓ.3	**Shia**	シーア派
□	ℓ.8	**go on a pilgrimage**	聖地巡礼の旅に出る
□	ℓ.9	**sufi**	スーフィー（神秘主義者）
□	ℓ.13	**sufism**	スーフィズム（神秘主義）

・ガザーリー『誤りから救うもの』中村廣治郎訳，ちくま学芸文庫

39 Saladin

Salah ad-Din, better known as Saladin, was the founder of the Ayyubid dynasty of Egypt. He is a legendary Muslim hero who **retrieved** Jesusalem, occupied by the First Crusaders for 88 years. Born around 1137 into a Kurdish family in Tikrit in **present-day** Iraq, Saladin spent his **adolescent** years in Damascus, Syria. His father Ayyub and his uncle Shirkuh served Nur ad-Din, who ruled Damascus. In 1164, Nur ad-Din started to send military campaigns against the Fatimid dynasty of Egypt. Shirkuh led the campaigns and Saladin went along with them. In 1169, Shirkuh killed the Fatimid vizier and became vizier himself, but died from **obesity** two months later. Then Saladin succeeded him as vizier and founded the Ayyubid dynasty. In 1187, he overran Jerusalem, which had been ruled by Christians since 1099. After defending the city from the Third Crusaders, he died in Damascus in 1193. At the height of his power, his territory **spanned** Egypt, Syria, and parts of Mesopotamia. In the 20th century, his **heroism** gained a new significance with regard to the Third Arab-Israeli War. His flag was **adorned** with an eagle, and the Eagle of Saladin appears on the national **emblem** of several Arab countries.

352	□ **retrieve** [rɪtríːv]	他 取り戻す，回収する，検索する
353	□ **present-day** [prézntdéɪ]	形 現代の，今日の
354	□ **adolescent** [ædəlésnt]	形 思春期の，青年期の，子供じみた 名 若者，青年
355	□ **obese** [oʊbíːs]	形 肥満の，肥えた，太った ⇒派 **obesity** 名 肥満
356	□ **span** [spǽn]	他 …に及ぶ，含む 名 期間，長さ，範囲
357	□ **heroism** [hérouìzm]	名 英雄的行為，勇気，勇敢さ ⇐派 **hero** 名 英雄

サラディン

サラーフ・アッディーン，通称サラディンは，エジプトのアイユーブ朝の創始者である。88年間第一回十字軍の占領下にあったエルサレムを奪回した，イスラム教徒の伝説的英雄である。1137年頃に今日のイラクのティクリートでクルド人の家系に生まれたサラディンは，青年期をシリアのダマスクスで過ごした。父アイユーブと叔父シールクーフはダマスクスの統治者ヌール・アッディーンに仕えていた。1164年からヌール・アッディーンはエジプトのファーティマ朝にシールクーフ率いる遠征軍を派遣し，サラディンもこれに参加した。1169年，シールクーフはファーティマ朝の宰相を殺害し自身が宰相になるも，その2カ月後に肥満が原因で死亡した。そこでサラディンはその宰相職を引き継いで，アイユーブ朝を開創した。1099年以来キリスト教徒に支配されていたエルサレムを1187年に征服した。第三回十字軍からエルサレムを防衛した後，1193年にダマスクスで歿した。最盛期の領土はエジプト，シリアおよびメソポタミアの一部にまで及んだ。20世紀になって，第三次中東戦争を機に彼の英雄的な事績があらためて注目を浴びた。サラディンは鷲を描いた旗を使用していたが，この鷲はアラブ諸国の国章に使われている。

358 □ **adorn** [ədɔ́ːrn]	他 飾る，装飾する ⇒派 **adornment** 名 装飾，装飾品
359 □ **emblem** [ébləm]	名 模様，紋章，象徴

Glossary

- □ ℓ.3 **Crusader** 十字軍戦士
- □ ℓ.8 **go along with** …に同行する
- □ ℓ.9 **vizier** 宰相
- □ ℓ.16 **with regard to** …との関連で
- □ ℓ.16 **Third Arab-Israeli War** 第三次中東戦争

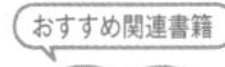
おすすめ関連書籍
・佐藤次高『イスラームの「英雄」サラディン　十字軍と戦った男』講談社学術文庫

40 Genghis Khan

Genghis Khan was the founder of the Mongol Empire. Temujin was born in 1162. Soon after he married in 1178, his wife was **kidnapped** by the Merkid. After he **raided** the Merkid to rescue her, he gradually rose to power. In 1206, he founded the Mongol Empire and named himself Genghis Khan, or Chinggis Khan. As the Mongolian word *chin*, meaning "fearless," is similar to *chino*, meaning "wolf," from whom the Mongols claimed **descent**, it was a fitting name for him. His empire was vastly more progressive than its **contemporaries** in Europe and Asia. To maintain peace in the **diverse** set of tribes, he **enacted** laws that suppressed the causes of tribal **feuding**. He declared all children legitimate, whether born by a wife or a **mistress**. To promote all religions, he **exempted** religious leaders from **taxation**. He adopted a new writing system, specifically to record the laws. After he died in 1227, his grandsons divided his empire, but his descendants continued to rule a variety of empires, such as the Yuan dynasty of China and the Mughal Empire of India.

360 □ **kidnap** [kídnæp]	他 さらう，誘拐する，拉致する
361 □ **raid** [réɪd]	他 手入れする，襲撃する，急襲する 名 襲撃，急襲，手入れ
362 □ **descent** [dɪsént]	名 降下，家系，血統 ⇔反 **ascent** 名 上昇
363 □ **contemporary** [kəntémpərèri]	名 同時代の人，同時代のもの，同年輩の人 形 同時代の，現代の
364 □ **diverse** [dəvə́ːrs]	形 異なった，多様な，種々の ⇒派 **diversity** 名 多様性
365 □ **enact** [enǽkt]	他 制定する，立法化する ⇒派 **enactment** 名 制定，立法
366 □ **feud** [fjúːd]	自 反目する，争う 名 確執，反目，争い

チンギス・ハン

チンギス・ハンはモンゴル帝国の創始者である。テムジンは1162年に生まれた。1178年に結婚後間もなく妻がメルキト族に誘拐された。テムジンはメルキト族を襲撃して妻を救出し，以降次第に頭角をあらわしていった。1206年にモンゴル帝国を建国，チンギス・ハン（ジンギス・カン）を名乗った。モンゴル語の「チン」は“恐れを知らない”の意味で，モンゴル人が祖先とする“狼”を表す「チノ」に似ているため，彼にぴったりの名前だった。彼の帝国は同時代のヨーロッパやアジアの諸国にくらべ，はるかに先進的だった。多様な部族の間に平和を維持するため，部族間の争いの種をなくす法律を制定した。正室の子も側室の子もすべて嫡出子とすると布告した。全ての宗教を保護するために，宗教指導者を免税した。特に法律の記録を目的として，新しい表記法を採用した。1227年に死去後，孫の代に帝国は分裂したが，彼の後裔(こうえい)たちは中国の元(げん)やインドのムガル帝国など様々な帝国を支配しつづけた。

367 □ **mistress** [místrəs]	名 愛人，情婦，妾
368 □ **exempt** [ɪgzémpt, egz-]	他 …（from）から免除する 形 …（from）を免除された
369 □ **taxation** [tækséɪʃən]	名 課税，税制，税収 ⇐派 **tax** 他 税金を課す　名 税金

Glossary

□ ℓ.1	**Mongol**	モンゴルの
□ ℓ.4	**rise to power**	政権の座につく
□ ℓ.5	**Mongolian**	モンゴル語の
□ ℓ.7	**fitting**	…（for）にふさわしい
□ ℓ.13	**writing system**	表記法
□ ℓ.15	**such as**	…など

おすすめ関連書籍
・ジャック・ウェザーフォード『チンギス・ハンとモンゴル帝国の歩み　ユーラシア大陸の革新』星川淳監訳，横堀冨佐子訳，パンローリング

41 Marco Polo

Marco Polo was an Italian merchant and **explorer** who **dictated** *The Travels of Marco Polo*, which describes his experiences with his father and uncle as they traveled through Asia. Some people are **incredulous** at their story, which sometimes sounds too **fabulous** to be **authentic**. The first journey was made by Marco's father Niccolò and uncle Matteo. The brothers left Venice with their **merchandise** in 1260, and traveled eastward. Around 1264, they reached the court of the Yuan dynasty of China and met emperor Kublai Khan. Around 1265, they left for home, **allegedly** to deliver a letter from Kublai to the Pope, and reached Venice in 1269. In their second journey, Marco joined them. They **traversed** deserts along oases and reached the seat of Kublai around 1274. Marco served the emperor for over 10 years. After they returned to Venice around 1295, Marco dictated his journey to a writer Rustichello, who created *The Travels of Marco Polo* around 1300. Marco's readers included Christopher Columbus, who was inspired by Marco's **itinerary** to decide to go west to reach Asia.

370	□ **explorer** [ɪksplɔ́ːrər, eks-]	名 探検家，冒険家，調査者 ⇐派 **explore** 他 探検する，調査する
371	□ **dictate** [díkteɪt, -ˊ]	他 書き取らせる，口述筆記させる ⇒派 **dictation** 名 書き取り，口述
372	□ **incredulous** [ìnkrédʒələs]	形 …（at）をなかなか信じない，…について疑い深い
373	□ **fabulous** [fǽbjələs]	形 すばらしい，わくわくする，並はずれた
374	□ **authentic** [ɔːθéntɪk]	形 本物の，本格的な，信頼できる
375	□ **merchandise** [mə́ːrtʃəndàɪz]	名 商品 ⇐派 **merchant** 名 商人　形 商業の

マルコ・ポーロ

マルコ・ポーロはイタリアの商人，冒険家である。『東方見聞録』を口述した。『東方見聞録』はマルコ・ポーロと父，叔父のアジア旅行記である。事実とするには荒唐無稽にすぎる記述もあるため，眉唾（まゆつば）と考える向きもある。一回目の旅行はマルコの父ニッコロと叔父マッテオの旅行である。1260 年，兄弟は商品を携えてヴェネツィアを出発し東進した。二人は 1264 年頃に元朝の宮廷に到着し，皇帝フビライ・ハンに謁見（えっけん）した。1265 年頃に兄弟は，記述を信じるならローマ教皇宛のフビライの書簡を携えて帰国の途に就き, 1269 年にヴェネツィアに着いた。二回目の旅にはマルコが加わった。オアシスに沿って砂漠を越えて，1274 年頃フビライのもとに達した。マルコは 10 年以上皇帝に仕えた。1295 年頃ヴェニスに帰国すると，マルコは旅の内容を作家ルスティケロに話して書き留めてもらい，1300 年頃に『見聞録』が出来上がった。クリストファー・コロンブスも『見聞録』を読んでいた。彼が西に向ってアジアに到達しようとしたのはマルコの旅行記に触発されてのことだった。

376 □ **allegedly** [əlédʒɪdli]	副 申し立てによると，伝えられるところでは ⇐ 派 **allege** 他 主張する，申し立てる，断定する
377 □ **traverse** [trəvə́ːrs, trǽvəːrs]	他 横切る，横断する，越える
378 □ **itinerary** [aɪtínərèri, ɪtín-]	名 旅程，旅行記，旅行案内

Glossary

□	ℓ.2	***The Travels of Marco Polo***	『東方見聞録』
□	ℓ.8	**Yuan dynasty**	元朝
□	ℓ.8	**Kubilai Khan**	フビライ・ハン（モンゴル帝国第 5 代皇帝）
□	ℓ.15	**Christopher Columbus**	クリストファー・コロンブス

おすすめ関連書籍

・マルコ・ポーロ『東方見聞録』長澤和俊訳・解説，角川ソフィア文庫

42 Ibn Battuta

Ibn Battuta was a Muslim traveler, who traveled a total of some 120,000 kilometers, **surpassing** Marco Polo. Born in 1304 in Morocco, Ibn Battuta set off on a **pilgrimage** to Mecca in 1325. In Tunis, he joined a **pilgrim** caravan. In Sfax, he took a bride. After many **detours**, he reached Mecca in 1326. Then, from Mecca, he made four journeys as far as India and China. In each of the places he visited, he met scholars and **celebrities** and **deepened** his learning. After 25 years of travel, he returned to Morocco in 1349, and fell dangerously ill. After he recovered, he crossed the **Strait** of Gibraltar to visit the Kingdom of Granada in 1351. The next year, he traveled down Africa and stayed in the Mali Empire. After returning, he dictated his **reminiscences** to the writer Ibn Juzayy, who adorned Ibn Battuta's prose with **fragments** of poetry and completed *The Travels* in 1335. After the completion of *The Travels*, Ibn Battuta served as a **judicial** officer until he died around 1369.

379 □ **surpass** [səːrpǽs]	他 …にまさる，しのぐ，上まわる
380 □ **pilgrim** [pílgrɪəm]	名 巡礼者 cf. **pilgrim caravan** 巡礼キャラバン隊 ⇒派 **pilgrimage** 名 聖地巡礼，聖地巡り（☞27）
381 □ **detour** [díːtʊər, dɪtʊ́ər]	名 遠回り，寄り道，回り道
382 □ **celebrity** [səlébrəti]	名 有名人，名士
383 □ **deepen** [díːpn]	他 深める，深くする，深刻にする ⇐派 **deep** 形 深い
384 □ **strait** [stréɪt]	名 海峡 cf. **Strait of Gibraltar** ジブラルタル海峡

イブン・バットゥータ

イブン・バットゥータはイスラム教徒の旅行家である。マルコ・ポーロを上まわる，総計約 12 万キロにおよぶ距離を踏破した。1304 年にモロッコに生まれたイブン・バットゥータは，1325 年にメッカ巡礼に旅立った。チュニスで巡礼キャラバン隊に加わった。スファークスでは花嫁を娶(めと)った。方々に立ち寄った末，1326 年にメッカ巡礼を果たす。さらにメッカを起点として，インドや中国まで 4 回の旅行を行った。各地で学者や名士たちと交わり，学問を深めていった。1349 年に 25 年ぶりにモロッコに帰郷後，大病を得た。病が快癒(かいゆ)すると，1351 年にジブラルタル海峡を渡って，グラナダ王国を訪れた。翌年にはアフリカを南下して，マリ帝国に滞在した。帰国後，著述家のイブン・ジュザイイに旅の思い出を口述筆記させた。イブン・ジュザイイがイブン・バットゥータの散文を美辞麗句で装飾し，1335 年に『三大陸周遊記』を完成させた。『三大陸周遊記』完成後のイブン・バットゥータは法官を務め，1369 年頃に世を去った。

385 □ **reminiscence** [rèmənísns]	名 思い出話，回想，追憶
386 □ **fragment** [frǽgmənt]	名 破片，断片，かけら
387 □ **judicial** [dʒudíʃəl]	形 裁判の，司法の，裁判による

Glossary

□	ℓ.1	**a total of**	総計
□	ℓ.3	**set off**	出発する
□	ℓ.6	**as far as**	…まで
□	ℓ.10	**travel down**	…を南に旅行する

おすすめ関連書籍
・イブン・バットゥータ『三大陸周遊記　抄』前嶋信次訳，中公文庫

43 Mansa Musa

Mansa Musa was the 9th emperor of the Mali Empire in West Africa. Born around 1280, he ascended the throne around 1312. His empire reached its height of **splender** during his reign. He is well-known for his **staggering** wealth. Being an **ardent** Muslim, he set out on a pilgrimage to Mecca in 1324, with a **glittering** procession. He was accompanied by 60,000 men, including many **heralds** dressed in silk and 12,000 slaves who carried gold bars. On his way home, when he dropped in at Cairo under the Mamluk rule, he gave out gold **unstintingly**. As a result, the gold market collapsed, and inflation **reportedly** continued for more than 10 years. He built many mosques in Timbuktu, which grew to be a center of trade, culture and Islam. He was also a great patron of learning. He invited many scholars to Timbuktu from the Middle East and North Africa, thus making the city a center of learning. After he died around 1337, Musa was long remembered in the Islamic world for his **extravagant** pilgrimage to Mecca.

388 □ **splender** [spléndər]	名 豪華さ，壮麗さ
389 □ **stagger** [stǽgər]	他 よろめかせる，びっくり仰天させる 自 ふらつく ⇒派 **staggering** 形 びっくり仰天させる，信じ難いほどの，膨大な
390 □ **ardent** [ɑ́ːrdnt]	形 熱心な，熱狂的な，熱烈な
391 □ **glitter** [glítər]	自 ぴかぴか光る，きらめく，輝く ⇒派 **glittering** 形 輝かしい，きらびやかな
392 □ **herald** [hérəld]	名 先触れ，使者，お触れ役 他 …の先触れをする，予告する
393 □ **stint** [stínt]	自 出し惜しみする　他 切り詰める ⇒派 **unstintingly** 副 惜しげなく

マンサ・ムーサ

マンサ・ムーサは西アフリカのマリ帝国の第 9 代皇帝である。1280 年頃に生まれ，1312 年頃に即位した。その治世に帝国は全盛期を迎えた。ムーサは莫大な富で有名である。熱心なイスラム教徒であったムーサは，1324 年にきらびやかな行列を伴ってメッカに巡礼した。絹の服を着た大勢のお触れ役，それに金の延べ棒をもった 1 万 2 千人の奴隷など，お付きの者は 6 万人にのぼった。巡礼の帰途，立ち寄ったマムルーク朝治下のカイロで，金を惜しげもなくばらまいた。そのため金相場が暴落し，10 年以上インフレが続いたと言われる。トンブクトゥに数多くのモスクを建設し，トンブクトゥは交易，文化，イスラム教の中心地となった。学問もムーサの庇護をうけた。彼は中東や北アフリカからトンブクトゥに多くの学者を招聘し，この都市を学問の都にした。1337 年頃に亡くなってからも，豪華なメッカ巡礼によって，ムーサはイスラム世界で長く記憶された。

394 ☐ **reportedly** [rɪpɔ́ːrtɪdli]	副 伝えられるところによると，報道によると，うわさによると
395 ☐ **extravagant** [ɪkstrǽvəgənt, eks-]	形 浪費する，ぜいたくな，豪華な

Glossary

☐ ℓ.1	**Mali Empire**	マリ帝国（13 ～ 16 世紀頃西アフリカで栄えた帝国）
☐ ℓ.4	**set out on**	…に出かける
☐ ℓ.6	**dressed in**	…を着て，…の服装をして
☐ ℓ.8	**drop in at**	…にちょっと立ち寄る
☐ ℓ.8	**give out**	大勢に配る

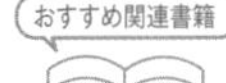

・宮本正興・松田素二編『改訂新版　新書アフリカ史』講談社現代新書

44 Ottoman Empire

At the end of the 13th century, Osman I founded the Ottoman Emirate in northwestern Anatolia. The 2nd sultan, Orhan, obtained a number of **strongholds** in Anatolia. The 4th sultan, Bayezid I the **Thunderbolt**, unified most of Anatolia. In 1453, the 7th sultan, Mehmed II the Conqueror, captured Constantinople and overthrew the Byzantine Empire. He transformed Constantinople into Istanbul, a **worthy** capital of a worldwide Islamic empire. In the mid-16th century, the Ottoman Empire reached its **apex** during the reign of the 10th sultan, Süleiman I the Magnificent, who **oversaw** the golden age of the empire in the artistic, literary and **architectural** fields. At the **helm** of an expanding empire, he reformed **legislation**. Although most of the sultans after Süleiman were young, incapable or controlled by their mothers, the empire lasted well into the 20th century until Mustafa Kemal Atatüruk abolished the Ottoman **monarchy** in 1922.

396	□ **stronghold** [strɔ́ːŋhòʊld]	[名] 拠点，牙城，要塞
397	□ **thunderbolt** [θʌ́ndərbòʊlt]	[名] 雷，雷電，落雷
398	□ **worthy** [wə́ːrði]	[形] …（of）に値する，…にふさわしい，立派な ⇐[派] **worth** [前] …の価値がある　[名] 価値
399	□ **apex** [éɪpèks]	[名] 頂点，絶頂期，ピーク
400	□ **oversee** [òʊvərsíː]	[他] 監督する，監視する（**oversaw**，**overseen**）
401	□ **architectural** [àːrkətéktʃərəl]	[形] 建築の，建築上の，建築学の ⇐[派] **architecture** [名] 建築

オスマン帝国

13世紀末にオスマン1世が北西アナトリアにオスマン侯国を建国した。第2代スルタンのオルハンは，アナトリアの多くの拠点を制した。第4代スルタンの稲妻王バヤズィト1世はアナトリアの大半を統一した。1453年，第7代スルタンの征服王メフメト2世はコンスタンティノープルを征服し，ビザンツ帝国を滅ぼした。彼はコンスタンティノープルを，世界的なイスラム帝国にふさわしい都イスタンブルへと変容させた。16世紀半ば，オスマン帝国は第10代スルタンの壮麗王スレイマン1世の治世に最盛期を迎えた。彼は芸術，文芸，建築の分野での帝国の黄金時代を演出した。拡大する帝国のかじ取りにあたって，法律を改革した。スレイマン以降のスルタンは大半が幼少か無能か母后のいいなりだったが，それでも帝国は20世紀まで存続し，1922年にムスタファ・ケマル・アタテュルクがオスマン王家を廃止するまで命脈を保った。

402 □ **helm** [hélm]	名 かじ，操舵装置 cf. **at the helm of** …を担当して，管理して
403 □ **legislation** [lèdʒɪsléɪʃən]	名 法律，法令，立法 ⇐派 **legislate** 自 法律を制定する　他 法律化する
404 □ **monarchy** [má:nərki]	名 王政，帝政，王室 ⇐派 **monarch** 名 君主，国王，皇帝（☞67）

Glossary

□ ℓ.2	**emirate**	侯国
□ ℓ.2	**sultan**	スルタン（君主の称号）
□ ℓ.5	**Constantinople**	コンスタンティノープル
□ ℓ.6	**Byzantine Empire**	ビザンツ帝国（※東ローマ帝国とも呼ばれる）

おすすめ関連書籍

・小笠原弘幸『オスマン帝国』中公新書

45 Yi Seong-gye

Yi Seong-gye was the founder of the Joseon dynasty of Korea. Born in 1335, Yi joined the Goryeo army at age 22, and distinguished himself in battle against foreign forces. The Wihwado **Retreat** proved to be the turning point in his life. In 1388, King U of Goryeo decided to attack the Ming army and ordered Yi to lead the troops despite his **resolute** opposition. But when he got **stuck** at Wihwado, Yi decided to return the army to the capital Gaeseong. Having become an **insurgent** who had **disregarded** the king's order, he swept back to Gaeseong and **banished** King U to place King U's heir on the throne as King Chang. In 1389, in reaction to a failed plot to assassinate him, Yi **forcibly** replaced King Chang with King Gongyang, his **daughter-in-law**'s uncle. After that, he removed the officials who stood by King Gongyang to cut him off from them. After King Gongyang stepped down from the throne in 1392, Yi assumed the throne as King Taejo. He thus started the Joseon dynasty that would last for over 500 years. He then transferred the capital from Gaeseong to Hanyang in 1394, and built the foundation of today's Seoul. In 1398, after 6 years on the throne, he crowned his son as a new king. He then became a **devout** Buddhist, and died in 1408.

405 □ **retreat** [rɪtríːt]	名 退却，後退，変更 自 退却する，後退する，逃げる
406 □ **resolute** [rézəlùːt]	形 決心の堅い，断固たる，決然たる ⇒派 **resolution** 名 決議
407 □ **stuck** [stʌ́k]	形 動けない，抜け出せない，進退窮まった
408 □ **insurgent** [ɪnsə́ːrdʒənt]	名 反乱者，暴徒，武装勢力
409 □ **disregard** [dìsrɪgɑ́ːrd]	他 無視する，軽視する，なおざりにする ⇔反 **regard** 他（高く）評価する，注視する ≒類 **ignore**

李成桂

李成桂は李氏朝鮮の創始者である。1335 年に生まれ 22 歳で高麗軍に入隊した彼は，外敵との戦闘で武勲を立てた。人生の転機は威化島の回軍だった。1388 年，高麗の禑王は明軍の攻撃を決定し，李は断固反対したが，かまわず出征させた。しかし威化島で進退窮まり，李は自軍を首都開城へ引き返すことにした。王命を無視したため反乱軍となった李は，開城に侵攻すると禑王を放逐し，禑王の世子を昌王として擁立した。1389 年，自身の暗殺未遂事件に乗じて昌王を強制的に退位させ，息子の妻の伯父に当たる恭譲王を擁立した。その後恭譲王に近い高官を退けていき，恭譲王を孤立させた。1392 年に恭譲王が退位すると，李が太祖として即位した。こうして 500 年以上続く朝鮮王朝が開創された。李は 1394 年に開城から漢陽に遷都し，今日のソウルの礎を築いた。1398 年に在位 6 年で世子に譲位した。その後は仏門に帰依し，1408 年にこの世を去った。

410	□ **banish** [bǽnɪʃ]	他 追放する，流刑にする，追い払う
411	□ **forcibly** [fɔ́ːrsəbli]	副 強制的に，力ずくで，力強く ⇐派 **forcible** 形 力ずくの，暴力的な，強制的な
412	□ **daughter-in-law** [dɔ́ːtərɪnlɔ̀ː]	名 義理の娘，嫁，息子の妻 ⇔反 **son-in-law** 義理の息子，娘婿，娘の夫（☞ 49）
413	□ **devout** [dɪváʊt]	形 信心深い，敬虔な，熱烈な

Glossary

□ ℓ.1	**Joseon dynasty of Korea**	李氏朝鮮
□ ℓ.9	**place on the throne**	王位につける
□ ℓ.10	**in reaction to**	…に反応して
□ ℓ.12	**stand by**	支持する
□ ℓ.12	**step down from the throne**	退位する
□ ℓ.13	**cut off**	孤立させる
□ ℓ.14	**assume the throne**	即位する
□ ℓ.17	**build the foundation of**	…の基盤を築く

・桑野栄治『李成桂　天翔る海東の龍』山川出版社

46 Timur

Timur was the founder of the Timurid Empire. He was born in 1336 in the Chagatai Khanate, which is roughly today's Uzbekistan. An **admirable** warrior, he established his empire with Samarkand as its capital in 1370. He helped Soyurgatmish, a descendant of Genghis Khan, to become a puppet khan and married Saray Mulk, also descended from Genghis Khan, as his chief **consort**. Pretending to act as the **protector** of the **royal** line to which he was related by marriage, he was the virtual ruler of the empire. Under the banner of recovering the lost territory of the Genghis Khan family and spreading Islam, he led a number of military campaigns to expand his territory over a vast area. He forcibly **relocated** a great many people, including scholars, architects and **craftsmen**, to Samarkand from the lands he had conquered. Samarkand thus became a **metropolis** with a population of over 300,000. After Timur died in 1405, his empire fell into **disorder** until it ended in 1507.

414 □ **admirable** [ǽdmərəbl]	[形] 賞賛に値する，見事な ⇐[派] **admire** [他] 称賛する
415 □ **consort** [kɑ́ːnsɔːrt]	[名]（支配者の）配偶者
416 □ **protector** [prətéktər]	[名] 保護者，援護者，保護物 ⇐[派] **protect** [他] 保護する，守る
417 □ **royal** [rɔ́ɪəl]	[名] 国王の，王室の，王家の
418 □ **locate** [lóʊkeɪt]	[他] …の場所を突き止める，置く，定める ⇒[派] **relocate** [他] 移転させる，移住させる ⇒[派] **location** [名] 場所，位置
419 □ **craftsman** [krǽftsmæn]	[名] 職人，熟練工，工芸家（craftsmen）

ティムール

ティムールはティムール帝国の創始者である。1336 年に今日のウズベキスタン辺りのチャガタイ・ハン国に生まれた。卓越した軍才を発揮し，1370 年にサマルカンドを都とする帝国を樹立した。チンギス・ハンの子孫ソユルガトミシュを傀儡のハン位につけ，同じくチンギス・ハンの子孫のサラーイ・ムルクを正室に迎えた。王家の姻戚にして援護役の立場をとりながら，事実上はティムールが支配者だった。彼はチンギス・ハン家の失地回復とイスラム教の伝播を旗印に遠征を繰り返し，広大な地域に版図を広げた。征服地から学者，建築家，職工など多数をサマルカンドに強制移住させた。こうしてサマルカンドは人口 30 万人以上の大都市になった。1405 年のティムール歿後の帝国は混乱に陥り，1507 年に滅びた。

420 □ **metropolis** [mətrɑ́:pəlɪs]	名 主要都市，大都市，中心地 ⇒派 **metropolitan** 形 主要都市の，大都市の
421 □ **disorder** [dɪsɔ́:rdər, dɪz-]	名 混乱，暴動，障害 ⇔反 **order** 名 秩序 cf. **fall into disorder** 混乱に陥る

Glossary

□ ℓ.2	**khanate**	ハン国（ハンが統治する国）
□ ℓ.5	**khan**	ハン（君主の称号）
□ ℓ.6	**be descended from**	…の子孫である

おすすめ関連書籍

・川口琢司『ティムール帝国』講談社選書メチエ

47 Yongle Emperor

The Yongle Emperor was the 3rd emperor of the Ming dynasty of China. He was born in 1360 as Zhu Di, the 4th son of Zhu Yuanzhang. In 1368, Zhu Yuanzhang proclaimed himself the Hongwu Emperor of the Ming dynasty. He appointed his eldest son Zhu Biao as crown prince, and established feudal princedoms for his other sons. Di was appointed Prince of Yan, and impressed Hongwu by a successful military campaign against the Mongols. In 1392, Prince Biao died of overwork. After **deliberation**, Hongwu appointed Biao's son Zhu Yunwen as the new crown prince. After Hongwu died in 1398, Yunwen succeeded him as the Jianwen Emperor, and began arresting his uncles. Faced with **hostility** from his nephew, Di **feigned insanity** until, in 1399, he launched the Jingnan Rebellion, which ended with the **demise** of Jianwen in 1402. Di then crowned himself as the Yongle Emperor. He sent a **fleet** commanded by Admiral Zheng He as far as Africa, had the *Yongle Encyclopedia* **compiled**, and built the Forbidden City in Beijing, where he transferred the capital. He led military campaigns to crush the remnants of the Yuan dynasty. He died on a campaign in 1424. The dynasty he reorganized lasted for over 200 years.

422 □ **deliberation** [dɪlìbəréɪʃən]	名 熟考，思案，審議 ⇐派 **deliberate** 他 熟考する，審議する 形 故意の，意図的な
423 □ **hostility** [hɑstíləti]	名 敵意，反感，戦闘 ⇐派 **hostile** 形 敵意のある，反感をもった（☞100）
424 □ **feign** [féɪn]	他 …のふりをする，装う，…であると見せかける
425 □ **insanity** [ɪnsǽnəti]	名 精神障害，狂気，ばかげた行動 ⇐派 **insane** 形 正気でない，狂気の（☞89）
426 □ **demise** [dɪmáɪz]	名 消滅，終結，逝去

永楽帝

永楽帝は明の第3代皇帝である。1360年に朱元璋の四男に生まれ，朱棣と名付けられた。1368年，朱元璋が洪武帝として即位し，明朝を開創した。洪武帝は長男朱標を皇太子に冊立し，次男以下を藩王として分封した。棣は燕王になるとモンゴル遠征に勝利し，頭角を現した。1392年，皇太子標が過労で死去した。洪武帝は逡巡の末，標の子朱允炆を皇太孫とした。1398年に洪武帝が死去すると，允炆が建文帝として即位し，叔父たちを逮捕しだした。建文帝の手が迫っていることを悟った棣は狂態を演じた。1399年，棣は靖難の役を起こし，1402年に建文帝を破った。棣は即位し，永楽帝となった。永楽帝は提督鄭和率いる艦隊をアフリカまで派遣した。『永楽大典』を編纂させた。北京に紫禁城を造営し，ここに遷都した。親征を行い元朝の残党を駆逐した彼は，1424年に遠征中に歿した。彼が再編した王朝はその後200年以上続いた。

427 □ **fleet** [flíːt]	名 艦隊，船隊，船団
428 □ **encyclopedia** [ensàɪkləpíːdiə]	名 百科事典 cf. ***Yongle Encyclopedia*** 『永楽大典』
429 □ **compile** [kəmpáɪl]	他 収集する，編集する，編纂する

Glossary

□ ℓ.4	**Ming dynasty**	明朝
□ ℓ.5	**crown prince**	皇太子，皇太孫
□ ℓ.5	**princedom**	藩王の領地
□ ℓ.11	**(be) faced with**	…に直面する
□ ℓ.14	**admiral**	提督
□ ℓ.14	**as far as**	…まで
□ ℓ.15	**Forbidden City**	紫禁城

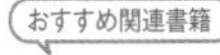

・檀上寛『永楽帝　華夷秩序の完成』講談社学術文庫

48 Zheng He

Zheng He was a Chinese admiral of the Ming dynasty. He was born into a Muslim family as Ma He around 1371. He served the Yongle Emperor, who **conferred** the family name Zheng on him. Beginning in 1405, Zheng He commanded a **gigantic** fleet of over 300 vessels and made **mammoth** voyages as far as Africa, several decades before Christopher Columbus's fleet of three ships reached America. With such a **formidable** navy, China could have become a great colonial power before the European expansion. But after Zheng He died during his 7th voyage around 1433, Ming China forbade **overseas** travel. **Unruly traders** and **seamen** were executed. Thus, the world's greatest navy soon went into **extinction**. The period of China's outward expansion was followed by the period of its **isolation**.

430	□ **confer** [kənfə́ːr]	他 … (on) に与える，授与する，贈る 自 話し合う，協議する，相談する
431	□ **gigantic** [dʒaɪɡǽntɪk]	形 巨大な，膨大な
432	□ **mammoth** [mǽməθ]	形 巨大な 名 マンモス
433	□ **formidable** [fɔ́ːrmədəbl, fərmí-, fɔːr-]	形 恐るべき，強力な，手ごわい
434	□ **overseas** 形 [óʊvərsíːz] 副 [ˋ-ˊ]	形 海外の，海外への，海外からの 副 海外へ，海外に，海外で
435	□ **unruly** [ʌnrúːli]	形 言うことをきかない，規則に従わない，手に負えない
436	□ **trader** [tréɪdər]	名 貿易業者，商人 ⇐派 **trade** 自 貿易する，取引する 他 取引する，交換する 名 取引，貿易

鄭和

鄭和は明代の提督である。1371年頃にイスラム教徒の家に生まれ，馬和と名付けられた。永楽帝に仕え，「鄭」の姓を賜った。1405年以降，鄭和は300隻以上の巨大船団を率いて，アフリカに達する大航海を行った。クリストファー・コロンブスの3隻の船団がアメリカに達する数十年前のことである。これほどの強大な海軍を擁していた中国が，ヨーロッパ人の海外進出に先んじて，強力な植民地経営国となった可能性もあった。しかし1433年頃に鄭和が7度目の航海中に死んでからは，明は海禁政策をとった。禁を破る商人や船員は処刑された。こうして世界最強の海軍はやがて消滅した。中国の対外拡張の時代は終わり，孤立主義の時代に入った。

437 □ **seaman** [síːmən]	名 船員，海員，船乗り（seamen）
438 □ **extinction** [ɪkstíŋkʃən, eks-]	名 絶滅，死滅，消滅 ⇐派 **extinct** 形 絶滅した，死滅した
439 □ **isolation** [àɪsəléɪʃən]	名 孤立，隔離，孤独 ⇐派 **isolate** 他 孤立させる，隔離する（☞86）

Glossary

□ ℓ.1	**admiral**	提督
□ ℓ.1	**Ming dynasty**	明朝
□ ℓ.12	**outward**	対外的な

おすすめ関連書籍
・ルイーズ・リヴァシーズ『中国が海を支配したとき　鄭和とその時代』君野隆久訳，新書館

49 Johannes Gutenberg

Johannes Gutenberg was a German **inventor** who developed movable type printing. His **invention** helped make the Bible accessible to laypeople, thus **paving** the way for the Reformation. Born around 1400, Gutenberg started **experimenting** with printing in the 1430's. Having made **refinements** to his method, he started printing in 1450 with backing from a financier named Johann Fust. But he became unable to repay the debt, and was **sued** by Fust in 1455. Gutenberg lost the **lawsuit** and Fust took over most of his printing business. The *42-line Bible*, a masterpiece known as the Gutenberg Bible, was printed while the trial was going on. The printing business that Gutenberg had to **relinquish** was run by Fust and his **son-in-law**. Their first book was the *Psalms*, but historians **unanimously** agree that they could not have developed such a sophisticated method without Gutenberg's help. Gutenberg died **inconspicuously** in 1468.

440 □ **inventor** [ɪnvéntər]	名 発明家，考案者 ⇐派 **invent** 他 創り出す，発明する ⇒派 **invention** 名 発明品，発明
441 □ **pave** [péɪv]	他 舗装する，覆う cf. **pave the way for** …への道を整える
442 □ **experiment** 自 [ɪkspérəmènt, eks-] 名 [-mənt]	自 …（with）の実験をする 名 実験
443 □ **refinement** [rɪfáɪnmənt]	名 改善点，改善版，純化 ⇐派 **refine** 他 洗練する，磨く，上品にする
444 □ **sue** [s(j)úː]	他 訴える，…に賠償訴訟を起こす 自 訴訟を起こす
445 □ **lawsuit** [lɔ́ːsùːt]	名 訴訟
446 □ **relinquish** [rɪlíŋkwɪʃ]	他 放棄する，譲渡する，手放す

ヨハネス・グーテンベルク

ヨハネス・グーテンベルクは活版印刷術を発明したドイツ人である。その発明によって平信徒でも聖書が読めるようになったことが，宗教改革を生み出す下地となった。1400 年頃に生まれたグーテンベルクは 1430 年代に印刷の実験を始めた。独自の方法に改良を加えた末，1450 年に投資家ヨハン・フストから得た資金で印刷業を始めた。しかし借金の返済が滞り，1455 年にフストに訴えられた。グーテンベルクは敗訴し，印刷業のほとんどがフストのものとなった。グーテンベルク聖書の名で知られる代表作『四十二行聖書』は裁判中に出版された。グーテンベルクが手放さざるを得なかった印刷所はフストとその娘婿が引き継いだ。彼らの最初の出版物は『詩篇』であったが，歴史家の間ではその精巧な手法はグーテンベルクの助けなしには考えられないという意見で一致している。グーテンベルクは 1468 年にひっそりと世を去った。

447 □ **son-in-law** [sʌ́nɪnlɔ̀ː]	名 義理の息子，娘婿，娘の夫 ⇔反 **daughter-in-law** 名 義理の娘，嫁，息子の妻（☞45）
448 □ **unanimous** [ju(ː)nǽnəməs]	形 全員一致の，満場一致の，同意見の ⇒派 **unanimously** 副 全員一致で，満場一致で
449 □ **conspicuous** [kənspíkjuəs]	形 人目を引く，目立つ ⇒派 **inconspicuously** 副 目立たぬように，ひっそりと

Glossary

- □ ℓ.1 **movable type printing** 活版印刷（※ movable type「活字」）
- □ ℓ.3 **laypeople** 平信徒
- □ ℓ.3 **Reformation** 宗教改革
- □ ℓ.6 **with backing from** …から後押しを得て
- □ ℓ.6 **financier** 投資家
- □ ℓ.12 **the *Psalms*** 『詩篇』

おすすめ関連書籍
・ジョン・マン『グーテンベルクの時代　印刷術が変えた世界』田村勝省訳，原書房

50 Francisco Pizarro

Francisco Pizarro was a Spanish conquistador who conquered the Inca Empire. Along with Hernán Cortés, who conquered the Aztec Empire, Pizarro played a central role in establishing Spanish colonial rule of Latin America. Born in the 1470's, he went to the Caribbean in 1502 to join the colonial governor's fleet. Then he learned of the Inca Empire. After returning to Spain to secure Queen Isabel's **sanction**, Pizarro left to conquer the empire in 1531. Through a series of **maneuvers**, he **ambushed** and captured the Inca emperor Atahualpa in Cajamarca in 1532. Pizarro demanded a **ransom** for the emperor's release and Atahualpa gave him a huge amount of gold and silver, but Pizarro executed him and brought the empire to an end in 1533. Then he invaded the imperial capital Cusco and created the city of Lima in 1535. But then a conflict **flared** up over the rule of Cusco between him and his **comrade**. In 1541, Pizarro's rivals **conspired** against Pizarro, who was attacked and killed at his house in Lima. The Spanish royal family soon started to **intervene**, and the territories Pizarro obtained went under Spanish colonial rule.

450	□ **sanction** [sǽŋkʃən]	名 許可，承認，制裁 他 許可する，認可する，…に制裁措置を取る
451	□ **maneuver** [mənúːvər]	名 策略，駆け引き，演習
452	□ **ambush** [ǽmbuʃ]	他 待ち伏せる　名 待ち伏せ
453	□ **ransom** [rǽnsəm]	名 身代金，身請け
454	□ **flare** [fléər]	自 燃え上がる，輝く，勃発する
455	□ **comrade** [kɑ́ːmræd, -rəd]	名 仲間，同志，戦友

フランシスコ・ピサロ

フランシスコ・ピサロはインカ帝国を征服したスペイン人征服者である。アステカ帝国を征服したエルナン・コルテスと並んで，中南米のスペインによる植民地支配の確立に中心的な役割を演じた。1470 年代に生まれたピサロは 1502 年にカリブ海地域に赴き，植民地総督の艦隊に加わった。その後インカ帝国の存在を知った。スペインに戻り王妃イサベルの許可を取り付けた後，ピサロは 1531 年にインカ帝国の征服に出発した。1532 年，一連の策略をめぐらして，カハマルカでインカ皇帝アタワルパを待ち伏せして捕えた。ピサロは皇帝の釈放のための身代金を要求，アタワルパは膨大な量の金銀を提供したが，1533 年にピサロは彼を処刑し，インカ帝国を滅ぼした。ピサロはさらに帝都クスコに侵攻，1535 年にはリマ市を創設した。しかしその後，仲間との間でクスコの統治権をめぐる対立が勃発した。1541 年に対抗勢力が共謀してリマの自宅にピサロを襲撃し，ピサロは殺害された。その後スペイン王室が介入しはじめ，彼の征服地はスペインによる植民地支配に移行していく。

456 □ **conspire** [kənspáɪər]	自 共謀する，…（against）に対して陰謀をたくらむ ⇒派 **conspiracy** 名 陰謀，共謀（☞105）
457 □ **intervene** [ìntərvíːn]	自 仲裁する，介入する，口をはさむ ⇒派 **intervention** 名 仲裁，干渉，介入（☞108）

Glossary

□	ℓ.1	**conquistador**	征服者（アメリカ大陸を征服したスペイン人を指す）
□	ℓ.2	**along with**	…と並んで
□	ℓ.2	**Aztec Empire**	アステカ帝国（現在のメキシコを中心に栄えた）
□	ℓ.4	**Latin America**	中南米
□	ℓ.11	**bring ... to an end**	終わらせる，終結させる，滅ぼす
□	ℓ.16	**royal family**	王室

おすすめ関連書籍 ・安村直己『コルテスとピサロ　遍歴と定住のはざまで生きた征服者』山川出版社

51 Bartolomé de Las Casas

Bartolomé de Las Casas was a Spanish missionary who exposed Spanish atrocities in the New World. Born in 1484 to a baker, Las Casas left for the Indies, or the New World, on an expedition that Francisco Pizarro had also joined, in 1502. In the Indies, he witnessed the Spaniards' cruel treatment of the Indians. After he returned home, he was **ordained** a priest in 1507. In 1514, unable to bear the pangs of **conscience**, he criticized the enslavement of the Indians in a **sermon**. From then on, while writing **prolifically**, he repeatedly described how Indians were being killed by the Spanish colonizers and called for the **liberation** of the Indian slaves and their peaceful **conversion** to Christianity, until he died in 1566. He was highly **controversial**. While he was **hailed** by some as a hero who fought against **oppression**, in Spain he was **rebuked** as being a "traitor to his own nation."

458 □ **ordain** [ɔːrdéɪn]	他 叙任する，叙階する，…と定める
459 □ **conscience** [kɑ́ːnʃəns]	名 良心，道義心，罪悪感 ⇒派 **conscious** 形 意識している
460 □ **sermon** [sə́ːrmən]	名 説教，小言
461 □ **prolific** [prəlífɪk]	形 多作の，多産の，繁殖する ⇒派 **prolifically** 副 精力的に
462 □ **liberation** [lɪbəréɪʃən]	名 解放，釈放，自由化 ⇐派 **liberate** 他 解放する，釈放する（☞73）
463 □ **conversion** [kənvə́ːrʒən, -ʃən]	名 転換，改宗，転向 ⇐派 **convert** 他 転換する，改宗させる，転向させる
464 □ **controversial** [kɑ̀ːntrəvə́ːrʃəl]	形 論争を呼ぶ，物議をかもす，評価の二分する ⇐派 **controversy** 名 論争，議論

バルトロメ・デ・ラス・カサス

バルトロメ・デ・ラス・カサスは，新大陸でのスペインの残虐行為を告発したスペイン人宣教師である。1484 年にパン屋に生まれたラス・カサスは，1502 年にフランシスコ・ピサロと同じ艦隊で，当時インディアスと呼ばれた新大陸へ渡航した。インディアスではスペイン人のインディオに対する残酷なあつかいを目の当たりにした。帰国後，1507 年に司祭に叙品(じょひん)された。1514 年，良心の呵責に耐えかねて，説教中にインディオの奴隷あつかいを非難した。以後，精力的に本を執筆するかたわら，スペイン人の征服者によってインディオの生命が奪われていることを報告し，インディオ奴隷の解放とキリスト教への平和的な改宗を求め続け，1566 年に帰天した。彼の評価は大きく分かれた。圧政に立ち向かった英雄と一部で称(たた)えられる一方，スペインでは「売国奴」と罵られた。

465 □ **hail** [héɪl]	他 評価する，ほめる，認める
466 □ **oppression** [əpréʃən]	名 圧政，抑圧，弾圧 ⇐派 **oppress** 他 虐げる，差別する，迫害する（☞148）
467 □ **rebuke** [rɪbjúːk, rə-]	他 強く非難する，叱責する，ののしる

Glossary

□ ℓ.2	**atrocity**	残虐行為
□ ℓ.3	**New World**	新世界，南北アメリカ
□ ℓ.7	**pang**	苦しみ，苦痛
□ ℓ.7	**enslavement**	奴隷あつかい
□ ℓ.9	**colonizer**	植民地開拓者
□ ℓ.10	**call for**	…を求める
□ ℓ.13	**traitor**	裏切り者

おすすめ関連書籍
・ラス・カサス『インディアスの破壊についての簡潔な報告』染田秀藤訳，岩波文庫

52 Babur

Babur was the founder of the Mughal Empire. He was born in 1483 as a prince descended from Genghis Khan in Fergana, today's Uzbekistan. He mounted the throne when his father died in a **freak** accident in 1494. He laid **siege** to Samarkand and took the city twice, but he was routed by the Uzbeks. In 1504, he went south to Afghanistan and gained a kingdom in Kabul, from where he carried out two failed expeditions to India under the rule of the Lodi dynasty. His last unsuccessful attempt on Samarkand in 1511 **induced** him to give up his **quest** for the city. In the Battle of Panipat in 1526, he defeated the **numerically** superior Lodi army with **firearms** and **artillery** that he had adopted from the Ottomans. He then entered Delhi and founded the Mughal Empire, which would last for over 300 years. He died in Agra in 1530. He was a **refined** writer. His **memoir** *Baburnama* is highly valued. He is a national hero in Uzbekistan, where stamps were issued to **commemorate** his 525th birth anniversary in 2008.

468 □ **freak** [fríːk]	形 異常な，風変わりな 名 …狂，…オタク，変人
469 □ **siege** [síːdʒ]	名 包囲 cf. **lay siege to** 包囲する，取り囲む
470 □ **induce** [ɪnd(j)úːs]	他 …（to）する気にさせる，引き起こす，誘引する
471 □ **quest** [kwést]	名 探求，追求，探査
472 □ **numerical** [n(j)uːmérɪkl]	形 数の，数的な，数に関する ⇒派 **numerically** 副 数の上で，数的に，計算上
473 □ **firearm** [fáɪərɑ̀ːrm]	名 小型銃，小火器
474 □ **artillery** [ɑ́ːrtiləri]	名 大砲

バーブル

バーブルはムガル帝国の創始者である。1483年に今日のウズベキスタンにあたるフェルガーナ領国で，チンギス・ハンの血を引く王子として生まれた。1494年に不慮の事故による父の死をうけて君主位についた。二度にわたってサマルカンドを包囲し，この都市を掌握するも，ウズベク人に敗れ遁走（とんそう）した。1504年，南方のアフガニスタンへと転出し，カーブルに王国を築いた。ここを拠点にローディー朝治下のインドへ二度遠征するも失敗した。1511年にサマルカンドへ最後の進軍をし，これが失敗したことでサマルカンドに見切りをつけた。1526年にパーニーパトの戦いで，オスマン人から取り入れた鉄砲や大砲を使用して，数的に優るローディー朝軍を破った。そしてデリーに入城し，ムガル帝国を開創した。その帝国は以後300年以上続くことになる。バーブルは1530年にアーグラで死去した。文筆の才があり，その回想録『バーブル・ナーマ』は高く評価されている。ウズベキスタンでは国民的英雄で，2008年には生誕525周年を祝う記念切手が発行された。

475 □ **refined** [rɪfáɪnd]	形 精製された，洗練された，上品な ⇐派 **refine** 他 洗練する，磨く，上品にする
476 □ **memoir** [mémwɑːr]	名 回顧録，自叙伝，研究論文
477 □ **commemorate** [kəmémərèɪt]	他 祝う，記念する，追悼する ⇒派 **commemoration** 名 祝賀，記念

Glossary

□ ℓ.1	**Mughal Empire**	ムガル帝国
□ ℓ.3	**mount the throne**	即位する
□ ℓ.9	**give up**	やめる，あきらめる

おすすめ関連書籍

・バーブル『バーブル・ナーマ　全3巻』間野英二訳注，東洋文庫

53 William Tyndale

William Tyndale was an English **biblical** translator who was the first to translate the Bible into English from the original languages. Apart from **manuscript** translation, the only Bible available in England at the time was the Vulgate, the Latin translation made over 1000 years before. Born around 1494, Tyndale was granted an M.A. from Oxford and ordained a priest. He was a **gifted** linguist and mastered several languages. Inspired by Martin Luther, he **aspired** to translate the Bible into English. He said to a **scholarly** man, "I will cause a boy that driveth the **plough** shall know more of the Scripture than thou dost." As it was illegal to translate the Bible into the **vernacular** in England, he went over to the Continent and printed the New Testament translated into English from Greek in Worms, Germany, in 1526. Then he moved to Antwerp, Belgium, where he printed the Pentateuch of the Old Testament translated into English from Hebrew in 1530. Copies of Tyndale's Bible were **smuggled** into England, where those who possessed a copy of it were executed. Tyndale was arrested in Antwerp, and was burnt at the stake in 1536.

478	□ **biblical** [bíblɪkl]	形 聖書の ⇐派 **Bible** 名 聖書
479	□ **manuscript** [mǽnjəskrìpt]	形 手書きの，タイプされた 名 原稿，草稿，写本
480	□ **gifted** [gíftɪd]	形 生まれつき才能のある，天賦の才に恵まれた
481	□ **aspire** [əspáɪər]	自 …（to）することを熱望する，切望する，…したいと思う ⇒派 **aspiration** 名 強い願望，熱望（☞54）
482	□ **scholarly** [skɑ́ːlərli]	形 学識のある，学問好きな，学術的な ⇐派 **scholar** 名 学者
483	□ **plough** [pláʊ]	名 鋤（すき） 他 鋤で耕す　自 鋤で耕す

ウィリアム・ティンダル

ウィリアム・ティンダルはイギリスの聖書翻訳者である。初めて聖書を原語から英訳した。それまでの聖書は，手書きの翻訳以外では，千年以上前のラテン語訳のウルガタ聖書だけだった。1494 年頃に生まれたティンダルは，オックスフォード大学で修士号を授与され，司祭に叙階された。語学に秀で，数言語を習得した。マルティン・ルターに感化され，聖書の英訳を志した。彼はある知識人にこう語っている。「鋤(すき)で畑を耕している少年の方が現在のあなたよりも聖書についてもっとよく知ることができるようにしてみせる」と。イングランドでは聖書を現地語に訳すことが禁じられていたため大陸に渡り，1526 年にドイツのヴォルムスでギリシア語から英訳した新約聖書を印刷した。その後ベルギーのアントウェルペンに移って，1530 年にヘブライ語から英訳した旧約聖書の五書を印刷した。彼の聖書はイングランドへ密輸されたが，それを所持していた者は処刑された。ティンダルはアントウェルペンで逮捕され，1536 年に焚刑(ふんけい)に処された。

484 □ **vernacular** [vərnǽkjələr, və-]	名 現地語，土着語，話し言葉
485 □ **smuggle** [smʌ́gl]	他 密輸する，密入国・密出国させる，こっそり持ち込む・持ち出す

Glossary

□ ℓ.2	**apart from**	…以外では
□ ℓ.4	**at the time**	当時
□ ℓ.4	**Vulgate**	ウルガタ聖書
□ ℓ.5	**M.A.**	修士号
□ ℓ.6	**linguist**	語学の才能のある人，言語学者
□ ℓ.7	**Martin Luther**	マルティン・ルター
□ ℓ.9	**driveth**	= drives
□ ℓ.10	**thou dost**	= you do
□ ℓ.11	**go over to**	…へ海を渡って行く
□ ℓ.14	**Pentateuch**	五書
□ ℓ.15	**Hebrew**	ヘブライ語
□ ℓ.17	**burn at the stake**	火あぶりの刑に処す

おすすめ関連書籍
・デイヴィド・ダニエル『ウィリアム・ティンダル』田川建三訳，勁草書房

54 Francis Xavier

Francis Xavier was a Catholic missionary who was **instrumental** in the establishment of Christianity in India and Japan. Born in 1506 in the Basque country of Spain, he went to study at the University of Paris in 1525. Although he had had **aspirations** for **worldly advancement**, he was inspired by Ignatius of Loyola, with whom he shared **lodgings**, to devote himself to missionary activity. In 1534, seven students including Xavier and Loyola **vowed** lives of poverty and **celibacy** in imitation of Christ in a **chapel** at Montmartre, thus founding the Society of Jesus. In 1540, King John III of Portugal requested Jesuit missionaries to spread Christianity in Portuguese India. Xavier went over to Goa in 1542. When he met a Japanese man named Anjirō in 1547 and learned from him that the Japanese were cultured people, he began to consider going to Japan. In 1549, he went ashore at Kagoshima. After doing missionary work during his 2-year **sojourn** in Japan, he returned to Goa in 1552. He then planned to preach in China and went to Guangdong, where he died of fever.

486	□ **instrumental** [ìnstrəméntl]	形 重要な，助けになる，役に立つ ⇐派 **instrument** 名 道具，器具，楽器
487	□ **aspiration** [æ̀spəréɪʃən]	名 強い願望，熱望 ⇐派 **aspire** 自 …（to）することを熱望する，切望する，…したいと思う（☞53）
488	□ **worldly** [wə́ːrldli]	形 現世の，世間の，世俗的な
489	□ **advancement** [ədvǽnsmənt]	名 進歩，向上，昇進 ⇐派 **advance** 自 他 前進する〔させる〕 名 前進
490	□ **lodging** [lɑ́ːdʒɪŋ]	名 宿，宿泊場所；〈-s〉下宿部屋
491	□ **vow** [váʊ]	他 …（to）することを誓う，公約する 名 誓い，誓約，公約

フランシスコ・ザビエル

フランシスコ・ザビエルはカトリックの宣教師で，インドと日本でのキリスト教宣教に尽力した。1506年にスペインのバスク地方に生まれた彼は，1525年にパリ大学に入学した。世俗の出世を志していたが，同室のイグナシオ・デ・ロヨラの影響で宣教に身を捧げる決心をした。1534年，ザビエルとロヨラら学生7人は，モンマルトルの聖堂で，キリストにならい清貧と禁欲の生活を送ることを誓い，イエズス会を創設した。1540年，ポルトガル国王ジョアン3世がイエズス会宣教師にポルトガル領インドでの宣教を要請した。ザビエルは1542年にゴアに赴いた。1547年に日本人アンジローに出会い，日本人は教養ある人々だと聞いて，日本行きを考え始めた。ザビエルは1549年に鹿児島に上陸した。2年間日本に滞在して宣教し，1552年にゴアに帰った。その後中国での宣教を期し広東へ赴くも，その地で熱病に襲われ帰天した。

492 □ **celibacy** [séləbəsi]	名 独身主義，禁欲，貞潔
493 □ **chapel** [tʃǽpl]	名 礼拝堂，聖堂，チャペル
494 □ **sojourn** [sóudʒəːrn]	名 滞在，逗留，居住

Glossary

- □ ℓ.6 **devote *oneself* to** …に身を捧げる
- □ ℓ.8 **in imitation of** …を見習って
- □ ℓ.9 **Society of Jesus** イエズス会
- □ ℓ.10 **Jesuit** イエズス会の
- □ ℓ.13 **go ashore** 上陸する

・浅見雅一『フランシスコ＝ザビエル　東方布教に身をささげた宣教師』山川出版社

55 Ivan the Terrible

Ivan the Terrible was the first Tsar of Russia. He was born the son of Grand Prince Vasili III of Moscow in 1530. After Vasili died in 1533, Ivan became Grand Prince of Moscow. His mother acted as **regent** until her death in 1538. Then came a period of **murderous strife** for power among the nobles. Crowned Tsar of Russia in 1547, Ivan began his personal rule. In 1558, he began to fight against Sweden, Poland and other countries in the Livonian War, a **prolonged** war that proved unsuccessful. In 1577, he started an exploration of Siberia to expand his territory. **Morbidly** suspicious, he **ruthlessly** executed many people. In 1581, he murdered his own son. He beat his son's wife for not being dressed modestly. When his son stopped him, Ivan, in a **rage**, struck his son in the head with a **pointed** stick and **fatally** wounded him. In 1584, Ivan died from a **stroke** while he was playing chess.

495 □ **regent** [rí:dʒənt]	名 摂政，理事，評議員
496 □ **murderous** [mə́:rdərəs]	形 殺人の，殺意のある，残忍な ⇐派 **murder** 他 殺す　名 殺人
497 □ **strife** [stráɪf]	名 争い，闘争，不和 ≒類 **conflict**
498 □ **prolong** [prəlɔ́:ŋ]	他 延ばす，長引かせる，長続きさせる ⇒派 **prolonged** 形 長引く，長期の
499 □ **morbid** [mɔ́:rbɪd]	形 病的な，不健全な ⇒派 **morbidly** 副 病的に
500 □ **ruthless** [rú:θləs]	形 無慈悲な，冷酷な，情け容赦のない ⇒派 **ruthlessly** 副 無慈悲に，冷酷に，情け容赦なく
501 □ **rage** [réɪdʒ]	名 激怒，憤怒，怒り cf. **in a rage** かっとなって，激怒して，激昂して ⇒派 **enrage** 他 ひどく怒らせる，立腹させる（☞6） ⇒派 **outrage** 他 憤慨させる（☞23）

イヴァン雷帝

イヴァン雷帝はロシアの初代ツァーリである。1530 年にモスクワ大公ヴァシーリー 3 世の息子として生まれた。1533 年，ヴァシーリーの死去によりイヴァンは大公に即位したが，母が摂政として政務をとった。1538 年にイヴァンの母が死ぬと，貴族たちの間で血なまぐさい権力闘争が続いた。イヴァンは 1547 年にロシアのツァーリとして戴冠し，親政を開始した。1558 年に始まったリヴォニア戦争でスウェーデンやポーランドと戦ったが，長引いて得るもののない戦争だった。1577 年にはシベリアの踏査を開始し，領土を拡大した。病的なまでに猜疑心の強い彼は，多くの人を情け容赦なく処刑した。1581 年には実の息子を殺した。彼は息子の妻を，服装が不適切だとして殴打した。息子に止められると，激昂したイヴァンは先のとがった杖で息子の頭を叩き，致命傷を負わせた。イヴァンは 1584 年に，チェスに興じている最中に卒中で倒れて死去した。

502 □ **pointed** [pɔ́ɪntɪd]	形 先のとがった，鋭い，辛辣な ⇐派 **point** 名 先端，とがった先
503 □ **fatally** [féɪtəli]	副 致命的に，決定的に ⇐派 **fatal** 形 致命的な，命取りになる
504 □ **stroke** [stróʊk]	名 脳卒中

Glossary

□ ℓ.1	**tsar**	ツァーリ（君主の称号）
□ ℓ.3	**grand prince**	大公
□ ℓ.6	**personl rule**	親政

おすすめ関連書籍

・アンリ・トロワイヤ『イヴァン雷帝』工藤庸子訳，中公文庫

56 Philip II

Philip II was King of Spain. During his reign, Spain reached the peak of its power. Born in 1527 as the son of Holy Roman Emperor Charles V, he was crowned King of Spain in 1556. In his lifetime, he was married four times and became a widower four times. Working alone in his office, he **conscientiously** requested ever more information, which concealed his **inability** to distinguish between the important and the **trivial**. He was thus called Philip the **Prudent**. Seeing himself as the defender of Catholicism, he strove to enforce Catholicism on the Spanish Netherlands, where Protestantism had taken root. There was **discontent** over his **incessant** persecution of Protestants, which culminated in the Dutch **Revolt**, during which the Netherlands became independent in 1581. In 1571, at the Battle of Lepanto, the Spanish Armada defeated the Ottoman fleet of 200 galleys and broke the Ottoman control over the western Mediterranean Sea. When he sent his Armada to invade Elizabeth I's Protestant England in 1588, it was **utterly** defeated and his invasion was **averted**. Philip died of cancer in 1598.

505 □ **conscientious** [kɑ̀ːnʃiénʃəs]	形 良心的な，誠実な，入念な ⇒派 **conscientiously** 副 良心的に，誠実に，入念に ⇒派 **conscience** 名 良心，分別
506 □ **inability** [ìnəbíləti]	名 無力，無能，できないこと ⇔反 **ability** 名 能力
507 □ **trivial** [tríviəl]	形 ささいな，平凡な，取るに足りない
508 □ **prudent** [prúːdənt]	形 用心深い，慎重な，分別のある ⇔反 **imprudent** 形 軽率な
509 □ **discontent** [dìskəntént]	名 不満 ⇔反 **contentment** 名 満足
510 □ **incessant** [ɪnsésnt]	形 絶え間のない，ひっきりなしの

フェリペ２世

フェリペ 2 世はスペイン王である。彼の治世にスペインは最盛期を迎えた。神聖ローマ皇帝カール 5 世の息子として 1527 年に生まれた彼は，1556 年にスペイン王位に就いた。生涯に四度結婚し，四度妻に先立たれた。執務室で一人政務に当たる彼は入念に情報を求めることを常としたが，その態度は重要な情報と取るに足りない情報を見抜く能力の欠如を糊塗(こと)する効果を生んだ。このため彼は慎重王フェリペと呼ばれた。スペイン領ネーデルラントには新教が根付いていたが，旧教の擁護者をもって任じたフェリペはこの地に旧教を押しつけようとした。彼の新教徒への絶えざる弾圧への不満が嵩(こう)じてオランダ独立戦争が起こり，1581 年にオランダは独立した。1571 年のレパントの海戦でスペイン無敵艦隊は 200 隻のガレー船を擁(よう)するオスマン帝国艦隊を降(くだ)し，オスマン帝国の西地中海進出を食い止めた。1588 年にエリザベス 1 世の新教国イギリスを侵略すべく無敵艦隊を派遣したが大敗し，侵略は頓挫した。フェリペは 1598 年に癌で死去した。

511 □ **revolt** [rɪvóʊlt, rə-]	名 反乱，暴動，武装蜂起 自 反乱を起こす，反旗をひるがえす，反抗する cf. **Dutch Revolt** オランダ独立戦争
512 □ **utterly** [ʌ́tərli]	副 まったく，すっかり，完全に ⇐ 派 **utter** 形 完全な，まったくの
513 □ **avert** [əvə́ːrt]	他 避ける，回避する，防ぐ

Glossary

□	ℓ.4 **widower**	男やもめ
□	ℓ.9 **Catholicism**	旧教
□	ℓ.9 **Netherlands**	オランダ，ネーデルラント
□	ℓ.10 **take root**	根付く
□	ℓ.13 **Battle of Lepanto**	レパントの海戦
□	ℓ.13 **Armada**	無敵艦隊
□	ℓ.14 **galley**	ガレー船

おすすめ関連書籍

・立石博高『フェリペ２世　スペイン帝国のカトリック王』山川出版社

57 Elizabeth I

Elizabeth I was a queen of England, nicknamed the Virgin Queen. Henry VIII had only had a daughter Mary with Queen Catherine and **thirsted** for a son, but there was little hope for success. He **divorced** Catherine and married Anne Boleyn. After giving birth to Elizabeth in 1533, Anne fell into **disgrace** with Henry and was put to death. Henry then married Jane Seymour, who gave birth to Prince Edward. After Henry died in 1547, Edward ascended the throne as Edward VI, but died a **premature** death in 1553. Then Mary succeeded the throne. Elizabeth was Protestant, and therefore was a **troublesome obstruction** to the Catholic Mary, who wanted a son to succeed her. In 1554, Wyatt's Rebellion was **provoked** by Protestants who aimed to replace Mary with Elizabeth. Elizabeth was **intensely interrogated** as to whether she was **privy** to the plot, but maintained that she was unaware of the plan. After Mary died in 1558, Elizabeth inherited the throne. Her reign lasted for over 40 years until her death in 1603.

514	□ **thirst** [θə́ːrst]	[他] …(for) を渇望する，切望する [名] のどの渇き，…(for) に対する渇望 ⇒[派] **thirsty** [形] のどの渇いた
515	□ **divorce** [dɪvɔ́ːrs]	[他] …と離婚する [名] 離婚
516	□ **disgrace** [dɪsgréɪs]	[名] 不人気，不名誉，恥さらし cf. **fall into disgrace with** …に嫌われる
517	□ **premature** [prìːmət(j)ʊ́ər]	[形] 時期尚早の，早まった，早産の
518	□ **troublesome** [trʌ́blsəm]	[形] 厄介な，面倒な，骨の折れる
519	□ **obstruction** [əbstrʌ́kʃən]	[名] 障害物，さえぎり，妨害 ⇐[派] **obstruct** [他] ふさぐ，妨害する，妨げる (☞140)

エリザベス1世

エリザベス1世は処女王の異名をもつイングランドの女王である。ヘンリ8世には王妃キャサリンとの間に娘メアリしかおらず，男児を切望していたが，望みは薄かった。彼はキャサリンと離婚し，アン・ブーリンと結婚した。アンは1533年にエリザベスを生んだ後ヘンリの寵愛を失い，処刑された。ヘンリはその後ジェーン・シーモアと結婚，王子エドワードが生まれた。ヘンリが1547年に死去すると，エドワードがエドワード6世として即位するも，1553年に夭折（ようせつ），その後メアリが継位した。男児をもうけて王位に即けたいと考える旧教徒のメアリにとって，新教徒のエリザベスは厄介な邪魔者だった。1554年，メアリの退位とエリザベスの即位を目論（もくろ）む新教徒によるワイアットの乱が起こる。エリザベスは内通の有無について厳しい尋問を受けるも，知らなかったと主張した。1558年にメアリが死去すると，エリザベスは王位を継承した。1603年の死去まで，治世は40年以上におよんだ。

520 □ **provoke** [prəvóʊk]	他 引き起こす，起こさせる，挑発する
521 □ **intensely** [ɪnténsli]	副 激しく，強く，痛烈に ⇐派 **intense** 形 強烈な，激しい，痛烈な
522 □ **interrogate** [ɪntérəgèɪt]	他 審問する，尋問する，取り調べる ⇒派 **interrogation** 名 審問，尋問，取り調べ
523 □ **privy** [prívi]	形 …（to）に内々に通じている，知りうる立場にある

Glossary

□ ℓ.5	**put to death**	死刑にする
□ ℓ.13	**as to**	…に関して

おすすめ関連書籍

・青木道彦『エリザベス一世　大英帝国の幕あけ』講談社現代新書

58 William Shakespeare

William Shakespeare was an English playwright of **superb poetic** power whose plays are **continually** performed around the world. He was born to an **affluent** family in Stratford-upon-Avon in 1564. After graduating from grammar school, he went up to London and entered the **theatrical** world. From around 1590 **onward**, he wrote many dramas. During a period of his life when he was **racked** by a series of losses such as his father's death in 1601, Elizabeth I's death in 1603, and his mother's death in 1608, he worked on his four great tragedies: *Hamlet*, *Othello*, *King Lear* and *Macbeth*. And during a series of happy events, including the marriage of his eldest daughter in 1607 and the birth of his first grandchild in 1608, he began writing romances, such as *The Winter's Tale* and ***Tempest***. After his peak years, when he wrote his four great tragedies, a shadow began to fall on his popularity due to the rise of young writers. He retired to his hometown around 1613, and died in 1616. He was buried in the **parish** church of Stratford-upon-Avon.

524 □ **superb** [su(:)pə́:rb]	形 すばらしい，見事な，最高の
525 □ **poetic** [poʊétɪk]	形 詩の，詩的な，詩趣に富んだ ⇒派 **poetry** 名 詩，詩歌
526 □ **continually** [kəntínjuəli]	副 絶えず，いつも，頻繁に ⇐派 **continual** 形 繰り返される，頻繁な，絶え間のない
527 □ **affluent** [ǽfluənt]	形 裕福な，富裕な
528 □ **theatrical** [θiǽtrɪkl]	形 演劇の，劇場の，芝居じみた ⇐派 **theater** 名 劇場，演劇，映画館
529 □ **onward** [ɑ́:nwərd]	副 以後，以降

ウィリアム・シェイクスピア

ウィリアム・シェイクスピアはイギリスの劇作家である。詩趣に富んだ彼の作品は世界中で上演され続けている。1564 年にストラットフォード・アポン・エイヴォンの裕福な家庭に生まれた。グラマー・スクールを卒業後，ロンドンに出て演劇界に飛び込んだ。1590 年頃以降，多くの戯曲を書いた。1601 年の父の死，1603 年のエリザベス一世の死，1608 年の母の死と立て続けに不幸にさいなまれた時期に『ハムレット』『オセロー』『リア王』『マクベス』の四大悲劇に取り組んだ。そして 1607 年の長女の結婚，1608 年の初孫の誕生と喜ばしい出来事が重なった時期から，『冬物語』『テンペスト』などのロマンス劇を書きはじめた。四大悲劇に代表される絶頂期を過ぎたころから若手作家の台頭で人気に陰りが見えはじめた。1613 年頃引退して故郷へもどり，1616 年に歿した。遺体はストラットフォード・アポン・エイヴォンの教区教会に埋葬された。

530	□ **rack** [rǽk]	他 苦しめる，絞る 名 …掛け，棚
531	□ **tempest** [témpəst]	名 大嵐，暴風雨，騒動
532	□ **parish** [pérɪʃ, pǽr-]	名 教区

Glossary

□	ℓ.1	**playwright**	劇作家
□	ℓ.3	**Stratford-upon-Avon**	ストラットフォード・アポン・エイヴォン（イングランド中部の町）
□	ℓ.4	**grammar school**	グラマースクール（中等教育機関）
□	ℓ.8	**work on**	…に取り組む

・河合祥一郎『あらすじで読むシェイクスピア全作品』祥伝社新書

59 Galileo Galilei

Galileo Galilei was an Italian **physicist**, called the "father of modern science." Born in 1564, he enrolled at the University of Pisa at age 17. Fascinated by **geometry**, he **majored** in math despite his father's insistence on his studying medicine. While a student, he discovered the periodic law of the pendulum. He taught as professor at the Universities of Pisa and Padua. He created a telescope with a **concave** lens that could **magnify** images 30 times, and made a number of discoveries with it. In 1623, he published a book which used Copernicus's heliocentrism to explain the path of the **comets**. The Pope Urban VIII ordered him to write a book that would disagree with Copernicus. In 1632, he published a book, in which he sided with Copernicus. He was brought before the Roman Inquisition, and sentenced to life **imprisonment**. His sentence was then changed, and he was placed under house arrest for the rest of his life. His letters to his family and friends were **censored**. Still, he continued producing lasting discoveries until his death in 1642.

533 □ **physicist** [fízɪsɪst]	名 物理学者 ⇐派 **physics** 名 物理学
534 □ **geometry** [dʒiáːmətri]	名 幾何学，形状
535 □ **major** [méɪdʒər]	自 …（in）を専攻する 形 主要な，大きい方の，大きな　名 少佐
536 □ **concave** [kɑːnkéɪv, ˊ-]	形 凹面の，凹型の，くぼんだ
537 □ **magnify** [mǽgnəfàɪ]	他 拡大する，大きくする，誇張する ⇒派 **magnificent** 形 壮大な，壮麗な
538 □ **comet** [kámɪt, kóm-]	名 彗星，ほうき星

ガリレオ・ガリレイ

ガリレオ・ガリレイは，「近代科学の父」と称されるイタリアの物理学者である。1564 年に生まれたガリレオは 17 歳でピサ大学に入学した。幾何学が好きだった彼は，医学を学べという父に逆らって数学を専攻した。在学中に振り子の等時性の法則を発見した。ピサ大学とパドヴァ大学で教授を務めた。凹(おう)レンズを使って倍率 30 倍の望遠鏡を作成し，数々の発見をした。1623 年，コペルニクスの地動説で彗星(すいせい)の軌跡を説明する本を出版した。教皇ウルバヌス 8 世はコペルニクスに反論する本を書くようガリレオに申し渡した。しかし，1632 年に出版した本は，コペルニクスを支持する内容だった。彼は宗教裁判にかけられ，終身刑を言い渡された。刑はその後変更され，ガリレオは終生自宅軟禁された。家族や友人への手紙は検閲された。それでも後世に残る発見をしつづけ，1642 年に永眠した。

539 □ **imprisonment** [ɪmpríznmənt]	名 投獄，留置，収監 cf. **life imprisonment** 終身刑 ⇐派 **imprison** 他 投獄する，収監する，刑務所に入れる（☞ 126）
540 □ **censor** [sénsər]	他 検閲する 名 検閲官

Glossary

□ ℓ.5	**periodic law of the pendulum**	振り子の等時性の法則
□ ℓ.9	**heliocentrism**	地動説
□ ℓ.12	**Roman Inquisition**	宗教裁判
□ ℓ.14	**place under house arrest**	自宅軟禁する

おすすめ関連書籍
・ブレヒト『ガリレオの生涯』谷川道子訳，光文社古典新訳文庫

60 Sikhism

Sikhism is an Indian religion with about 25 million **devotees**. Most Sikhs live in the Punjab state of India. The Sikh scripture is the *Adi Granth*, made up of poetic **hymns** composed by successive Gurus. Having **originated** with Guru Nanak, it was **updated** each time one of the later Gurus composed a hymn. The founder, Guru Nanak, had begun preaching one God in the 1520's. After he died, the Guruship was succeeded by generations of Gurus until the 10th Guru Gobind Singh, who was the last human Guru. After Gobind died in 1708, the *Adi Granth* was assigned the status of the *Guru Granth*, the 11th and **perpetual** Guru. A Sikh must always wear five items: a comb, a turban, a **circular** bracelet, a sword **tucked** into a strap, and a special **garment**. Among today's most famous Sikhs is Manmohan Singh, who was the first prime minister of India since Jawaharlal Nehru to win **reelection** after completing a full 5-year term.

541 □ **devotee** [dèvətíː, -oʊ-]	名 愛好者，信者，信奉者 ⇐派 **devote** 他 ささげる，注ぐ
542 □ **hymn** [hím]	名 讃美歌，聖歌，賛歌
543 □ **originate** [ərídʒənèɪt]	自 起こる，生じる，始まる ⇐派 **origin** 名 起源，由来
544 □ **update** 動 [ʌ̀pdéɪt] 名 [ʌ́pdèɪt]	他 最新のものにする，更新する，アップデートする 名 最新情報，更新，アップデート
545 □ **perpetual** [pərpétʃuəl]	形 絶え間のない，頻繁な，永遠の
546 □ **circular** [sə́ːrkjələr]	形 円形の，丸い，円を描く ⇐派 **circle** 名 円，丸
547 □ **tuck** [tʌ́k]	他 押し込む，はさみ込む，しまい込む

シク教

シク教は約 2500 万人の信者を擁するインドの宗教である。シク教徒の大半はインドのパンジャブ州に住んでいる。シク教の聖典は歴代グルの作った聖歌からなる『アディ・グラント』である。グル・ナーナクに始まり，その後歴代グルが聖歌を作るたびに更新された。開祖グル・ナーナクは 1520 年代に唯一神について説きはじめた。彼の死後グル位は代々のグルにより継承され，第 10 代グルのゴービンド・シンが人間では最後のグルになった。ゴービンドが 1708 年に死去すると，『アディ・グラント』が『グル・グラント』として第 11 代にして永遠のグルに定められた。シク教徒はくし，ターバン，丸い腕輪，紐に収めた剣，特別の衣服の五点を常に身につけねばならない。今日の著名なシク教徒にはインドの前首相マンモハン・シンがいる。ジャワハルラル・ネルー以来はじめて 5 年の任期を満了して二期目を務めた人物である。

548 □ **garment** [gɑ́ːrmənt]	名 衣服
549 □ **reelection** [rèɪlékʃən]	名 再選 ⇐ 派 **reelect** 他 再選する

Glossary

□	ℓ.1	**Sikhism**	シク教
□	ℓ.2	**Sikh**	シク教徒，シク教の
□	ℓ.3	**be made up of**	…から成り立っている
□	ℓ.3	**Guru**	グル（導師）
□	ℓ.6	**Guruship**	グル位
□	ℓ.13	**prime minister**	首相
□	ℓ.13	**Jawaharlal Nehru**	ジャワハルラル・ネルー（インドの初代首相）

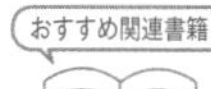

・グリンダル・シン・マン『シク教』保坂俊司訳，春秋社

61 Hong Taiji

Hong Taiji was the founder of the Qing dynasty of China. He was born in 1592 as the 8th son of Nurhaci, who founded the Later Jin dynasty. After Nurhaci died in 1626, Hong Taiji got rid of his competitors and succeeded his father. When he attacked Mongolia in 1635, the last Northern Yuan emperor Ejei Khan surrendered and gave him the imperial seal, thus ending the Mongol Empire. With the imperial seal, Hong Taiji became emperor and renamed his dynasty Great Qing in 1636. He also changed the name of his people from Jurchen to Manchu. **Thereafter**, he adopted the **bureaucratic** structure of the Chinese government and appointed Han Chinese officials into the **bureaucracy**. In 1637, he **dispatched** troops to Joseon Korea, a **potent** Ming **ally**. He then started to attack the Ming dynasty, but died in 1643, just before **accomplishing** his goal of subduing the **remainder** of China. The framework of the government he founded remained for a long period of time. His **foresights** laid the foundation for a dynasty that would last for almost 300 years.

550 □ **thereafter** [ðèərǽftər]	副 その後は，それから先
551 □ **bureaucratic** [bjʊ̀ərəkrǽtɪk]	形 官僚の，官僚主義的な，お役所的な ⇐派 **bureaucracy** 名 官僚制度，官僚主義，お役所仕事（☞30） ⇐派 **bureaucrat** 名 官僚，役人
552 □ **dispatch** [dɪspǽtʃ]	他 派遣する，送る，発送する
553 □ **potent** [póʊtənt]	形 強い効果をもつ，強力な，有力な
554 □ **ally** 名 [ǽlaɪ, əláɪ] 動 [əláɪ, ǽlaɪ]	名 同盟国，協力者；〈Allies〉連合軍 自 …（with）と同盟する，連合する

ホン・タイジ（皇太極）

ホン・タイジ（皇太極）は清の創始者である。1592 年，後金の創始者ヌルハチの八男に生まれた。1626 年にヌルハチが死去すると，ホン・タイジは他の後継者候補を追い落とし，父の後を継いだ。1635 年にモンゴリアに侵攻すると，北元最後の皇帝エジェイ・ハンは降伏し，玉璽をホン・タイジに献上した。こうしてモンゴル帝国は滅亡した。玉璽を得たホン・タイジは 1636 年に皇帝に即位し，国号を大清に改めた。民族名も女真から満洲に変えた。以降，中国の官制を取り入れ，漢人を登用した。1637 年に，明の有力な同盟国である李氏朝鮮に軍隊を送った。その後明への侵攻をはじめたが，中国の残りの部分を征服するという目標の達成を目前にして 1643 年に死去した。彼が整えた政治制度は長く続いた。彼の先見の明が約 300 年続く王朝の礎を築いたのである。

555 □ **accomplish** [əkɑ́ːmplɪʃ]	他 成し遂げる，完遂する，達成する ⇒派 **accomplishment** 名 業績，功績，達成（☞22）
556 □ **remainder** [rɪméɪndər]	名 残り，残りのもの，余り ≒類 **rest** ⇐派 **remain** 自 …のままである，残っている
557 □ **foresight** [fɔ́ːrsàɪt]	名 先見の明，先見力，洞察力

Glossary

□ ℓ.3	**get rid of**	取り除く
□ ℓ.6	**imperial seal**	玉璽（天子の印）

おすすめ関連書籍
・石橋崇雄『大清帝国への道』講談社学術文庫

62 Li Zicheng

Li Zicheng was a rebel leader who destroyed the Ming dynasty. He was born to an **impoverished** family in 1606. After joining a rebel army around 1631, he gradually increased his power, claiming to help the poor. In 1641, he conquered Luoyang and killed a prince who was **infamous** for heavy taxation. In 1644, he founded the Shun dynasty. Claiming to have received the **Mandate** of Heaven, he announced himself to be descended from Li Jiqian, who had laid the foundations for the Empire of Western Xia. When Li Zicheng **sacked** Beijing, the Chongzhen Emperor hanged himself, thus ending the Ming dynasty. A Ming general Wu Sangui surrendered to the Qing dynasty of the Manchus to revenge Chongzhen's death, and the allied forces of the Qing and Wu began marching for Beijing. Li **hastily** declared himself emperor and fled to Xi'an. As the Qing forces approached Xi'an, he headed for Nanjing. But when the Qing forces took control of Nanjing, his plans to seize Nanjing **crumbled**. There are multiple accounts of how Li died and some are **exaggerated** by **folklore**. One story has it that he was killed by soldiers guarding a village he attacked in 1645.

558 □ **impoverish** [ɪmpɑ́ːvərɪʃ]	[他] 貧乏にする，困窮させる ⇒[派] **impoverished** [形] 困窮した，非常に貧しい
559 □ **infamous** [ínfəməs]	[形] …（for）で悪名高い ≒[類] **nortorious**
560 □ **mandate** [mǽndeɪt, -dɪt]	[名] 信任，任期，命令
561 □ **sack** [sǽk]	[他] くびにする，破壊する，攻め落とす [名] 袋，解雇，破壊
562 □ **hastily** [héɪstəli]	[形] 急いで，あわてて，慌しく ⇐[派] **hasty** [形] 急いだ，慌しい，早まった
563 □ **crumble** [krʌ́mbl]	[自] ぼろぼろになる，砕ける，水泡に帰する [他] ぼろぼろにする，砕く

李自成

李自成（りじせい）は明を滅ぼした反乱軍の頭目である。1606 年に貧しい家庭に生まれた李は，1631 年頃流賊に参加し，貧民の救済を謳（うた）って次第に勢力を拡大した。1641 年に洛陽を陥落させ，重税で悪名高かった親王を殺害した。1644 年に大順（だいじゅん）を建国した。天命を受けている証として，西夏（せいか）の礎を築いた李継遷（りけいせん）の末裔を自称した。李自成が北京を落城させると，崇禎帝（すうていてい）は縊死（いし），明朝は滅亡した。明の将軍呉三桂（ごさんけい）は崇禎帝の仇を討つべく満洲族の清に投降し，清・呉連合軍が北京へ進軍を始めた。李は慌しく皇帝に即位し，西安に遁走した。清軍が西安に迫ると，南京に向かった。しかし南京は清軍によって陥落し，李の南京占領の途は潰（つい）えた。李の死には諸説あり，中には伝承で誇張されたものもある。一説では，彼は 1645 年にある村を襲撃した際に衛兵に殺されたという。

564 □ **exaggerate** [ɪgzǽdʒərèɪt, egz-]	他 おおげさに表現する，誇張する，強調する
565 □ **folklore** [fóʊklɔ̀ːr]	名 民間伝承，民話

Glossary

□ ℓ.9	**hang *oneself***	首つり自殺する
□ ℓ.11	**allied forces**	連合軍
□ ℓ.14	**head for**	…に向かって進む
□ ℓ.14	**take control of**	…を支配する

おすすめ関連書籍

・高島俊男『中国の大盗賊・完全版』講談社現代新書

63 Zheng Chenggong

Zheng Chenggong is a national hero in Taiwan who **ousted** Europeans from Taiwan at the end of the Ming dynasty. Born in Hirado, Nagasaki in 1624 between a Chinese father and a Japanese mother, he was **reared** there until he moved to Fujian at age 7. He was called Koxinga, meaning "Lord of the Imperial **Surname**," as the Ming emperor had **bestowed** the imperial surname Zhu on him. He maintained his **loyalty** to the Ming dynasty all his life. After the Ming dynasty collapsed, he continued to resist the Qing rule. In 1661, to **procure** a new base of resistance, he began to attack Taiwan, which was dominated by the Dutch West India Company. The following year, the Dutchmen surrendered Fort Zeelandia, their **outpost** in Tainan, thus giving up control of Taiwan, which they had ruled for 38 years. After that, Zheng Chenggong, his son and then his grandson governed Taiwan. But Taiwan fell under the Qing rule when the Zheng forces lost at the Battle of Penghu in 1683. During the 21 years of its rule, the Zheng government **faithfully** used the Ming era name. In Japan, Zheng Chenggong is famous as the subject of *The Battle of Koxinga*, a puppet play by Chikamatsu Monzaemon.

566	□ **oust** [áʊst]	他 追い出す，追い払う，退ける
567	□ **rear** [ríər]	他 育てる，養育する，飼育する
568	□ **surname** [sə́ːrnèɪm]	名 姓，名字
569	□ **bestow** [bɪstóʊ]	他 …（on）に授ける
570	□ **loyalty** [lɔ́ɪəlti]	名 忠誠，誠実，忠誠心 ⇐ 派 **loyal** 形 忠誠心のある，忠実な
571	□ **procure** [prəkjúər]	他 手に入れる，獲得する，入手する

鄭成功

鄭成功は，明末に台湾からヨーロッパ勢を追い払った，台湾の国民的英雄である。1624 年に長崎平戸で漢人の父と日本人の母のもとに生まれ，7 歳で福建へ移るまでその地で育った。明の皇帝の姓「朱」を授けられたことから“国政を賜った大身”を意味する「国姓爺」と呼ばれた彼は，終生明に忠誠を貫いた。明の滅亡後も反清活動を続けた。1661 年に新たな反抗の拠点を得るべく，当時オランダ東インド会社に支配されていた台湾を攻略した。翌年オランダ人は台南の前哨基地ゼーランディア城を明け渡し，これにより 38 年間握り続けた台湾の支配権を失うことになった。その後は鄭成功および息子，孫と三代にわたって台湾を統治するも，1683 年に鄭氏軍が澎湖の戦いに敗北したことにより，台湾は清の統治下に入った。21 年におよぶ鄭氏政権は忠実に明の年号を用い続けた。日本で鄭成功は近松門左衛門の浄瑠璃『国姓爺合戦』のモデルとして知られる。

572 □ **outpost** [áʊtpòʊst]	名 前哨基地，出先機関，支店
573 □ **faithfully** [féɪθfəli]	副 忠実に，誠実に，正確に ⇐派 **faithful** 形 忠実な，信義の厚い，正確な

Glossary

□	ℓ.10	**Dutch West India Company**	オランダ東インド会社
□	ℓ.10	**Dutchman**	オランダ人（Dutchmen）
□	ℓ.14	**fall under ... rule**	…の支配下に入る
□	ℓ.15	**Battle of Penghu**	澎湖の戦い
□	ℓ.16	**era name**	年号
□	ℓ.17	***The Battle of Koxinga***	『国姓爺合戦』
□	ℓ.17	**puppet play**	浄瑠璃

・陳舜臣『鄭成功　旋風に告げよ　上・下』中公文庫

64 Oliver Cromwell

Oliver Cromwell was an English statesman who led the Puritan Revolution. Born the son of a **gentry landlord** in 1599, he became a committed Puritan who was opposed to the Catholic Church, which he saw as denying the primacy of the Bible in favor of papal and **clerical** authority. In 1640, he was elected to Parliament for the **borough** of Cambridge. In 1642, the English Civil War began between the Cavaliers, who supported King Charles I, and the Roundheads, who were against him. After the civil war ended in the victory of the Roundheads, who Cromwell commanded, Charles was executed and the **Commonwealth** was established in 1649. Cromwell then conquered Ireland. In 1650, he invaded Scotland after the Scots installed Charles II, Charles I's son, as king. In 1653, Cromwell was appointed Lord Protector. He died after suffering from a **bout** of fever in 1658. Charles II was then invited back to the throne and restored the monarchy in 1660. Cromwell was a controversial figure. Some praised him as a hero, while others denounced him as a **hypocrite** or as a **ferocious** dictator who would be looked down upon by **posterity** as a brave bad man.

574 □ **gentry** [dʒéntri]	名 紳士階級（貴族の下の階級）
575 □ **landlord** [lǽndlɔ̀ːrd]	名 家主，地主，亭主
576 □ **clerical** [klérɪkl]	形 事務員の，書記の，聖職者の ⇐派 **clerk** 名 事務員，係，書記
577 □ **borough** [bə́ːroʊ]	名 郡，区，選挙区
578 □ **commonwealth** [káːmənwèlθ]	名 〈C-〉イギリス連邦，共和国
579 □ **bout** [báʊt]	名 一期間，発病，発作

オリヴァー・クロムウェル

オリヴァー・クロムウェルは清教徒革命を指導したインドランドの政治家である。1599 年に紳士階級の地主のもとに生まれた彼は，熱心な清教徒になり，聖書より教皇や聖職者の権威を重んじるとしてカトリック教会を嫌うようになった。1640 年にケンブリッジ選挙区から国会議員に選ばれた。1642 年，国王チャールズ 1 世を支持する王党派と支持しない議会派の間でイングランド内戦が起こった。クロムウェル率いる議会派が勝利し，1649 年にチャールズが処刑されて，共和国が成立した。その後クロムウェルはアイルランドを征服した。1650 年にはチャールズ 1 世の息子チャールズ 2 世を推戴（すいたい）したスコットランドに侵攻した。1653 年には護国卿に就任した。1658 年に発熱に襲われ死去した。この後 1660 年にチャールズ 2 世が帰国して即位し，王政復古を実現した。クロムウェルは評価の分かれる人物で，英雄と称える者もある一方で，偽善者あるいは残忍な独裁者で，後世では勇敢な悪人として嫌われるだろうと非難する声もあった。

580 □ **hypocrite** [hípəkrìt]	名 偽善者 ⇒ 派 **hypocrisy** 名 偽善（☞141） ⇒ 派 **hypocritical** 形 偽善的な，見せかけの
581 □ **ferocious** [fəróuʃəs]	形 獰猛な，残忍な，凶暴な ⇒ 派 **ferociously** 副 獰猛に，残忍に
582 □ **posterity** [pɑːstérəti]	名 後世の人々

Glossary

□ ℓ.1	**Puritan Revolution**	清教徒革命
□ ℓ.3	**committed**	熱心な
□ ℓ.4	**primacy**	卓越，抜群
□ ℓ.4	**papal**	ローマ教皇の
□ ℓ.6	**English Civil War**	イングランド内戦
□ ℓ.7	**Cavalier**	王党員
□ ℓ.7	**Roundhead**	議会党員
□ ℓ.11	**Scot**	スコットランド人
□ ℓ.12	**Lord Protector**	護国卿
□ ℓ.17	**look down upon**	見下す

・小泉徹『クロムウェル 「神の摂理」を生きる』山川出版社

65 Louis XIV

Louis XIV was the 3rd king of the Bourbon dynasty of France. Born the son of Louis XIII in 1638, he succeeded the throne in 1643. After the chief minister **Cardinal** Jules Mazarin died in 1661, he began his personal rule, which was defined by **warfare**. He told his diplomats that their job was to create **strategic** advantages for the French military. In the Dutch War that began in 1672, he **annexed** several **fortified** towns in Flanders. Louis XIII had built a lodge in Versailles, about 20 kilometers southwest of Paris. Louis XIV transformed it into a lavish palace. His reign was so brilliant that the **aristocracy** of Europe adopted French. In 1685, he **revoked** the Edict of Nantes to exile Protestants. Many skilled Protestants fled, which **enriched** Protestant states. In the War of the League of Augsburg, France was utterly defeated by England and the Dutch Republic. The War of the Spanish Succession, which began in 1701 and lasted for over 10 years, was a **calamity**. Louis died in 1715 after 72 years on the throne.

583 □ **cardinal** [ká:rdnl]	名 枢機卿（ローマ教皇の最高顧問） 形 非常に重要な，主要な，基本的な
584 □ **warfare** [wɔ́:rfèər]	名 戦争，交戦，闘争
585 □ **strategic** [strətí:dʒɪk]	形 戦略の，戦略的な，戦略上重要な ⇐派 **strategy** 名 戦術，戦略
586 □ **annex** [ənéks]	他 併合する
587 □ **fortify** [fɔ́:rtəfàɪ]	他 要塞化する，強化する，強くする
588 □ **aristocracy** [æ̀rɪstá:krəsi]	名 貴族階級，貴族社会 ⇐派 **aristocrat** 名 貴族
589 □ **revoke** [rɪvóʊk]	他 無効にする，取り消す，廃止する

ルイ 14 世

ルイ 14 世はブルボン朝第 3 代のフランス国王である。1638 年にルイ 13 世のもとに生まれた彼は，1643 年に継位した。1661 年に宰相の枢機卿ジュール・マザランが死去すると，戦争に明け暮れるルイの親政が始まった。彼は外交官に，お前たちの仕事はフランス軍を戦略上有利にすることだと語った。1672 年に始まったオランダ戦争で，フランドルの要塞都市をいくつも併合した。ルイ 13 世はパリの南西 20 キロほどに位置するヴェルサイユに館を建てていたが，14 世はこれを豪華な宮殿に改築した。彼の治世は華やかで，ヨーロッパの貴族たちがフランス語を使うようになったほどだった。1685 年にナントの勅令を廃止し，新教徒を追放した。新教徒の技術者が多数亡命したため，新教国に資産が流出した。アウクスブルク同盟戦争でフランスはイギリス，オランダに大敗を喫した。1701 年から 10 年以上続いたスペイン継承戦争は国に大打撃を与えた。72 年間王位にあったルイ 14 世は 1715 年に死去した。

590 □ **enrich** [enrítʃ]	他 向上させる，豊かにする，富ませる ⇐ 派 **rich** 形 豊かな
591 □ **calamity** [kəlǽməti]	名 大災害，大惨事，苦難

Glossary

□	ℓ.3	**chief minister**	宰相
□	ℓ.4	**personal rule**	親政
□	ℓ.6	**Dutch War**	オランダ戦争
□	ℓ.7	**lodge**	館
□	ℓ.10	**Edict of Nantes**	ナントの勅令（新教徒の信仰を認める法令）
□	ℓ.12	**War of the League of Augsburg**	アウクスブルク同盟戦争
□	ℓ.14	**War of the Spanish Succession**	スペイン継承戦争

おすすめ関連書籍

・鹿島茂『太陽王ルイ 14 世　ヴェルサイユの発明者』角川書店

66 Peter the Great

Peter the Great was the founder of the Russian Empire. Born in 1672, Peter became Tsar of the Romanov dynasty at age 10, with his **chronically** ill half-brother Ivan as **nominal** joint Tsar, and with his mother Natalya as regent. After Natalya died in 1694, Peter began his personal rule. When his Grand Embassy was sent to European countries in 1697, Peter went along with them under a **fake** name. Visiting factories, **arsenals** and schools, he **familiarized** himself with conditions in the advanced European countries. After returning home in 1698, he **commenced** to **diligently** introduce European civilization into Russia. In 1700, the Great Northern War began, which would last for over 20 years. After being beaten **hollow** in 1700, he delivered a heavy blow to the Swedes in 1709 and 1714. Russia and Sweden concluded a peace treaty in 1721, which transferred much of the Baltic Coast from Sweden to Russia, which thus emerged as a great power. That year, Peter was made emperor and created the Russian Empire. He died in 1725.

592	□ **chronic** [krɑ́:nɪk]	形 慢性の，常習の，長期にわたる ⇒派 **chronically** 副 慢性的に，たえず
593	□ **nominal** [nɑ́:mənl]	形 名ばかりの，名義だけの，有名無実の
594	□ **fake** [féɪk]	形 にせの，偽造の，見せかけの 名 にせ物，偽造品，詐欺師
595	□ **arsenal** [ɑ́:*r*sənl]	名 武器，軍需工場，兵器庫
596	□ **familiarize** [fəmílijəràɪz]	他 慣れさせる，習熟させる；〈*-oneself*〉…（with）に精通する ⇐派 **familiar** 形 なじみの，精通している
597	□ **commence** [kəméns]	他 開始する，始める，…（to）し始める

ピョートル大帝

ピョートル大帝はロシア帝国の創始者である。1672 年に生まれたピョートルは 10 歳でロマノフ朝のツァーリに即位し，慢性の病を抱えた異母兄イヴァンが名目だけの共同ツァーリに，母ナタリヤが摂政に就いた。1694 年のナタリヤの死後，ピョートルが親政を開始した。1697 年に欧州諸国に大使節団を派遣，自身も偽名で同行した。工場や兵器庫や学校を視察し，先進欧州諸国の現状を学んだ。1698 年に帰国すると，西洋文明のロシアへの導入に務めはじめた。1700 年に大北方戦争が始まり，20 年以上にわたって続いた。1700 年の大敗を経て 1709 年と 1714 年にスウェーデン軍に大打撃を与えた。ロシアとスウェーデンは 1721 年に和平条約を結んだ。これによりロシアはバルト海沿岸の領土を獲得し，大国として名乗りを上げた。同年ピョートルは皇帝の称号を授けられ，ロシア帝国が始まった。ピョートルは 1725 年に死去した。

598	□ **diligent** [dílɪdʒənt]	形 勤勉な，入念な，熱心な ⇒派 **diligently** 副 勤勉に，入念に，熱心に
599	□ **hollow** [hɑ́:loʊ]	副 すっかり，徹底的に，こてんぱんに 形 空の，空洞の，くぼんだ

Glossary

□	ℓ.2	**tsar**	ツァーリ（君主の称号）
□	ℓ.3	**half-brother**	異母〔異父〕兄弟
□	ℓ.10	**Great Northern War**	大北方戦争
□	ℓ.12	**blow**	一撃，打撃
□	ℓ.14	**Baltic Coast**	バルト海沿岸

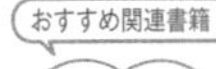

・アンリ・トロワイヤ『大帝ピョートル』工藤庸子訳，中公文庫

67 Frederick the Great

Frederick the Great was King of Prussia. He is one of the foremost examples of an enlightened absolute **monarch**. Born in 1712, he was crowned king in 1740. He was victorious over Austria in the three Silesian Wars, which lasted **intermittently** from 1740 to 1763. As a result of the wars, Prussia acquired the majority of Silesia. Frederick was also an influential military theorist whose analysis emerged from his **battlefield** experience and covered issues of **tactics** and **mobility**. While **courageously** fighting **external** wars, he made enlightened reforms, such as the prohibition of **torture**, the freedom of the press and the freedom of faith. In his closing years, he suffered from rheumatism until he died in an armchair in his study in 1786. He had hoped to be buried beside the Sanssouci Palace, which he had **erected**, but his nephew and successor Frederick William II laid his **coffin** in a church in Potsdam.

600 □ **monarch** [mɑ́nːərk]	名 君主，国王，皇帝 ⇒派 **monarchy** 名 王政，帝政，王室（☞44）
601 □ **intermittent** [ìntərmítnt]	形 断続的な，間欠的な，散発的な ⇒派 **intermittently** 副 断続的に，間欠的に，散発的に
602 □ **battlefield** [bǽtlfiːld]	名 戦場，争いの場，争点
603 □ **tactic** [tǽktɪk]	名 作戦，策略，戦法
604 □ **mobility** [moʊbíləti]	名 流動性，移動性，機動力 ⇐派 **mobile** 形 動かしやすい，移動式の
605 □ **courageous** [kəréɪdʒəs]	形 勇ましい，勇気のある，果敢な ⇒派 **courageously** 副 勇敢に，勇気をもって，果敢に

フリードリヒ大王

フリードリヒ大王はプロイセン王で，代表的な啓蒙絶対君主である。1712 年に生まれたフリードリヒは 1740 年に即位した。その年から 1763 年にかけて断続的に 3 次にわたるシュレジエン戦争でオーストリアに勝利した。この戦争でプロイセンはシュレジエンの大部分を獲得した。フリードリヒは軍事理論家としても著名であり，自身の戦場体験にもとづくその分析は作戦や機動力の面に及ぶものだった。果敢な対外戦争のかたわら彼は，拷問の禁止，出版の自由，信教の自由など，啓蒙的な諸改革を実行した。晩年はリューマチに苦しみ，1786 年に執務室の椅子にもたれて死去した。自身が造営したサンスーシ宮殿のそばに眠りたいとの遺志に反して，王位を継承した甥フリードリヒ・ヴィルヘルム 2 世は大王の棺をポツダムの教会に安置した。

606	□ **external** [ɪkstə́ːrnl, eks-]	形 外の，外部からの，対外的な ⇔反 **internal** 形 内部の，国内の
607	□ **torture** [tɔ́ːrtʃər]	名 拷問 他 拷問にかける
608	□ **erect** [ɪrékt]	他 建てる，立てる，創設する 形 直立した，まっすぐな
609	□ **coffin** [kɔ́ːfn, kɑ́ːf-]	名 棺

Glossary

□ ℓ.1	**Prussia**	プロイセン
□ ℓ.9	**prohibition**	禁止
□ ℓ.11	**rheumatism**	リューマチ

おすすめ関連書籍
・屋敷二郎『フリードリヒ大王　祖国と寛容』山川出版社

68 Maria Theresa

Maria Theresa was a ruler of the Habsburg lands. Born the daughter of Holy Roman Emperor Charles VI in 1717, she married Francis Stephen of Lorraine to be Duchess of Lorraine in 1736. Upon Charles's death in 1740, the War of the Austrian Succession broke out over her **inheritance** of the family lands. She defended her rule over most of the lands and had Francis elected as Holy Roman Emperor, but she assumed real power. Seeing a link between **peasant productivity** and state revenue, she tried to improve her people's living standards. She ordered the **expulsion** of Jews in 1744, although the order was later **retracted** due to pressure from other countries criticizing her as **intolerant**. A self-conscious mother, she felt **entitled** to **exert** authority over her 16 children, and married 6 of them off to Bourbons to strengthen her alliance with the Bourbons. After Francis died and her son Joseph II became Holy Roman Emperor in 1765, Maria Theresa continued to hold the **reins** of government until she died in 1780 of a cold she caught when she went hunting pheasants.

610	☐ **inheritance** [ɪnhérətns]	[名] 相続，継承，相続権 ⇐[派] **inherit** [他] 相続する
611	☐ **peasant** [péznt]	[名] 小作農，農民，百姓
612	☐ **productivity** [pròʊdʌktívəti]	[名] 生産性，生産力 ⇐[派] **productive** [形] 生産力を有する，生産性の高い
613	☐ **expulsion** [ɪkspʌ́lʃən, eks-]	[名] 追放，駆逐，除名
614	☐ **retract** [rɪtrǽkt]	[他] 撤回する，取り消す，取り下げる
615	☐ **intolerant** [ɪntɑ́ːlərənt]	[形] 不寛容な，我慢できない ⇔[反] **tolerant** [形] 寛容な，寛大な
616	☐ **entitle** [entáɪtl]	[他] …をもつ権利を与える，…する権利を与える， …という題を付ける

マリア・テレジア

マリア・テレジアはハプスブルク家の君主である。神聖ローマ皇帝カール6世の娘として1717年に生まれた彼女は，1736年にロートリンゲン公フランツ・シュテファンと結婚し，ロートリンゲン公妃となった。1740年にカール6世が死ぬと，家領の相続をめぐってオーストリア継承戦争が起こった。彼女は家領の大半を維持し，夫の神聖ローマ皇帝即位も承認されたが，実権は彼女が握った。農民の生産性と国の税収の関連を知っていた彼女は，人民の生活水準の向上に努めた。1744年にはユダヤ人追放令を発した。もっとも，不寛容と非難する諸外国の圧力を受けて，追放令は後に撤回した。自意識過剰な母親だった彼女は16人いた子供たちを思い通りにできると考えており，6人をブルボン家に嫁がせて，ブルボン家との絆の強化に利用した。1765年にフランツが死に，息子のヨーゼフ2世が神聖ローマ皇帝になっても実権を握り続けた彼女は，キジ狩りの折にひいた風邪が原因で1780年に死去した。

617 □ **exert** [ɪgzə́ːrt, egz-]	他 使う，働かせる，及ぼす
618 □ **rein** [réɪn]	名 手綱，支配，制御

Glossary

□	ℓ.2	**Holy Roman Emperor**	神聖ローマ皇帝
□	ℓ.3	**duchess**	公妃
□	ℓ.8	**living standard**	生活水準
□	ℓ.11	**self-conscious**	自意識過剰の
□	ℓ.12	**marry ... off**	…を～（to）に嫁がせる
□	ℓ.13	**Bourbons**	ブルボン家（フランスの王家）
□	ℓ.16	**pheasant**	キジ

・江村洋『マリア・テレジア　ハプスブルク唯一の「女帝」』河出文庫

69 Napoleon Bonaparte

Napoleon Bonaparte was a French soldier who became emperor. Born in Corsica in 1769, he **enlisted** in an artillery regiment in 1785. In the Siege of Toulon in 1793, he was injured in the **thigh**, but managed to rout the British. With his **spectacular feat** in crushing a rebellion in 1795, he earned the patronage of the **Directory**. In 1799, he staged a bloodless coup to be elected First Consul. In 1804, he was crowned emperor. When he entered Moscow in an attempt to invade Russia in 1812, a huge fire broke out and his army had to withdraw. The **harsh** weather made the retreat **disastrous**. After a **lull** in fighting, Prussia, Austria and other countries formed a **coalition**. In 1814, the allied troops seized Paris and deposed Napoleon, who was then exiled to Elba. In 1815, he escaped from Elba and returned to the throne in Paris. However, he was defeated by Britain and Prussia in the Battle of Waterloo. He was obliged to step down from the throne and was sent to Saint Helena, where he died in 1821.

619 □ **enlist** [enlíst]	自 入隊する，参加する 他 …に協力を求める，入隊させる
620 □ **thigh** [θáɪ]	名 腿，大腿部，もも肉
621 □ **spectacular** [spektǽkjələr]	形 壮観な，目を見張るような，すばらしい ⇐派 **spectacle** 名 壮観，すばらしい光景，大がかりな見せ物
622 □ **feat** [fíːt]	名 偉業，功績，離れ技
623 □ **directory** [dəréktəri]	名 人名簿，名鑑；〈D-〉総裁政府
624 □ **harsh** [háːrʃ]	形 厳しい，無情な，残酷な ⇒派 **harshly** 副 荒々しく
625 □ **disastrous** [dɪzǽstrəs, -sǽs-]	形 悲惨な，損害の大きい，害を及ぼす ⇐派 **disaster** 形 災害，大惨事

ナポレオン・ボナパルト

ナポレオン・ボナパルトはフランスの軍人から皇帝になった人物である。1769 年にコルシカ島に生まれた彼は，1785 年に砲兵連隊に入隊した。1793 年のトゥーロン攻囲戦で腿（もも）を負傷しながらも英軍を退けた。1795 年に反乱鎮圧でめざましい働きをし，総裁政府の覚えをめでたくした。1799 年に無血クーデタで第一統領に就任した。そして 1804 年に皇帝に戴冠された。1812 年にロシア遠征でモスクワに入ると大火が起こり，彼の軍は退却を余儀なくされた。厳しい気候のために，悲惨な退却となった。束の間の平和の後，プロイセンやオーストリアなどが同盟を結成した。1814 年，連合軍がパリを陥落させると，ナポレオンは廃位され，エルバ島に追放された。1815 年にエルバ島を脱出し，パリで復位した。しかし，ワーテルローの戦いでイギリスとプロイセンに敗れた。退位を余儀なくされた彼はセントヘレナ島に流され，その地で 1821 年に死去した。

626 □ **lull** [lʌ́l]	名 小休止，途絶え，なぎ 他 落ち着いた気分にさせる，うとうとさせる
627 □ **coalition** [kòʊəlíʃən]	名 連合体，提携，同盟

Glossary

□ ℓ.2	**artillery regiment**	砲兵連隊
□ ℓ.5	**patronage**	支援
□ ℓ.6	**bloodless coup**	無血クーデター
□ ℓ.6	**First Consul**	第一統領
□ ℓ.11	**allied troops**	連合軍
□ ℓ.12	**return to the throne**	復位する
□ ℓ.14	**step down from the throne**	退位する

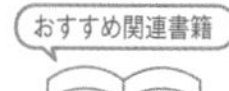

・杉本淑彦『ナポレオン　最後の専制君主，最初の近代政治家』岩波新書

70 Johann Wolfgang von Goethe

Johann Wolfgang von Goethe was a German writer and statesman. His works include novels, **epic** and **lyric** poetry, dramas and literary and **aesthetic** criticism. He was born in 1749 to a wealthy family in Frankfurt. He **reluctantly** followed his father's **prescription** to study law, but he **detested** memorizing **statutes** and **ordinances**, and became interested in literature. He started a legal practice in 1771, but soon gave up pursuing a career as a lawyer. In 1774, he published *The Sorrows of Young Werther*, which won him fame across Europe. In 1775, he was invited by Duke Karl August to Weimar, where he later became prime minister. In 1786, he traveled to Italy, where he **befriended** a number of artists. In 1794, he began his friendship with the writer Friedrich Schiller. He fell in love with several teenage girls, who inspired him to write some of his works. He died in 1832, after completing *Faust, Part Two.*

628 □ **epic** [épɪk]	形 叙事詩の，勇壮な，巨大な 名 叙事詩
629 □ **lyric** [lírɪk]	形 叙情的な，歌の，歌うための 名 叙情詩，歌詞
630 □ **aesthetic** [esθétɪk, ɪs-]	形 美的感覚のある，審美眼のある，美的な
631 □ **reluctantly** [rɪlʌ́ktəntli]	副 嫌々ながら，しぶしぶ ⇐派 **reluctant** 形 気が進まない，嫌々ながらの
632 □ **prescription** [prɪskrípʃən]	名 処方箋，助言，指示 ⇐派 **prescribe** 他 処方する，規定する，指示する（☞13）
633 □ **detest** [dɪtést]	他 憎む，ひどく嫌う
634 □ **statute** [stǽtʃuːt]	名 制定法，成文法，規則

ヨハン・ヴォルフガング・フォン・ゲーテ

ヨハン・ヴォルフガング・フォン・ゲーテはドイツの作家，政治家である。小説，叙事詩や叙情詩，戯曲，文芸批評や審美批評などを書いた。1749 年にフランクフルトの裕福な家庭に生まれた。父の教えにしぶしぶ従って法律を学んだが，規則や条例の暗記を毛嫌いし，文学に傾倒していった。1771 年に弁護士業を始めたが，弁護士の道はやがてあきらめた。1774 年，『若きウェルテルの悩み』を出版し，ヨーロッパ中に名声を轟かせた。1775 年，カール・アウグスト公の招聘（しょうへい）を受けてヴァイマルに移り，後に首相になった。1786 年にイタリアへ旅行し，多くの芸術家と交流した。1794 年には作家フリードリヒ・シラーとの交流が始まった。ゲーテは何度か十代の少女に恋したが，そこから着想を得た作品もある。『ファウスト』第二部を完成後，1832 年に亡くなった。

635 □ **ordinance** [ɔ́ːrdənəns]	名 条例，命令，法令
636 □ **sorrow** [sɑ́ːroʊ, sɔ́ːr-]	名 悲しみ，悩み，悲哀 ⇒派 **sorrowful** 形 悲しそうな，哀れな
637 □ **befriend** [bɪfrénd]	他 手助けする，…に親切にする，…と友人になる

Glossary

□ ℓ.8	***The Sorrows of Young Werther***	『若きウェルテルの悩み』
□ ℓ.8	**win ... fame**	…を有名にする
□ ℓ.9	**duke**	公爵
□ ℓ.14	***Faust***	『ファウスト』

おすすめ関連書籍

・ゲーテ『ゲーテ格言集』高橋健二編訳，新潮文庫

71 Muhammad Ali

Muhammad Ali was the founder of the Muhammad Ali dynasty of Egypt. Born around 1769 in Ottoman Macedonia, he was sent to Egypt in 1801 as a second commander of a **contingent** of **mercenaries** as part of the Ottoman forces dispatched to **recapture** Egypt from the French occupation under Napoleon. After Napoleon's **withdrawal**, Muhammad Ali took office as governor in 1805. He made various reforms to **modernize** Egypt, such as the **revision** of the taxation system and the **inauguration** of a national printing press. He sent a series of expeditions to the Arabian Peninsula, Sudan, Greece and Syria to expand Egypt's influence. Egypt thus rose as a **mighty** empire, but then the European powers intervened. In 1840, Britain, Russia, Austria and Prussia requested him to **withdraw** his forces from all the realms he had conquered except Sudan and to tear down Egypt's import barriers. He had no option but to accept a **brokered** peace, and his ambition for an empire collapsed. He died in 1849, but his dynasty lasted until the July Revolution in 1952 led by Nasser.

638 □ **contingent** [kəntíndʒənt]	[名] 派遣団，代表団，分遣隊
639 □ **mercenary** [mə́:rsənèri]	[名] 兵士，傭兵 [形] 金銭ずくの，報酬目当ての
640 □ **recapture** [rɪkǽptʃər]	[他] 取り戻す，奪い返す，再度捕まえる ≒[類] **retake**
641 □ **withdrawal** [wiðdrɔ́:l, wɪθ-]	[名] 離脱，撤退，中止 ⇐[派] **withdraw** [他] 退かせる，撤退させる，取りやめる [自] 手を引く，脱退する，撤退する
642 □ **modernize** [mɑ́:dərnàɪz]	[他] 近代化する，現代化する ⇐[派] **modern** [形] 近代の，現代の ⇒[派] **modernization** [名] 近代化，現代化
643 □ **revision** [rɪvíʒən, rə-]	[名] 修正，変更，改訂版 ⇐[派] **revise** [他] 変える，修正する，改訂する

ムハンマド・アリー

ムハンマド・アリーはエジプトのムハンマド・アリー朝の創始者である。1769 年頃オスマン帝国領マケドニアに生まれた彼は，1801 年，ナポレオン率いるフランス軍の占領下にあるエジプト奪回のため派遣されたオスマン帝国軍の傭兵分遣隊の副司令官としてエジプトに赴いた。ナポレオンの撤退後，1805 年に総督に就任した。税制改革や官立印刷所の開設など，エジプトを近代化させるべく様々な改革を実行した。アラビア半島，スーダン，ギリシア，シリアへと次々に出兵し，勢力を拡大した。こうしてエジプトは強大な帝国として台頭するも，ここにヨーロッパ列強が介入してくる。1840 年，イギリス，ロシア，オーストリア，プロイセンが，スーダン以外の征服地からの撤退と輸入障壁の撤廃を求めてきた。ムハンマド・アリーは妥協の平和を受け入れざるをえず，ここに彼の帝国への野望は潰(つい)えた。彼は 1849 年に歿するが，彼の王朝はナセルの指導による 1952 年の七月革命まで続いた。

644 □ **inauguration** [ɪnɔ̀ːgjəréɪʃən]	名 就任，開業，落成式
645 □ **mighty** [máɪti]	形 強力な，強大な，強烈な ⇐ 派 **might** 名 力，権力
646 □ **broker** [bróʊkər]	他 …の仲介をする，(妥協点を) 探る 名 仲介者，仲買人

Glossary

□ ℓ.6	**take office**	就任する
□ ℓ.13	**tear down**	取り壊す
□ ℓ.14	**import barrier**	輸入障壁
□ ℓ.14	**have no option but to**	…するより仕方がない

おすすめ関連書籍

・加藤博『ムハンマド・アリー　近代エジプトを築いた開明的君主』山川出版社

72 George Stephenson

George Stephenson was an English engineer who put steam **locomotives** into practical use. He was born in 1781 as the son of a **mechanic** who operated **atmospheric** engines. He began to work as his father's assistant, and was hired as an engineer in 1798. After that, moving from place to place, he came to be an expert in steam engines. As he had received no formal schooling, he was **illiterate** until he started to learn reading, writing and **arithmetic** at age 18. He repaired shoes and fixed clocks to **supplement** his income. In 1814, he successfully tried his first steam locomotive, which could **haul** 30 tons of coal, thus proving their **utility**. In 1825, his steam locomotive became the first train to carry passengers. From this time on, he acted as chief engineer on many railroad projects at home and abroad, until he died in 1848. His rail **gauge** of 1,435 mm became the standard gauge for most of the world's railways.

647	□ **locomotive** [lòʊkəmóʊtɪv]	名 機関車
648	□ **mechanic** [məkǽnɪk, mi-]	名 整備工，修理工，機械工
649	□ **atmospheric** [æ̀tməsférik]	形 大気の，空気の，大気圧の ⇐派 **atmosphere** 名 大気（圏），雰囲気
650	□ **illiterate** [ɪlítərət]	形 読み書きができない ⇔反 **literate** 形 読み書きができる
651	□ **arithmetic** [əríθmətìk]	名 算数，算術，計算 ⇒派 **arithmetical** 形 算数の，算術の
652	□ **supplement** 他 [sʌ́pləmènt] 名 [sʌ́pləmənt]	他 補う，補強する，…に付録を付ける 名 補足，補充，補遺

ジョージ・スティーヴンソン

ジョージ・スティーヴンソンは蒸気機関車を実用化したイングランドの技術者である。スティーヴンソンは1781年に大気圧機関を扱う機械工の息子として生まれた。父の手伝いをはじめた彼は，1798年に技師として採用されたのを皮切りに，各地を転々としながら，蒸気機関の専門家になっていった。正式の学校教育を受けたことはなく，18歳で読み書き計算を習い始めるまで字が読めなかった。靴の修繕や時計の修理をして収入の足しにした。1814年，自身の第一号となる蒸気機関車で30トンの石炭を運んで，蒸気機関車の実用性を証明した。1825年，彼の蒸気機関車がはじめて乗客を乗せて走った。以降彼は国内外の鉄道事業多数に技師長として関与し，1848年に死去した。彼が採用した1435ミリの軌間は世界中の鉄道の標準となった。

653 □ **haul** [hɔ́:l]	他 引きずる，運ぶ，連行する
654 □ **utility** [juːtíləti]	名 公共設備，実用性，実用品
655 □ **gauge** [géɪdʒ]	名 計器，口径，軌間

Glossary

□ ℓ.1	**put ... into use**	使われるようになる
□ ℓ.5	**from place to place**	あちこちに，転々と
□ ℓ.11	**from this time on**	この時から

おすすめ関連書籍

・大野誠『ワットとスティーヴンソン　産業革命の技術者』山川出版社

73 Simón Bolívar

Simón Bolívar was a statesman who led South American countries to independence from Spain. Born in 1783 in what is currently Venezuela, he joined the independence movement in 1808. After establishing the Republic of Colombia in 1819, he launched **outright** independence campaigns in Venezuela and Ecuador, which ended in his victory. In 1821, he created Gran Colombia, which covered today's Venezuela, Colombia, Panama and Ecuador, and was elected its first president. Then, he **liberated** Peru and Bolivia and was appointed president in both countries. Thus, he was president of three countries **simultaneously**. Gran Colombia was so fragile as to appear to be on the **verge** of collapse. To preserve the union, Bolívar declared an **amnesty**. In 1826, he proposed a mutual defense treaty to cope with the threats **emanating** from European countries, but only Gran Colombia **ratified** the treaty. When Ecuador and Venezuela withdrew from Gran Colombia in 1830, Bolívar's dream of unifying South America **perished**. He died that year, after telling his aide to burn the **archive** of his writings on his deathbed.

656 □ **outright** [áʊtràɪt]	形 完全な，徹底的な，率直な
657 □ **liberate** [líbərèɪt]	他 解放する，釈放する ⇒派 **liberation** 名 解放，釈放，自由化（☞51）
658 □ **simultaneously** [sàɪməltéɪniəsli]	副 同時に ⇐派 **simultaneous** 形 同時の，同時に起こる
659 □ **verge** [və́ːrdʒ]	名 ふち，端（はし），へり cf. **on the verge of** …の寸前で，今にも…しようとして
660 □ **amnesty** [ǽmnəsti]	名 恩赦，大赦，特赦
661 □ **emanate** [émənèɪt]	自 出る，出される，生じる 他 出す，発する

シモン・ボリバル

シモン・ボリバルは南米諸国をスペインからの独立に導いた政治家である。1783年に今日のベネズエラに生まれた彼は，1808年に独立運動に身を投じた。1819年にコロンビア共和国を樹立すると，ベネズエラとエクアドルで徹底的な独立闘争を始め，これに勝利した。1821年，今日のベネズエラ，コロンビア，パナマ，エクアドルを合わせた地域に大コロンビアを建国し，初代大統領に選出された。その後，ペルーとボリビアを解放し，両国で大統領に就任した。こうして3カ国の大統領を兼任した。大コロンビアは脆弱で，今にも分裂しそうだった。国をまとめておくため，ボリバルは特赦（とくしゃ）を実施した。1826年，欧州諸国の脅威に対処するための相互防衛条約を提案したが，批准したのは大コロンビアだけだった。1830年にエクアドルとベネズエラが大コロンビアから脱退し，彼の南米統合の夢は潰えた。同年，自分の書き物の記録をすべて燃やすよう死の床で側近に言い残して，死去した。

662 □ **ratify** [rǽtəfàɪ]	他 承認する，認可する，批准する
663 □ **perish** [périʃ]	自 死ぬ，消滅する，消え去る
664 □ **archive** [ɑ́ːrkaɪv]	名 公文書，記録文書，保管所

Glossary

□ ℓ.3	**independence movement**	独立運動
□ ℓ.12	**mutual defense treaty**	相互防衛条約
□ ℓ.16	**aide**	側近
□ ℓ.17	**deathbed**	死の床

おすすめ関連書籍

・ガブリエル・ガルシア＝マルケス『迷宮の将軍』木村榮一訳，新潮社

74 Lin Zexu

Lin Zexu was an official of the Qing dynasty of China who tackled the opium problem head-on. He was born to the family of a **petty** official in 1785. After passing the imperial examination, he served various posts in provincial governments. In 1838, he was appointed Imperial **Commissioner** and sent to Guangdong, where he cracked down on opium smuggling. Hostilities between Qing China and Britain culminated in the First Opium War, which ended with China's defeat. Blamed for causing the war, Zexu was exiled to Xinjiang. There, while **reclaiming** land, he issued warnings that it was Russia rather than Britain who would be a future **menace** to China. In 1850, he was appointed back as Imperial Commissioner to put down the Taiping Rebellion, but died on his way to the place of appointment. The *Illustrated **Treatise** on the Maritime Kingdoms*, written by **notable** thinker Wei Yuan, was based on foreign literature collected by Zexu in Guangdong, and explained the threat of the Western Powers. This book **garnered** interest from many Japanese **patriots** such as Yoshida Shôin, and provided one of the driving forces for the Meiji **Restoration**.

665 □ **petty** [péti]	形 ささいな，取るに足りない，重要でない
666 □ **commissioner** [kəmíʃənər]	名 委員，長官，大臣 cf. **imperial commissioner** 欽差大臣 ⇐派 **commission** 名 委員会
667 □ **reclaim** [rɪkléɪm]	他 取り戻す，返還してもらう，開墾する
668 □ **menace** [ménəs]	名 脅威，危険な物〔人〕，厄介者 他 …に脅威を与える，脅す
669 □ **treatise** [tríːtəs]	名 論文，専門書
670 □ **notable** [nóʊtəbl]	形 重要な，著名な ⇒派 **notably** 副 特に，とりわけ（☞111）

林則徐

林則徐(りんそくじょ)はアヘン問題に真向から取り組んだ清の官僚である。1785年に下級官吏の家庭に生まれた。科挙に合格後は地方官を歴任した。1838年に欽差大臣として広東(カントン)に派遣され，アヘンの密輸を取り締まった。清とイギリスの対立が昂(こう)じてアヘン戦争が起こり，清は敗北した。則徐は開戦の責任を取らされ新疆(しんきょう)に左遷された。左遷先で開墾事業に従事しながら，将来の中国にとっての脅威はイギリスよりもロシアであると警告し続けた。1850年に太平天国の乱を鎮圧すべく欽差大臣に再任されるも，任地へ移動中に他界した。著名な思想家魏源(ぎげん)が書いた『海国図志(かいこくずし)』は，則徐が広東で収集した海外の文献にもとづいて，西洋列強の脅威を説いた本である。これは吉田松陰ら多くの日本の志士に読まれ，明治維新の推進力となった。

671 □ **garner** [gáːrnər]	他 得る，集める，収穫して蓄える
672 □ **patriot** [péɪtriət, -àːt]	名 愛国者，愛国主義者 ⇒派 **patriotism** 名 愛国心，愛国主義（☞110）
673 □ **restoration** [rèstəréɪʃən]	名 復元，復活，維新 cf. **Meiji Restoration** 明治維新 ⇐派 **restore** 他 回復する

Glossary

□ ℓ.2	**opuim**	アヘン
□ ℓ.2	**head-on**	真正面から
□ ℓ.3	**imperial examination**	科挙
□ ℓ.4	**provincial government**	地方政府
□ ℓ.5	**crack down on**	厳しく取り締まる
□ ℓ.7	**First Opium War**	アヘン戦争
□ ℓ.11	**put down**	鎮圧する
□ ℓ.11	**Taiping Rebellion**	太平天国の乱
□ ℓ.15	**Western Powers**	西洋列強
□ ℓ.17	**driving forces**	推進力

おすすめ関連書籍
・堀川哲男『林則徐　清末の官僚とアヘン戦争』中公文庫

75 Hong Xiuquan

Hong Xiuquan was the leader of the Taiping Rebellion. He was born in 1814 in Guangzhou, China. In 1837, he dreamed of an old man who told him to **exterminate** evil. He combined this dream with Christian pamphlets he later read, and founded a religious **cult** called Shangdijiao in 1843. He claimed to be God's second son and Christ's younger brother. In 1851, under the banner of bringing down the Qing dynasty and returning to ancient times, he founded the Taiping Heavenly Kingdom with himself as Heavenly King. In 1853, he captured Nanjing and renamed it Tianjing. He **prohibited** opium use and separated men and women. The kingdom began to **wane** after the 1856 Tianjing Incident, in which Hong killed commander Yang Xiuqing, who often **lapsed** into **trances** and claimed to hear the voice of God. In 1864, Tianjing was surrounded by the Qing forces, and ran low on food. Hong ate **weeds**, which he called sweet **dew**. Possibly due to this, he soon died. He was succeeded by his eldest son Hong Tianguifu, who was powerless to do anything to prevent the kingdom from falling to the Qing forces.

674	□ **exterminate** [ɪkstə́ːrmənèɪt, eks-]	他 絶滅させる，皆殺しにする，完全駆除する
675	□ **cult** [kʌ́lt]	名 信仰宗教集団，カルト教団
676	□ **prohibit** [proʊhíbət]	他 禁止する，禁じる ⇒派 **prohibition** 名 禁止
677	□ **wane** [wéɪn]	自 衰える，弱くなる，衰退する
678	□ **lapse** [lǽps]	自 無効になる，弱まる，途切れる cf. **lapse into** …の状態になる，陥る 名 途切れ，間隔
679	□ **trance** [trǽns]	名 催眠状態，トランス状態，茫然自失

洪秀全

洪秀全(こうしゅうぜん)は太平天国(たいへいてんごく)の乱の指導者である。1814年に中国広州に生まれた。1837年，洪は老人に悪を駆逐せよと命じられる夢を見た。この夢を後に読んだキリスト教の小冊子と結びつけて，上帝教(じょうていきょう)という新興宗教を1843年に創設した。洪は神の次子，キリストの弟を名乗った。1851年，清朝打倒と太古への回帰を旗印に掲げて太平天国を建国し，天王に即位した。1853年，南京を陥れ，天京(てんけい)と改称した。アヘン吸引を禁じ，男女別々に生活させた。1856年の天京事変で洪は，トランス状態に入っては神の声を聞いたと称していた軍師楊秀清(ようしゅうせい)を殺害した。爾後(じご)，太平天国は衰耗していった。1864年，天京は清軍に包囲され，食料不足に陥った。洪は雑草を甜露(てんろ)と呼んで，これを食べた。そのせいか，やがて死亡した。長男の洪天貴福(こうてんきふく)が王位を継いだが，清軍の前になす術もなく，太平天国は滅亡した。

680 □ **weed** [wíːd]	名 雑草，海藻
681 □ **dew** [d(j)úː]	名 露

Glossary

□ ℓ.2	**dream of**	…の夢を見る
□ ℓ.6	**under the banner of**	…の旗印のもとに
□ ℓ.6	**bring down**	打倒する
□ ℓ.8	**Taiping Heavenly Kingdom**	太平天国
□ ℓ.11	**Tianjing Incident**	天京事変
□ ℓ.14	**run low on**	…が欠乏する

おすすめ関連書籍
・菊池秀明『太平天国　皇帝なき中国の挫折』岩波新書

知っておきたい 名言集 II

51

Bartolomé de Las Casas

This deep, bloody American tragedy is now concluded and my pen chokes with Indian blood and gore.

バルトロメ・デ・ラス・カサス

この深刻で血に濡れたアメリカの悲劇についてはここでペンをおくことにする。インディオの血で詰まった私のペンは，これ以上言葉を紡げない。

58

William Shakespeare

You gods will give us
Some faults to make us men.

ウィリアム・シェイクスピア

神々は我々を人間にするために何らかの欠点をお与えになる。

67

Frederick the Great

The sovereign, far from being the absolute master of his people, is nothing more than their chief servant.

フリードリヒ大王

君主は臣民の絶対的な主人ではなく，臣民の第一の下僕にすぎない。

69

Napoleon Bonaparte

He who fears being conquered is sure of defeat.

ナポレオン・ボナパルト

負けを恐れる者は必ず負ける。

70

Johann Wolfgang von Goethe

He who does not know foreign languages knows nothing of his own.

ヨハン・ヴォルフガング・フォン・ゲーテ

外国語を知らない者は，自分の国語についても何も知らない。

Chapter Ⅲ

教養の世界史
近代

Modern Period

104 105 147 ソ連
83 スコットランド
90 106 ポーランド
88
イギリス
86 87 89 ドイツ
101 オーストリア
102 スイス
84
フランス
97 トルコ共和国
103 イスラエル
76 バハイ教（ペルシア）
91
エジプト
98～100 107
中国
108
李氏朝鮮
80
アイヌ
81 82
琉球王国
109
シャム
（タイ）
110
ベトナム
92 フィリピン

93 94
カリフォルニア
78 スー・インディアン
ワシントン
ショーニー・
インディアン 77
95 ヴァージニア州
79 ハワイ王国
96 メキシコ
85 エクアドル
ガラパゴス諸島

76 Baha'i Faith

The Baha'i Faith is the youngest world religion with nearly 6 million followers. It draws its membership from every religion, race, **ethnic** background, nationality and **creed**. The largest Baha'i communities are in South Asia and Africa. Baha'is believe in one God and Creator. An important goal of this religion is that of promoting the **well-being** of **humankind**. Baha'is are not required to renounce their previous beliefs, but to accept a new **unfolding** of religious understanding. The Baha'i Faith began when Baha'u'llah understood that God had called on him to be God's messenger in Persia in 1852. After Baha'u'llah died, his son 'Abdu'l-Baha and then his great-grandson Shoghi Effendi became the leader of the faith. After Shoghi Effendi died in 1957, the leadership of the faith passed to the Universal House of Justice in Israel. One source of scripture for the Baha'i Faith is *Gleanings from the Writings of Baha'u'llah*. After the 1979 Islamic Revolution, Baha'is in jobs with government **oversight** were fired in Iran. Since then, Baha'is have suffered persecution in their religion's **homeland**, even though an **outcry** from across the world has brought some relief.

645 □ **ethnic** [éθnɪk]	形 民族の，民族的な，人種的な
646 □ **creed** [kríːd]	名 信条，教義，宗教
647 □ **well-being** [wélbíːiŋ]	名 幸福，福利，健康
648 □ **humankind** [hjúːmənkàɪnd]	名 人間，人類
649 □ **unfold** [ʌnfóʊld]	自 展開する，はっきりしてくる，開く 他 明らかにする，開く
650 □ **glean** [glíːn]	他 収集する，集める ⇒派 **gleaning** 名 選集，拾遺集，落ち穂

バハイ教

バハイ教はもっとも後発の世界宗教である。信者数は約600万人である。信者にはあらゆる宗教，人種，民族，国籍，信条の人々がいる。バハイ教徒は南アジアやアフリカに多い。唯一の造物主を信じる一神教である。この宗教の重要な目標は人類の福利の増進にある。バハイ教徒は元の信仰を放棄する必要はなく，新しい宗教理解が開けるのを受け入れればよい。1852年のペルシアでバハーオッラーが自分が神の伝令になったと悟った時，バハイ教が生まれた。バハーオッラーの死後は息子のアブドル・バハーが，そして曾孫のショーギ・エッフェンディが指導者となった。1957年のショーギ・エッフェンディの死後は，イスラエルの万国正義院が信仰を指導することになった。バハイ教の聖典には『バハーオッラー落穂集』がある。1979年のイスラム革命後，イランで政府機関に勤めるバハイ教徒は職を解かれた。以降，世界的な抗議で事態は幾分緩和されたものの，バハイ教徒はバハイ教の故地で迫害を受けてきた。

651 □ **oversight** [óʊvərsàɪt]	名 見落とし，監督，管理
652 □ **homeland** [hóʊmlæ̀nd]	名 母国，故国，故地
653 □ **outcry** [áʊtkràɪ]	名 抗議

Glossary

□ ℓ.9	**call on**	求める
□ ℓ.10	**great-grandson**	男の曾孫
□ ℓ.12	**Universal House of Justice**	万国正義院
□ ℓ.14	**Islamic Revolution**	イスラム革命

おすすめ関連書籍
・P・R・ハーツ『バハイ教』奥西峻介訳，青土社

77 Tecumseh

Tecumseh was a chief of the Shawnee Indians in the United States who made a **futile** effort to form an intertribal Indian alliance. Born in Ohio in 1768, he became a war leader around age 20, and led raids against white settlements. In 1805, his brother Lalawethika, who had been an **alcoholic** drinker, began to be called the Prophet. **Undoubtedly** influenced by Tecumseh, the Prophet advocated the **formation** of an Indian alliance that could resist the **erosion** of the Indian land. Their following grew daily, **swelled** by Indians gathering from various tribes. In 1808, they built a town at a **confluence** of rivers in Indiana, and began spreading the Prophet's vision of the future. In the War of 1812, the Indians cooperated with the British to fight against the Americans to drive them out of the Continent. But one day Tecumseh was shot to death right before **dusk**. His death marked the demise of the idea of an Indian alliance.

654	□ **futile** [fjúːtl]	形 無駄な，無益な，効果のない
655	□ **alcoholic** [æ̀lkəháːlɪk, -hɔ́ːɪk]	形 アルコールの，アルコールによる，アルコール依存症の ⇐派 **alcohol** 名 アルコール飲料，酒
656	□ **undoubtedly** [ʌndáʊtɪdli]	副 疑問の余地なく，確かに，明らかに ⇐派 **undoubted** 形 疑問の余地のない，確かな
657	□ **formation** [fɔːrméɪʃən]	名 結成，設立，生成 ⇐派 **form** 他 結成する，形成する
658	□ **erosion** [ɪróʊʒən]	名 侵食，衰え，低下 ⇐派 **erode** 他 侵食する
659	□ **swell** [swél]	他 ふくらませる，膨張させる，増加させる 自 ふくらむ，膨張する，増加する

テカムセ

テカムセはアメリカのショーニー・インディアンの酋長(しゅうちょう)である。インディアンの部族間連合の実現に力を尽くしたが実らなかった。1768年にオハイオ州に生まれたテカムセは，20歳の頃指導的な戦士となり，白人入植地への襲撃を指揮した1805年，以前はアル中の酒飲みだった弟のローレワシカが予言者と呼ばれはじめた。明らかにテカムセの影響で，彼はインディアンの土地の侵食に抵抗するべくインディアン連合の結成を唱導した。様々な部族からインディアンたちが集まり，支持者が日ごとに増えていった。1808年，彼らはインディアナ州の川の落ち合う場所に町を建設し，予言者の未来図を広めはじめた。1812年に勃発した米英戦争で，インディアンはイギリス人と組んで，アメリカ人を大陸から追い払うべく戦った。しかしある日の夕暮れ間近に，テカムセは射殺された。彼の死とともにインディアン連合の構想は消滅した。

660 □ **confluence** [kɑ́ːnfluəns]	名 合流地点，合流した流れ
661 □ **dusk** [dʌ́sk]	名 夕暮れ時，たそがれ時 ⇔反 **dawn** 名 夜明け

Glossary

□ ℓ.1	**Shawnee Indians**	ショーニー・インディアン
□ ℓ.2	**intertribal**	部族間の
□ ℓ.11	**War of 1812**	米英戦争
□ ℓ.12	**drive out of**	…から追い払う

おすすめ関連書籍
・トーマス・W・アルフォード『インディアンの「文明化」』中田佳昭他訳，刀水書房

78 Sitting Bull

Sitting Bull was a Sioux Indian chief in the United States. He was born in 1831. After several battles with the white people, he decided never to sign any unreasonable treaty with them. When **settlers** discovered gold on the land of the Sioux in 1874, the government demanded that they sign a treaty to give up their rights to the land, but Sitting Bull refused. In 1877, he led his band to Canada. But there as well, buffalo **herds** had been **depleted** by the whites. In **desperation**, he and his band surrendered to the United States in 1881. After being **detained** for two years, he was moved to a reservation. Soon the government **grudged** the food they had promised them in the treaty. Many Sioux children began to die of diseases such as the **flu**. In this **bleak** situation, a new religion called 'Ghost Dance' spread which preached the resurrection of the Indians. In 1890, the white people mistakenly regarded Sitting Bull as an **instigator**, and sent the police to arrest him as a **precaution**. A struggle ensued, and Sitting Bull was shot to death by Indian police officers.

662 □ **settler** [sétlər]	[名] 入植者，開拓移民 ⇐[派] **settle** [自] 定住する
663 □ **herd** [hə́ːrd]	[名] 群れ
664 □ **deplete** [dɪplíːt]	[他] 激減させる ⇒[派] **depletion** [名] 減少，枯渇
665 □ **desperation** [dèspəréɪʃən]	[名] 絶望，自暴自棄，必死 ⇐[派] **desperate** [形] 絶望的な，自暴自棄の ⇒[派] **desperately** [副] 必死になって
666 □ **detain** [dɪtéɪn]	[他] 勾留する，留置する，留め置く
667 □ **grudge** [grʌ́dʒ]	[他] 惜しむ，出し渋る，ねたむ [名] 恨み，遺恨，怨恨

シッティング・ブル

シッティング・ブルはアメリカのスー・インディアンの酋長（しゅうちょう）である。1831年に生まれた。白人との数度の戦いを経て，白人との理不尽な条約に決して署名しない決意をした。1874年，白人開拓移民がスー族の土地で金鉱を発見すると，政府は土地の権利を放棄する条約への署名を求めてきたが，彼は応じなかった。1877年に仲間たちとカナダへ逃れた。しかし，カナダでも野牛の群れは白人によって激減していた。絶望に襲われた彼とその仲間たちは1881年にアメリカに投降した。2年間留置された後，保留地に移送された。やがて政府は条約で保障した食料の支給を渋るようになった。スー族の子供たちはインフルエンザなどの病気で大量死し出した。この暗澹たる状況で，インディアンの復活を説く新興宗教「幽霊の踊り」が流行した。1890年，白人はシッティング・ブルを首謀者と誤解し，用心のために警察を派遣して逮捕しようとした。闘争が起こり，シッティング・ブルはインディアンの警官に射殺された。

668	□ **flu** [flúː]	名 インフルエンザ，流感（= influenza）
669	□ **bleak** [blíːk]	形 暗い，寒々とした，荒涼とした
670	□ **instigator** [ínstɪgèɪtər]	名 主導者，扇動者 ⇐派 **instigate** 他 開始する，扇動する
671	□ **precaution** [prɪkɔ́ːʃən]	名 用心，警戒，予防策

Glossary

□	ℓ.1	**Sioux Indian**	スー・インディアン
□	ℓ.6	**buffalo**	野牛

おすすめ関連書籍
・ディー・ブラウン『わが魂を聖地に埋めよ　上・下』鈴木主税訳，草思社文庫

79 Kingdom of Hawai'i

When British navigator James Cook reached Hawai'i in 1778, the Hawaiian Islands were **separately** governed by three kings. One of them, Kamehameha, **overpowered** the other kings with the help of Western cannons, and unified the Hawaiian Islands to establish the Kingdom of Hawai'i in 1810. But as Kamehameha relied on Westerners to stay in power, they gradually came to exert their influence, until finally most of the cabinet was occupied by foreigners. In 1887, the white leaders announced a new **constitution** which **deprived** the king of most of his authority, including his right to **veto**. When Queen Lili'uokalani tried to issue a new constitution to **bolster** the king's **sovereign** power in 1893, white people carried out a coup to depose her and **terminate** the Kingdom of Hawai'i, and then founded the Republic of Hawai'i the following year. The republic was annexed by the United States in 1898, and became the 50th state of the United States in 1959. In 1993, the US **Congress** passed a resolution that officially apologized, **conceding** that the overthrow of the Kingdom of Hawai'i had been illegal.

672 □ **separately** [sépərətli]	副 別々に，分けて，別個に ⇐派 **separate** 形 別々の　他 分ける，分離する
673 □ **overpower** [òuvərpáuər]	他 負かす，圧倒する，…よりまさる
674 □ **constitution** [kɑ̀:nstət(j)ú:ʃən]	名 憲法 ⇒派 **constitutional** 形 憲法上の，合憲の
675 □ **deprive** [dɪpráɪv]	他 …から～（of）を奪う，剥奪する
676 □ **veto** [ví:toʊ]	他 拒否する，否認する 名 拒否権
677 □ **bolster** [bóʊlstər]	他 高める，改善する，強化する

ハワイ王国

イギリス人航海士ジェームズ・クックが 1778 年にハワイに到達したとき，ハワイ諸島は三人の王によって分割統治されていた。そのうちの一人カメハメハが西洋の大砲を駆使して他の二人の王を圧倒し，1810 年にハワイ諸島を統一してハワイ王国を建国した。しかしカメハメハが白人を政権維持に利用したことから白人が徐々に影響力をふるうようになり，ついには閣僚のほとんどが外国人で占められるにいたった。1887 年，白人指導者たちは新憲法を発布し，拒否権をはじめとして王権をほとんど剥奪した。1893 年，女王リリウオカラニが王権を強化する新憲法を発布しようとしたところ，白人がクーデターで女王を廃位してハワイ王国を滅ぼし，翌年ハワイ共和国を建国した。1898 年に共和国はアメリカに併合され，1959 年にアメリカの 50 番目の州となった。1993 年，アメリカ連邦議会はハワイ王国を打倒したことの違法性を認め，公式に謝罪する決議を採択した。

678 □ **sovereign** [sɑ́ːvərən]	形 独立した，君主の，王位の 名 君主，主権者 ⇒派 **sovereignty** 名 主権，統治権，自治権（☞86）
679 □ **terminate** [tə́ːrmənèɪt]	他 終わらせる，終結させる，撤廃する ⇒派 **termination** 名 終了，終末
680 □ **congress** [kɑ́ːŋgrəs, kɑ́ːŋrəs]	名 会議；〈C-〉国会，アメリカ連邦議会 cf. **US Congress** アメリカ連邦議会 ⇒派 **congressional** 形 国会の，議会の（☞95）
681 □ **concede** [kənsíːd]	他 認める，許す，譲る ⇒派 **concession** 名 譲歩

Glossary

□ ℓ.1	**navigator**	航海士
□ ℓ.1	**James Cook**	ジェームズ・クック（通称キャプテン・クック。ヨーロッパ人として初めてハワイに到達した）
□ ℓ.3	**Kamehameha**	カメハメハ大王
□ ℓ.4	**cannon**	大砲
□ ℓ.6	**stay in power**	権力を維持する

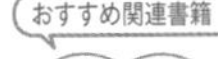

・矢口祐人『ハワイの歴史と文化』中公新書

80 Ainu

The Ainu are an **indigenous** people of Japan who have resided mainly in Hokkaido. Throughout history, the Wajin, or the Yamato people, gradually **encroached** on their territory. Koshamain's War was an armed conflict that took place in 1457, where Ainu leader Koshamain and his followers sacked the Wajin's forts after an Ainu was stabbed to death by a Wajin blacksmith. It ended when Takeda Nobuhiro, later renamed Kakizaki Nobuhiro, **slew** Koshamain. After that, the Kakizaki clan gained control of Ezochi, or the Ainu territory. In the Edo period, the Matsumae clan, renamed from the Kakizaki clan, **monopolized** trade with the Ainu. The Ainu's discontent with **exploitation** under conditions advantageous to the Wajin exploded into rebellions such as Shakushain's Revolt in 1669 and the Menashi-Kunashiri Battle in 1789. But each time the Matsumae clan won and **boosted** its control over the Ainu. In the Meiji period, the Ainu territory was incorporated into Japan as Hokkaido, with the Ainu being distinguished from the Wajin as "Former Aborigines." This distinction led to **discrimination** against the Ainu people and a policy of their **assimilation** into the Wajin people.

682 □ **indigenous** [ɪndídʒənəs]	形 土着の，原産の，固有の
683 □ **encroach** [ɪnkróʊtʃ, en-]	自 …（on）を侵害する，犯す，侵食する
684 □ **slay** [sléɪ]	他 殺害する，虐殺する，殺す（**slew, slain**）
685 □ **monopolize** [mənɑ́:pəlàɪz]	他 独占する，…の専売権を持つ，ひとり占めにする ⇐派 **monopoly** 名 独占（権），独占企業（☞ 137）
686 □ **exploitation** [èksplɔɪtéɪʃən]	名 搾取，開発，開拓 ⇐派 **exploit** 他 利用する，搾取する，開拓する
687 □ **boost** [bú:st]	他 増大させる，押し上げる，高める

アイヌ

アイヌは日本の先住民族で，主に北海道に住んでいる。歴史を通じて次第に和人（大和民族）に土地を侵食されていった。1457年のコシャマインの戦いは，和人の鍛冶(かじ)屋によるアイヌ刺殺を契機にコシャマイン率いるアイヌ勢が和人の砦(とりで)を攻め落とした武装紛争である。武田信広，後の蠣崎(かきざき)信広がコシャマインを殺害し，戦いを収束させた。これを機に蠣崎氏がアイヌの地，蝦夷地を支配するようになった。江戸時代には蠣崎氏が改名した松前藩が対アイヌ交易を独占した。和人に有利な条件下での搾取への不満が1669年のシャクシャインの戦いや1789年のクナシリ・メナシの戦いといった蜂起として爆発した。しかしそのたびに松前藩が勝利し，アイヌ支配を強めていった。明治時代にはアイヌの領域は北海道として日本に編入され，アイヌは「旧土人」として和人と区別された。この区別がアイヌ差別と和人への同化政策につながっていった。

688	□ **discrimination** [dɪskrɪ̀mənéɪʃən]	名 差別 ⇐派 **discriminate** 自 …（against）を差別する
689	□ **assimilate** [əsíməlèɪt]	他 同化させる，溶け込ませる，吸収する ⇒派 **assimilation** 他 吸収，同化

Glossary

□	ℓ.4	**armed**	武装した
□	ℓ.5	**fort**	砦
□	ℓ.6	**blacksmith**	鍛冶屋
□	ℓ.8	**gain control of**	…を支配する
□	ℓ.16	**aborigine**	先住民

おすすめ関連書籍

・瀬川拓郎『アイヌ学入門』講談社現代新書

81 Ryukyu Kingdom

In the 14th century, the island of Okinawa was divided into three **domains**, ruled by Sanhoku-ô, Chūzan-ô and Sannan-ô. In 1429, Shō Hashi of Chūzan **prevailed** over his rivals and established the First Shô dynasty, which was soon replaced by the Second Shô dynasty. Ryukyu seized on the opportunity provided by Ming China's prohibition of foreign trade and its **tribute** system, and Ryukyuan merchants made profits in East Asian trade. In 1609, the kingdom was invaded by the Satsuma clan and came under the control of the Tokugawa shogunate. Under Satsuma's rule, however, Ryukyu continued its **tributary** relationship with Qing China. The Ryukyu government adopted an unusual national identity in its **dual allegiance**, keeping a balance of power between Japan and China. But in 1872, the Ryukyu Kingdom was transformed into the Ryukyu clan, and the tribute missions to China were called off. In 1879, the Meiji government terminated the Ryukyu clan and incorporated it into Japan as Okinawa **Prefecture**. Through this series of events known as the **Disposition** of the Ryukyu Kingdom, the kingdom was annexed to Japan and **detached** from China. China objected, but the possibility of restoration of the kingdom disappeared with the defeat of China in the First Sino-Japanese War.

690 □ **domain** [doʊméɪn]	名 領域，分野，領土
691 □ **prevail** [prɪvéɪl]	自 …（over）に打ち勝つ，普及する ⇒派 **prevalent** 形 流布している，普及している，蔓延している（☞11）
692 □ **tributary** [tríbjətèrí]	形 貢物を納める，属国の，支流の ⇐派 **tribute** 名 贈り物，付け届け，貢物（☞15）
693 □ **dual** [d(j)ú:əl]	形 二重の，二つの部分から成る
694 □ **allegiance** [əlí:dʒəns]	名 忠誠，忠実さ，献身

琉球王国

14 世紀の沖縄島では山北王，中山王，山南王が支配する三山が鼎立した。このうち中山王尚巴志(しょうはし)が 1429 年にライバルを破り，第一尚氏王朝を開創した。この王朝はやがて第二尚氏王朝に取って代わられた。琉球は明の海禁政策と朝貢体制を利用し，琉球商人が東アジア貿易で利を稼いだ。王国は 1609 年に薩摩藩によって攻略され，幕藩体制に組み込まれた。琉球は薩摩に支配されながらも，清との冊封関係を維持した。日中両属という独自の国家像を志向して，日中間で力の均衡を維持した。しかし 1872 年，琉球王国は琉球藩に改められ，中国への朝貢も打ち切られた。1879 年，明治政府は琉球藩を廃し，沖縄県として日本に編入した。この琉球処分によって琉球王国は日本に併合され，中国から引き離された。中国は抗議したが，日清戦争での中国の敗北によって琉球王国復興の可能性は潰えた。

695 □ **prefecture** [príːfektʃər]	名 県 ⇒派 **prefectural** 形 県の
696 □ **disposition** [dìspəzíʃən]	名 処分，配置，気質 ⇐派 **dispose** 他 配置する
697 □ **detach** [dɪtǽtʃ]	他 切り離す，分離する，引き離す ⇒派 **detachment** 名 距離を置くこと，分離

Glossary

□ ℓ.5	**seize on**	…に飛びつく
□ ℓ.5	**Ming**	明
□ ℓ.8	**come under the control of**	…の支配下に入る
□ ℓ.8	**Tokugawa shogunate**	徳川幕府
□ ℓ.10	**Qing**	清
□ ℓ.13	**Ryukyu clan**	琉球藩
□ ℓ.14	**call off**	打ち切る
□ ℓ.19	**First Sino-Japanese War**	日清戦争

おすすめ関連書籍
・赤嶺守『琉球王国』講談社選書メチエ

82 Shô Tai

Shô Tai was the last king of the Ryukyu Kingdom. Born in 1843 as the second son of Shô Iku, the 18th king of the Second Shô dynasty, he became the 19th king upon his father's death in 1848. As a result of the Disposition of the Ryukyu Kingdom, he was obliged to step down and was sent to Tokyo in 1879. There he met with Emperor Meiji and was given a mansion in Kôji-machi, where he lived for the rest of his life. In order to assimilate the former Ryukyu royal family into Japan, the Meiji government **exhorted** him to **mingle** with Japanese people and often invited him to luncheons in the Ministry of the Imperial Household. In 1884, Tai was allowed to **temporarily** return to Okinawa, where, as ordered by the Meiji government, he won over those who resisted Japan's **takeover** of Ryukyu. After returning to Tokyo, he was awarded the title of *kôshaku*, the second **tier** of **nobility**, in 1885, and became a member of the House of **Peers** in 1890. He died of acute catarrh of the **bowels** in 1901. His funeral was held in Okinawa, and his coffin was buried in the royal **cemetery** next to Shuri Castle. People across Okinawa **mourned** for him.

698 □ **exhort** [ɪgzɔ́ːrt, egz-]	他 促す，奨励する，勧める
699 □ **mingle** [míŋgl]	自 …(with) と混ざる，交際する，付き合う 他 混ぜる，混ぜ合わせる
700 □ **temporarily** [tèmpərérəli, ˊ-ˋ--]	副 一時的に，仮に，しばらくの間 ⇔ 反 **permanently** 副 永久に
701 □ **takeover** [téɪkòʊvər]	名 買収，乗っ取り，接収
702 □ **tier** [tíər]	名 層，列，階層
703 □ **nobility** [noʊbíləti]	名 貴族 ⇐ 派 **noble** 形 高貴な，気高い

尚泰

尚泰(しょうたい)は琉球王国最後の王である。1843年に第二尚氏王朝第18代王尚育(しょういく)の次男として生まれた彼は，父王の崩御をうけて1848年に第19代王に即位した。琉球処分の結果，1879年に琉球藩王の地位を失い，上京させられた。東京で泰は明治天皇に拝謁後，麹町に邸宅を下賜され，そこに終生住むことになった。明治政府は旧琉球王家の日本化を期して，泰に日本(やまと)人との交流を促し，宮内省の午餐会にしばしば招待した。1884年には沖縄への一時帰郷が許可された。日本の琉球乗っ取りに抵抗する人々を泰に説諭させることが明治政府の目的だったが，泰はその期待に応えた。帰京後の1885年に第二位の爵位である侯爵を授けられ，1890年には貴族院議員になった。1901年に急性腸カタルで死去した。葬儀は沖縄で営まれ，柩は首里城に隣接する玉陵(たまうどぅん)に葬られた。沖縄中の人々が喪に服した。

704 □ **peer** [píər]	名 同輩，仲間，貴族 cf. **House of Peers** 貴族院
705 □ **bowel** [báʊəl]	名 腸，内臓，はらわた cf. **catarrh of the bowels** 腸カタル
706 □ **cemetery** [sémətèri]	名 共同墓地
707 □ **mourn** [mɔ́ːrn]	自 …（for）を悼む，追悼する，…の喪に服する ⇒派 **mournful** 形 悲しみに沈んだ，死者を悼む

Glossary

□ ℓ.5	**Emperor Meiji**	明治天皇
□ ℓ.9	**lunchion**	午餐会
□ ℓ.9	**Ministry of the Imperial Household**	宮内省
□ ℓ.12	**win over**	説諭する
□ ℓ.17	**Shuri Castle**	首里城

おすすめ関連書籍

・大城立裕『小説琉球処分　上・下』講談社文庫

83 Thomas Glover

Thomas Glover was a Scottish trader. Born in northeast Scotland in 1838, he was sent by the trading company Jardine Matheson to Shanghai in 1856, where he checked the **crates** of imported opium and wrote **inventories** in a **makeshift** marketplace. In 1859, he crossed to Nagasaki, where he set up Glover and Co. in 1861. From his devotion to free trade, rather than for reasons of political principle, he supported rebels such as Sakamoto Ryoma. As he assisted in **overturning** the Tokugawa shogunate, he had **cordial** relations with the Meiji government, and was treated as an **insider** by government officials. He began to manage Takashima Coal Mine in 1868, but went **bankrupt** in 1870. From 1876, he served as a consultant to Mitsubishi. In 1885, he helped establish the Japan Brewery Company, which is now the Kirin Brewery Company. The **whiskers** of the imaginary creature on Kirin beer labels are based on Glover's **mustache**. Having been awarded the Second-Class Order of the Rising Sun in 1908, Glover died of **kidney** failure in 1911.

708 □ **crate** [kréɪt]	名 木箱，木わく，ケース
709 □ **inventory** [ínvəntɔ̀:ri]	名 目録，一覧表，棚卸し表
710 □ **makeshift** [méɪkʃɪft]	形 間に合わせの，一時しのぎの，仮設の
711 □ **overturn** [òʊvərtə́:rn]	他 ひっくり返す，くつがえす，転覆させる
712 □ **cordial** [kɔ́:rdʒəl]	形 友好的な，心からの，深い
713 □ **insider** [ɪnsáɪdər]	名 内部の人間，内情に明るい人 ⇔反 **outsider** 名 部外者，よそ者
714 □ **bankrupt** [bǽŋkrʌpt, -rəpt]	形 支払い能力のない，破産した，破産宣告を受けた cf. **go bankrupt** 破産する ⇒派 **bankruptcy** 名 破産，倒産

トマス・グラバー

トマス・グラバーはスコットランド出身の商人である。1838 年にスコットランド北東部で生まれた彼は，1856 年に貿易会社ジャーディン・マセソン商会の社員として上海に派遣され，仮設市場で輸入アヘンの箱を調べて目録を作る仕事に従事した。その後 1859 年に長崎に渡り，1861 年にグラバー商会を旗揚げした。政治的な主義主張からというよりは自由貿易を実現したいとの思いから，坂本龍馬ら幕末の志士たちを支援した。倒幕に協力した彼は明治政府と良好な関係を保ち，政府関係者から身内として遇された。1868 年に高島炭鉱の経営に乗り出したものの，1870 年に破産した。1876 年からは三菱商会の顧問を務めた。1885 年にはジャパン・ブルワリー・カンパニー（現在のキリンビール）の設立に携わった。キリンビールのラベルに描かれた架空の動物のほおひげはグラバーのひげが下敷きである。1908 年に勲二等旭日重光章（くんにとうきょくじつじゅうこうしょう）を授与されたグラバーは，1911 年に腎臓疾患で死去した。

715 □ **whisker** [hwískər]	名 ひげ，ほおひげ
716 □ **mustache** [mʌ́stæʃ, məstǽʃ]	名 口ひげ
717 □ **kidney** [kídni]	名 腎臓 cf. **kidney failure** 腎臓疾患

Glossary

□	ℓ.2	**trading company**	貿易会社
□	ℓ.4	**opium**	アヘン
□	ℓ.6	**rather than**	…よりはむしろ
□	ℓ.8	**Tokugawa shogunate**	徳川幕府
□	ℓ.10	**coal mine**	炭鉱
□	ℓ.15	**Second-Class Order of the Rising Sun**	勲二等旭日重光章

おすすめ関連書籍
・マイケル・ガーデナ『トマス・グラバーの生涯』村里好俊・杉浦裕子訳，岩波書店

84 Louis Braille

Louis Braille was a French teacher who invented braille. He was born the son of a saddle maker in 1809. At age 3, in his father's workshop, a knife slipped and sliced into his eye, an accident that resulted in depriving him of his **eyesight**. In 1819, he entered the Royal Institution for Blind Children in Paris. At the time, books for the blind were made by pressing heavy paper onto a large type to make letters raised above the surface of the page. Such books were big and **clumsy**. In 1824, Braille developed a way of forming the letters and the accents, as well as commas, full stops, and all other **punctuation** marks, using 6 dots and some **horizontal dashes**. In 1828, he became a teacher at the Institution. But the Institution did not allow his system to be used in class, because, they said, it would create an **impenetrable** barrier between the blind and the sighted, an idea that would be a **stumbling** block to the international **acceptance** of braille. Still, the students seized on it as it was easy to read. After Braille died in 1852, braille gradually spread across the world. The Japanese system is a **variation** of braille.

718 □ **eyesight** [áɪsàɪt]	名 視力，視界，視野
719 □ **clumsy** [klʌ́mzi]	形 ぎこちない，不器用な，使いづらい
720 □ **punctuation** [pʌ̀ŋ*k*tʃuéɪʃən, pʌ̀ŋkʃu-]	名 句読点，句読法 cf. **punctuation marks** 句読点
721 □ **horizontal** [hɔ̀ːrəzɑ́ːntl]	形 地平線の，水平線の，水平の ⇐派 **horizon** 名 地平線 ⇔反 **vertical** 形 垂直の
722 □ **dash** [dǽʃ]	名 突進，ダッシュ，線 自 突進する，駆け抜ける 他 打ちつける，たたきつける

ルイ・ブライユ

ルイ・ブライユはフランスの教師で，点字の創製者である。1809 年に鞍(くら)職人の家庭に生まれた。3 歳の時に父の仕事場でナイフがすべって目を切り，その結果失明した。1819 年にパリの王立盲学校に入学した。当時の盲人用の本は，厚紙を大きな型に押し付け，文字が紙の表面に浮き上がるようにしたものだった。このような本は大きくて使いにくかった。1824 年，ブライユは 6 つの点と横線で文字やアクセント記号それにコンマやピリオドなどあらゆる句読点を表す方法を開発した。1828 年には盲学校の教員になった。しかし学校は彼の方式を授業で使うことを認めなかった。それは盲人と晴眼者の間に乗り越えられない壁を作ることになるというのが理由だった。この考えは点字の世界的普及の妨げになった。それでも，読みやすかったので生徒たちはそれに飛びついた。ブライユは 1852 年にこの世を去ったが，点字は徐々に世界中に普及していった。日本語の点字もブライユ点字の一種である。

723	□ **impenetrable** [ɪmpénətrəbl]	形 入ることのできない，通り抜けられない ⇔反 **penetrable** 形 入り込める，通り抜けられる
724	□ **stumble** [stʌ́mbl]	自 つまずく，よろめく cf. **stumbling block** 妨げ，障害，難点
725	□ **acceptance** [əkséptəns, æk-, ɪk-]	名 受諾，賛成，受け入れ ⇐派 **accept** 他 受け入れる
726	□ **variation** [vèəriéɪʃən]	名 変化，変動，変種 ⇐派 **vary** 自 異なる

Glossary

□	ℓ.1	**braille**	点字
□	ℓ.2	**saddle maker**	鞍職人
□	ℓ.9	**comma**	コンマ
□	ℓ.9	**full stop**	ピリオド
□	ℓ.13	**sighted**	目が見える，晴眼の
□	ℓ.15	**seize on**	…に飛びつく

・伊藤亜紗『目の見えない人は世界をどう見ているのか』光文社新書

85 Charles Darwin

Charles Darwin was an English biologist who laid out the theory of evolution. He was born in 1809 between a father who was a doctor and a mother who was a member of the Wedgwood family, a **pottery** and **porcelain** manufacturer. In 1831, he set off on the Beagle for the Galapagos **Archipelago**, from where he sent home many **specimens**. After returning home, he worked out his theory of evolution: the theory that **organisms** better adapted to the environment survive to leave more **offspring** than others. In 1859, he published *On the Origin of Species*. In 1871, he published *The Descent of Man*, in which he described the **taboo** links that **bound** human beings to the **apes**, such as gorillas. By the time he died in 1882, most scientists had **endorsed** his theory of evolution.

727	□ **pottery** [pá:təri]	名 陶磁器類，製陶業，窯元
728	□ **porcelain** [pɔ́:rsəlɪn]	名 磁器
729	□ **archipelago** [à:rkəpéləgòu]	名 群島，諸島，列島 cf. **Galapagos Archipelago** ガラパゴス諸島
730	□ **specimen** [spésəmən]	名 標本，検体
731	□ **organism** [ɔ́:rgənìzm]	名 生物，生命体
732	□ **offspring** [ɔ́:fsprìŋ]	名 子，子供，子孫
733	□ **taboo** [təbú:, tæ-]	形 タブーの，禁制の，触れてはならない 名 タブー，禁忌，禁制

チャールズ・ダーウィン

チャールズ・ダーウィンは進化論を構築したイギリスの生物学者である。医者の父と陶磁器製造業者ウェッジウッド家出身の母との間に1809年に生まれた。1831年にビーグル号でガラパゴス諸島へと出帆し，現地から多くの標本をイギリスに送った。帰国後，進化論を組み立てた。環境により適応した生物が生き残り，子孫をより多く残すという理論である。1859年に『種の起源』を出版した。1871年には『人間の由来』を出版し，人間とゴリラなどの類人猿とのタブーとされていたつながりを説明した。彼が1882年に亡くなる頃には，ほとんどの科学者が進化論を支持するようになっていた。

734 □ **bind** [báɪnd]	他 縛る，縛りつける，結びつける（bound, bound）
735 □ **ape** [éɪp]	名 類人猿
736 □ **endorse** [endɔ́ːrs]	他 支持する，支援する，推奨する ⇒派 **endorsement** 名 支持，承認

Glossary

□ ℓ.1	**lay out**	設計する
□ ℓ.10	**human being**	人間

おすすめ関連書籍

・小原嘉明『入門！進化生物学』中公新書

86 Otto von Bismarck

Otto von Bismarck was a German politician. He was born the son of a **squire** in Prussia in 1815. After being sent abroad as an **ambassador**, he became prime minister at a critical **juncture** in Prussia's development in 1862. In 1864, Prussia and Austria defeated Denmark in the Second Schleswig War. The Danish king transferred the duchies of Schleswig and Holstein to Prussia and Austria. Tensions **intensified** between Prussia and Austria over the **sovereignty** of the duchies. Prussia defeated Austria in the Austro-Prussian War in 1866, and Prussia and other North German states formed the North German **Confederation** with Prussia as its **matrix** in 1867. In 1870, Prussia defeated France in the Franco-Prussian War. French hostility caused by the German acquisition of Alsace-Lorraine was to **haunt** Germany. In 1871, the South German states joined the North German Confederation to create the German Empire. Having united Germany, Bismarck built several alliances, such as the Triple Alliance he formed with Austria and Italy, and **steadfastly** used them to **isolate** France. After resigning as prime minister in 1890, he died in 1898.

737	□ **squire** [skwáɪər]	名 大地主
738	□ **ambassador** [æmbǽsədər]	名 大使，公使
739	□ **juncture** [dʒʌ́ŋktʃər]	名 時期，段階，接続
740	□ **intensify** [inténsəfàɪ]	自 激しくなる，強くなる 他 強くする，増大する ⇐ 派 **intense** 形 激しい，猛烈な
741	□ **sovereignty** [sɑ́ːvərənti]	名 主権，統治権，自治権 ⇐ 派 **sovereign** 形 独立した，君主の，王位の（☞79）
742	□ **confederation** [kənfèdəréɪʃən]	名 同盟，連合，連邦 cf. **North German Confederation** 北ドイツ連邦

オットー・フォン・ビスマルク

オットー・フォン・ビスマルクはドイツの政治家である。1815 年にプロイセンの大地主の家庭に生まれた。公使として海外赴任後の 1862 年，プロイセンの成長にとって重要な時期に首相に就任した。1864 年，デンマーク戦争でプロイセンとオーストリアはデンマークを破った。デンマーク王はシュレースヴィヒ・ホルシュタイン両公国をプロイセンとオーストリアに譲渡した。両公国の主権をめぐってプロイセンとオーストリアの対立が高じた。1866 年の普墺戦争でプロイセンはオーストリアを破り，プロイセンはじめ北ドイツ諸国はプロイセンを母体として 1867 年に北ドイツ連邦を結成した。1870 年の普仏戦争でプロイセンはフランスを破った。ドイツのアルザス・ロレーヌ獲得で生じたフランスの敵意はドイツにつきまとうことになる。1871 年，北ドイツ連邦に南ドイツ諸国が加わり，ドイツ帝国が成立した。ドイツ統一をなしとげたビスマルクは，オーストリア，イタリアと組んだ三国同盟などいくつも同盟を結び，それらをしっかり利用してフランスを孤立させた。1890 年に首相を退任後，1898 年に死去した。

743 □ **matrix** [méɪtrɪks]	名 配列，母体，基盤
744 □ **haunt** [hɔ́ːnt]	他 …に出没する，悩ます，つきまとう
745 □ **steadfast** [stédfæst, -fəst]	形 忠実な，しっかりした，不動の ⇒派 **steadfastly** 副 しっかりと，断固として
746 □ **isolate** [áɪsəlèɪt]	他 孤立させる，隔離する ⇒派 **isolation** 名 孤立，隔離，孤独（☞48）

Glossary

□ ℓ.5	**Second Schleswig War**	デンマーク戦争
□ ℓ.5	**Danish**	デンマークの
□ ℓ.6	**duchy**	公国
□ ℓ.8	**Austro-Prussian War**	普墺戦争
□ ℓ.11	**Franco-Prussian War**	普仏戦争
□ ℓ.15	**Triple Alliance**	三国同盟

・飯田洋介『ビスマルク』中公新書

87 Karl Marx

Karl Marx was a German thinker who formulated scientific **socialism**. Born in 1818 to a Jewish family of the middle class, he studied at the Universities of Bonn and Berlin. Having failed to get a university post, he made his living as a journalist, writing for such newspapers as the *New-York Daily Tribune*. He met Friedrich Engels in 1844, and they **pledged unwavering** friendship. From then on, Engels kept on supporting and **subsidizing** Marx, allowing him to do research and write. In 1848, they published *The Communist Manifesto*, which famously begins, "A spectre **stalks** the land of Europe — the spectre of **communism**." In 1867, Marx published *Capital*, Volume 1, in which he describes how the **capitalist** system works and predicts that **capitalism** will eventually destroy itself. After Marx died in 1883, Engels edited Marx's manuscripts and published *Capital*, Volumes 2 and 3 in 1885 and 1894, **respectively**.

747 □ **socialism** [sóʊʃəlìzm]	名 社会主義 ⇒派 **socialist** 形 社会主義の　名 社会主義者
748 □ **pledge** [plédʒ]	他 堅く約束する，誓う，公約する 名 堅い約束，誓約，公約
749 □ **waver** [wéɪvər]	自 弱まる，揺らぐ，浮き足立つ ⇒派 **unwavering** 形 不動の，動揺しない
750 □ **subsidize** [sʌ́bsədàɪz]	他 …に助成金を与える
751 □ **stalk** [stɔ́:k]	他 …にこっそり近づく，…を歩き回る，…にはびこる
752 □ **communism** [kɑ́:mjənìzm]	名 共産主義 ⇒派 **communist** 形 共産主義の，共産党の　名 共産主義者，共産党員

カール・マルクス

カール・マルクスは科学的社会主義を打ち立てたドイツの思想家である。1818 年に中産階級のユダヤ人家庭に生まれた彼は，ボン大学とベルリン大学に学んだ。大学に職を得られなかったため，ジャーナリストとして生計を立て，『ニューヨーク・デイリー・トリビューン』などの新聞に寄稿した。1844 年にフリードリヒ・エンゲルスと出会い，二人は終生変わらぬ友情を誓い合った。以降エンゲルスはマルクスの研究・執筆を物心両面で支援し続けた。1848 年に二人は『共産党宣言』を出版した。同書の「ヨーロッパに幽霊が出る——共産主義という幽霊である」という冒頭は有名である。1867 年にマルクスは『資本論』第 1 巻を出版した。同書で彼は資本主義制度のしくみを説明し，資本主義はしまいには自壊すると予言している。マルクスは 1883 年に死去したが，エンゲルスがマルクスの遺稿を編集して，『資本論』第 2 巻，第 3 巻をそれぞれ 1885 年，1894 年に出版した。

753 □ **capitalism** [kǽpətəlìzm]	名 資本主義 ⇒派 **capitalist** 形 資本主義の　名 資本主義者
754 □ **respectively** [rɪspéktɪvli]	副 それぞれ ⇐派 **respective** 形 それぞれの，めいめいの

Glossary

□	ℓ.2	**middle class**	中産階級
□	ℓ.4	**make *one*'s living**	生計を立てる
□	ℓ.5	**Friedrich Engels**	フリードリヒ・エンゲルス
□	ℓ.7	**keep on ...ing**	…し続ける
□	ℓ.9	**spectre**	幽霊
□	ℓ.12	**destroy *oneself***	自壊する

おすすめ関連書籍
・フランシス・ウィーン『カール・マルクスの生涯』田口俊樹訳，朝日新聞社

88 Florence Nightingale

Florence Nightingale was a British nurse who founded modern nursing. She was born in 1820 to a **well-off** family. In 1844, she suddenly realized that her **vocation** would be to help the sick in hospital, and began to study hospitals and **sanitation**. In 1853, she was appointed **superintendent** at the **Institute** for the Care of Sick Gentlewomen in Distressed Circumstances in London. In 1854, she led a party of nurses to the Barrack Hospital at Scutari, Turkey during the Crimean War. She became famous as the "Lady with the Lamp." When the war was over in 1856, she returned to Britain and opened the Nightingale Training School for Nurses in London in 1860. She argued for prevention rather than cure. And she set forth a revolutionary theory that more windows, better **ventilation**, improved **drainage**, less **cramped** conditions, and regular **scrubbing** of the floors and bed frames could reduce hospital deaths. She continued to advise on hospital plans, until she died in 1910 after the 50-year **Jubilee** of the Nightingale Training School for Nurses.

755	☐ **well-off** [wélɔ́:f]	[形] 裕福な，豊富な，たっぷりある
756	☐ **vocation** [voukéɪʃən]	[名] 職業，仕事，天職 ⇒[派] **vocational** [形] 職業の，職業に関する
757	☐ **sanitation** [sæ̀nətéɪʃən]	[名] 公衆衛生，衛生設備，下水設備 ⇒[派] **sanitary** [形] 衛生の，衛生的な，清潔な（☞109）
758	☐ **superintendent** [sù:pərɪnténdənt]	[名] 監督者，管理者，最高責任者
759	☐ **institute** [ínstət(j)ù:t]	[名] 協会，研究所，大学
760	☐ **ventilation** [vèntəléɪʃən]	[名] 換気，風通し，通風 ⇐[派] **ventilate** [他] …の換気を行う
761	☐ **drainage** [dréɪnɪdʒ]	[名] 排水，水はけ，排水設備

フローレンス・ナイチンゲール

フローレンス・ナイチンゲールは現代看護法を創始したイギリスの看護師である。1820 年に裕福な家庭に生まれた。1844 年に病院で病人の世話をすることを仕事にしようとひらめき，病院や衛生についての勉強をはじめた。1853 年，ロンドンで病気の貧しい女性を世話する協会の指導監督者になった。1854 年，看護団を組織してクリミア戦争下のトルコ，スクタリの兵舎病院におもむいた。ナイチンゲールは「ランプをもった淑女」と呼ばれ，有名になった。1856 年に戦争が終わってイギリスに戻ると，1860 年にロンドンでナイチンゲール看護学校を開校した。治療より予防を優先する考え方を唱えた。窓を増やしたり，換気を良くしたり，排水設備を改善したり，病室にゆとりをもたせたり，床やベッドの枠を定期的にきれいにしたりすることで患者の死亡数を減らすことができるという，革新的な説を唱えた。病院の設計について助言しつづけた彼女は，1910 年にナイチンゲール看護学校の 50 周年祭を迎えた後で死去した。

762 □ **cramp** [krǽmp]	他 阻害する，閉じ込める，拘束する ⇒派 **cramped** 形 手狭な，狭苦しい
763 □ **scrub** [skrʌ́b]	他 ごしごし洗う，みがきあげる，こする
764 □ **jubilee** [dʒúːbəli]	名 記念祭（日），祝祭，祝典

Glossary

□ ℓ.2	**nursing**	看護法
□ ℓ.6	**distressed**	困窮した
□ ℓ.7	**Barrack Hospital**	兵舎病院
□ ℓ.8	**Crimean War**	クリミア戦争
□ ℓ.11	**set forth**	説明する

おすすめ関連書籍

・小玉香津子『ナイチンゲール』清水書院

89 Friedrich Nietzsche

Friedrich Nietzsche was a German philosopher. He coined the phrase "God is dead" to express the **pessimistic** situation where established values are lost. He advised being a *Übermensch*, or Superman, which is a person who rises above the Ressentiment, or **spite** or jealousy, in a world where God is dead. Born in 1844 to a **pious** Protestant family, he studied at the Universities of Bonn and Leipzig. His excellence was such that he was awarded an **honorary** doctorate before completing his doctor's thesis, and became professor at age 24. After serving as a medical **orderly** in the Franco-Prussian War, he became ill. He resigned as professor in 1879, and thereafter lived in **solitude**. After he became **insane** in 1889, his **insanity** continued until he died of **pneumonia** in 1900. Nietzsche was not anti-Semitic, but his sister and literary executor Elisabeth intentionally revised his manuscripts to fit her own anti-Semitic views. This is why he has often been associated with the Nazis.

765 □ **pessimistic** [pèsəmístɪk]	形 悲観的な，厭世的な ⇔反 **optimistic** 形 楽観的な
766 □ **spite** [spáɪt]	名 悪意，恨み，遺恨
767 □ **pious** [páɪəs]	形 信心深い，敬虔な
768 □ **honorary** [ɑ́:nərèri]	形 名誉として与えられる，名誉の cf. **honorary doctorate** 名誉博士号 ⇐派 **honor** 名 名誉
769 □ **orderly** [ɔ́:rdərli]	名 用務員，雑用係　形 整然とした cf. **medical orderly** 看護助手 ⇐派 **order** 名 整頓，秩序
770 □ **solitude** [sɑ́:lət(j)ù:d]	名 独居，孤独，隔絶 cf. **in solitude** 孤独に

フリードリヒ・ニーチェ

フリードリヒ・ニーチェはドイツの哲学者である。既成の価値が失われた悲観的な状況を「神は死んだ」という言葉で表現した。神が死んだ世界でルサンチマン（ねたみ，そねみ）を超越した人間を「超人」と呼び，超人たることを慫慂(しょうよう)した。1844年に敬虔なプロテスタントの家庭に生まれた彼は，ボン大学とライプツィヒ大学に学んだ。非常に優秀だったため，博士論文を書かずに名誉博士号を授与され，24歳で教授に就任した。普仏戦争に看護助手として従軍した後，病を得た。1879年に教授を辞任し，以後は孤独に暮らした。1889年に発狂して，恢復(かいふく)しないまま1900年に肺炎で死去した。ニーチェは反ユダヤ主義者ではなかったが，妹で遺稿の管理者でもあったエリーザベトが自身の反ユダヤ主義に合わせて兄の遺稿を作為的に編纂した。これが原因でニーチェはしばしばナチスと結び付けられることになった。

771 □ **insane** [ɪnséɪn]	形 正気でない，狂気の ⇒派 **insanity** 名 狂気，ばかげた行動（☞47）
772 □ **pneumonia** [n(j)u(:)móʊniə]	名 肺炎

Glossary

□ ℓ.4	**rise above**	…を超越する
□ ℓ.4	**Ressentiment**	ルサンチマン
□ ℓ.8	**doctor's thesis**	博士論文
□ ℓ.10	**thereafter**	その後は，それから先
□ ℓ.12	**anti-Semitic**	反ユダヤ主義の
□ ℓ.13	**executor**	遺言執行者
□ ℓ.14	**associated with**	…と結びついた
□ ℓ.15	**Nazis**	ナチス

おすすめ関連書籍

・清水真木『ニーチェ入門』ちくま学芸文庫

90 Ludwik Zamenhof

Ludwik Zamenhof was the inventor of the international **auxiliary** language Esperanto. He was born in Poland under Imperial Russian rule in 1859. As he learned that there is **repression** and **injustice** all over the world, he became **convinced** that he needed to create an **equitable** artificial language that could serve as a **reconciling** language. He **initiated** his attempt at age 15. He completed his international language in 1885, and 2 years later, he published a booklet that described the language under the pen name "Dr. Esperanto." "Esperanto," which means "a person who hopes" in this language, was adopted as the name of the language. Esperanto grammar is simple and **straightforward** as, for instance, the **plural** of nouns is **invariably** marked by the ending *-oj*. While working as an eye doctor in Warsaw, Zamenhof traveled across the world to promote Esperanto until he died in 1917. There are now around 2 million speakers of Esperanto throughout the world, and more than 1000 of them are its native speakers.

773 □ **auxiliary** [ɔːgzíljəri, ɑːgz-, -zíləri]	形 補助の，援助する，予備の
774 □ **repression** [rɪpréʃən]	名 抑圧，鎮圧 ⇐派 **repress** 他 抑制する，抑える
775 □ **injustice** [ɪndʒʌ́stɪsə]	名 不当な扱い，不公平，不正
776 □ **convinced** [kənvínst]	形 …（that）と確信している，…（of）を確信している，信念のある
777 □ **equitable** [ékwətəbl]	形 公平な，公正な，もっともな
778 □ **reconcile** [rékənsàɪl]	他 調和させる，一致させる，和解させる
779 □ **initiate** [ɪníʃɪèɪt]	他 始める，…に着手する ⇒派 **initiative** 名 新構想，新しい試み

ルドヴィク・ザメンホフ

ルドウィク・ザメンホフは国際補助語エスペラントの考案者である。1859 年に帝政ロシア治下のポーランドに生まれた。世界中に抑圧と不公平があることを知るにつれ，橋渡しの言語として機能する公平な人工言語を作り出すほかないと確信するにいたった。15 歳でその企てに着手した。1885 年に国際語を完成させ，2 年後に「エスペラント博士」の筆名でこの言語を説明する小冊子を出版した。「エスペラント」とはこの言語で「希望する人」という意味だが，これが言語名として使われるようになった。名詞の複数が常に語尾 *-oj* で標示されるなど，エスペラントの文法は単純明快である。ザメンホフはワルシャワで眼科医として働くかたわら世界中を飛び回り，1917 年に亡くなるまでエスペラントの普及につとめた。今では世界中に 200 万人ほどエスペラント話者がいて，そのうち 1000 人以上が母語話者である。

780 □ **straightforward** [strèɪtfɔ́ːrwərd]	形 簡単な，単純な，率直な
781 □ **plural** [plúərəl]	名 複数，複数形 ⇔反 **singular** 名 単数，単数形
782 □ **invariably** [ɪnvéəriəbli]	副 変わることなく，いつも，例外なくきまって

Glossary

□ ℓ.2	**Esperanto**	エスペラント
□ ℓ.4	**all over the world**	世界中に
□ ℓ.11	**for instance**	例えば
□ ℓ.16	**native speaker**	母語話者

おすすめ関連書籍
・マージョリー・ボウルトン『エスペラントの創始者ザメンホフ』水野義明訳，新泉社

91 Muhammad Abduh

Muhammad Abduh was an ulama, or Islamic scholar, of the Muhammad Ali dynasty of Egypt. He was born in the Nile **Delta** in 1849. After he enrolled in al-Azhar University in Cairo at age 17, he apprenticed himself to Jamal al-Din al-Afgani, a pan-Islamic **preacher**, in 1871. Abduh graduated and became an ulama in 1877. In 1880, he was appointed editor-in-chief of the government's official journal, for which he wrote many articles in which he criticized **superstition** and the **luxurious** lives of the rich, among others. In 1882, he was forced abroad for supporting a revolt. After returning to Egypt around 1888, he was appointed a judge of the National Court. In 1895, he joined the Education Reform Committee and put forth proposals to improve examinations and the curriculum. He promoted scientific education that would **nurture** children's ability to reason. In 1899, he was appointed Grand Mufti, the highest position to make fatwas, or Islamic verdicts. He made many liberal fatwas, such as the one that allowed **utilizing** meat slaughtered by non-Muslim **butchers**. Thus, both as an ulama and as an **administrator**, he made reforms, maintaining a balance between tradition and modernization, until he died in 1905.

783 □ **delta** [déltə]	名 デルタ，三角形のもの，三角州
784 □ **preacher** [príːtʃər]	名 牧師，説教者，唱道者 ⇐派 **preach** 自 説教する，宣教する，伝道する（☞4）
785 □ **superstition** [sùːpərstíʃən]	名 迷信
786 □ **luxurious** [lʌgʒúəriəs, lʌkʃúə-]	形 豪華な，贅沢な ⇐派 **luxury** 名 豪華さ，贅沢品
787 □ **nurture** [nə́ːrtʃər]	他 育てる，育成する，はぐくむ
788 □ **utilize** [júːtəlàɪz]	他 利用する，役立たせる

ムハンマド・アブドゥフ

ムハンマド・アブドゥフはムハンマド・アリー朝エジプトのウラマー（イスラム法学者）である。1849年にナイル・デルタに生まれた。17歳でカイロのアズハル学院に入学した後，1871年に汎イスラム主義の唱道者ジャマールッディーン・アフガーニーに師事した。アブドゥフは1877年に卒業し，ウラマーになった。1880年に官報編集長に就任し，迷信や富裕層の贅沢ぶりを批判する記事などを多数書いた。1882年，反乱に加担したかどで国外に放逐（ほうちく）された。1888年頃帰国すると，国民法廷の判事に就任した。1895年には教育改革委員会に加わり，試験や履修課程の改善を提案した。子供の思考力をはぐくむ科学教育を推進した。1899年，ファトワ（イスラム法見解）を発する最高位の大ムフティーに就任した。非ムスリムの肉屋が屠殺した肉を利用していいとするものなど，進歩的なファトワを多数発した。こうして，ウラマーと行政官を兼ね備えた立場で，伝統と近代化のバランスを取りながら改革を進め，1905年に死去した。

789 □ **butcher** [bútʃər]	名 肉屋，食肉処理業者
790 □ **administrator** [ədmínəstrèɪtər]	名 管理者，経営者，行政官 ⇐派 **administer** 他 管理する，統治する，運営する（☞16）

Glossary

□ ℓ.6	**editor-in-chief**	編集長
□ ℓ.8	**among others**	…など
□ ℓ.11	**put forth**	提出する，発表する，出す
□ ℓ.14	**mufti**	ムフティー（フォトワを出す法学者）

・松本弘『ムハンマド・アブドゥフ　イスラームの改革者』山川出版社

92 Philippine Revolution

The Philippines was a Spanish **colony** from the 16th century onward. In 1896, the Katipunan, a revolutionary society led by a **warehouse** clerk Andrés Bonifacio, rose up for independence. In 1897, Emilio Aguinaldo took on the **mantle** of power and executed Bonifacio. After a number of **skirmishes**, the revolutionary troops signed a cease-fire **pact** with the Spanish forces, and Aguinaldo accepted exile in Hong Kong. When the Spanish-American War broke out in 1898, Aguinaldo, **unofficially** allied with the United States, returned to the Philippines, where he declared independence and played the national **anthem**. The United States and Spain signed a peace protocol and fought the **Mock** Battle of Manila. Spain surrendered and gave the Philippines to the United States without consulting the Filipinos. The revolutionary government established the Philippine Republic with Aguinaldo as president. But the United States did not recognize this and began the Philippine-American War. In 1901, Aguinaldo was captured and took an **oath** of allegiance to the United States. The United States thus won the war and started to rule the Philippines as a colony.

791 □ **colony** [kɑ́:ləni, kɔ́l-]	名 植民地 ⇒派 **colonial** 形 植民地の ⇒派 **colonize** 他 植民地にする ⇒派 **colonist** 名 植民地開拓者，入植者（☞ 149）
792 □ **warehouse** [wéərhàus]	名 倉庫，商品保管所
793 □ **mantle** [mǽntl]	名 責任，職務 cf. **take on the mantle of power** 権力の座につく
794 □ **skirmish** [skə́:rmɪʃ]	名 小競り合い，紛争，言い争い
795 □ **pact** [pǽkt]	名 約束，協定，条約

フィリピン革命

フィリピンは16世紀以降スペインの植民地だった。1896年，倉庫係のアンドレス・ボニファシオ率いる革命結社カティプナンが独立を求めて蜂起した。1897年，エミリオ・アギナルドが主導権を握り，ボニファシオは処刑された。数々の小競り合いの末，革命軍はスペイン軍と休戦協定を結び，アギナルドは香港に亡命した。1898年に米西戦争が勃発すると，非公式にアメリカと手を結んだアギナルドは帰国して独立を宣言し，国歌を演奏した。アメリカとスペインは平和条約議定書に調印し，マニラの偽装海戦を戦った。降伏したスペインはフィリピン人に無断でフィリピンをアメリカに譲渡した。革命政府はフィリピン共和国を樹立し，アギナルドが大統領に就任した。しかしアメリカはこれを認めず，米比戦争を開始した。1901年にアギナルドは捕えられ，アメリカに忠誠を誓った。アメリカは戦争に勝利し，フィリピンを植民地にした。

796 □ **unofficial** [ʌ̀nəfíʃəl]	形 非公式の，非公認の ⇒派 **unofficially** 副 非公式に，非公認で
797 □ **anthem** [ǽnθəm]	名 賛歌，国歌，代表曲
798 □ **mock** [mɑ́:k]	形 模擬の，見せかけの，偽装の 他 あざける，ばかにする，軽視する
799 □ **oath** [óʊθ]	名 誓い，誓約，宣誓

Glossary

- □ ℓ.3 **rise up** 蜂起する
- □ ℓ.6 **cease-fire** 停戦，休戦
- □ ℓ.10 **protocol** 条約議定書
- □ ℓ.13 **Filipino** フィリピン人
- □ ℓ.15 **Philippine-American War** 米比戦争

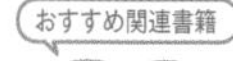

・早瀬晋三『未完のフィリピン革命と植民地化』山川出版社

93 Ishi

Ishi was the last wild Indian in North America. After the discovery of gold in the **gravel** of a **creek** in California in 1848, what had been a **trickle** of new **immigration** became a stream. This was the Gold Rush. The Indian population **plunged** due to forced **migrations** and mass shootings by the whites, as well as diseases the whites brought with them, such as flu, to which the Indians lacked **immunity**. Ishi was born between 1860 and 1862 as a Yahi Indian, a sub tribe of the Yana Indians, but when he was around 40, he and his family were the only Yahi Indians who survived. After his mother died in 1908, he lived alone in the **wilderness**. In 1911, he was captured when he was trying to **forage** for food in town. From then on, he lived in the museum of the University of California. As a Yana Indian never spoke his or her own name, he was called Ishi after a Yana word that means “man.” He learned a little English, and served as an **informant** on the Yana language and culture for scholars, until he died in 1916.

800 □ **gravel** [grǽvl]	名 砂利
801 □ **creek** [kríːk]	名 小川
802 □ **trickle** [tríkl]	名 したたり，しずく，細流 自 ちょろちょろ流れる　他 したたらせる
803 □ **immigration** [ìmɪgréɪʃən]	名 入国，入植，移住 ⇐派 **immigrate** 自（外国から）移住する ⇔反 **emigration** 名 他国への移住，移民，出稼ぎ（☞30）
804 □ **plunge** [plʌ́ndʒ]	自 突っ込む，急に下がる，急落する 他 突っ込む，突き刺す
805 □ **migration** [maɪgréɪʃən]	名 移住，転住，移動 ⇐派 **migrate** 自 移動する，移住する，移り住む（☞4）

イシ

イシは北米最後の野生のインディアンである。1848 年にカリフォルニアの小川の砂利に金が発見されると，それまでは少なかった新移住者が川の流れのように押し寄せるようになった。ゴールドラッシュである。白人による強制移住や集団射殺によって，また白人が持ち込んだインフルエンザなどのインディアンに免疫のない病気によって，インディアン人口は激減した。イシは 1860 年から 1862 年の間にヤナ・インディアンの支族のヤヒ・インディアンとして生まれたが，彼が 40 歳になる頃には，生き残ったヤヒ族は彼の家族だけだった。1908 年に母親が死んで以降は大自然の中でひとり生きていた。1911 年に人里におりて食べ物をあさっているところを捕らえられた。以後カリフォルニア大学の博物館で暮らした。ヤナ・インディアンは自分の名前を言わないので，彼はヤナ語で「人」を意味する単語をとってイシと呼ばれた。英語を少し覚え，研究者相手にヤナ族の言語や文化の情報提供者をつとめて，1916 年に亡くなった。

806 □ **immunity** [ɪmjúːnəti]	名 免疫，免除，免責 ⇐派 **immune** 形 免疫がある
807 □ **wilderness** [wíldərnəs]	名 荒野，荒れ野，大自然
808 □ **forage** [fɔ́ːrɪdʒ, fάːr-]	自 …（for）をあさる，捜す，捜し回る 名 飼料，かいば，まぐさ
809 □ **informant** [ɪnfɔ́ːrmənt]	名 情報提供者，資料提供者，インフォーマント ⇐派 **inform** 他 知らせる，通知する

Glossary

□ ℓ.3	**Gold Rush**	ゴールドラッシュ
□ ℓ.5	**mass shooting**	集団射殺
□ ℓ.5	**as well as**	…だけでなく

おすすめ関連書籍
・シオドーラ・クローバー『イシ 北米最後の野生インディアン』行方昭夫訳，岩波現代文庫

94 John Peabody Harrington

John Peabody Harrington was an American ethnologist. Born the son of an **attorney** in 1884, he became interested in Indian languages while at Stanford University. He worked for the **Bureau** of American Ethnology, gathering data on almost every **aboriginal** group in North America. The primary value of the materials he left lies in the phonetic **accuracy** with which he recorded them. Many **anecdotes** about him serve to **accentuate** the **riddle** of his personality. Some people saw him as kindly, while others viewed him as **inhuman**. He was an **eccentric** person with few friends, suspicious of his colleagues who he feared might steal his data. He tried to throw a cloak of **secrecy** over his activities. Since his death in 1961, improved access to his notes has resulted in the appearance of numerous papers based on his data.

810 □ **attorney** [ətə́ːrni]	名 弁護士，法定代理人
811 □ **bureau** [bjúərou]	名 事務所，局，部 cf. **Bureau of American Ethnology** アメリカ民族学局
812 □ **aboriginal** [æbərídʒənl]	形 土着の，原生の，古来の
813 □ **accuracy** [ǽkjərəsi]	名 的確さ，確実さ，正確さ ⇐派 **accurate** 形 正確な，精密な
814 □ **anecdote** [ǽnɪkdòut]	名 逸話，小話，秘話
815 □ **accentuate** [əkséntʃuèɪt, æk-, ɪk-]	他 目立たせる，引き立たせる，強調する
816 □ **riddle** [rídl]	名 なぞなぞ，謎，難問

ジョン・ピーボディ・ハリントン

ジョン・ピーボディ・ハリントンはアメリカの民族学者である。1884年に弁護士の息子として生まれた彼は，スタンフォード大学在学中にインディアン諸語に興味を抱いた。アメリカ民族学局に所属して，北米のほぼすべての先住民集団の資料の収集につとめた。彼の残した資料の主な価値は記録の音声表記の正確さにある。彼にまつわる多くの逸話は，その人間性の謎を引き立たせている。親切だったという人もいれば，冷酷だったという人もいる。風変わりで友人がほとんどいなかった彼は，自分の資料を同僚たちに盗まれはしないかと疑っていた。彼は自分の仕事に秘密のベールをかぶせようとした。1961年の彼の死後，彼のノート類を見ることができるようになったことで，彼の資料をもとにして多くの論文が発表されるようになった。

817 □ **inhuman** [ɪnhjúːmən]	形 冷酷な，残酷な，非人間的な ⇔反 **human** 形 人間の，人間的な，人間味のある
818 □ **eccentric** [ɪkséntrɪk]	形 一風変わった，普通でない，変な
819 □ **secrecy** [síːkrəsi]	名 秘密であること，秘密にしておくこと，秘密を守ること ⇐派 **secret** 形 秘密の

Glossary

- □ ℓ.1 **ethnologist** 民族学者
- □ ℓ.6 **phonetic** 音声表記の
- □ ℓ.11 **cloak** マント，覆い隠すもの，仮面
- □ ℓ.14 **based on** …に基づいて

・キャロベス・レアード『怒れる神との出会い』一ノ瀬恵訳，三省堂

95 Woodrow Wilson

Woodrow Wilson was the 28th president of the United States. Born in Virginia in 1856, he studied political science at Johns Hopkins University, and published ***Congressional Government*** in 1884. He became president of Princeton University in 1902, and upgraded the university financially and intellectually. After serving as governor of New Jersey, he was elected president of the United States in 1912. He **meddled** in the Mexican Revolution, although at first he adopted a policy of **watchful** waiting. In World War I, he insisted that the United States be neutral and **impartial**. After being reelected in 1916, he made an appeal to the **belligerent** countries to accept American **mediation**. After Germany initiated unrestricted **submarine** warfare against ships in the seas around the British **Isles** in 1917, the United States joined the war. In 1918, Wilson delivered a speech known as the 14 points, in which he called for the establishment of a League of Nations. The League of Nations was founded in 1920, but the United States never joined it. That year, Wilson was awarded the Nobel Peace Prize. He left office in 1921, and passed away in 1924.

820 □ **congressional** [kəngréʃənl]	形 国会の，議会の ⇐派 **congress** 名 会議；〈-C〉国会，アメリカ連邦議会（☞79）
821 □ **meddle** [médl]	他 …（in）に干渉する，おせっかいを焼く，首を突っ込む
822 □ **watchful** [wɑ:tʃfl]	形 用心深い，油断のない，見張って
823 □ **impartial** [ɪmpá:rʃəl]	形 偏らない，中立的な，公平な ⇔反 **partial** 形 一部の，不公平な
824 □ **belligerent** [bəlídʒərənt]	形 敵意のこもった，好戦的な，交戦中の
825 □ **mediation** [mì:diéɪʃən]	名 調停，取次ぎ ⇐派 **mediate** 他 調停する

ウッドロー・ウィルソン

ウッドロー・ウィルソンは第28代アメリカ大統領である。1856年にヴァージニア州に生まれた彼は，ジョンズ・ホプキンス大学で政治学を学び，1884年に『議会制政治』を出版した。1902年にプリンストン大学学長に就任し，大学を財政面でも学業面でも改善した。ニュージャージー州知事をへて，1912年に大統領に選出された。当初は注視しつつ不介入の方針だったものの，メキシコ革命に介入した。第一次世界大戦では不偏中立の立場を取った。1916年に再選されると，交戦国にアメリカの調停を受け入れるよう呼びかけた。1917年にドイツがイギリス諸島近海の船に対する無制限潜水艦作戦を開始すると，アメリカは参戦した。1918年，ウィルソンは14カ条の提案を演説し，国際連盟の設立を提唱した。国際連盟は1920年に設立されたが，アメリカが参加することはなかった。同年，ウィルソンはノーベル平和賞を受賞した。1921年に退任し，1924年に死去した。

826 □ **submarine** [sʌ́bmərìːn, ˌ--ˊ]	名 潜水艦
827 □ **isle** [áɪl]	名 島，小島 cf. **British Isles** イギリス諸島

Glossary

□	ℓ.2	**political science**	政治学
□	ℓ.7	**Mexican Revolution**	メキシコ革命（☞ 96）
□	ℓ.8	**World War I**	第一次世界大戦
□	ℓ.14	**League of Nations**	国際連盟
□	ℓ.16	**Nobel Peace Prize**	ノーベル平和賞

おすすめ関連書籍

・長沼秀世『ウィルソン　国際連盟の提唱者』山川出版社

96 Mexican Revolution

The Mexican Revolution took place in the 1910's. In Mexico, President Porfirio Díaz's **dictatorship** had lasted since 1876. In 1910, Francisco Madero challenged him for the presidency. After initially **tolerating** him, Díaz had Madero arrested and won a **rigged** election. After being released, Madero called for a rebellion against the **unlawfully** elected Díaz. A nationwide movement forced Díaz into **resignation** in 1911, and Madero was elected president. But in 1913, he was assassinated by General Victoriano Huerta, who then became president and adopted reactionary policies. Revolutionary forces brought down the Huerta **regime** in 1914, but they split into moderates led by Venustiano Carranza and radicals led by Emiliano Zapata, and **contended** with each other for power. Carranza dominated most of the country and became president in 1915. In 1917, a constitution was enacted. This constitution was very radical for its time in that it **stipulated** free and **compulsory** education and suppression of the church, among other things.

828 □ **dictatorship** [dɪktéɪtərʃìp]	名 独裁 ⇐派 **dictator** 名 独裁者，専制君主，独裁官（☞21）
829 □ **tolerate** [tɑ́ːlərèɪt]	他 許容する，大目に見る，黙認する ⇒派 **tolerance** 名 寛容，寛大さ，我慢（☞26）
830 □ **rig** [ríg]	他 人為的に操作する，…に不正をする
831 □ **unlawful** [ʌnlɔ́ːfl]	形 不法な，違法な，非合法な ⇒派 **unlawfully** 副 不法に，違法に，非合法に
832 □ **resignation** [rèzɪgnéɪʃən]	名 辞職，辞任，辞表 ⇐派 **resign** 他 辞職する
833 □ **regime** [rəʒíːm, reɪ-]	名 政治制度，政権，政府
834 □ **contend** [kənténd]	自 争う，競う 他 主張する

メキシコ革命

メキシコ革命は1910年代に起こった。メキシコでは1876年以来ポルフィリオ・ディアス大統領の独裁が続いていた。1910年に，フランシスコ・マデロがディアスに対抗して，大統領選挙に立候補した。当初は黙認したものの，ディアスはマデロを逮捕して，不正選挙で当選した。マデロは釈放されると，違法に当選したディアスに対する反乱を呼びかけた。全国に運動が広がってディアスは1911年に辞任を余儀なくされ，マデロが大統領に選出された。しかし1913年，マデロはビクトリアーノ・ウエルタ将軍に暗殺された。ウエルタは大統領になり，反動政治を行った。革命勢力が1914年にウエルタ政権を倒すも，ベヌスティアーノ・カランサ率いる穏健派とエミリアーノ・サパタ率いる急進派に分裂し，権力闘争を繰り広げた。全国をほぼ制覇したカランサが1915年に大統領になった。1917年に憲法が制定された。この憲法は当時としては非常に急進的なもので，無償の義務教育や宗教勢力の抑制などを明記していた。

835 □ **stipulate** [stípjəlèɪt]	他 規定する，明記する ⇒派 **stipulation** 名 規定，条項
836 □ **compulsory** [kəmpʌ́lsəri]	形 義務的な，強制的な，必修の ⇔反 **optional** 形 選択の，任意の

Glossary

□ ℓ.3	**presidency**	大統領の地位
□ ℓ.6	**nationwide**	全国的な
□ ℓ.9	**bring down**	倒す
□ ℓ.10	**moderate**	穏健派の人
□ ℓ.11	**radical**	急進派の人
□ ℓ.15	**among other things**	…など

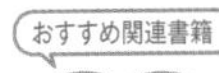

・国本伊代『メキシコ革命』山川出版社

97 Mustafa Kemal Atatürk

Mustafa Kemal Atatürk was the founder of the Republic of Turkey. Atatürk was born in 1881 in the Ottoman Empire. When the Ottoman Empire was defeated in World War I, most of its territories in Asia Minor were divided by European powers, leaving the Turks a small territory around Ankara. **Resentful** of the treatment the Turks had been given, Atatürk led a liberation movement to make the whole Asia Minor independent as the Turks' country. In 1923, he abolished the Ottoman Empire and founded the Republic of Turkey. As the first president of the republic, he directed the Turkish Revolution to make Turkey a **secular Westernized** country. He removed the clause of the constitution that stipulated that Islam be the state religion. He granted **suffrage** to women. Also, he adopted the Latin alphabet for Turkish, formerly written in the Arabic alphabet. Turkish people traditionally did not have surnames until the **adoption** of the 1934 Surname Law, which required citizens to adopt **hereditary** surnames like Europeans. Atatürk died in 1938. He is Turkey's national hero. **Statues** of him **abound** around the country.

837 □ **resentful** [rɪzéntfl]	形 …（of）に憤慨している，怒っている，反発している ⇐派 **resent** 他 …に対して腹を立てる，憤慨する
838 □ **secular** [sékjələr]	形 非宗教的な，宗教に関係のない，世俗的な
839 □ **Westernize** [wéstərnàɪz]	他 西洋化する，西洋風にする
840 □ **suffrage** [sʌ́frɪdʒ]	名 選挙権，参政権
841 □ **adoption** [ədɑ́:pʃən]	名 採用，採択，養子縁組 ⇐派 **adopt** 他 採用する，採択する，養子にする
842 □ **hereditary** [hərédətèri]	形 遺伝性の，代々の，世襲の

ムスタファ・ケマル・アタテュルク

ムスタファ・ケマル・アタテュルクはトルコ共和国の創設者である。アタテュルクは1881年にオスマン帝国に生まれた。オスマン帝国が第一次世界大戦に敗北したことにより，小アジアの大部分がヨーロッパ列強により分割され，トルコ人にはアンカラ周辺のみが残された。トルコ人の受けた仕打ちに反発したアタテュルクは，小アジア全土をトルコ人の国として独立させる祖国解放運動を指導した。1923年，彼はオスマン帝国を廃止し，トルコ共和国を建国した。初代大統領となった彼はトルコ革命を推し進め，トルコを世俗化，西洋化した。彼はイスラム教を国教と定める憲法の条文を削除し，女性に参政権を付与した。また，トルコ語の表記を従来のアラビア文字からラテン文字に改めた。トルコ人は伝統的に名字を持たなかったが，1934年に制定された姓名法によって，西洋式に世襲の名字を名乗ることが義務付けられた。アタテュルクは1938年に死去した。彼はトルコの国民的英雄であり，トルコには彼の像がたくさんある。

843 □ **statue** [stǽtʃuː]	名 像
844 □ **abound** [əbáʊnd]	自 たくさんいる〔ある〕，…（with）で満ちている

Glossary

- □ ℓ.1 **Republic of Turkey** トルコ共和国
- □ ℓ.4 **European powers** ヨーロッパ列強
- □ ℓ.4 **Turk** トルコ人
- □ ℓ.11 **state religion** 国教
- □ ℓ.13 **Turkish** トルコ語
- □ ℓ.13 **Arabic** アラビア語の
- □ ℓ.15 **Surname Law** 姓名法

・設樂國廣『ケマル・アタテュルク　トルコ国民の父』山川出版社

98 Empress Dowager Cixi

Cixi was an empress dowager who held the reins of government in the late Qing dynasty of China. Born in 1835 into the Manchu Yehe Nara clan, she entered the harem in 1852. In 1856, she gave birth to Zaichun by the Xianfeng Emperor, and became the Xianfeng Emperor's second consort. After the Xianfeng Emperor died in 1861, Cixi put Zaichun on the throne as the Tongzhi Emperor. At the death of the Tongzhi Emperor in 1875, she installed her nephew Zaitian as the Guangxu Emperor, with her niece as his empress. When Qing China lost the First Sino-Japanese War, the Guangxu Emperor had a sense of **impending** crisis and began a reform movement known as the Hundred Days' Reform in 1898. Cixi forced him into **seclusion** and brought the reform to a deadlock. In 1900, Cixi took advantage of the Yihetuan Rebellion and declared war against the Western powers. When the allied forces captured Beijing, Cixi **evacuated** to Xi'an after drowning the Guangxu Emperor's consort Zhen in a **well**. Cixi **belatedly** recognized the need for a reform, and started a **sweeping** reform which was actually a continuation of the Guangxu Emperor's reform **agenda** that she had **thwarted**. In 1908, on the day following the death of the Guangxu Emperor, reportedly poisoned, Cixi died after choosing her great-nephew Puyi as the new emperor.

845 □ **impending** [ɪmpéndɪŋ]	形 今にも起こりそうな，目前に迫った，迫り来る
846 □ **seclusion** [sɪklúːʒən]	名 隔離，幽閉，隠遁 ⇐派 **seclude** 他 引きこもらせる，隔絶する（☞28）
847 □ **evacuate** [ɪvǽkjuèɪt]	自 避難する 他 避難させる，…から避難する ⇒派 **evacuation** 名 避難，疎開，撤退（☞128）
848 □ **well** [wél]	名 井戸，油井，泉
849 □ **belated** [bɪléɪtɪd, bə-]	形 遅れた，手遅れになった ⇒派 **belatedly** 副 遅ればせながら，遅れて

慈禧西太后

慈禧西太后は清末期に政治の実権を握った皇太后である。1835 年に満洲民族の葉赫那拉氏に生まれた彼女は，1852 年に後宮に入った。1856 年に咸豊帝との間に載淳を産み，咸豊帝の第二后妃の地位についた。1861 年に咸豊帝が崩ずると，載淳を同治帝として即位させた。1875 年に同治帝の崩御に際会すると，甥の載湉を光緒帝として擁立し，姪をその皇后にした。日清戦争での敗北に危機感をいだいた光緒帝は 1898 年，戊戌の変法と呼ばれる改革運動をはじめた。対して西太后は光緒帝を幽閉して改革を頓挫させる。1900 年，西太后は義和団の乱に乗じ列強に宣戦布告した。連合軍に北京を占領されると，光緒帝の側室珍妃を井戸で溺死させてから西安に逃れた。遅まきながら改革の必要性を認識した西太后は抜本的な改革をはじめたが，それは自分が挫折させた光緒帝の改革の継続だった。1908 年，毒殺とされる光緒帝の死の翌日に，西太后は自身の大甥溥儀を次の皇帝と定め，死去した。

850 □ **sweeping** [swíːpɪŋ]	形 広範囲にわたる，全面的な，大ざっぱな
851 □ **agenda** [ədʒéndə]	名 課題，政策，行動指針
852 □ **thwart** [θwɔ́ːrt]	他 挫折させる，くじく，妨げる

Glossary

□ ℓ.1	**empress dowager**	皇太后
□ ℓ.3	**harem**	後宮
□ ℓ.11	**Hundred Days' Reform**	戊戌の変法
□ ℓ.12	**deadlock**	行き詰まり
□ ℓ.12	**take advantage of**	…を利用する
□ ℓ.13	**Yihetuan Rebellion**	義和団の乱
□ ℓ.14	**allied forces**	連合軍
□ ℓ.20	**great-nephew**	大甥

おすすめ関連書籍

・浅田次郎『蒼穹の昴　全 4 巻』講談社文庫

99 Sun Yat-sen

Sun Yat-sen was a statesman who founded the Republic of China. He is **revered** as the “father of the nation” both in Taiwan and **mainland** China. He was born in Guangdong in 1866. He became a doctor, but he soon began to aspire to the overthrow of the corrupt Qing dynasty. After plotting a revolt in vain in 1895, he began a 16-year exile abroad. In 1905, he founded the United League of China, advocating a four-**plank** platform: “to expel the Manchus, to revive China, to establish a republic and to distribute land equally.” This platform was based on his political **doctrines summarized** in his Three Principles of the People: “**nationalism**, democracy and people’s **livelihood**.” When the Wuchang Uprising broke out in 1911, Sun returned home and directed the Xinhai Revolution. When the Republic of China was founded in 1912, he was elected **provisional** president. He soon gave the position to Yuan Shikai, who established the Beiyang government. Sun formed the **Nationalist** Party. In 1917, he established a military government in Guangzhou, and was elected grand **marshal**. He prepared for the Northern Expedition to defeat the Beiyang government, but died of cancer in 1925.

853 □ **revere** [rəvíər, rə-]	他 崇敬する，尊敬する，あがめる
854 □ **mainland** [méɪnlæ̀nd]	形 本土の 名 本土
855 □ **plank** [plǽŋk]	名 板，厚板，項目 cf. **four-plank platform** 四大綱領
856 □ **doctrine** [dɑ́:ktrɪn]	名 教義，主義，理念
857 □ **summarize** [sʌ́mərὰɪz]	他 要約する，まとめる，手短に述べる ⇐派 **summary** 名 要約，概要
858 □ **nationalism** [nǽʃənəlìzm]	名 民族主義，国家主義，ナショナリズム ⇐派 **nationalist** 形 民族主義の　名 民族主義者

孫文

孫文(そんぶん)は中華民国を建国した政治家である。台湾でも大陸中国でも「国父」として尊崇されている。孫は1866年に広東省に生まれた。医師になったが，やがて腐敗した清朝の打倒を志すようになった。1895年に武装蜂起をくわだてるも失敗し，16年におよぶ亡命生活を始めた。1905年に中国同盟会を結成して，「満洲族を駆除し，中華を回復し，民国を創立し，地権を平均する」の四大綱領を掲げた。この綱領は「民族主義，民権主義，民生主義」の三民主義にまとめられる彼の政治理念にもとづいていた。1911年に武昌(ぶしょう)蜂起が起こると，孫は帰国して辛亥(しんがい)革命を指導した。1912年に成立した中華民国の臨時大総統に就任した。その後すぐに袁世凱(えんせいがい)に譲位し，袁は北洋政府を開始した。国民党を結党した孫は，1917年に広州に軍政府を組織し，大元帥に選出された。北洋政府を討つべく北伐に備えたが，1925年に癌で死去した。

859 □ **livelihood** [láɪvlihʊ̀d]	名 生活，暮らし，生計
860 □ **provisional** [prəvíʒənl]	名 暫定的な，臨時の，仮の cf. **provisional president** 臨時大総統
861 □ **marshal** [mɑ́ːrʃəl]	名 司令官，元帥 cf. **grand marshal** 大元帥

Glossary

□ ℓ.11	**Wuchang Uprising**	武昌蜂起
□ ℓ.12	**Xinhai Revolution**	辛亥(しんがい)革命
□ ℓ.15	**Nationalist Party**	国民党
□ ℓ.17	**Northern Expedition**	北伐

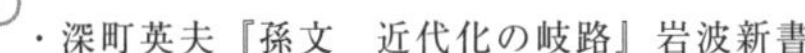
・深町英夫『孫文　近代化の岐路』岩波新書

100 Yuan Shikai

Yuan Shikai was a Chinese soldier and politician during the late Qing and early Republican period. Born in 1859, he joined Li Hongzhang's **corps** and became a military officer in 1881. In 1899, he crushed the Yihetuan Rebellion and won Empress Dowager Cixi's trust. When Cixi began a reform effort in 1901, Yuan exerted his influence as grand councilor. In 1912, the Republic of China was established. Provisional president Sun Yat-sen negotiated with Yuan and agreed that he would give Yuan presidency if Yuan ended the Qing dynasty. The Xuantong Emperor stepped down from the throne at Yuan's urging. Yuan thus became president. In 1915, he **convened** an **assembly**, which unanimously elected him emperor. After **ceremonially** declining, he agreed to take up the throne and declared the Empire of China with himself as the Hongxian Emperor. But he was violently opposed across the country, and foreign governments were either **indifferent** or **hostile** to his monarchy. He **deferred** the accession rite to **appease** his enemies, but in vain. He was obliged to abandon the monarchy, and died of a nervous **breakdown** in 1916.

862 □ **corps** [kɔ́ːr]	[名] 軍団，部隊，団体
863 □ **convene** [kənvíːn]	[他] 開催する，招集する [自] 開催される，集まる
864 □ **assembly** [əsémbli]	[名] 議会，集会，会合 ⇐[派] **assemble** [自] 集まる　[他] 集める
865 □ **ceremonial** [sèrəmóʊniəl]	[形] 儀式の，儀礼的な ⇒[派] **ceremonially** [副] 儀礼を尊重して，儀礼的に ⇐[派] **ceremony** [名] 儀式
866 □ **indifferent** [ɪndífərnt, -dífərənt]	[形] 無関心な，無頓着な，冷淡な ⇒[派] **indifference** [名] 無関心，無頓着
867 □ **hostile** [háːstl]	[形] 敵意のある，反感をもった ⇒[派] **hostility** [名] 敵意，反感，戦闘（☞47）

袁世凱

袁世凱(えんせいがい)は中国清末民初期の軍人，政治家である。1859 年に生まれ，1881 年に李鴻章(りこうしょう)の部隊に入隊して武官になった。1899 年，義和団の乱を鎮圧し，西太后の信任を得た。1901 年に西太后が改革を始めると，袁は軍機大臣として影響力をふるった。1912 年に中華民国が成立した。臨時大総統の孫文は袁と交渉し，清朝を終わらせたら袁を臨時大総統にすることで合意した。宣統帝(せんとうてい)は袁の求めに応じて退位した。こうして袁は大総統に就任した。1915 年，議会を招集して，袁は満場一致で皇帝に推戴(すいたい)された。儀礼的に辞退した上で即位に同意して，中華帝国を発足させ，洪憲帝(こうけんてい)を名乗った。しかし国内では国をあげた猛反発にあい，諸外国は彼の帝政に無関心か反対の姿勢を示した。即位式を延期しても反対派をなだめることはかなわなかった。帝政を取り消した彼は，神経衰弱で 1916 年に死去した。

868 □ **defer** [dɪfə́ːr]	他 延ばす，延期する，繰り延べにする
869 □ **appease** [əpíːz]	他 懐柔する，なだめる，和らげる
870 □ **breakdown** [bréɪkdàun]	名 故障，衰弱，内訳 cf. **nervous breakdown** 神経衰弱

Glossary

□ ℓ.4	**Yihetuan Rebellion**	義和団の乱
□ ℓ.4	**win ...'s trust**	…の信頼を勝ち取る
□ ℓ.4	**Empress Dowager Cixi**	慈禧皇太后（☞ 98）
□ ℓ.6	**grand councilor**	軍機大臣
□ ℓ.7	**provisional president**	臨時大総統
□ ℓ.10	**at ...'s urging**	…の強い要求によって
□ ℓ.12	**take up the throne**	即位する
□ ℓ.16	**accession**	即位

おすすめ関連書籍

・岡本隆司『袁世凱　現代中国の出発』岩波新書

101 Sigmund Freud

Sigmund Freud was an Austrian psychiatrist who founded psychoanalysis. Born in 1856 to a Jewish family, he opened his own clinic in Vienna in 1886. After seeing a number of **neurotic** patients and those suffering from **hysterics**, he became convinced that sexual repression was the cause of **hysteria**. He did not believe in **random** actions, but he believed that every action had its own **latent** cause. He tried to bring the patients' unconscious feelings into consciousness to free them from suffering **distorted** emotions. Believing that dreams were the key to the unconscious, he published *The Interpretation of Dreams* in 1899. Having moved to London after Nazi Germany annexed Austria, he died of oral cancer in 1939. His research has remained controversial to this day. Some researchers think that his **conception** of the human mind is an utter **fraud**. Still, it is true that he found a way to explore the unconscious **motivations** behind behavior.

871 □ **neurotic** [n(j)ʊərɑ́ːtɪk]	形 神経症の，ノイローゼの
872 □ **hysterics** [hɪstérɪks]	名 ヒステリーの発作，ヒステリー状態 ⇐派 **hysteria** 名 ヒステリー
873 □ **random** [rǽndəm]	形 手当たり次第の，無計画な，無作為の
874 □ **latent** [léɪtənt]	形 隠れた，潜在的な
875 □ **distort** [dɪstɔ́ːrt]	他 ゆがめる，ひずませる，曲げる ⇒派 **distorted** 形 ゆがんだ，ひずんだ，歪曲された
876 □ **conception** [kənsépʃən]	名 構想，着想，考え ⇐派 **conceive** 他 思いつく，…だと思う，妊娠する (☞34)

ジークムント・フロイト

ジークムント・フロイトは精神分析を創始したオーストリアの精神科医である。1856年にユダヤ人家庭に生まれた彼は，1886年にウィーンで診療所を開いた。多くの神経症患者やヒステリーを患う患者を診察し，性的抑圧がヒステリーの原因だとの確信に至った。無作為の行為があるとは考えず，それぞれの行為には隠れた原因があるとした。無意識の感情を意識させることで，患者をゆがんだ感情から解放しようとした。夢は潜在意識に迫る鍵だと考え，1889年に『夢判断』を出版した。ナチス・ドイツのオーストリア併合後ロンドンに移住し，1939年に口腔癌（がん）で死去した。彼の研究は今日でも論争の的である。彼の人間心理のとらえ方はまったくのいんちきだと考える研究者もいる。それでも，彼が行動の背後にある無意識の動機を探るすべを見出したことは事実である。

877 □ **fraud** [frɔ́ːd]	名 詐欺，欺瞞，いんちき
878 □ **motivation** [mòutəvéiʃən]	名 意欲，やる気，動機 ⇐ 派 **motivate** 他 動機づける

Glossary

□ ℓ.1	**psychiatrist**	精神科医
□ ℓ.2	**psychoanalysis**	精神分析
□ ℓ.7	**bring ... into consciousness**	…を意識させる
□ ℓ.11	**oral cancer**	口腔癌

おすすめ関連書籍

・フロイト『新訳　夢判断』大平健編訳，新潮社

102 Ferdinand de Saussure

Ferdinand de Saussure was a Swiss linguist, called the "father of modern linguistics." He was born in 1857 into a socially prominent family in Geneva, Switzerland. From childhood, he was **intrigued** by languages. He studied linguistics in Leipzig, Berlin and Paris. In 1878, he published an article titled *Memoir on the primitive system of vowels in Indo-European languages*, in which he set up a **hypothesis** of the existence of certain **consonants** in Proto-Indo-European, which would be **attested** 50 years later. In 1891, he became professor at the University of Geneva. He devoted most of his career to teaching ancient Indo-European languages, and discussed the nature of language only **privately**. From 1906 to 1911, he taught a course in general linguistics, in which he emphasized the **arbitrary** and **linear** nature of the linguistic sign. After he died in 1913, his *Course in General Linguistics* was published in 1916. It was compiled by his colleagues from notes taken down by students who attended his lectures. Since then, his structuralism has exerted a far-reaching influence not only on linguistics but on a wide range of disciplines.

879 ☐ **intrigue** 動 [ɪntríːg] 名 [´‐, ‐´]	他 …の興味をそそる 名 陰謀，策略 ⇒派 **intrigued** 形 …（by）に興味をそそられて
880 ☐ **vowel** [váʊəl]	名 母音
881 ☐ **hypothesis** [haɪpáːθəsɪs]	名 仮説，仮定，推測 ⇒派 **hypothetical** 形 仮定の，仮説の
882 ☐ **consonant** [káːnsənənt]	名 子音
883 ☐ **attest** [ətést]	他 証明する，在証する，…の証拠となる
884 ☐ **privately** [práɪvətli]	副 内密に，密かに，非公式に ⇐派 **private** 名 私用の，内輪の，秘密の

フェルディナン・ド・ソシュール

フェルディナン・ド・ソシュールはスイスの言語学者で,「近代言語学の父」と称される。1857年にスイス，ジュネーヴの名家に生まれた。子供の時分から言語に興味を抱いていた。ライプツィヒ，ベルリン，パリで言語学を学んだソシュールは，1878年に『印欧語族における母音の原始的体系に関する覚書』という論文を発表し，ある種の子音が印欧祖語にあったという仮説を立てた。その仮説は50年後に証明されることになる。1891年にジュネーヴ大学の教授に就任した。仕事の大半を古代印欧諸語の教育に捧げ，言語の本質については私的な場で語るのみだった。1906年から1911年にかけて一般言語学の講義を担当し，言語記号の恣意性，線形性を強調した。1913年の死去後，1916年に彼の名義で『一般言語学講義』が出版された。これは彼の講義を聴講した学生のノートをもとに同僚が編集したものである。爾来，彼の構造主義は言語学にとどまらず幅広い分野に広範な影響を及ぼしてきた。

885 □ **arbitrary** [ɑ́ːrbətrèri]	形 任意の，恣意的な，独断的な
886 □ **linear** [líniər]	形 線からなる，直線状の，線形的な

Glossary

□	ℓ.1	**linguist**	言語学者
□	ℓ.2	**linguistics**	言語学
□	ℓ.6	**Indo-European**	印欧（インド・ヨーロッパ）語族の
□	ℓ.7	**Proto-Indo-European**	印欧（インド・ヨーロッパ）祖語
□	ℓ.15	**take down**	書き留める
□	ℓ.16	**structuralism**	構造主義
□	ℓ.16	**far-reaching**	広範な
□	ℓ.17	**a wide range of**	幅広い

おすすめ関連書籍

・丸山圭三郎『ソシュールを読む』講談社学術文庫

103 Eliezer Ben-Yehuda

Hebrew is the only language in history to have revived from death. Eliezer Ben-Yehuda played a central role in bringing the language back to life. In the Zionist movement that began in the late 19th century, Jews **emigrated** to Palestine. Among them was Ben-Yehuda. Born in the Russian Empire in 1858, he vowed to **dedicate** himself to restoring Hebrew. He engaged himself in **countless** activities, speaking only Hebrew, issuing several Hebrew newspapers, and compiling a Hebrew dictionary, among other things. His son became the first native speaker of Hebrew in the modern era. Initially, his activities caused deep resentment. Religious leaders **despised** him and **furiously** accused him of **soiling** the holy tongue. Villagers **shunned** him and his family, saying they were crazy to speak a language nobody understood. The Ottoman authorities **apprehended** him and **consigned** him to prison. Still, his activities gradually gained supporters, even after he died in 1922. When Israel declared independence in 1948, Hebrew was accorded official status along with Arabic.

887 □ **emigrate** [éməgrèɪt]	自 (他国に) 移住する, 出稼ぎに行く ⇒派 **emigration** 名 他国への移住, 移民, 出稼ぎ (☞30) ⇒派 **emigrant** 名 移民, 移住者 ⇔反 **immigrate** 自 (外国から) 移住する
888 □ **dedicate** [dédəkèɪt]	他 ささげる cf. **dedicate *oneself* to** …に専念する, 打ち込む ⇒派 **dedication** 名 献身, 専念, 献辞 (☞118)
889 □ **countless** [káʊntləs]	形 数えきれないほどの, 無数の
890 □ **despise** [dɪspáɪz]	他 嫌う, 軽蔑する
891 □ **furious** [fjʊ́əriəs]	形 ひどく立腹した, 怒り狂った, 猛烈な ⇐派 **fury** 名 激しい怒り, 激怒 ⇒派 **furiously** 名 怒り狂って, 猛烈に

エリエゼル・ベン=イェフダ

ヘブライ語は死語から復活した史上唯一の言語である。エリエゼル・ベン=イェフダは，ヘブライ語の復活に中心的な働きをした人物である。19 世紀後半にはじまったシオニズム運動で，ユダヤ人がパレスチナに移住した。その中のひとりがベン=イェフダだった。1858 年にロシア帝国に生まれた彼は，ヘブライ語を生き返らせることに一身をささげることを誓った。彼は，ヘブライ語だけで話したり，ヘブライ語の新聞を複数発行したり，ヘブライ語の辞書を編纂したりと，数え切れないほどの活動に取り組んだ。彼の息子は現代初のヘブライ語母語話者となった。当初，彼の活動は周囲から猛反発を受けた。宗教指導者たちは彼を毛嫌いし，聖なることばを汚(けが)してしまったと怒りをこめて非難した。村の人々には誰にもわからないことばで話す変人と呼ばれ，家族そろって村八分にされた。オスマン帝国の当局によって逮捕，投獄されもした。それでも彼の運動は徐々に支持を広げ，それは彼が 1922 年に死去して以降も変わらなかった。1948 年に独立を宣言したイスラエルでは，ヘブライ語がアラビア語とともに公用語の地位を与えられた。

892 □ **soil** [sɔ́ɪl]	他 汚す，けがす，…にしみをつける
893 □ **shun** [ʃʌ́n]	他 避ける，遠ざける
894 □ **apprehend** [æ̀prɪhénd]	他 捕える，逮捕する
895 □ **consign** [kənsáɪn]	他 追いやる，押し込む，委ねる cf. **consign to prison** 投獄する

Glossary

□ ℓ.3	**Zionist**	シオニズムの
□ ℓ.6	**engage *oneself* in**	…に携わる
□ ℓ.13	**Ottoman**	オスマン帝国の
□ ℓ.16	**along with**	…と一緒に

おすすめ関連書籍

・デボラ・オメル『ベン・イェフダ家に生まれて』母袋夏生訳，福武文庫

104 Vladimir Lenin

Vladimir Lenin was a Russian revolutionary and politician who founded Soviet Russia. Born in 1870, Lenin **embraced** Marxism after reading *Capital*, and started his career as a revolutionary in 1893. When the Russian Social Democratic Labor Party split into two **caucuses** in 1903, he founded the Bolsheviks, and encouraged **insurrection** during the Revolution of 1905. In 1917, the February Revolution broke out, and a provisional government of the **bourgeois** class was established. In the October Revolution that year, the Bolsheviks overthrew the provisional government and founded a one-party government headed by Lenin. The Bolsheviks renamed themselves the Communist Party in 1918. Later that year, Lenin was shot and badly injured. After he suffered a **seizure** in 1922, he was **paralyzed** on his right side and temporarily lost his ability to speak. After retiring later that year, he **mustered** his strength to dictate a testament demanding that Stalin be **relieved** of his position as general secretary of the Communist Party, **deeming** him **inappropriate** for the position, but this did not happen. Lenin died in 1924.

896 □ **embrace** [embréɪs]	他 抱きしめる，受け入れる，取り込む
897 □ **caucus** [kɔ́ːkəs]	名 党員集会，幹部会，執行部
898 □ **insurrection** [ìnsərékʃən]	名 反乱，反逆，謀反
899 □ **bourgeois** [buərʒwɑː, ´-]	形 中産階級の，ブルジョア階級の，資本家階級の
900 □ **seizure** [síːʒər]	名 発作，没収，奪取
901 □ **paralyze** [pǽrəlàɪz]	他 麻痺させる，しびれさせる

ヴラジーミル・レーニン

ヴラジーミル・レーニンはロシア・ソビエト共和国を樹立したロシアの革命家・政治家である。1870年に生まれた彼は『資本論』を読んでマルクス主義に目覚め，1893年に革命家の道を歩み出した。1903年にロシア社会民主労働党が二つに分裂すると，レーニンはボリシェヴィキ党を結成し，1905年革命の反乱を後押しした。1917年に二月革命が起こり，ブルジョア市民の臨時政府が生まれた。同年の十月革命で，ボリシェヴィキ党は臨時政府を打倒し，レーニン首班の単独政府を樹立した。1918年にボリシェヴィキ党は共産党に改称した。その年，レーニンは狙撃され，重傷を負った。1922年には発作が起こって，右半身が麻痺し，一時的に言語障害に陥った。同年中に引退した後，力を振り絞ってスターリン共産党書記長を不適任として解任を求める遺書を残したが，実現しなかった。レーニンは1924年にこの世を去った。

902 □ **muster** [mʌ́stər]	他 奮い起こす，集める，招集する
903 □ **relieve** [rɪlíːv, rə-]	他 楽にする，取り除く，和らげる cf. **relieve ~ of ...** ～を…から解任する
904 □ **deem** [díːm]	他 考える，思う
905 □ **inappropriate** [ìnəpróʊpriət]	形 …（for）に不適当な，ふさわしくない，場にそぐわない ⇔ 反 **appropriate** 形 適当な，ふさわしい

Glossary

□ ℓ.2	**Soviet Russia**	ロシア・ソビエト共和国
□ ℓ.2	**Marxism**	マルクス主義
□ ℓ.4	**Russian Social Democratic Labor Party**	ロシア社会民主労働党
□ ℓ.5	**Bolsheviks**	ボリシェヴィキ党
□ ℓ.7	**provisional government**	臨時政府
□ ℓ.11	**Communist Party**	共産党
□ ℓ.15	**general secretary**	書記長

おすすめ関連書籍

・和田春樹『レーニン　二十世紀共産主義運動の父』山川出版社

105 Lev Trotsky

Lev Trotsky was a politician of the Soviet Union. He was born in 1879 to well-off Jewish farmers in Ukraine. After **inserting** himself into the labor movement in 1895, he joined the group of Social **Democrats** in 1902. After the Russian Social Democratic Labor Party split in two in 1903, he tried hard to **reunite** the party. He came to be revered as an **exceptionally** talented **agitator**. After joining the Bolsheviks in 1917, he worked with Lenin to lead the Bolsheviks in the October Revolution. He was consulted by Lenin on every **pressing** matter of government. But after Lenin's demise in 1924, he was defeated by Stalin in the struggle for succession. He was deported from the USSR in 1929 and given **asylum** in Turkey, France, Norway and Mexico. While in exile, he wrote **recollections** about his past career and lived on his book **royalties**. In 1936, he was charged as leader of an international terrorist **conspiracy** and sentenced to death in his absence. He was murdered with an ice ax in his home in Mexico in 1940.

906 □ **insert** [ɪnsə́ːrt]	他 差し込む，挿入する，はさむ ⇒派 **insertion** 名 差し込み，挿入
907 □ **democrat** [déməkræ̀t]	名 民主主義者；〈D-〉民主党員 ⇒派 **democratic** 形 民主的な，民主主義の
908 □ **reunite** [rìjuːnáɪt]	他 再会させる，再結成させる，再統一する ⇐派 **unite** 他 結合する，統一する
909 □ **exceptionally** [ɪksépʃənəli, ek-, ək-]	副 特別に，非常に，例外的に ⇐派 **exceptional** 形 例外的な，並はずれた
910 □ **agitator** [ǽdʒətèɪtər]	名 扇動者，運動家 ⇐派 **agitate** 自 扇動する 他 かき乱す
911 □ **pressing** [présɪŋ]	形 差し迫った，急を要する，緊急の ⇐派 **press** 他 自 押す，押しつける
912 □ **asylum** [əsáɪləm]	名 亡命，保護，避難

レフ・トロツキー

レフ・トロツキーはソ連の政治家である。1879 年のウクライナでユダヤ系の富農に生まれた。1895 年に労働運動に身を投じ，1902 年に社会民主主義者の集団に加わった。1903年にロシア社会民主労働党が二分すると，党の再統一を期して力を尽くした。彼は格別の演説巧者として周囲の尊敬を勝ち得た。1917 年にボリシェヴィキ党に加わり，レーニンとともにボリシェヴィキ党を率いて十月革命を成就した。緊急の政治問題が生じるたびにレーニンの相談役を務めた。しかし 1924 年にレーニンが死去すると，後継争いでスターリンに敗れた。1929 年にソ連を放逐され，トルコ，フランス，ノルウェー，メキシコに亡命した。亡命先では過去の思い出を本にし，印税で生活した。1936 年，欠席裁判で国際テロ陰謀の首謀者として告発され，死刑を宣告された。1940 年にメキシコの自宅にいたところをピッケルで殺された。

913	□ **recollection** [rèkəlékʃən]	名 記憶，思い出，回想 ⇐派 **recollect** 他 思い出す
914	□ **royalty** [rɔ́ɪəlti]	名 印税
915	□ **conspiracy** [kənspírəsi]	名 陰謀，共謀 ⇐派 **conspire** 自 共謀する，…（against）に対して陰謀をたくらむ（☞50）

Glossary

□ ℓ.1	**Soviet Union**	ソ連
□ ℓ.6	**Bolsheviks**	ボリシェヴィキ党
□ ℓ.7	**October Revolution**	十月革命
□ ℓ.11	**USSR**	＝ Union of Soviet Socialist Republics（ソ連）
□ ℓ.12	**in exile**	追放されて
□ ℓ.14	**sentence ... to death**	…に死刑を宣告する
□ ℓ.14	**in ...'s absence**	…の不在時に
□ ℓ.15	**ice ax**	砕氷おの，ピッケル

おすすめ関連書籍 ・ロバート・サーヴィス『トロツキー　上・下』山形浩生・守岡桜訳，白水社

106 Marie Curie

Marie Curie was a Polish-born, French-**naturalized** physicist and chemist. Born in Warsaw in 1867, she went to Paris in 1891 to study at the University of the Sorbonne. In 1895, she married the physicist Pierre Curie. They studied uranium **radiation** in a **grim shed**, and discovered radium in 1898. They won the Nobel Prize in Physics in 1903. Pierre died in 1906, crushed by a **wagon** when he tried to cross a road crowded with **trams** and cars. Despite this **misfortune**, Marie developed a way of measuring the **purity** of radium preparations, and received the Nobel Prize in Chemistry in 1911, thus becoming the first person ever to receive the Nobel Prize twice. It was unknown then that radiation damages the bone **marrow**. Taken seriously ill from years of being exposed to radiation, Marie died in 1934. The following year, her daughter Irene and Irene's husband Frédéric Joliot were also awarded the Nobel Prize in Chemistry.

916	□ **naturalize** [nǽtʃərəlàɪz]	他 帰化させる ⇒派 **naturalization** 名 帰化
917	□ **radiation** [rèɪdiéɪʃən]	名 放射エネルギー，放射線，放射能
918	□ **grim** [grím]	形 険しい，薄暗い，不快な
919	□ **shed** [ʃéd]	名 小屋，物置，倉庫
920	□ **wagon** [wǽgən]	名 荷馬車
921	□ **tram** [trǽm]	名 路面電車，市街電車，市電

マリー・キュリー

マリー・キュリーはポーランド生まれでフランスに帰化した物理学者，化学者である。1867 年のワルシャワに生まれた彼女は，1891 年にパリに行き，ソルボンヌ大学に学んだ。1895 年に物理学者のピエール・キュリーと結婚した。二人は薄暗い倉庫でウランの放射能を研究し，1898 年にラジウムを発見した。夫妻は 1903 年にノーベル物理学賞を受賞した。1906 年，ピエールが亡くなった。電車や車が行き交う道路を横切ろうとして，荷馬車に轢(ひ)かれたのだった。不幸にもめげず，マリーはラジウム製品の純度を測る方法を案出して，1911 年にノーベル化学賞を受賞し，ノーベル賞を二度受賞した初の人物になった。当時は放射線が骨髄を損傷することが分かっていなかった。長年放射線を浴び続けたため重い病気にかかったマリーは，1934 年に死去した。翌年，娘のイレーヌとその夫のフレデリック・ジョリオもノーベル化学賞を受賞した。

922 □ **misfortune** [mɪsfɔ́ːrtʃən]	名 不運，不幸，逆境
923 □ **purity** [pjʊ́ərəti]	名 清らかさ，純潔，純度 ⇐ 派 **pure** 形 純粋な，清い，純潔な
924 □ **marrow** [mérou, mǽr-]	名 髄，骨髄 cf. **bone marrow** 骨髄

Glossary

□	ℓ.4	**uranium**	ウラン
□	ℓ.5	**radium**	ラジウム
□	ℓ.11	**(be) taken ill**	病気にかかる

おすすめ関連書籍
・B・ゴールドスミス『マリー・キュリー　フラスコの中の闇と光』竹内喜訳，WAVE 出版

107 Chen Duxiu

Chen Duxiu was a Chinese revolutionary who founded the Communist Party of China. He was born in Anhui in 1879. After studying in Japan, he founded a **periodical** called *New Youth* in 1915. After he was appointed Dean of Peking University, Peking University professors joined the **editorial** board of *New Youth* and led the New Culture Movement. Chen criticized old-fashioned Confucian morality. At Chen's **persuasion**, Lu Xun began writing novels and became an important **contributor** to *New Youth*. In 1919, students **aroused** by *New Youth* protested against Japan retaining German interests in Shandong. In this May 4th Movement, Chen was jailed for distributing **flyers** calling for freedom of speech. After his release, he founded the Communist Party of China and was elected the first secretary general in 1921. He formed the First United Front with Sun Yat-sen's Nationalist Party in 1924, but the United Front collapsed in 1927. After resigning as secretary general, Chen criticized the party for following Stalin from the Trotskyist **standpoint** and was thrown out of the party. After being arrested by the Nationalist Party in 1932, he was **discharged** on **parole** in 1937, and died in 1942.

925	☐ **periodical** [pìəriɑ́:dɪkl]	名 定期刊行物，雑誌 ⇐派 **period** 名 期間，時期
926	☐ **editorial** [èdɪtɔ́:riəl]	形 編集の，編集長の，社説の ⇐派 **editor** 名 編集長，編集者
927	☐ **persuasion** [pərswéɪʒən]	名 説得，党派，種類 ⇐派 **persuade** 他 説得する
928	☐ **contributor** [kəntríbjətər]	名 寄稿者，投稿者，貢献する人 ⇐派 **contribute** 他 提供する，貢献する，寄稿する
929	☐ **arouse** [əráuz]	他 刺激する，呼び起こす，駆り立てる
930	☐ **flyer** [fláɪər]	名 ちらし，ビラ

陳独秀

陳独秀(ちんどくしゅう)は中国の革命家である。中国共産党を創始した。陳は1879年に安徽省に生まれた。日本留学を経て，1915年に『新青年』という雑誌を創刊した。陳が北京大学の学部長に招聘(しょうへい)されると,『新青年』の編集陣に北京大学の教授たちが結集し，新文化運動を牽引した。陳は儒教道徳の旧弊を批判した。陳のすすめで魯迅(ろじん)は小説を書きはじめ,『新青年』の重要な寄稿者となった。1919年5月4日，山東省のドイツ権益を日本が引き継ぐことに抗議して,『新青年』に鼓吹(こすい)された学生たちがデモを行った。この五四運動で陳は言論の自由を求めるビラを撒き，投獄された。釈放後の1921年に中国共産党を創設し，初代総書記に選出された。1924年に孫文の国民党と第一次国共合作を成立させるも，1927年に国共合作は決裂した。総書記を辞任した陳はその後党のスターリン路線をトロツキー主義の立場から批判し，党を除名された。1932年に国民党によって逮捕された彼は，1937年に仮釈放後，1942年に死去した。

931	□ **standpoint** [stǽndpɔ̀ɪnt]	名 観点，見地，立場
932	□ **discharge** [dɪstʃɑ́ːrdʒ]	他 解放する，釈放する，排出する 名 解放，釈放，排出
933	□ **parole** [pəróʊl]	名 仮釈放，仮出所 cf. **on parole** 仮釈放されて，仮出所して

Glossary

□ ℓ.2	**Communist Party of China**	中国共産党
□ ℓ.4	**dean**	学部長
□ ℓ.6	**New Culture Movement**	新文化運動
□ ℓ.6	**old-fashioned**	時代遅れの
□ ℓ.6	**Confucian**	儒教の
□ ℓ.13	**United Front**	国共合作
□ ℓ.16	**Trotskyist**	トロツキー主義の
□ ℓ.16	**throw out of**	…から追い出す

・長堀祐造『陳独秀　反骨の志士，近代中国の先導者』山川出版社

108 Kim Ok-kyun

Kim Ok-kyun was a Korean politician who led the Independence Party. Born in 1851, he became an official. He aspired to liberate Korea from Qing China, and formed the Independence Party. At the time, in the Joseon dynasty, King Gojong's consort Queen Min and Gojong's father Daewongun were vying for supremacy. With the support of Yuan Shikai, Queen Min had Daewongun **escorted** to Tianjin and took over the reins of government. The Min clan pursued a pro-Chinese policy. In 1884, Kim staged the Gapsin Coup and occupied the royal palace with the support of Japanese troops. **Overnight**, the Independence Party became the **prevailing** party in the government. But the plans of the coup were **leaked** to Queen Min, who requested military **intervention** from Yuan. The Chinese army defeated the Japanese troops and restored power to the Min clan. Kim fled to Japan, but was treated **unkindly** by the Japanese government. Spending about 10 years in Japan, he grew increasingly anxious. In 1894, when invited to meet with Chinese politician Li Hongzhang, he had no other option but to accept the invitation. When he arrived in Shanghai, he was shot with a **pistol**. His body was **ripped** to pieces in Korea.

934 □ **escort** 動 [ɪskɔ́ːrt, es-] 名 [éskɔːrt]	他 護衛する，送り届ける，連れて行く 名 護衛官，護衛団，護衛
935 □ **overnight** [óʊvərnáɪt]	副 一晩中，夜通し，一夜のうちに
936 □ **prevailing** [prɪvéɪlɪŋ, prə-]	形 広く行き渡っている，支配的な，優勢な ⇐派 **prevail** 自 …（over）に打ち勝つ，普及する（☞81）
937 □ **leak** [líːk]	他 漏らす，流出させる，リークする 自 漏れる，雨漏りがする
938 □ **intervention** [ìntərvénʃən]	名 仲裁，干渉，介入 ⇐派 **intervene** 他 仲裁する，介入する，口をはさむ（☞50）

金玉均

金玉均(キムオッキュン)は朝鮮の政治家で，独立党の指導者である。1851 年に生まれた金は官僚になった。清朝からの独立を期し，独立党を結成した。李氏朝鮮では当時，国王高(コ)宗(ジョン)の妃閔妃(ミンビ)と高宗の父大院君(テウォングン)が権力闘争を繰り広げていた。袁世凱の後ろ盾を得た閔妃は大院君を天津に幽閉し，政治の実権を握った。閔氏は親清政策を展開した。1884 年，金は日本軍の支援のもと甲申(こうしん)政変というクーデターを起こし，王宮を占領した。一夜にして独立党は政府の支配権を握った。しかしクーデター計画は閔妃に漏れ，閔妃は袁に軍隊による介入を要請した。清軍は日本軍を打ち破り，閔氏の支配権を回復した。金は日本に亡命するも，日本政府に冷遇された。10 年余を日本で過ごした金は焦りを募らせた。1894 年に清の政治家李鴻章(りこうしょう)との面会を打診された時，金に招聘に応じる以外の術はなかった。金は上海に着くと銃殺され，遺体は朝鮮で八つ裂きにされた。

939 □ **unkind** [ʌnkáɪnd]	形 不親切な，思いやりのない，冷酷な ⇒派 **unkindly** 副 不親切に，冷酷に，思いやりがないかのように
940 □ **pistol** [pístl]	名 ピストル，拳銃
941 □ **rip** [ríp]	他 裂く，破る，もぎ取る

Glossary

□ ℓ.1	**Independence Party**	独立党
□ ℓ.4	**Joseon dynasty**	李氏朝鮮
□ ℓ.5	**with the support of**	…の支援を受けて
□ ℓ.7	**pro-Chinese**	親中国の
□ ℓ.16	**have no other option but to**	…するより仕方がない
□ ℓ.18	**to pieces**	ばらばらに

おすすめ関連書籍
・月脚達彦『福沢諭吉の朝鮮　日朝清関係のなかの「脱亜」』講談社選書メチエ

109 Chulalongkorn the Great

Chulalongkorn the Great, also known as Rama V, was the 5th monarch of the Chakri dynasty of Siam, today's Thailand. Born the 9th son of Rama IV in 1853, he rose to the throne after his father died of malaria in 1868. On a tour to Europe, he realized that Siam was **lagging** far behind the rest of the world, and promoted modernization through a series of reforms collectively called the Chakri Reformation, including the **abolition** of **slavery**, the establishment of telecommunication networks, and the development of **sanitary sewer** and **plumbing** systems. At the time, Siam was under **imminent** threat of being colonized by Britain, which occupied Burma, today's Myanmar, and Malaysia, and France, which occupied Vietnam. By conceding a part of the Malay Peninsula to Britain and Laos and Cambodia to France, Chulalongkorn managed to **evade** colonial rule. He died in 1910 after reigning for over 40 years. He was the model for the prince in the movie *Anna and the King of Siam*. **Inconsistent** with a number of historical facts, the movie is banned in Thailand.

942 □ **lag** [lǽg]	自 遅れる，立ち遅れる，遅れをとる
943 □ **abolition** [æ̀bəlíʃən]	名 廃止，撤廃，廃絶 ⇐派 **abolish** 他 廃止する，撤廃する（☞14）
944 □ **slavery** [sléɪvəri]	名 奴隷であること，奴隷状態，奴隷制 ⇐派 **slave** 名 奴隷
945 □ **sanitary** [sǽnətèri]	形 衛生の，衛生的な，清潔な ⇐派 **sanitation** 名 公衆衛生，衛生設備，下水設備（☞88）
946 □ **sewer** [sú:ər]	名 下水道，下水管，下水溝
947 □ **plumbing** [plʌ́mɪŋ]	名 配管系統，配管設備，配管業 ⇒派 **plumber** 名 配管工

チュラーロンコーン大王

チュラーロンコーン大王ことラーマ5世はシャム（今のタイ）のチャックリー朝の第5代国王である。1853年にラーマ4世の九男に生まれた彼は，父王がマラリアで逝去後1868年に即位した。欧州旅行で自国の立ち遅れを痛感した彼は，奴隷制の廃止，電話通信網の整備，衛生的な下水・給配水の整備など，チャックリー改革と総称される一連の改革を通して近代化を推進した。当時のシャムは，ビルマ（今のミャンマー）とマレーシアを占領したイギリス，そしてベトナムを占領したフランスの植民地になる危険が迫っていたが，大王はイギリスにマレー半島の一部を，フランスにラオスとカンボジアを割譲し，植民地支配を免れた。40年以上統治し，1910年に死去した。チュラーロンコーン大王は映画『アンナとシャム王』に登場する王子のモデルである。この映画は史実に反する描写が数々あるため，タイでは上映が禁止されている。

948 □ **imminent** [ímənənt]	形 今にも起こりそうな，差し迫った，切迫した
949 □ **evade** [ɪvéɪd]	他 逃れる，回避する，避ける
950 □ **inconsistent** [ìnkənsístənt]	形 …（with）と一致しない，矛盾する，合わない ⇔ 反 **consistent** 形 一貫した，一致した

Glossary

□ ℓ.4	**malaria**	マラリア
□ ℓ.8	**telecommunication networks**	電話通信網
□ ℓ.12	**Malay Peninsula**	マレー半島

おすすめ関連書籍

・柿崎一郎『物語　タイの歴史』中公新書

110 Phan Bội Châu

Phan Bội Châu was a leader of the Vietnamese independence movement. He was born in 1867. He was **scraping** a living by running a private school when he joined the independence movement against France in 1900. After going over to Japan to get military support in 1905, he began to believe that the **priority** should be on education, and launched the Đông Du, or "Visit the East," Movement, in which he brought around 200 young Vietnamese to Japan for training. Due to pressure from France, however, Japan expelled the Vietnamese students including Châu in 1909 to end the Đông Du Movement. Châu then continued his efforts in China. In 1925, he was arrested by the French **Consular** Police and hauled back to Vietnam. He was sentenced to death, but the governor-general received a flood of **petitions** and **telegrams** requesting a reduction of the sentence, and the sentence was **mitigated** to life imprisonment, and then further to house arrest. From that time on, Châu lived in a **wretched hut** in Huê, where he wrote many books that aroused **patriotism** among the people. He had a **covert** influence on the independence movement until he died about a month after Japan invaded northern Vietnam in 1940.

951	□ **scrape** [skréɪp]	他 こする，こすり取る，苦労して得る cf. **scrape a living** 糊口をしのぐ
952	□ **priority** [praɪɔ́:rəti]	名 優先事項，優先権
953	□ **consular** [kɑ́:nsələr]	形 領事の，領事館の，執政官の
954	□ **petition** [pətíʃən]	名 嘆願，陳情，申し立て 自 …（for）を求めて陳情する
955	□ **telegram** [téləgræ̀m]	名 電報，電信
956	□ **mitigate** [mítəgèɪt]	他 和らげる，軽くする，軽減する

ファン・ボイ・チャウ（潘佩珠）

ファン・ボイ・チャウ（潘佩珠）はベトナム独立運動の指導者である。1867年に生まれた。私塾を開いて糊口（ここう）をしのいでいた彼は1900年に反仏独立運動に参加した。1905年に軍事援助を求め渡日するも，教育が先決だと考えるに至って，東遊（ドンズー）運動と称する留学運動に舵を切り，200人近くのベトナム青年を日本に留学させた。しかし1909年，フランスの圧力で日本はチャウをはじめ留学生を国外追放し，東遊運動を終焉させた。その後チャウは中国で独立運動を継続した。1925年にフランス領事館警察に逮捕され，祖国に連行された。死刑を宣告されるが，植民地総督あてに減刑を求める陳情書や電報が殺到したため終身刑に，更に自宅軟禁に減刑された。以降チャウはフエの陋屋（ろうおく）で，人々の愛国心をかき立てる執筆活動に専念した。独立運動に隠然たる影響力を振るい続けた彼は1940年，日本の北部仏印進駐の約1カ月後に死去した。

957	□ **wretched** [rétʃɪd]	形 哀れな，惨めな，いやな
958	□ **hut** [hʌ́t]	名 小屋，あばら家
959	□ **patriotism** [péɪtriətìzm]	名 愛国心，愛国主義 ⇐派 **patriot** 名 愛国者，愛国主義者（☞74）
960	□ **covert** [kóʊvərt, ⌐⌐]	形 隠れた，隠然たる，内密の

Glossary

□ ℓ.1	independence movement	独立運動
□ ℓ.4	go over to	…へ海を渡って行く
□ ℓ.12	governor-general	植民地総督
□ ℓ.12	a flood of	多数の
□ ℓ.14	house arrest	自宅軟禁

・今井昭夫『ファン・ボイ・チャウ　民族独立を追い求めた開明的志士』山川出版社

知っておきたい 名言集 Ⅲ

Sitting Bull

What law have I broken? Is it wrong for me to love my own? Is it wicked for me because my skin is red, because I am Sioux, because I was born where my father lived, because I would die for my people and my country?

シッティング・ブル

私がどんな法律を破ったというのか？自分のものを愛することは間違ったことなのか？私の肌が赤いのは，私がスー族なのは，私の父が住んだ土地で私が生まれたことは，私の仲間や土地のためなら命も投げ出すつもりであることは，悪いことなのか？

Otto von Bismarck

Only a fool learns from his own mistakes. The wise man learns from the mistakes of others.

オットー・フォン・ビスマルク

愚者は経験に学び，賢者は歴史に学ぶ

Karl Marx

The philosophers have only interpreted the world in various ways; the point is to change it.

カール・マルクス

哲学者がやってきたのは世界をさまざまに解釈することだけだ。大切なのは世界を変えることだ。

Florence Nightingale

I attribute my success to this: I never gave or took an excuse.

フローレンス・ナイチンゲール

私が成功した理由をあげるなら，自分で言い訳はせず，他人の言い訳にも耳を貸さなかったことだ。

Friedrich Nietzsche

Many a man fails to become a thinker for the sole reason that his memory is too good.

フリードリヒ・ニーチェ

多くの人が思想家になれない唯一の理由は，記憶力がよすぎるせいだ。

Chapter Ⅳ

教養の世界史
現代

Contemporary Period

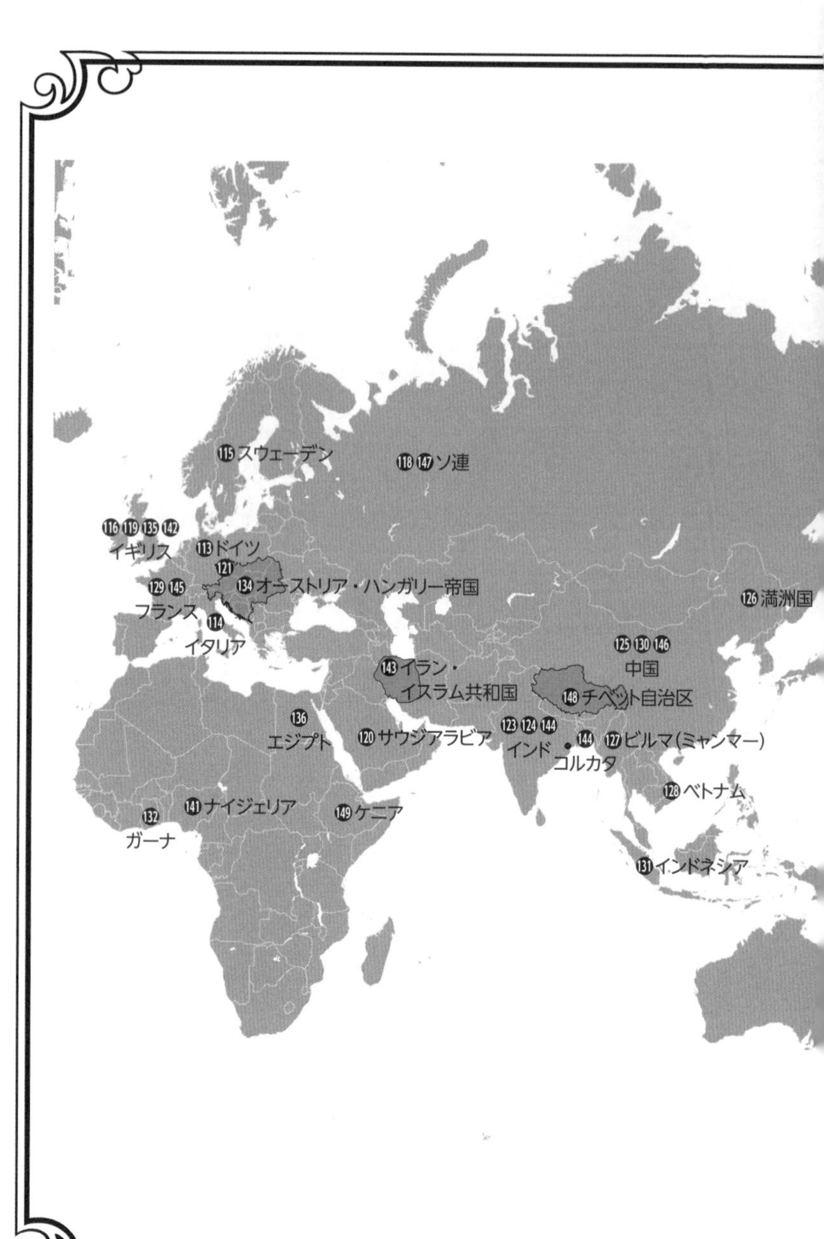
115 スウェーデン
118 147 ソ連
116 119 135 142
イギリス
113 ドイツ
121
129 145
134 オーストリア・ハンガリー帝国
フランス
114
イタリア
126 満洲国
125 130 146
中国
143 イラン・
イスラム共和国
148 チベット自治区
136
エジプト
120 サウジアラビア
123 124 144
インド
144
コルカタ
127 ビルマ(ミャンマー)
128 ベトナム
141 ナイジェリア
149 ケニア
132
ガーナ
131 インドネシア

117 オッペンハイマー
150 インディアン・カジノ
140 ニクソン
112 ナバホ
139 マルコムX
122 カーソン
138 モンゴメリー(アラバマ州)
137 キューバ
111 ジャマイカ
133 サモア

111 Rastafari

Rastafari is a Jamaican religious movement. In the 1910's, Black Jamaican Marcus Garvey founded the Universal Negro Improvement Association under the **motto** "One God, One Aim, One Destiny," and claimed Africa as the home of all black people. When Ras Tafari Makonnen was crowned Emperor Haile Selassie of Ethiopia in 1930, Garvey's followers believed that his supposed **prophecy** that a black king would be born in Africa had come true. The Rastas recognize His Imperial **Majesty** Haile Selassie as Jah, or God. Rastafari gained greater visibility in the 1960's and 70's through the popularity of reggae musicians, most **notably** Bob Marley. Rastas do not consume alcoholic **beverages** or **dairy** products. They smoke a **herb** called ganja to meditate. They shape their hair into matted lengths, or dreadlocks. Rasta women do not dress **outrageously**. The Rasta colors are red, yellow and green. Red stands for the blood of black martyrs, yellow for the wealth of the homeland, and green for the **fertility** of the earth.

962 ☐ **motto** [mɑ́:toʊ]	名 座右の銘，モットー
963 ☐ **prophecy** [prɑ́:fəsi]	名 預言，予言 ⇐派 **prophet** 名 預言者，予言者（☞27）
964 ☐ **majesty** [mǽdʒəsti]	名 威厳，権威，陛下 cf. **His Imperial Majesty** 皇帝陛下
965 ☐ **notably** [nóʊtəbli]	副 特に，とりわけ ⇐派 **notable** 形 著名な，重要な（☞74）
966 ☐ **beverage** [bévəridʒ]	名 飲料，飲み物
967 ☐ **dairy** [déəri]	形 牛乳から作られる　名 乳製品加工場 cf. **dairy products** 乳製品
968 ☐ **herb** [ə́:rb, hə́:rb]	名 香料用植物，薬用植物，ハーブ

ラスタファリ教

ラスタファリ教はジャマイカの宗教運動である。1910 年代にジャマイカ黒人のマーカス・ガーベイは「唯一の神，唯一の目的，唯一の運命」というモットーを掲げて万国黒人向上協会を創設し，アフリカがすべての黒人の故郷だと宣言した。1930 年にラス・タファリ・マコンネンがエチオピア皇帝ハイレ・セラシエとして戴冠した時，ガーベイの支持者は，黒人王がアフリカで誕生すると彼が預言したとされていることが実現したと考えた。ラスタはハイレ・セラシエ陛下をジャー（神）とする。ラスタファリ教は1960，70 年代にボブ・マーリーをはじめとするレゲエ・ミュージシャンの人気とともに認知度が上がった。ラスタは酒や乳製品を口にしない。ガンジャと呼ばれるハーブの煙を吸って瞑想する。髪を束ねてドレッドヘアにする。ラスタの女性は派手な格好をしない。赤，黄，緑の組合せはラスタ・カラーである。赤は黒人殉教者の血を，黄色は故国の富を，緑は大地の豊かさを表している。

969 □ **outrageous** [àʊtréɪdʒəs]	形 ひどい，無礼な，突飛な ⇒派 **outrageously** 副 無法に，法外に
970 □ **fertility** [fərtíləti]	名 肥沃，多産，豊かさ ⇐派 **fertile** 形 肥沃な，多産の，よく実を結ぶ

Glossary

□	ℓ.7	**come true**	実現する
□	ℓ.7	**Rasta**	ラスタファリ教の信奉者
□	ℓ.10	**reggae musician**	レゲエ・ミュージシャン
□	ℓ.12	**matted**	もつれた
□	ℓ.13	**dreadlocks**	ドレッドヘア
□	ℓ.14	**stand for**	…を表す
□	ℓ.15	**martyr**	殉教者

おすすめ関連書籍
・レナード・E・バレット Sr.『ラスタファリアンズ』山田裕康訳，平凡社

112 Navajo

The Navajo Indians are the largest Native Tribe in the United States. Their language, Navajo, is an indigenous language with the largest number of speakers in the United States, spoken by about 170,000 people. In World War II, the US Marine Corps used it as a code to **transmit** military messages. It was deemed an ideal code as it was much harder for the Japanese to **decipher** than any artificial code. Any other Native American language would have suited the purpose just as well, but Navajo was chosen because the Navajo Tribe had a large number of young men **fluent** in English and their native **tongue**. A Navajo word was selected for each military term, for instance, "hawk" for ***bomber*** and "swallow" for ***torpedo plane***. From the Battle of Guadalcanal in 1942 until the end of the war, altogether 420 Navajo code **talkers** were set in motion. A US Marine major general said, "without the Navajos, the Marines would never have taken Iwo Jima." In 1982, a proclamation by President Ronald Reagan **designated** August 14 as "National Navajo Code Talkers Day."

971 □ **transmit** [trænsmít, trænz-]	他 送信する，送る，伝える ⇒派 **transmission** 名 伝達，通信
972 □ **decipher** [dɪsáɪfə*r*]	他 解読する，判読する，読み解く ⇔反 **cipher** 暗号文にする
973 □ **fluent** [flú:ənt]	形 流暢な，すらすら話せる ⇒派 **fluency** 名 流暢さ
974 □ **tongue** [tʌ́ŋ]	名 舌，言語 cf. **native tongue** 母語
975 □ **bomb** [bɑ́:m]	他 爆撃する　名 爆弾 ⇒派 **bomber** 名 爆撃機
976 □ **torpedo** [tɔ:*r*pí:doʊ]	名 魚雷 cf. **torpedo plane** 雷撃機
977 □ **talker** [tɔ́:kə*r*]	名 話し手，話す人，よくしゃべる人 cf. **code talker** 暗号通信兵

ナバホ

ナバホ・インディアンはアメリカ最大の先住民である。彼らの言語ナバホ語は，約 17 万人とアメリカ最大の話者数を擁する先住民語である。この言語は第二次世界大戦で米海兵隊が軍事情報を伝える暗号に使った。ナバホ語は日本人にとって人工の暗号よりはるかに解読が困難なため，理想的な暗号と考えられた。他のどのアメリカ先住民語でもこの目的にかなったはずだが，ナバホ語が選ばれたのは，英語と先住民語を話せる若い男性が多かったからである。“タカ”は「爆撃機」，“ツバメ”は「雷撃機」など，各々の軍事用語にあてるナバホ語の単語が選ばれた。1942 年のガダルカナル島の戦い以降終戦までに総勢 420 人のナバホ暗号通信兵が動員された。ある米海兵隊少将は「ナバホ兵がいなかったら海兵隊は硫黄島を占領できなかっただろう」と語っている。1982 年にロナルド・レーガン大統領の発布によって，8 月 14 日が「ナバホ暗号通信兵の日」に定められた。

978 □ **designate** [dézɪgnèɪt]
他 指名する，指定する，任命する
⇒派 **designation** 名 指名，指定，任命

Glossary

□	ℓ.1	**Navajo**	ナバホ(語)
□	ℓ.1	**Native Tribe**	先住民
□	ℓ.4	**US Marine Corps**	米海兵隊
□	ℓ.10	**for instance**	例えば
□	ℓ.11	**hawk**	タカ
□	ℓ.11	**swallow**	ツバメ
□	ℓ.13	**set ... in motion**	動かす
□	ℓ.13	**major general**	少将

おすすめ関連書籍

・サイモン・シン『暗号解読　上・下』青木薫訳，新潮文庫

113 Albert Einstein

Albert Einstein was a German-born **theoretical** physicist. He was born into a Jewish family in 1879. After graduating from the Institute of Technology in Zurich, Switzerland, he began to work for the **Patent** Office in Bern in 1902. In 1905, called his "**miraculous** year," he completed his Ph.D. thesis and published four papers of such **astonishing** originality as to **electrify** the field of physics. In these papers, he **outlined** his theory of relativity and formulated his famous **equation**, $E = mc^2$. He achieved world **renown** when, in 1919, the observation of a solar **eclipse** confirmed his theory. He received the Nobel Prize in Physics in 1921. After the Nazis took control of Germany in 1933, Einstein settled in the United States. He continued to think and reason until he died in 1955.

979	□ **theoretical** [θìːərétɪkl]	形 理論的な，理論の ⇐派 **theory** 名 学説，理論
980	□ **patent** [pǽtnt]	名 特許 cf. **Patent Office** 特許局
981	□ **miraculous** [mərǽkjələs]	名 奇跡の，奇跡的な，驚くべき ⇐派 **miracle** 名 奇跡
982	□ **astonishing** [əstɑ́ːnɪʃɪŋ]	形 びっくりさせるような，めざましい，驚くべき ⇐派 **astonish** 他 驚かす，びっくりさせる
983	□ **electrify** [ɪléktrəfàɪ]	他 電気を流す，電化する，衝撃を与える ⇐派 **electric** 形 電気の，電気で動く
984	□ **outline** [áʊtlàɪn]	他 …の要点を述べる，概説する，…の輪郭を描く 名 概略，概説，輪郭

アルバート・アインシュタイン

アルバート・アインシュタインはドイツ生まれの理論物理学者である。1879 年にユダヤ人の家庭に生まれた。スイスのチューリッヒ工科大学を卒業後，1902 年にベルンの特許局に就職した。彼の「奇跡の年」と呼ばれる 1905 年には，博士論文を完成させ，とてつもない独創性で物理学界に衝撃を与えることになる論文を 4 本発表した。その論文で彼は相対性理論の概略を説明し，有名な式 $E=mc^2$ を作っている。1919 年，日食の観測から彼の理論が実証されたことで，彼は世界的に有名になった。1921 年にノーベル物理学賞を受賞した。1933 年にナチスがドイツを支配すると，アインシュタインはアメリカに移住した。その後も思考をめぐらせ続け，1955 年に死去した。

985 □ **equation** [ɪkwéɪʒən, -ʃən]	名 等式，方程式，同一視
986 □ **renown** [rɪnáʊn]	名 名声，賞賛 ⇒派 **renowned** 形 有名な，高名な，名高い
987 □ **eclipse** [ɪklíps]	名 食，かげり，衰退 cf. **solar eclipse** 日食

Glossary

□ ℓ.5	**Ph.D**	博士号
□ ℓ.7	**theory of relativity**	相対性理論
□ ℓ.10	**take control of**	…を支配する

おすすめ関連書籍 ・ウォルター・アイザックソン『アインシュタイン　その生涯と宇宙　上・下』二間瀬敏史監訳，関宗蔵・松田卓也・松浦俊輔訳，武田ランダムハウスジャパン

114 Benito Mussolini

Benito Mussolini was an Italian politician who founded fascism. He was born in 1883. After working as a substitute teacher, he served as editor of a Socialist Party newspaper. In 1915, he went to World War I, and was **accidentally** injured by a bomb explosion in his **trench**. He won the general election to the Chamber of Deputies in 1921, and then formed the National Fascist Party with the goal of establishing a **totalitarian** state. After being appointed prime minister in 1922, he declared dictatorship in 1925. After Italy joined World War II as a German ally in 1940, the situation in Italy got worse and worse. There was a chronic shortage of food, and factories were brought to a **standstill**. In 1943, people's discontent culminated in a wave of strikes. Mussolini was dismissed as prime minister, but established a German puppet state called the Italian Social Republic in northern Italy. When the Allied forces advanced into northern Italy in 1945, he tried to escape, disguised as a German soldier in a **convoy** of trucks. He was recognized and shot by communist **partisans**. His body was carried in a **van** to Milan, where it was hung head **downward** in a square.

988	□ **accidentally** [ǽksədéntəli]	副 偶然に，誤って，うっかり ⇐派 **accidental** 形 偶然の，予期しない
989	□ **trench** [tréntʃ]	名 溝，堀，塹壕
990	□ **totalitarian** [toutæ̀lətéəriən, tòutælə-]	形 全体主義の　名 全体主義者 ⇒派 **totalitarianism** 名 全体主義
991	□ **standstill** [stǽndstìl]	名 停止，休止，行き詰まり cf. **bring to a standstill** …を止める
992	□ **convoy** [kɑ́ːnvɔɪ]	名 車両部隊，コンボイ，護衛
993	□ **partisan** [pɑ́ːrtəzən]	名 熱心な支持者，パルチザン，ゲリラ隊員 形 パルチザンの，ゲリラの

ベニート・ムッソリーニ

ベニート・ムッソリーニはファシズムを創始したイタリアの政治家である。1883年に生まれた。代用教員を務めた後，社会党機関紙の編集長を務めた。1915年に第一次世界大戦に参戦し，塹壕(ざんごう)で爆弾が不意に破裂して負傷した。1921に下院総選挙に当選すると，全体主義国家の創設を期して国民ファシスト党を結党した。1922年に首相に就任し，1925年に独裁を宣言した。1940年にイタリアがドイツの同盟国として第二次世界大戦に参戦，その後状況は悪化の一途をたどった。食糧は慢性的に不足し,工場は停止した。1943年に人々の不満が爆発し,ストが頻発した。ムッソリーニは首相を解任されたが，北イタリアにドイツの傀儡国家イタリア社会共和国を建国した。1945年，連合軍が北イタリアに進軍してくると，ムッソリーニはトラック部隊のドイツ兵に変装して逃走を図った。しかし共産党パルチザンに発見され,銃殺された。遺体はライトバンでミラノへ運ばれ，広場に逆さづりにされた。

994 □ **van** [vǽn]	名 小型トラック，ライトバン
995 □ **downward** [dáʊnwərd]	副 下の方へ，下向きに cf. **head downward** 下向きに，さかさまに

Glossary

□	ℓ.1	**fascism**	ファシズム
□	ℓ.3	**World War I**	第一次世界大戦
□	ℓ.5	**Chamber of Deputies**	下院
□	ℓ.6	**National Fascist Party**	国民ファシスト党
□	ℓ.6	**with the goal of**	…を目標にして
□	ℓ.8	**World War II**	第二次世界大戦
□	ℓ.13	**Italian Social Republic**	イタリア社会共和国
□	ℓ.14	**Allied forces**	連合軍

おすすめ関連書籍 ・ロマノ・ヴルピッタ『ムッソリーニ　一イタリア人の物語』ちくま学芸文庫

115 Raoul Wallenberg

Raoul Wallenberg was a Swedish diplomat who saved many Jews in World War II. Born in 1912, he imported **exotic** food. In 1944, Nazi Germany occupied Hungary and began to massacre the Jews. In search of someone to free the Jews from persecution, the War Refugee Board, set up by US president Franklin Roosevelt, turned to Sweden. Wallenberg jumped at the opportunity. He was given diplomatic status and left for Budapest, where he worked with **ingenuity**. He designed a document that looked like a passport. By bribing and **blackmailing** Hungarian officials, he turned out over 10,000 passes. When he could not get any more printed, he issued a **simplified** document. It made its **holders** appear Swedish. When the Soviets entered Budapest, the Jews were saved. But Wallenberg was arrested by the Soviets. Having been sent by Roosevelt, he was regarded as an American spy. His **whereabouts** are still unknown. He has been awarded many **humanitarian** honors since his **presumed** death.

996	□ **exotic** [ɪgzɑ́:tɪk, egz-]	形 風変わりな，異国風の，外国産の
997	□ **ingenuity** [ìn*d*ʒən(j)ú:əti]	名 発明の才，創意，巧妙さ cf. **with ingenuity** 巧みに
998	□ **blackmail** [blǽkmèɪl]	他 ゆする，恐喝する，強要する
999	□ **simplify** [símpləfàɪ]	他 簡単にする，単純にする，平易にする ⇐派 **simple** 形 簡単な，単純な，平易な
1000	□ **holder** [hóʊldə*r*]	名 所有者，保持者，所持者 ⇐派 **hold** 自 所有する，保持する，所持する
1001	□ **whereabouts** [wéərəbàʊts, hwéər-]	名 所在，ゆくえ，ありか

ラウル・ワレンバーグ

ラウル・ワレンバーグは第二次世界大戦で多数のユダヤ人を救ったスウェーデンの外交官である。1912年に生まれた彼は，外国産食品の輸入業にたずさわった。1944年，ナチス・ドイツがハンガリーを占領し，ユダヤ人虐殺を開始した。米大統領フランクリン・ローズヴェルトが組織した戦時難民委員会が，ユダヤ人を迫害から救ってくれる人物を求めてスウェーデンに相談した。ワレンバーグはその任務に飛びついた。外交官の資格をもらい，ブダペストへ赴いた。ブダペストでは知恵を巡らせて働いた。彼はパスポートにそっくりの証書を設計した。ハンガリーの役人たちを買収したり脅したりして，パスを1万冊以上印刷した。パスが印刷できなくなると，簡素な書類を発行した。それを持っているとスウェーデン人として扱われた。ソビエト軍がブダペストに入って，ユダヤ人は救われた。しかしワレンバーグはソビエト軍に捕縛された。ローズヴェルトに派遣されたため，アメリカのスパイと思われたのだった。その後の彼の行方は杳(よう)として知れない。死亡したとされて以降，人道的な業績を称える栄誉を数多く授与された。

1002 □ **humanitarian** [hjuːmæ̀nətéəriən]	形 人道的な，人道主義の，博愛主義の ⇒派 **humanitarianism** 名 人道主義，博愛主義
1003 □ **presume** [prɪz(j)úːm]	他 みなす，推定する，前提とする

Glossary

□	ℓ.4	**in search of**	…を捜して
□	ℓ.5	**Franklin Roosevelt**	フランクリン・ローズヴェルト
□	ℓ.5	**turn to**	…に頼る
□	ℓ.6	**jump at**	…に飛びつく
□	ℓ.9	**turn out**	作り出す

おすすめ関連書籍
・ベルント・シラー『ラウル・ワレンバーグ』田村光彰・中村哲夫訳，明石書店

116 Winston Churchill

Winston Churchill was a British politician. He was born in 1874. After filling various posts, such as that of first lord of the admiralty, he served as prime minister from 1940 to 1945. He consistently opposed Indian independence. In 1941, he issued the Atlantic **Charter** with US president Franklin Roosevelt. The third clause of the charter stipulated self-**determination**, but Churchill denied its universal **applicability**, saying that it was not meant to apply to the British colonies. In 1942, he jailed Mahatma Gandhi. In 1946, he gave his "Iron Curtain" speech, which **foresaw** the **onset** of the Cold War. From 1951 to 1955, he served as prime minister the second time, and this time as well, he **stubbornly adhered** to his imperial vision. A renowned writer as well, he was awarded the Nobel Prize in Literature in 1953 "for his **mastery** of historical and biographical description as well as for brilliant oratory in defending **exalted** human values." He died on January 24, 1965, which was, by **coincidence**, the anniversary of his father's death.

1004	□ **charter** [tʃɑ́ːrtər]	名 憲章，宣言書，綱領 cf. **Atlantic Charter** 大西洋憲章
1005	□ **determination** [dɪtə̀ːrmənéɪʃən]	名 決意，決心，決定 cf. **self-determination** 民族自決権
1006	□ **applicable** [ǽplɪkəbl, əplíkəbl]	形 適用できる，該当する，あてはまる ⇒派 **applicability** 名 適用可能性
1007	□ **foresee** [fɔːrsíː]	他 予想する，予測する，予見する（**forsaw, forseen**）
1008	□ **onset** [ɔ́ːnsèt]	名 開始，始まり，到来
1009	□ **stubborn** [stʌ́bərn]	形 頑固な，頑強な，断固とした ⇒派 **stubbornly** 副 頑固に，頑強に，断固
1010	□ **adhere** [ədhíər, æd-]	自 …（to）にくっつく，固執する，忠実に従う ⇒派 **adherent** 名 支持者

ウィンストン・チャーチル

ウィンストン・チャーチルはイギリスの政治家である。1874 年に生まれた。海軍相をはじめ要職を歴任し，1940 年から 45 年まで首相を務めた。彼はインドの独立に一貫して反対した。1941 年にフランクリン・ローズヴェルト米大統領と大西洋憲章を発表した。その第三項目では民族自決権を謳っていたが，チャーチルはそれが世界中に適用されるわけではないとして，イギリスの植民地にはあてはまらないと述べた。1942 年にはマハトマ・ガンジーを投獄した。1946 年に「鉄のカーテン」演説を行い，来るべき冷戦を予示した。1951 年から 55 年まで首相に返り咲いたが，この時も自らの帝国主義的志向に固執する姿勢はぶれなかった。名高い作家でもあった彼は，「歴史や伝記の卓越した記述と高貴な人間の価値観を守る見事な修辞力をたたえて」1953 年にノーベル文学賞を授与された。1965 年 1 月 24 日にこの世を去った。その日は奇しくも彼の父の命日だった。

1011	☐ **mastery** [mǽstəri]	名 熟練，熟達，支配 ⇐派 **master** 他 修得する　名 支配者，名人
1012	☐ **exalt** [ɪgzɔ́:lt]	他 昇進させる，賛美する，高貴にする
1013	☐ **coincidence** [koʊínsədəns]	名 一致，符号，同時発生 cf. **by coincidence** 偶然に，奇遇にも，奇しくも

Glossary

- ☐ ℓ.2 **first lord of the admiralty** 海軍相
- ☐ ℓ.9 **Iron Curtain** 鉄のカーテン
- ☐ ℓ.10 **Cold War** 冷戦
- ☐ ℓ.14 **biographical** 伝記の
- ☐ ℓ.14 **oratory** 修辞力

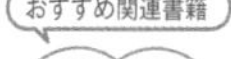

・河合秀和『チャーチル　増補版』中公新書

117 J. Robert Oppenheimer

J. Robert Oppenheimer was an American theoretical physicist, called the father of the atomic bomb. Born to a family of Jewish descent in 1904, he became assistant professor at the University of California at Berkeley in 1929. He joined the Manhattan Project in 1942. As the director of the Los Alamos Laboratory, he **supervised** the construction of the atomic bomb, which was dropped on Hiroshima and Nagasaki in August 1945. **Post-war**, he **wielded** power over international control for nuclear weapons as the chairman of the General **Advisory** Committee to the Atomic Energy Commission. He tried to halt the arms race against the USSR, and worked to **retard** the development of the **hydrogen** bomb. During the Red Scare, he was accused of being a Communist and a Russian **sympathizer** in 1954. After his political career was **wrecked**, he returned to his academic career. When he visited Japan in 1960 at the invitation of the Japanese Committee for Intellectual **Interchange**, he commented, “I do not regret that I had something to do with the technical success of the atomic bomb.” In his closing years, he could walk only with the help of a stick and a leg **brace**. He died of throat cancer in 1967.

1014 □ **supervise** [sú:pərvàɪz]	他 監督する，管理する，指揮する ⇒派 **supervisor** 名 監督者
1015 □ **post-war** [póʊstwɔ́:r]	副 戦後に　形 戦後の
1016 □ **wield** [wí:ld]	他 ふるう，行使する cf. **wield power** 権力を行使する
1017 □ **advisory** [ədváɪzəri]	形 助言を与える，助言的な，諮問的な ⇐派 **advise** 他 自 助言する，忠告する
1018 □ **retard** [rɪtá:rd, rə-]	他 遅らせる，阻害する，妨げる
1019 □ **hydrogen** [háɪdrədʒən]	名 水素 cf. **hydrogen bomb** 水素爆弾，水爆

ロバート・オッペンハイマー

ロバート・オッペンハイマーはアメリカの理論物理学者であり,「原爆の父」と呼ばれる。1904年にユダヤ人家系に生まれた彼は,1929年にカリフォルニア大学バークレー校の助教授になった。1942年にマンハッタン計画に加わった。ロスアラモス研究所の所長として原爆の製作を指揮し,1945年8月に広島と長崎に原爆が投下された。戦後は原子力委員会の一般諮問委員会の委員長として,核兵器の国際管理に影響力をふるった。ソ連との軍拡競争を止めようとし,水爆の開発を阻止しようとした。赤狩りのさなかの1954年,共産党員でソ連支持者であるとして告発を受けた。政治生命を絶たれた彼は研究生活に戻った。1960年に日本の知的交流委員会の招待に応じて来日した際には,「原爆の技術的成功に関与したことは後悔していない」と発言した。晩年には杖と下肢装具なしでは歩けなくなり,1967年に咽頭癌で死去した。

1020 □ **sympathize** [símpəθàɪz]	他 …に同情する,気の毒に思う,共鳴する ⇒派 **sympathizer** 名 共鳴者,同調者,支持者 ⇐派 **sympathy** 名 同情,思いやり
1021 □ **wreck** [rék]	他 破壊する,台なしにする,だめにする
1022 □ **interchange** [ìntərʃéɪndʒ]	名 交換,やりとり,交流
1023 □ **brace** [bréɪs]	名 締め金,補強材,下肢装具

Glossary

□ ℓ.2	atomic bomb	原子爆弾,原爆
□ ℓ.8	nuclear weapon	核兵器
□ ℓ.10	arms race	軍拡競争
□ ℓ.11	Red Scare	赤狩り
□ ℓ.14	at the invitation of	…の招きで
□ ℓ.18	throat cancer	咽頭癌

おすすめ関連書籍 ・ピーター・グッドチャイルド『広島を壊滅させた男オッペンハイマー』池澤夏樹訳,白水社

118 Joseph Stalin

Joseph Stalin was a Soviet politician who ruled as a dictator. Born in 1878 to the family of a shoemaker in Georgia, he enrolled in a **theological** school and got involved in the labor movement. After he left school and launched his career as a revolutionary in 1899, he gained prominence as a leader in Lenin's Bolsheviks. He was **nominated** by Lenin as general secretary of the Russian Communist Party in 1922. Soon **disagreements** between them grew, but after Lenin died in 1924, Stalin reached dictatorship by **purging** Trotsky and other **veteran** leaders and promoting young and **obedient** administrators devoid of ideological **dedication**. World War II saw the Soviet Union emerge as a superpower on par with the United States. After the war, Stalin organized the Cominform to **coordinate** the communist parties of Europe, thus establishing the Cold War. He censored movies and books for the purpose of controlling thought. The cult of his personality reached its climax at his 70th birthday ceremony in 1949. As his health waned, he began to **mistrust** his doctors. He died in 1953.

1024 □ **theological** [θìːəlɑ́ːdʒɪkl]	形 神学の，神学上の ⇐派 **theology** 名 神学，宗教学，神学体系（☞38）
1025 □ **nominate** [nɑ́ːmənèɪt]	他 指名する，推薦する，任命する ⇒派 **nomination** 名 指名，推薦，ノミネート
1026 □ **disagreement** [dìsəgríːmənt]	名 意見の不一致，争い，矛盾 ⇐派 **disagree** 自 意見が異なる
1027 □ **purge** [pə́ːrdʒ]	他 追放する，粛清する，排除する
1028 □ **veteran** [vétərən]	形 老練な，古参の 名 経験豊富な人，老練な人，退役軍人
1029 □ **obedient** [oʊbíːdiənt]	形 …(to)に従順な，素直な，…の言うことを聞く ⇐派 **obey** 自 …に従う
1030 □ **dedication** [dèdɪkéɪʃən]	名 献身，専念，献辞 ⇐派 **dedicate** 他 ささげる（☞103）

ヨシフ・スターリン

ヨシフ・スターリンは独裁者として君臨したソ連の政治家である。1878年にグルジアの靴職人の家庭に生まれたスターリンは，神学校に進学すると労働運動に関わりはじめた。1899年に退学して革命家の道を歩みはじめた後，レーニン率いるボリシェヴィキ党の指導者として頭角を現していった。1922年にレーニンの指名でロシア共産党の書記長に就任した。その後レーニンと対立するも，1924年にレーニンが死ぬと，トロツキーら古参指導者連を粛清し，従順でイデオロギー的志向性のない若手行政官を登用して，独裁的な地位を手に入れた。第二次世界大戦でソ連はアメリカに肩を並べる超大国として台頭した。戦後，スターリンは欧州各国の共産党の調整機関としてコミンフォルムを結成し，冷戦を決定的にした。映画や本を検閲して思想統制を行った。1949年の生誕70周年記念式典でスターリンの個人崇拝は頂点に達した。体の衰えが進むにつれて医師たちに猜疑の目を向けるようになり，1953年に死去した。

1031 □ **coordinate** [kouɔ́ːrdənèɪt]	他 まとめ上げる，調整する，調和させる ⇒派 **coordination** 名 連携，調整，調和
1032 □ **mistrust** [mìstrʌ́st]	他 信頼しない，信用しない，疑う

Glossary

□ ℓ.4	**gain prominence**	有名になる
□ ℓ.6	**general secretary**	書記長
□ ℓ.11	**superpower**	超大国
□ ℓ.11	**on par with**	…と同等で
□ ℓ.12	**Cominform**	コミンフォルム（ヨーロッパ9か国の共産党が組織した国際機関）
□ ℓ.13	**Cold War**	冷戦

おすすめ関連書籍
・横手慎二『スターリン』中公新書

119 Charles Chaplin

Charles Chaplin was an English **comedian**. Born in London in 1889 to parents who were both vaudevillians, he spent his childhood **fraught** with poverty and **hardship**. His mother's skillful **mimes** laid the foundation for his artistic skills. Starting his career as a vaudevillian at age 10, he became a successful comedian in his company. Then, on his American tour in 1913, he was invited by a film producer to enter the world of film. From *Kid Auto Races at Venice* in 1914 to *The Great Dictator* in 1940, he played a **memorable** character known as the **tramp**, dressed in a small hat, a toothbrush mustache, a tight coat, big pants, big shoes, and a **bamboo cane**. Chaplin clung to silent pictures 9 years into the talking era, and gave up the tramp character after he converted to talking pictures. In 1952, when the Red Scare was at its height, Chaplin was barred from the United States due to his **alleged** communist leanings, and went back to Britain. He died at his house in Switzerland in 1977.

1033	□ **comedian** [kəmíːdiən]	名 喜劇俳優，お笑い芸人 ⇐派 **comedy** 名 喜劇，コメディー
1034	□ **fraught** [frɔ́ːt]	形 …（with）に満ちた，…をはらんだ
1035	□ **hardship** [hɑ́ːrdʃɪp]	名 苦難，困窮，窮乏
1036	□ **mime** [máɪm]	名 身振り，手振り，パントマイム
1037	□ **auto** [ɔ́ːtoʊ]	名 自動車（=automobile)
1038	□ **memorable** [mémərəbl]	形 記憶すべき，記憶に残る，印象深い ⇒派 **memorably** 副 印象深く
1039	□ **tramp** [trǽmp]	名 浮浪者，放浪者，乞食 自 ドシンドシンと歩く，踏みつける

チャールズ・チャップリン

チャールズ・チャップリンはイギリス出身の喜劇俳優である。1889 年のロンドンに寄席芸人夫婦のもとに生まれ，貧しくつらい少年時代を過ごした。母の巧みなパントマイムが彼の芸の土台を築いた。10 歳で寄席芸人の道に入り，一座の花形喜劇役者になった。そして 1913 年，アメリカ巡業中に映画プロデューサーに見出され，映画界に飛び込んだ。1914 年の『ヴェニスの子供自動車競走』から 1940 年の『独裁者』まで，小さい帽子にチョビひげ，パンパンのコートにダブダブのズボン，大きい靴に竹のステッキで，「浮浪者」として知られる印象的なキャラクターを演じ続けた。トーキー時代に入っても 9 年間無声映画に固執したチャップリンは，トーキーに踏み切って以降浮浪者のキャラクターを封印した。赤狩り吹き荒れる 1952 年，容共的とされたチャップリンはアメリカから締め出され，イギリスへ帰国した。彼は 1977 年にスイスの自宅で世を去った。

1040 □ **bamboo** [bæmbúː]	名 竹
1041 □ **cane** [kéɪn]	名 杖，ステッキ
1042 □ **alleged** [əlédʒd]	形 申し立てられた，断定された，疑わしい ⇐派 **allege** 他 主張する，断定する

Glossary

□ ℓ.2	**vaudevillian**	寄席芸人
□ ℓ.9	**dressed in**	… を着て，…の服装をして
□ ℓ.9	**toothbrush mustache**	チョビひげ
□ ℓ.12	**talking picture**	トーキー
□ ℓ.13	**bar**	締め出す
□ ℓ.14	**leanings**	傾向

おすすめ関連書籍
・チャールズ・チャップリン『チャップリン自伝　全 2 巻』中里京子訳，新潮文庫

120 Ibn Saud

Ibn Saud was the founder of Saudi Arabia. He was born around 1880 as the son of the king of the Second Saudi State in Riyadh. After the state collapsed in 1890, his family took refuge in Kuwait. In 1902, Ibn Saud regained Riyadh, and organized a **fanatic** army called the Ikhwan. He expanded his territory, but he was **sober** enough to see the **folly** of **irritating** the British by pushing into those areas allied with Britain. Some of the Ikhwan, dedicated to the idea of **purifying** Islam, accused him of religious **laxity**. Finding himself in conflict with the Ikhwan, he crushed it in 1930. In 1932, he established Saudi Arabia. Saudi Arabia was a **subsistence** economy until Ibn Saud granted an oil concession to Standard Oil Company in 1933. He became one of the world's wealthiest men, but he kept living a modest life **regulated** by the Qur'an. His daily menu consisted of camel milk, a little meat and rice, and a handful of date palm fruit. He died of a heart attack in 1953. He had 22 **spouses** and about 100 children. All the succeeding kings have been his sons.

1043 □	**fanatic** [fənǽtɪk]	形 狂信的な，熱狂的な
1044 □	**sober** [sóʊbər]	形 酔っていない，しらふの，分別のある ⇔反 **drunk(en)** 形 酔っぱらった
1045 □	**folly** [fá:li]	名 愚かさ，愚行，ばかげたこと
1046 □	**irritate** [írətèɪt]	他 いらいらさせる，怒らせる，じらす ⇒派 **irritation** 名 いらいらさせる〔怒らせる〕こと〔もの〕
1047 □	**purify** [pjʊ́ərəfàɪ]	他 浄化する，…から不純物を取り除く，清める ⇐派 **pure** 形 純粋な，清い，純潔な
1048 □	**lax** [lǽks]	形 厳しくない，手ぬるい，ゆるい ⇒派 **laxity** 名 手ぬるさ，ゆるさ

イブン・サウード

イブン・サウードはサウジアラビアの建国者である。1880年頃に第二次サウード王国国王の息子としてリヤドに生まれた。1890年に王国が滅びると，一族でクウェートに亡命した。1902年にリヤドを奪還し，狂信的な軍隊イフワーンを結成した。領土を拡張していったが，イギリスと同盟関係にある地域に攻め込んでイギリスの怒りを買う愚を避ける分別を持ち合わせていた。イスラム教の純化に専心するイフワーンの中には，そのような彼を宗教的にいい加減だと責める者もいた。イフワーンとの間にずれを見出すようになった彼は，1930年にこれをつぶした。そして1932年にサウジアラビアを建国した。もともとサウジアラビアは自給自足経済だったが，1933年に彼が石油利権をスタンダード石油に与えてから状況が変わった。世界有数の大富豪になっても，クルアーンの規定に沿った質素な生活を続けた。日々の献立はラクダの乳，少量の肉と米，ひと握りのナツメヤシの実だった。イブン・サウードは1953年に心臓発作で死亡した。妻は22人，子供は100人近くにのぼった。以後の歴代国王は全員彼の息子である。

1049 □ **subsistence** [səbsístəns]	名 最低限の生活，自給自足の生活，自立した生活 ⇐派 **subsist** 自 （どうにか）生存する
1050 □ **regulate** [régjəlèɪt]	他 規制する，規定する，調整する ⇒派 **regulation** 名 規則，規制，調整
1051 □ **spouse** [spáʊs, spáʊz]	名 配偶者

Glossary

- □ ℓ.1 **Saudi Arabia** サウジアラビア
- □ ℓ.3 **take refuge** 亡命する
- □ ℓ.8 **in conflict with** …と対立して
- □ ℓ.11 **oil concession** 石油利権
- □ ℓ.13 **Qur'an** クルアーン，コーラン（イスラム教の聖典）
- □ ℓ.14 **a handful of** ひと握りの
- □ ℓ.14 **date palm** ナツメヤシ
- □ ℓ.15 **heart attack** 心臓発作

おすすめ関連書籍
・ブノアメシャン『砂漠の豹　イブン・サウド』河野鶴代・牟田口義郎訳，筑摩書房

121 Franz Kafka

Franz Kafka was a German-language writer of **visionary** fiction. He was born in 1883 to Jewish parents who kept a shop selling **fancy** goods in Prague, which is today the capital of the Czech Republic. Working for an insurance company, he spent his spare time writing stories, some of which were published. He was **diagnosed** with **tuberculosis** in 1917, and died an **obscure** death in 1924. His works attracted **scant** public attention during his lifetime, but he left three **unfinished** novels and a huge volume of notebooks and diaries. He had instructed his friend Max Brod to destroy his manuscripts, but Brod disregarded Kafka's requests and published them. Then Kafka's fame began to rise. Many of his stories contain a **baffling** mixture of the normal and the fantastic. For instance, *Metamorphosis*, one of Kafka's best-known stories, famously begins, "As Gregor Samsa awoke one morning from uneasy dreams he found himself transformed in his bed into a gigantic insect."

1052 □	**visionary** [víʒənèri]	形 先見の明がある，観念的な，幻想的な ⇐派 **vision** 名 先見性，視野，空想
1053 □	**fancy** [fǽnsi]	形 高級な，派手な，巧みな cf. **fancy goods** 小間物
1054 □	**diagnose** [dàɪəgnóʊs]	他 …（with）と診断する ⇒派 **diagnosis** 名 診断
1055 □	**tuberculosis** [t(j)u(:)bə̀ːrkjəlóʊsəs]	名 結核
1056 □	**obscure** [əbskjúər]	形 無名の，世に知られていない，不明瞭な ⇒派 **obscurity** 名 無名，不明瞭
1057 □	**scant** [skǽnt]	形 十分でない，乏しい，ちょっと不足の

フランツ・カフカ

フランツ・カフカは幻想的な小説を書いたドイツ語作家である。1883年に，現在のチェコ共和国の首都プラハで小間物を商う店を営むユダヤ人の両親のもとに生まれた。保険会社に勤めながら余暇を利用して小説を書き，その一部を出版した。1917年に結核と診断され，1924年にひっそりと世を去った。生前彼の作品はあまり世間の注目を集めなかったが，未完の長編小説3編と膨大な量のノートや日記を遺した。友人のマックス・ブロートに原稿を破棄するように言い残していたが，ブロートはその頼みを無視してそれを出版した。それからカフカの名声は高まりはじめた。カフカの小説ではしばしば，日常的なことと奇想天外なことが奇妙に混ざり合う。たとえば，カフカの最もよく知られた作品のひとつである『変身』の有名な冒頭はこうである。「ある朝，グレーゴル・ザムザがなにか気がかりな夢から目をさますと，自分が寝床の中で一匹の巨大な虫に変っているのを発見した。」

1058 □ **unfinished** [ʌnfínɪʃt]	形 未完成の，未解決の，手をつけていない ⇔反 **finished** 形 終えている，完成した，仕上がった
1059 □ **baffle** [bǽfl]	他 まごつかせる，当惑させる ⇒派 **baffling** 形 当惑させる，不可解な

Glossary

□ ℓ.3 **Czech Republic** チェコ共和国
□ ℓ.12 **metamorphosis** 変身
□ ℓ.13 **best-known** 最もよく知られた

おすすめ関連書籍
・カフカ『変身』高橋義孝訳，新潮文庫

122 Rachel Carson

Rachel Carson was an American marine biologist who **alerted** the public to environmental **hazards**. Born to farmers in Pennsylvania in 1907, she received a master's degree in marine biology from Johns Hopkins University in 1932. After working for the Bureau of **Fisheries**, she published *Silent Spring* in 1962, in which she **eloquently** presented a damning case against the use of **deadly synthetic** chemicals such as DDT that were used to kill insects and weeds. Some people accused her of trying to frighten the public, but many others, including many **nationally** known scientists, praised the book and Carson's courage in writing it. After Carson died of breast cancer in 1964, the US government formed the Environmental Protection Agency in 1970 to regulate **hazardous** pesticides. In 1980, Carson was awarded the Presidential Medal of Freedom, the highest **civilian** award given in the United States.

1060	☐ **alert** [ələ́ːrt]	[他] …に通報する，…に注意を喚起する [形] 明晰な，用心深い
1061	☐ **hazard** [hǽzərd]	[名] 危険なもの，危険要素，有害性 ⇒[派] **hazardous** [形] 有害な，危険な
1062	☐ **fishery** [fíʃəri]	[名] 漁場，漁業，水産業 [cf.] **Bureau of Fisheries** 漁業局
1063	☐ **eloquent** [éləkwənt]	[形] 雄弁な，能弁な，表情豊かな ⇒[派] **eloquently** [副] 雄弁に，表情豊かに ⇒[派] **eloquence** [名] 雄弁，能弁
1064	☐ **deadly** [dédli]	[形] 命に関わるような，命取りになる，致命的な ⇐[派] **dead** [形] 死んでいる
1065	☐ **synthetic** [sınθétik]	[形] 合成の，人工的な，総合的な ⇐[派] **synthesis** [名] 合成（品），総合，統合

レイチェル・カーソン

レイチェル・カーソンはアメリカの海洋生物学者である。環境危険物質について人々に注意を喚起した。1907 年にペンシルヴェニアの農家に生まれた彼女は，1932 年にジョンズ・ホプキンス大学で海洋生物学の修士号を取得した。漁業局勤務を経て，1962 年に『沈黙の春』を出版し，殺虫剤や除草剤として使われる DDT などの致命的な合成化学物質の使用を雄弁に糾弾した。恐怖を煽っていると非難する声も一部にはあったが，全米で名の知れた科学者たちをはじめとして多くの人々が，この本とそれを書きあげたカーソンの勇気を賞賛した。カーソンは 1964 年に乳癌で亡くなったが，1970 年にアメリカ政府は危険な農薬の規制を任務とする環境保護局を設立した。1980 年，カーソンはアメリカで民間人に贈られる最高の賞である大統領自由勲章を授与された。

1066 □ **nationally** [nǽʃənəli]	副 国民的に，国内的に，全国的に ⇐派 **national** 全国的な，国家の，国民の
1067 □ **civilian** [sɪvíljən]	形 民間の，一般市民の，非軍事的な 名 民間人，一般市民，文民

Glossary

□	ℓ.1	**marine biologist**	海洋生物学者
□	ℓ.3	**master's degree**	修士号
□	ℓ.3	**marine biology**	海洋生物学
□	ℓ.6	**damning**	批判する
□	ℓ.7	**DDT**	ディーディーティー (dichlorodiphenyltrichloroethane の略。有機合成殺虫剤)
□	ℓ.10	**breast cancer**	乳癌
□	ℓ.12	**pesticide**	農薬

・レイチェル・カーソン『沈黙の春』青樹簗一訳，新潮文庫

123 Mahatma Gandhi

Mahatma Gandhi was an Indian political leader, hailed the father of the nation of India. He was born in 1869. After being called to the bar in Britain in 1891, he went over to South Africa, where he fought against racial discrimination for over 20 years. After returning to India in 1915, he led the independence movement, advocating non-violence and **disobedience**. A Hindu who sought harmony with Muslims, he was shocked when British India was **partitioned** into independent India and Pakistan in 1947. The following year, he was assassinated by a Hindu **frustrated** at his **generosity** toward Muslims. He raised his children in his mother tongue Gujarati. He said: "Indian parents who train their children to think and talk in English from their **infancy betray** their children and their country." "To give millions a knowledge of English is to enslave them. ... Is it not a painful thing that, if I want to go to a court of justice, I must employ the English language as a medium; that, when I become a **barrister**, I may not speak my mother-tongue, and that someone else should have to translate to me from my own language? Is not this absolutely **absurd**? Is it not a sign of slavery?"

1068 □ **disobedience** [dìsəbíːdiəns]	名 不服従，反抗，違反 ⇐派 **disobey** 他 …に服従しない，そむく ⇔反 **obedience** 名 従順さ，服従
1069 □ **partition** [pɑːrtíʃən, pər-]	他 分割する，分離する，仕切る 名 仕切り，分割，分離
1070 □ **frustrated** [frʌ́streɪtid]	形 …（at）にいらいらしている ⇐派 **frustrate** 他 いらだたせる，挫折させる
1071 □ **generosity** [dʒènərɑ́ːsəti]	名 気前の良さ，寛大さ，寛容さ ⇐派 **generous** 形 気前のよい，寛大な，寛容な
1072 □ **infancy** [ínfənsi]	名 幼少期，幼年時代，初期 ⇐派 **infant** 名 幼児，乳児
1073 □ **betray** [bɪtréɪ, bə-]	他 裏切る，…の秘密を漏らす，…にそむく

マハトマ・ガンジー

マハトマ・ガンジーはインドの政治指導者で，インド国民の父と称される。1869 年に生まれた。1891 年にイギリスで弁護士資格を得た後，南アフリカに渡り，20 年以上にわたって反人種差別闘争を続けた。1915 年にインドに帰国すると，非暴力・不服従を掲げて独立運動を繰り広げた。ヒンドゥー教徒だったがイスラム教徒との融和を志向した彼にとって，1947 年に英領インドからインドとパキスタンが分離独立したのは衝撃的なことだった。その翌年，彼のムスリムへの寛容さに不満を持つヒンドゥー教徒に暗殺された。子供たちを母語のグジャラート語で育てたガンジーはこう語っている。「幼い頃から我が子を英語で考えたり話したりするように教育するインド人の親は，子供たちと祖国を裏切っている」「何百万人もの人に英語の知識を与えることはその人たちを奴隷にすることだ。…裁判所に行きたければ英語を使わなければならないというのは，つらいことではないか？弁護士になったら自分の母語を話すことが許されず，他の人に自分の母語から訳してもらわなければならないというのは，つらいことではないか？これは全くばかげたことではないか？それは我々が奴隷だという徴(しるし)ではないか？」

1074 □ **barrister** [bérəstər, bǽr-]	名 法廷弁護士
1075 □ **absurd** [əbsə́ːrd, -zə́ːrd]	形 ばかげた，理にかなわない，不条理な

Glossary

□ ℓ.2	**be called to the bar**	弁護士資格を得る
□ ℓ.4	**racial discrimination**	人種差別
□ ℓ.5	**non-violence**	非暴力
□ ℓ.6	**Hindu**	ヒンドゥー教徒
□ ℓ.10	**Gujarati**	グジャラート語（インドのグジャラート州の公用語）
□ ℓ.13	**enslave**	奴隷にする
□ ℓ.14	**court of justice**	裁判所

・マハトマ・ガンジー『ガンジー自伝』蠟山芳郎訳，中公文庫

124 Bhimrao Ambedkar

Bhimrao Ambedkar was an Indian politician, revered as the father of the Indian constitution. He was born into an Untouchable family in 1891. Deprived of **civic** rights through centuries **untold**, the Untouchables formed the lowest strata of the Hindu society. After becoming a barrister **reinforced** by two doctor's degrees in 1923, Ambedkar devoted himself to uplifting the Untouchables. He kept criticizing Gandhi, whose aim it was to keep the caste system **intact**. Recognizing that his efforts to secure their barest human rights proved utterly futile, he exhorted the Untouchables to **sever** their connections with Hinduism and seek **solace** in another religion in 1935. After founding the Independent Labor Party, he was elected with a **thumping** majority in the 1937 election. He held the labor **portfolio** from 1942 to 1946. After India gained independence from Britain in 1947, he was appointed chairman of the constitution **drafting** committee. In 1948, Article 11 of the constitution was adopted declaring the abolition of untouchability amid great applause. Ambedkar died two months after converting to Buddhism in 1956.

1076 □ **civic** [sívɪk]	形 都市の，公民の，市民の ⇐派 **city** 名 都市，都会，市
1077 □ **untold** [ʌntóʊld]	形 数えきれない，無数の，膨大な
1078 □ **reinforce** [rìːɪnfɔ́ːrs]	他 強力にする，強化する，補強する ⇒派 **reinforcement** 名〈-s〉援軍，増援部隊；増強（☞23）
1079 □ **intact** [ɪntǽkt]	形 無傷の，そのままの，変わっていない ≒類 **undamaged**
1080 □ **sever** [sɪvíər]	他 切る，切断する，断つ
1081 □ **solace** [sɑ́ːləs]	名 慰め，慰安，安堵

ビームラーオ・アンベードカル

ビームラーオ・アンベードカルはインドの政治家であり，インド憲法の父と崇められる。1891年に不可触民の家庭に生まれた。はるか昔から市民権を剥奪されていた不可触民は，ヒンドゥー社会の最下層階級であった。1923年に博士号を二つもつ法廷弁護士になったアンベードカルは，不可触民の地位向上に生涯をささげた。彼はカースト制度に手をつける気のないガンジーを批判し続けた。1935年，不可触民の最低限の人権を守ろうとする努力がまったく実を結ばなかったと認識したアンベードカルは，ヒンドゥー教と縁を切って別の宗教に救いを求めるよう不可触民に説いた。独立労働党を結成した彼は，1937年の選挙で大勝した。1942年から1946年まで労働大臣を務めた。1947年にインドがイギリスから独立すると，アンベードカルは憲法草案起草委員会の議長に指名された。1948年，不可触民制の廃止を規定する憲法11条が大歓声の中で採択された。アンベードカルは1956年に仏教に改宗し，その2か月後に亡くなった。

1082 □ **thump** [θʌ́mp]	自 強く打つ　他 ゴツンと打つ ⇒派 **thumping** 形 非常に大きい
1083 □ **portfolio** [pɔːrtfóʊliòʊ]	名 書類入れ，ポートフォリオ，大臣の地位
1084 □ **draft** [drǽft]	他 …の下書きを書く，起草する 名 下書き，草稿，草案

Glossary

□	ℓ.2	**Untouchable**	不可触民
□	ℓ.4	**strata**	階層
□	ℓ.6	**devote *oneself* to**	…に専念する
□	ℓ.6	**uplift**	高める
□	ℓ.7	**caste system**	カースト制度
□	ℓ.16	**untouchability**	不可触民制

・ダナンジャイ・キール『アンベードカルの生涯』山際素男訳，光文社新書

125 Chiang Kai-shek

Chiang Kai-shek was a Chinese statesman who led the Nationalist Party after Sun Yat-sen. Born in 1887 into a **moderately prosperous** family in Zhejiang, he went to study in Japan in 1907. In 1911, he returned to China upon hearing of the **outbreak** of the Xinhai Revolution. After the revolution ended, he joined the Nationalist Party. After Sun Yat-sen died, Chiang launched the Northern Expedition in 1926. **Midway** through the campaign, he staged the Shanghai Coup to purge the Communists, and established the Nationalist government in Nanjing. In 1928, he occupied Beijing and completed the Northern Expedition. His government was in a **precarious** position, however, because the Communists had their own army. After the Second Sino-Japanese War, he was elected president of the Republic of China, but victory over the Communists **eluded** him. He lost mainland China to Mao Zedong's Communist Party in 1949, and moved the Nationalist government to Taiwan, where he imposed **martial** law and made preparations to regain mainland China. After his death in 1975, he was succeeded by an **interim** president, who was in turn replaced by Chiang's son Chiang Ching-kuo in 1978.

1085 □ **moderately** [mά:dərətli]	副 ほどほどに，手ごろに，穏健に ⇐派 **moderate** 形 適度の，穏健な 名 穏健派の人
1086 □ **prosperous** [prά:spərəs]	形 繁栄した，繁盛した，成功した ⇒派 **prosperity** 名 繁栄，成功
1087 □ **outbreak** [áʊtbrèɪk]	名 勃発，発生
1088 □ **midway** [mídwèɪ]	副 途中で，中ほどで
1089 □ **precarious** [prɪkéəriəs, prə-]	形 不安定な，運次第の，危険な
1090 □ **elude** [ɪlú:d, i:-]	他 …から逃れる，避ける，…の思うようにならない

蒋介石

蒋介石(しょうかいせき)は孫文を継いで国民党を率いた中国の政治家である。1887年に浙江省の割合裕福な家庭に生まれた彼は，1907年に日本に留学した。1911年，辛亥革命の勃発を知ると帰国した。革命成就後，国民党に入党した。孫文の死後，蒋は1926年に北伐を開始した。その途上，上海クーデターで共産党を排除し，南京国民政府を樹立した。1928年に北京を占領して北伐を完了した。しかし共産党が独自の軍隊を有していたため，彼の支配は不安定だった。日中戦争後，中華民国総統に就任するも，共産党に勝利することはできなかった。1949年に毛沢東率いる共産党に中国大陸の支配を奪われると国民政府を台湾に移し，戒厳令を敷いて大陸奪還に備えた。1975年の蒋介石の死去後は，中継ぎの総統をはさんで，1978年に蒋の息子蒋経国(しょうけいこく)が総統に就任した。

1091 □ **martial** [mάːrʃəl]	形 戦争の，戦いの，軍隊の cf. **martial law** 戒厳令
1092 □ **interim** [íntərəm]	形 中間の，暫定的な，仮の

Glossary

□	ℓ.1	**Nationalist Party**	国民党
□	ℓ.2	**Sun Yat-sen**	孫文（☞ 99）
□	ℓ.4	**Xinhai Revolution**	辛亥革命
□	ℓ.6	**Northern Expedition**	北伐
□	ℓ.14	**Mao Zedong**	毛沢東（☞ 130）
□	ℓ.17	**in turn**	さらに

おすすめ関連書籍

・保阪正康『蒋介石』文春新書

126 Aisin Gioro Puyi

Aisin Gioro Puyi was the last emperor of the Qing dynasty of China. He ascended the throne as the Xuantong Emperor at age 2 in 1908. After the Qing dynasty ended in 1912, he continued living in the Forbidden City under the Articles of Favorable Settlement. He cut his **queue** under the influence of an English tutor. In 1924, he was **ejected** from the Forbidden City. In 1931, after much **hesitation**, he went to Manchuria at the invitation of the Japanese army. When Manchukuo was founded in 1932, he was installed as president. And in 1934, he was declared the Kangde Emperor. After Manchukuo collapsed in 1945, he was taken prisoner in the Soviet Union for 5 years. In 1946, he testified at the Tokyo **Tribunal**, detailing his **indignation** over how badly the Japanese had treated him. In 1950, he was **imprisoned** in the War Criminals Management Centre in China, where he was often **bullied** by other prisoners who enjoyed **humbling** the emperor. After political **rehabilitation**, he was let go in 1959. He lived in Beijing as a gardener until he died of kidney cancer in 1967.

1093 □ **queue** [kjúː]	名 列，辮髪（べんぱつ） 自 列を作る，列に並ぶ
1094 □ **eject** [ɪdʒékt, iː-]	他 追い出す，立ち退かせる，追放する
1095 □ **hesitation** [hèzətéɪʃən]	名 ためらい，躊躇，逡巡 ⇐派 **hesitate** 自 ためらう，躊躇する
1096 □ **tribunal** [traɪbjúːnl, trɪ-]	名 裁判所，法廷 cf. **Tokyo Tribunal** 東京裁判
1097 □ **indignation** [ìndɪgnéɪʃən]	名 憤慨，憤り，怒り ⇐派 **indignant** 形 憤慨した，怒った
1098 □ **imprison** [ɪmprízn]	他 投獄する，収監する，刑務所に入れる ⇒派 **imprisonment** 名 投獄，留置，収監（☞59）
1099 □ **bully** [búli]	他 いじめる，脅す 名 弱い者いじめをする者，いじめっ子

愛新覚羅溥儀

愛新覚羅溥儀は清朝最後の皇帝である。1908 年に 2 歳で宣統帝として即位した。1912 年に清朝が滅びた後も，清室優待条件により紫禁城に住み続けた。英国人教師の影響で辮髪を切った。1924 年に紫禁城を追われた。1931 年，日本陸軍の招きを受け，長い逡巡の末，満洲に赴いた。1932 年に満洲国が建国されると執政に任命され，1934 年には康徳帝として即位した。1945 年の満洲国崩壊後，5 年間ソ連に抑留された。1946 年には東京裁判に出廷し，日本人の自分に対する扱いの悪さについて怒りをぶちまけた。1950 年に中国の戦犯管理所に収監された。収監中は皇帝を貶めて喜ぶ他の受刑者たちによくいじめられた。政治的再教育を受け，1959 年に釈放された。その後は北京で庭師として生活し，1967 年に腎臓癌で死去した。

1100 □ **humble** [hʌ́mbl]	他 謙虚にする，卑しめる，…に恥をかかせる 形 謙虚な，卑しい
1101 □ **rehabilitation** [rìːəbìlətéɪʃən, rìːhə-]	名 リハビリ，更生，修復

Glossary

□ ℓ.4	**Forbidden City**	紫禁城
□ ℓ.4	**Articles of Favorable Settlement**	清室優待条件
□ ℓ.7	**Manchuria**	満洲
□ ℓ.8	**Manchukuo**	満洲国
□ ℓ.10	**take ... prisoner**	…を抑留する
□ ℓ.13	**war criminal**	戦犯
□ ℓ.15	**let ... go**	釈放する
□ ℓ.16	**gardener**	庭師

おすすめ関連書籍
・愛新覚羅・溥儀『わが半生 上・下』小野忍・野原四郎・新島淳良・丸山昇訳，ちくま文庫

127 Aung San

Aung San was a Burmese politician. He was born in 1915 as the youngest of 9 **siblings** in British Burma, today's Myanmar. In 1942, he drove the British out of Burma with the support of the Japanese army. In 1943, a Japanese puppet state called the State of Burma was created with Aung San as minister of defense. But he soon became **skeptical** of Japanese promises of Burma's independence and switched to the Allies. After World War II, he became virtual prime minister of British Burma. In 1947, he signed an agreement with British prime minister Attlee which provided for Burma's independence within a year. But shortly before independence, he was shot to death by **gunmen** in military **fatigues**. There have been a **multitude** of theories on who plotted the assassination. **Reputed** to be the father of the nation, Aung San is **affectionately** called "General." Many towns in Myanmar have **thoroughfares** named after him, and his name is **invoked** in Myanmar politics still today. His daughter, Aung San Suu Kyi, served as state counselor of Myanmar from 2016 to 2021.

1102	□ **sibling** [síblɪŋ]	名 きょうだい，兄弟姉妹
1103	□ **skeptical** [sképtɪkl]	形 …（of）について懐疑的な，疑い深い，不信を抱いた
1104	□ **gunman** [gʌ́nmən, mæ̀n]	名 殺し屋，武装強盗，ガンマン（gunmen） ≒類 **kikker, assassin**
1105	□ **fatigue** [fətíːg]	名 疲れ，倦怠感；〈-s〉野戦服
1106	□ **multitude** [mʌ́ltət(j)ùːd]	名 多数，大衆，群衆 cf. **a multitude of** 多くの
1107	□ **repute** [rɪpjúːt]	名 評判，世評 ⇒派 **reputed** 形 評判の，うわさの，…と称せられる

アウン・サン

アウン・サンはビルマの政治家である。1915 年に英領ビルマ，現在のミャンマーに 9 人きょうだいの末っ子として生まれた。1942 年に日本軍の支援でビルマからイギリス軍を駆逐した。1943 年に日本の傀儡国家ビルマ国が建国され，アウン・サンは国防相になった。やがて日本のビルマ独立の約束に不信を抱くようになり，連合国陣営に鞍替えした。第二次世界大戦後は英領ビルマの事実上の首相になった。1947 年に，一年以内のビルマ独立を約束する英首相アトリーとの協定に調印した。しかし独立を目前にして迷彩服姿の殺し屋に射殺された。暗殺の黒幕については数多(あまた)の説が唱えられてきた。国父とされるアウン・サンは愛情をこめて「将軍」と呼ばれる。ミャンマーの多くの町に彼の名前を冠した大通りがあり，ミャンマーの政治では今日でも彼の名前が引き合いに出される。娘のアウン・サン・スー・チーは 2016 年から 2021 年までミャンマーの国家顧問を務めた。

1108 □ **affectionate** [əfékʃənət]	形 愛情のこもった，優しい ⇒派 **affectionately** 副 愛情をこめて，優しく
1109 □ **thoroughfare** [θə́ːroʊfèər]	名 主要道路，本通り，大通り
1110 □ **invoke** [ɪnvóʊk]	他 発動する，行使する，引き合いに出す

Glossary

- □ ℓ.3 **drive out of** …から追い出す
- □ ℓ.5 **minister of defense** 国防相
- □ ℓ.9 **provide for** 認める
- □ ℓ.11 **shoot to death** 射殺する
- □ ℓ.12 **assassination** 暗殺
- □ ℓ.14 **name after** …にちなんで名づける

おすすめ関連書籍

・根本敬『アウン・サン　封印された独立ビルマの夢』岩波書店

128 Hồ Chí Minh

Hồ Chí Minh was a Vietnamese revolutionary. He was born in French Indochina around 1890. In 1911, he left for France as a cook on a **steamship**. In 1919, he petitioned for the recognition of the human rights of the Vietnamese at the Paris Peace Conference. This earned him fame among the **politically** conscious Vietnamese, and would later help make him the **symbolic** leader of the independence movement. After Japan occupied northern Indochina in 1940, Hồ returned to Vietnam. He declared Vietnam independent after Japan's surrender in 1945. But the French **armored** division seized South Vietnam. Hồ set about negotiating with France, with his goal being the **evacuation** of the French and the **reunion** of Vietnam. After **persistent** negotiations, he signed an agreement that recognized Vietnam as independent. But a French **cruiser** attacked the Vietnamese army, thus beginning the First Indochina War. Vietnam won the war, but the United States helped establish South Vietnam, thus leading to the Vietnam War. Hồ's health **deteriorated** during the Vietnam War, until he died in 1969.

1111 □ **steamship** [stí:mʃìp]	名 汽船，蒸気船
1112 □ **politically** [pəlítkəli]	副 政治上，政略上，政治的に言えば ⇐派 **political** 形 政治の，政治的な
1113 □ **symbolic** [sɪmbá:lɪk, səm-]	形 象徴的な，…（of）を象徴する，記号による ⇐派 **symbol** 名 象徴，シンボル
1114 □ **armor** [á:rmər]	他 …によろいかぶとを付けさせる ⇒派 **armored** 形 装甲した，装甲車両をもつ
1115 □ **evacuation** [ɪvækjuéɪʃən]	名 避難，疎開，撤退 ⇐派 **evacuate** 自 避難する 他 避難させる，…から避難する（☞98）
1116 □ **reunion** [rì:jú:njən]	名 同窓会，再会，再結成

ホー・チ・ミン（胡志明）

ホー・チ・ミン（胡志明）はベトナムの革命家である。1890 年頃に仏印に生まれた。1911 年に蒸気船の料理人として渡仏した。1919 年にパリ講和会議でベトナム人の人権擁護を陳情した。これで政治意識の高いベトナム人の間で有名になり，後に彼が独立運動の象徴的指導者となる契機となった。1940 年に日本が北部仏印に進駐すると，ホーはベトナムに帰国した。1945 年，日本の敗戦後，ホーはベトナム独立を宣言した。しかしフランスの装甲師団が南ベトナムを支配した。ホーはフランスの撤退とベトナムの再統合を期してフランスとの交渉を始めた。粘り強い交渉の末，ベトナム独立を認める協定を成立させた。しかしフランスの巡洋艦がベトナム軍に攻撃を仕掛けて第一次インドシナ戦争が勃発した。ベトナムは勝利したが，アメリカが南ベトナムを成立させ，これがベトナム戦争に繋がった。ベトナム戦争中に体を悪くしたホーは 1969 年に死去した。

1117 □ **persistent** [pərsístənt]	形 しつこい，粘り強い，執拗に続く ⇐派 **persist** 自 固執する
1118 □ **cruiser** [krúːzər]	名 巡洋艦，遊覧船
1119 □ **deteriorate** [dɪtíərɪərèɪt]	自 悪くなる，悪化する，低下する

Glossary

□	ℓ.4	**human rights**	人権
□	ℓ.4	**Paris Peace Conference**	パリ講和会議
□	ℓ.5	**earn ... fame**	…を有名にする
□	ℓ.10	**set about**	…に取りかかる
□	ℓ.14	**First Indochina War**	第一次インドシナ戦争
□	ℓ.16	**Vietnam War**	ベトナム戦争

・古田元夫『ホー・チ・ミン　民族解放とドイモイ』岩波書店

129 Charles de Gaulle

Charles de Gaulle was the first president of the Fifth French Republic. He was born in 1890. When Paris fell to the German army and Nazi Germany's puppet state, called Vichy France, was established in 1940, de Gaulle fled to London to found a government in exile called Free France. After the war, he was elected head of the government, but abruptly resigned 2 months later. After being appointed prime minister in 1958, he issued the Constitution of the Fifth Republic and was elected president. He practiced omnidirectional **diplomacy** to avoid **dependency** on either the United States or the Soviet Union. He supported independence movements in the Third World to win their trust. He established a **diplomatic** relationship with China earlier than any other Western nation, to arouse **rivalry** between the Soviet Union and China. He expressed **disapproval** of the US involvement in the Vietnam War. To secure military independence, he **authorized** nuclear tests, and announced France's withdrawal from the **integrated** military command of NATO. Economic **inequality** widened under his presidency, until social **unrest** exploded in May 1968. De Gaulle resigned the following year, and died in 1970.

1120 □ **diplomacy** [dɪplóʊməsi]	名 外交 ⇒派 **diplomatic** 形 外交(上)の，外交官の ⇒派 **diplomat** 名 外交官
1121 □ **dependency** [dɪpéndənsi]	名 …(on)への依存 ⇐派 **depend** 自 …(on)に依存する
1122 □ **rivalry** [ráɪvlri]	名 競争，対立，張り合い ⇐派 **rival** 名 競争相手
1123 □ **disapproval** [dìsəprúːvl]	名 非難，反感，不賛成 ⇔反 **approval** 名 是認，賛成
1124 □ **authorize** [ɔ́ːθəràɪz]	他 認可する，許可する，…に～(to)する権限を与える ⇐派 **authority** 名 権威，権限；〈the -ies〉当局

シャルル・ド・ゴール

シャルル・ド・ゴールはフランス第五共和制の初代大統領である。1890 年に生まれた。1940 年，ドイツ軍にパリが陥落し，ナチス・ドイツの傀儡ヴィシー政権が成立すると，ド・ゴールはロンドンで亡命政府自由フランスを結成した。戦後政府首班に選ばれるも，2 カ月で突如辞任した。1958 年に首相になると，第五共和国憲法を公布し，大統領に選出された。彼は米ソのいずれにも依存しない全方位外交を行った。第三世界の独立運動を支持して信頼を獲得しようとした。中ソ間の対立を煽るために西側諸国で最初に中国と国交を開いた。アメリカのベトナム戦争への関与を批判した。軍事的自立の確保のため核実験を許可し，NATO の統合軍事司令部からのフランスの離脱を表明した。ド・ゴール大統領の下で経済格差が拡大し，1968 年に社会の不満が爆発して五月危機が起こった。ド・ゴールはその翌年辞任し，1970 年に死去した。

1125 □ **integrate** [íntəgrèɪt]	他 統合する，結びつける，融和させる ⇒派 **integrated** 形 統合した，一体化した，平等の
1126 □ **inequality** [ìnɪkwɑ́ːləti]	名 不平等，不均衡，格差 ⇔反 **equality** 名 平等，均衡
1127 □ **unrest** [ʌnrést]	名 不満，不穏，騒乱

Glossary

□ ℓ.1	**Fifth French Republic**	フランス第五共和制
□ ℓ.8	**omnidirectional**	全方位の
□ ℓ.10	**Third World**	第三世界
□ ℓ.10	**win ...'s trust**	…の信頼を勝ち取る
□ ℓ.14	**involvement**	関与
□ ℓ.15	**nuclear test**	核実験
□ ℓ.16	**NATO**	= North Atlantic Treaty Organization（北大西洋条約機構）

・渡辺和行『ド・ゴール　偉大さへの意志』山川出版社

130 Mao Zedong

Mao Zedong was the founder of the People's Republic of China. He was born into a relatively well-off peasant family in Hunan in 1893. After joining the Communist Party of China in 1920, he climbed the Communist ladder. In 1937, he had a book published, titled *Red Star Over China*, which **profoundly** influenced middle-class youth that swung to the left. Mao was voted chairman of the party in 1945, and established the People's Republic of China in 1949. He sealed off the whole country, banning Chinese people from leaving and expelling virtually all Westerners. **Bent** on pursuing his dream of making China a superpower, he focused on building up the arms industry. To **extract** more and more food to pay for military imports and to keep the peasants under **surveillance**, he forced the entire countryside into collective farms. Collectivization of agriculture marked a big **stride** towards making the country totalitarian. *The Little Red Book*, a collection of Mao's **quotations**, was handed out to all the Chinese people, who had to recite its prescriptions every day. In his twilight years, Mao suffered from ALS that **rendered** him an **invalid**, until he died in 1976.

1128 □ **profoundly** [prəfáʊndli]	副 深く，大いに，深刻に ⇐派 **profound** 形 多大な，重大な，深刻な
1129 □ **bent** [bént]	形 曲がった，曲げられた cf. **bent on** …を決心している，…に熱中している
1130 □ **extract** [ɪkstrǽkt, eks-]	他 抽出する，搾り取る，引き出す ⇒派 **extraction** 名 抽出，採取
1131 □ **surveillance** [səːrvéɪləns]	名 監視，見張り，偵察
1132 □ **stride** [stráɪd]	名 大股の一歩，足取り，発展 自 大股で歩く，闊歩する
1133 □ **quotation** [kwoʊtéɪʃən]	名 引用文，見積もり，相場 ⇐派 **quote** 他 自 引用する，見積もる

毛沢東

毛沢東は中華人民共和国の建国者である。1893 年に湖南省の比較的裕福な農家に生まれた。1920 年に中国共産党に入党し，党で頭角を現わしていった。1937 年に毛が関わって出版された『中国の赤い星』は，左傾化した中流階級の若者に多大な影響を与えた。毛は 1945 年に党主席に選出され，1949 年に中華人民共和国を建国した。毛は鎖国をして中国人の出国を禁止し，ほぼすべての欧米人を国外追放した。中国を超大国にする夢にこだわった毛は，軍需産業の育成に注力した。兵器輸入の代金にあてる食料をより多く搾り取るためと農民監視のために，農村全体を集団農場にした。農業の集団化によって，中国は大きく全体主義化していった。『毛沢東語録』を全国民に配布し，毎日内容を暗唱させた。晩年の毛は ALS を患って病弱になり，1976 年に死去した。

1134 □ **render** [réndər]	他 …の状態にする，表現する，翻訳する
1135 □ **invalid** [ínvələd]	名 病弱者，病人，傷病者

Glossary

□ ℓ.1	**People's Republic of China**	中華人民共和国
□ ℓ.5	**middle-class**	中流階級の
□ ℓ.7	**seal off**	封鎖する
□ ℓ.10	**arms industry**	軍需産業
□ ℓ.13	**collectivization**	集団化
□ ℓ.15	**hand out**	配布する

・ユン・チアン，ジョン・ハリデイ『真説毛沢東　上・下』土屋京子訳，講談社＋α文庫

131 Sukarno

Sukarno, also **spelled** Soekarno, was the first president of Indonesia. Born in 1901, he formed the Indonesian National Party in 1927 with the goal of gaining independence from the Netherlands. When the Japanese army invaded Indonesia in 1942, he supported them. When Japan surrendered in 1945, he declared independence and was elected president. He was at his peak around 1962, when the Dutch agreed to hand over West Irian to Indonesian authority. But in 1963, he opposed the establishment of the **Federation** of Malaysia, claiming that it was a plot by the British to **undermine** Indonesia. When Malaysia was established despite his **overtures**, the British Embassy in Indonesia was burned down and war seemed **unavoidable**. Sukarno withdrew from the United Nations and was internationally isolated. In 1965, a coup broke out, and Sukarno handed over his presidency to General Suharto, the commander of the Jakarta **garrison**, the following year. Suharto completely reversed Sukarno's policy, ending conflict with Malaysia, **rejoining** the United Nations, and restoring relations with the Western countries. Sukarno was confined in his house until he died of a kidney **ailment** in 1970.

1136 □ **spell** [spél]	他 つづる，…のつづりを言う ⇒派 **spelling** 名 つづること，つづり方
1137 □ **federation** [fèdəréıʃən]	名 連合，連盟，連邦 cf. **Federation of Malaysia** マレーシア連邦
1138 □ **undermine** [ʌ̀ndərmáın, ˏˊ]	他 徐々に弱らせる，徐々に傷つける，徐々にだめにする
1139 □ **overture** [óuvərtʃùər, -və-, -tʃər]	名 序曲，事前交渉，提案
1140 □ **unavoidable** [ʌnəvɔ́ıdəbl]	形 避けられない，不可避の ⇔反 **avoidable** 形 避けられる
1141 □ **garrison** [gérəsn, gǽr-]	名 守備隊，駐屯軍，駐屯地

スカルノ

スカルノ（つづりはSukarnoまたはSoekarno）はインドネシアの初代大統領である。1901年に生まれた彼は，1927年にオランダからの独立を期してインドネシア国民党を結党した。1942年に日本軍が侵攻すると，彼は日本軍に協力した。1945年に日本が降伏すると，独立を宣言して大統領に選出された。オランダ統治下にあった西イリアンのインドネシアへの移管が決まった1962年頃がスカルノの絶頂期だった。しかし1963年，スカルノはマレーシア連邦の建国に対し，イギリスによるインドネシア弱体化策だとして反発した。スカルノの交渉空しくマレーシアが成立すると，インドネシアのイギリス大使館が焼き討ちされ，一触即発の事態になった。スカルノは国連を脱退し，国際的孤立が深まった。1965年クーデターが勃発，翌年スカルノは大統領の権限をジャカルタ駐屯軍司令官のスハルト将軍に委譲した。スハルトはマレーシアとの融和，国連復帰，西側諸国との関係修復と，政策を180度転換した。スカルノは自宅軟禁され，1970年に腎臓病で亡くなった

1142 □ **rejoin** [rìːdʒɔ́ɪn]	他 …に再加入する，再合流する，…と再会する
1143 □ **ailment** [éɪlmənt]	名 病気 cf. **kidney ailment** 腎臓病

Glossary

□ ℓ.2	**with the goal of**	…を目標にして
□ ℓ.7	**hand over**	引き渡す
□ ℓ.11	**burn down**	全焼させる
□ ℓ.14	**Suharto**	スハルト
□ ℓ.16	**United Nations**	国際連合

おすすめ関連書籍

・鈴木恒之『スカルノ　インドネシアの民族形成と国家建設』山川出版社

132 Kwame Nkrumah

Kwame Nkrumah was the first president of Ghana. Born in 1909 in British Gold Coast, in 1935 he went to study in the United States, where he mixed with black rights activists. After returning home in 1947, he founded the United Gold Coast Convention, which won the 1951 **legislative** election. In 1957, Ghana became the first country in Sub-Saharan Africa to gain independence. After being elected president in 1960, Nkrumah became increasingly **inclined** to socialism due to his growing **distrust** of Western countries. In 1964, after surviving two assassination attempts plotted by his **adversaries**, he had absolute presidential power and a one-party regime approved in a **referendum**. In 1966, his government was overturned in a coup led by the military. The coup reflected the **contraction** of the economy, but it later turned out that it also involved the Western countries who had **qualms** about the communization of Africa. Nkrumah took asylum in Guinea, and died of cancer in 1972. The African Union, launched in 2002, **sprang** from Nkrumah's concept of United States of Africa.

1144 □ **legislative** [lédʒɪslèɪtɪv]	形 立法の，立法府の，議会の cf. **legislative election** 議会選挙
1145 □ **inclined** [ɪnkláɪnd]	形 …（to）に傾いた，…への傾向がある ⇐派 **incline** 他 傾ける，向ける　自 傾く，傾向がある
1146 □ **distrust** [dɪstrʌ́st]	名 不信，疑惑 他 信用しない，疑う，怪しむ
1147 □ **adversary** [ǽdvərsèri]	名 敵，相手
1148 □ **referendum** [rèfəréndəm]	名 国民投票，住民投票
1149 □ **contraction** [kəntrǽkʃən]	名 短縮，収縮
1150 □ **qualm** [kwá:m, kwɔ́:m]	名 不安，心配，懸念

クワメ・ンクルマ

クワメ・ンクルマはガーナの初代大統領である。1909 年に英領ゴールド・コーストに生まれたンクルマは，1935 年からアメリカに留学し，そこで黒人人権活動家と交流した。1947 年に帰国後，統一ゴールドコースト会議を結党した。同党は 1951 年の議会選挙で勝利した。1957 年にガーナはサハラ以南のアフリカで最初に独立を達成した。1960 年に大統領に就任すると，ンクルマは欧米諸国に対する不信から社会主義へ舵を切っていった。1964 年，政敵による二度の暗殺未遂事件を経て，ンクルマは大統領の絶対的な権限と一党独裁体制を国民投票で承認させた。1966 年，軍によるクーデターでンクルマ政権は転覆した。クーデターの背景には不況があったが，アフリカの共産化を懸念する欧米諸国も関与していたことが後に判明する。ンクルマはギニアに亡命し，1972 年に癌で死去した。2002 年に成立したアフリカ連合は，ンクルマのアフリカ合衆国構想を原点とするものである。

1151 □ **spring** [spríŋ]	自 はねる，急に現れる，…（from）から生じる（sprang，sprung） 名 春，ばね，泉

Glossary

□	ℓ.3	**black rights activist**	黒人人権活動家
□	ℓ.6	**Sub-Saharan**	サハラ以南の
□	ℓ.6	**gain independence**	独立する
□	ℓ.10	**one-party regime**	一党独裁体制
□	ℓ.14	**communization**	共産化
□	ℓ.14	**take asylum**	亡命する
□	ℓ.15	**African Union**	アフリカ連合

おすすめ関連書籍

・砂野幸稔『ンクルマ　アフリカ統一の夢』山川出版社

133 Margaret Mead

Margaret Mead was an American cultural anthropologist. She was born in 1901 between a father who was an **economist** and a mother who was a **sociologist**. After doing field work in Samoa, she published *Coming of Age in Samoa* in 1928. In this book, she described casualness of sex in Samoa. Children frequently witnessed **intercourse**, and many of the young girls had affairs with young men. Mead reported customs ranging from formal **courtship** to secret encounters. One of her critics suggested that she had been so **naive** as to believe the stories that the girls had made up to **amuse** themselves, while another anthropologist who had done field work in Samoa confirmed her description. This book became a bestseller and made her famous. During World War II, she tried to improve the **nutritional** state of Americans as director of the Committee on Food Habits. After the war, she traveled widely to give lectures, **dazzling** her listeners with the originality of her thinking. She was a great **publicist** for anthropology. She died of cancer in 1978.

1152	□ **economist** [ɪkɑ́:nəmɪst, ə-]	名 経済学者，経済専門家，エコノミスト ⇐派 **economics** 名 経済学
1153	□ **sociology** [sòʊsiɑ́:lədʒi]	名 社会学 ⇒派 **sociologist** 名 社会学者
1154	□ **intercourse** [íntərkɔ̀:rs]	名 性交，性交渉，交流
1155	□ **courtship** [kɔ́:rtʃɪp]	名 交際，求愛行動
1156	□ **naive** [nɑ:í:v]	形 世間知らずの，だまされやすい，単純な
1157	□ **amuse** [əmjú:z]	他 面白がらせる，楽しませる cf. **amuse *oneself*** 面白がる，楽しむ
1158	□ **nutrition** [n(j)u(:)tríʃən]	名 栄養摂取，滋養，栄養 ⇒派 **nutritional** 形 滋養上の，栄養上の

マーガレット・ミード

マーガレット・ミードはアメリカの文化人類学者である。1901年に経済学者の父と社会学者の母の間に生れた。サモアで現地調査を行い，1928年に『サモアの思春期』を出版した。この本で彼女はサモア人の性に関するおおらかさを記述した。子供たちは性交をよく目にしたし，若い娘たちの多くは若い男性との情事を楽しんでいた。ミードは正式な交際から密会まで幅広い慣習を報告した。批判者は，ミードはお人好しで，少女たちが面白半分にでっちあげた作り話を鵜呑みにしたんだろうと指摘した。一方別の人類学者はサモアで現地調査して，ミードの本に書いてある通りだったと報告した。この本はベストセラーになり，彼女は有名になった。第二次世界大戦中は食習慣委員会の事務局長になり，アメリカ人の栄養状態の向上に努めた。戦後は各地を講演してまわり，独創的な意見で聴衆を魅了した。ミードは人類学にとって最高の宣伝役だった。彼女は1978年に癌でこの世を去った。

1159 □ **dazzle** [dǽzl]	他 まぶしがらせる，印象づける，感嘆させる
1160 □ **publicist** [pʌ́bləsɪst]	名 広告取扱人，広報係，広報担当者 ⇐派 **publicity** 名 広告，宣伝，世評

Glossary

□ ℓ.1	**cultural anthropologist**	文化人類学者
□ ℓ.3	**field work**	現地調査
□ ℓ.3	**Samoa**	サモア（南太平洋の島国）
□ ℓ.4	**come of age**	成年に達する
□ ℓ.6	**have an affair with**	…と浮気する
□ ℓ.9	**make up**	でっちあげる
□ ℓ.13	**Committee on Food Habits**	食習慣委員会

おすすめ関連書籍

・ジョーン・マーク『マーガレット・ミード』西田美緒子訳，大月書店

134 Kurt Gödel

Kurt Gödel was an Austria-Hungary-born logician whose discoveries have been of **utmost** importance in math. Gödel was born in 1906 into a German family in what is today the Czech Republic, and grew up in **privileged** circumstances. He enrolled at the University of Vienna in 1924. In 1931, he published his **incompleteness** theorems, which state that the truths of arithmetic cannot all be obtained as theorems within any fixed system and that a formal system containing arithmetic cannot prove its **consistency**. In 1940, he emigrated to the United States, later to be appointed professor at the Institute for Advanced Study, Princeton. In his twilight years, he withdrew more and more into himself, and his thoughts were increasingly directed **inward**. In 1978, Gödel died of **starvation** resulting from personality **disturbance**. The **implications** of his incompleteness theorems were not **readily** appreciated outside the scientific community. It was only later that they were brought to the **fore**.

1161	☐ **utmost** [ʌ́tmòust, -məst]	形 最大の，最高の，この上ない
1162	☐ **privileged** [prívəlɪdʒd]	形 特権的な，特別扱いの，恵まれた ⇐派 **privilege** 他 …に特権を与える 名 特権，特典
1163	☐ **incomplete** [ìnkəmplí:t]	形 不完全な，不十分な，不備な ⇒派 **incompleteness** 名 不完全性，不備
1164	☐ **consistency** [kənsístənsi]	名 一貫性，無矛盾性 ⇐派 **consistent** 形 首尾一貫した
1165	☐ **inward** [ínwərd]	副 内側に向かって，内向的に，心の内へ 形 心の中の，内側に向かう
1166	☐ **starvation** [stɑːrvéɪʃən]	名 飢餓，餓死 ⇐派 **starve** 自 餓死する
1167	☐ **disturbance** [dɪstə́ːrbəns]	名 騒動，妨げ，障害 ⇐派 **disturb** 他 邪魔する，不安にさせる

クルト・ゲーデル

クルト・ゲーデルはオーストリア・ハンガリー帝国出身の論理学者である。数学でこの上なく重要な発見をした。1906年に今日のチェコ共和国のドイツ人家庭に生まれ，恵まれた環境で育った。1924年にウィーン大学に入学した。1931年に不完全性定理を発表した。これは，どのような体系においても算術の真である命題をすべて得ることはできない，そして算術を含む形式的体系の無矛盾性は証明できない，という内容である。ゲーデルは1940年にアメリカに移住し，後にプリンストン高等研究所の教授になった。晩年は自分の殻に引きこもるようになり，思考が次第に内にこもりがちになった。1978年に性格障害に起因する飢餓で死去した。彼の不完全性定理の意義は科学者以外にはすぐには理解されなかった。それが広く知られるようになるまでには時間がかかった。

1168 □ **implication** [ìmpləkéɪʃən]	名 影響，暗示，含意 ⇐派 **imply** 他 暗示する，ほのめかす
1169 □ **readily** [rédəli]	副 容易に，すぐに，快く ⇐派 **ready** 形 用意ができた
1170 □ **fore** [fɔ́ːr]	名 前部，前面　形 前方の　副 前方に cf. **bring to the fore** 目立たせる，表面化させる

Glossary

□ ℓ.1	**logician**	論理学者
□ ℓ.3	**grow up**	成長する
□ ℓ.2	**of importance**	重要な
□ ℓ.5	**theorem**	定理
□ ℓ.14	**outside**	…の外で

おすすめ関連書籍
・ジョン・W・ドーソン Jr『ロジカル・ディレンマ』村上祐子・塩谷賢訳，新曜社

135 Peter Scott

Peter Scott was a British painter who helped to establish the WWF, the biggest **conservation** charity ever. He was born in 1909 to a **well-to-do** family. His father was Robert Scott, who reached the South Pole after Norwegian Roald Amundsen. Having never known his father, Peter Scott was raised by his mother, who was a sculptor. In his childhood, he would observe **caterpillar cocoons**, learn the names of **wading** birds and draw everything he saw. In 1927, he enrolled in Cambridge University and majored in natural sciences, but soon changed to a course on the history of art. In 1933, he began to support himself as a painter. An **energetic** sportsman, he won a **bronze** medal in sailing in the 1936 Berlin Olympics and became the British **gliding** champion in 1963. In 1961, he helped to found the WWF. As a chairman of **trustees** of WWF International, he involved many **eminent** people, including the British royal family, in his work. He was knighted in 1973 and died in 1989.

1171 □ **conservation** [kɑ̀:nsərvéɪʃən]	名 自然の保護，保全，管理 ⇐派 **conserve** 他 節約する，保護する，保存する
1172 □ **well-to-do** [wélltədú]	形 裕福な
1173 □ **caterpillar** [kǽtərpɪ̀lər, kǽtə-]	名 イモムシ，毛虫
1174 □ **cocoon** [kəkú:n]	名 繭（まゆ）
1175 □ **wade** [wéɪd]	自（水の中を）苦労して歩く cf. **wading bird** 渉禽（しょうきん）類の鳥（ツル・サギなど）
1176 □ **energetic** [ènərdʒétɪk]	形 エネルギッシュな，精力的な，活発な ⇐派 **energy** 名 活力，エネルギー
1177 □ **bronze** [brɑ́:nz]	名 青銅，ブロンズ，銅 cf. **bronze medal** 銅メダル

ピーター・スコット

ピーター・スコットはイギリスの画家で，世界最大の自然保護団体 WWF（世界自然保護基金）の設立に寄与した。彼は1909年に裕福な家庭に生まれた。父はノルウェーのロアルド・アムンゼンに遅れて南極点に到達したロバート・スコットである。父を知らなかったピーター・スコットは，彫刻家の母に育てられた。毛虫の繭（まゆ）をながめ，水辺を歩く鳥たちの名前を覚え，見たもの全てを絵に描く少年時代をすごした。1927年にケンブリッジ大学に入学して自然科学を専攻したが，やがて美術史に専攻を変えた。1933年に画家として一人立ちした。精力的なスポーツマンだった彼は，1936年のベルリン・オリンピックのヨット競技で銅メダルを取り，1963年にはグライダー競技のイギリス・チャンピオンになった。1961年に WWF の設立に関わった。WWF インターナショナル理事長として，イギリス王室をはじめ多くの著名人の協力を得た。1973年に爵位を授けられた彼は，1989年に亡くなった。

1178 □ **glide** [gláɪde]	自 すべる，滑空する，グライダーで飛ぶ ⇒派 **glider** 名 グライダー ⇒派 **gliding** 名 グライダー競技
1179 □ **trustee** [trʌ̀stíː]	名 受託者，保管人，理事
1180 □ **eminent** [émənənt]	形 著名な，高名な，際立った ⇒派 **eminence** 名 名声，著名

Glossary

□ ℓ.1	**WWF**	= World Wide Fund for Nature（世界自然保護基金）
□ ℓ.3	**South Pole**	南極
□ ℓ.8	**natural sciences**	自然科学
□ ℓ.9	**support *oneself***	自活する
□ ℓ.11	**sailing**	ヨット競技
□ ℓ.14	**British royal family**	イギリス王室
□ ℓ.15	**knight**	…に爵位を与える

おすすめ関連書籍
・ヴィルフリート・ヒュースマン『WWF 黒書』鶴田由紀訳，緑風出版

136 Gamal Abdel Nasser

Gamal Abdel Nasser was the 2nd president of Egypt. Born in 1918 to the family of a **postman**, he graduated from the Royal Military Academy and became a second lieutenant. In 1949, he and other **dissenting** officers formed the Association of Free Officers. After banishing the king in the 1952 Revolution, he brought down the Muhammad Ali dynasty and declared Egypt a republic in 1953. After being elected president in 1956, he adopted the foreign policy of positive **neutrality**. When he nationalized the Suez Canal, Britain and France, the largest **stockholders** of the Suez Canal Company, as well as Israel, invaded Egypt, thus starting the Second Arab-Israeli War. But they withdrew under pressure from the United States and the Soviet Union, and Nasser's position was **enhanced**. In 1967, Nasser announced that the Straits of Tiran would be closed, which triggered the Third Arab-Israeli War. The war ended with Israel greatly expanding its territory. This **humiliating** defeat **discredited** Nasser's leadership. He died of **complications** from **hardening** of the **arteries** in 1970.

1181 □	**postman** [póustmən]	[名] 郵便屋，郵便集配人，郵便局員（postmen） ≒[類] **mail carrier**
1182 □	**dissent** [dɪsént]	[自] 異議を唱える，意見を異にする ⇒[派] **dissenting** [形] 反対の，異議を唱える
1183 □	**neutrality** [n(j)uːtrǽləti]	[名] 中立の態度，中立政策，曖昧さ [cf.] **positive neutrality** 積極的中立主義 ⇐[派] **neutral** [形] 中立の
1184 □	**stockholder** [stɑ́ːkhòuldər]	[名] 株主
1185 □	**enhance** [enhǽns]	[他] 高める，向上させる，増す
1186 □	**humiliate** [hju(ː)mílièɪt]	[他] …に屈辱を与える，…に恥をかかせる ⇒[派] **humiliating** [形] 屈辱的な
1187 □	**discredit** [dɪskrédət]	[他] …の評判を悪くする，…の信用を傷つける，信用できないものとする

ガマール・アブドゥン・ナセル

ガマール・アブドゥン・ナセルはエジプトの第2代大統領である。1918年に郵便局員の家庭に生まれたナセルは，王立陸軍士官学校を卒業し少尉となった。1949年，反体制派の将校たちと自由将校団を結成した。1952年の革命で国王を国外追放すると，翌年ムハンマド・アリー朝を廃し，共和制を宣言した。1956年に大統領就任後，積極的中立主義の外交政策を推進した。ナセルがスエズ運河を国有化すると，スエズ運河会社の最大株主である英仏とイスラエルがエジプトに侵攻，第二次中東戦争が始まった。しかし米ソの圧力で三国は撤退し，ナセルの立場は高まった。1967年，ナセルはティラン海峡の封鎖を宣言，ここに第三次中東戦争が始まった。この戦争でイスラエルは領土を大きく拡大した。この屈辱的な敗戦で指導力の低下したナセルは，1970年に動脈硬化症の合併症で死去した。

1188 □ **complication** [kɑ̀:mpləkéɪʃən]	名 厄介な問題，紛糾の種，合併症 ⇐派 **complicate** 他 複雑にする
1189 □ **harden** [hɑ́:rdn]	自 固くなる，固まる，硬化する 他 固くする，固める，硬化させる
1190 □ **artery** [ɑ́:rtəri]	名 動脈 cf. **hardening of the arteries** 動脈硬化症

Glossary

- □ ℓ.2 **military academy** 陸軍士官学校
- □ ℓ.3 **second lieutenant** 少尉
- □ ℓ.5 **bring down** 倒す
- □ ℓ.8 **nationalize** 国有化する
- □ ℓ.8 **Suez Canal** スエズ運河
- □ ℓ.10 **Second Arab-Israeli War** 第二次中東戦争
- □ ℓ.11 **under pressure from** …の圧力を受けて
- □ ℓ.13 **Straits of Tiran** ティラン海峡
- □ ℓ.13 **Third Arab-Israeli War** 第三次中東戦争

おすすめ関連書籍

・池田美佐子『ナセル　アラブ民族主義の隆盛と終焉』山川出版社

137 Ernesto “Che” Guevara

Ernesto “Che” Guevara was a **guerrilla** leader who played a key role in the Cuban Revolution. Born in Argentina in 1928, he set forth on a tour of Latin America in 1953. When he saw how **savagely** the United States was prepared to intervene to thwart an attempt at land reform in Guatemala, he decided to fight for socialism. In 1955, he met Cuban revolutionary Fidel Castro, and joined his guerrilla army. In 1959, the guerrillas entered Havana and overturned the Batista regime, thus completing the Cuban Revolution. In Castro's government, Che was made president of the Central Bank, and nationalized the holdings of U.S. **monopolies**. In 1964, he trained the guerrillas in Congo. After returning to Cuba, he attempted to establish a training center for guerrillas in Bolivia. He was captured, however, and executed by the Bolivian army in 1967. He remained **defiant** till the end. Since then he has become a global icon, his image embraced by **mainstream commerce**. T-shirts, **mugs**, pin **badges** and mouse **pads** featuring his face can be found everywhere.

1191 □ **guerrilla** [gərílə]	形 ゲリラ兵の，ゲリラ的な 名 ゲリラ兵，遊撃兵
1192 □ **savage** [sǽvɪdʒ]	形 獰猛な，残忍な，未開の ⇐派 **savagely** 副 獰猛に，残忍に，不作法に
1193 □ **monopoly** [mənάːpəli]	名 独占（権），占有，独占企業 ⇒派 **monopolize** 他 独占する，…の専売権を持つ，ひとり占めにする（☞80）
1194 □ **defiant** [dɪfáɪənt]	形 挑戦的な，反抗的な，けんか腰の
1195 □ **mainstream** [méɪnstrìːm]	形 主流の，一般的な 名 主流，主潮，一般的な考え
1196 □ **commerce** [kάːmərs]	名 商業，通商，貿易 ⇒派 **commercial** 形 商業の

エルネスト・チェ・ゲバラ

エルネスト・チェ・ゲバラはキューバ革命で主要な役割を担ったゲリラ指導者である。1928年にアルゼンチンで生まれた彼は，1953年にラテンアメリカの旅に出た。グアテマラでアメリカがいかに残忍なやり方で内政干渉して農地改革の試みを阻もうとしたかを目の当たりにし，社会主義のために戦うことを決めた。1955年にキューバの革命家フィデル・カストロに出会い，彼のゲリラ軍に加わった。1959年，ゲリラ軍はハバナに入りバティスタ政権を打倒して，キューバ革命を成就した。カストロの新政府でチェは国立銀行総裁に就任し，アメリカの独占企業の持ち株を国有化した。1964年にはコンゴでゲリラ軍を訓練した。その後キューバに戻り，ボリビアにゲリラの訓練所を設立しようとした。しかし1967年にボリビア軍に捕えられ，処刑された。最期まで屈服した態度を見せることはなかった。以降彼は世界的な偶像であり続け，その画像は主流の商業界に取り込まれてきた。彼の顔を印刷したTシャツやマグカップやピンバッジやマウスパッドはいたる所に見られる。

1197 □ **mug** [mʌ́g]	名 マグカップ，ジョッキ
1198 □ **badge** [bǽdʒ]	名 バッジ cf. **pin badge** ピンバッジ
1199 □ **pad** [pǽd]	名 当て物，メモパッド，マウスパッド cf. **mouse pad** マウスパッド

Glossary

□ ℓ.2	**Cuban Revolution**	キューバ革命
□ ℓ.2	**set forth**	出発する
□ ℓ.6	**Fidel Castro**	フィデル・カストロ
□ ℓ.10	**holding**	持ち株

おすすめ関連書籍
・イルダ・バリオ，ギャレス・ジェンキンズ『フォト・バイオグラフィ チェ・ゲバラ』鈴木淑美訳，原書房

138 Martin Luther King, Jr.

Martin Luther King, Jr., was a leader in the civil rights movement in the United States. King was born in 1929. He was ordained as a minister at Dexter Avenue Baptist Church in Montgomery in 1954. After organizing the 1955 Bus Boycott, he led the civil rights movement with non-violence as his principle, unlike some other black leaders who had become so **exasperated** by **racism** as to advocate violence. In 1958, when **autographing** his book, he was approached by a middle-aged black woman, who suddenly plunged a **razor**-sharp letter opener into his chest. The knife was **surgically** removed, but the **surgeon** said that one **sneeze** would have killed him. On the one-100th anniversary of the abolition of slavery in 1963, he organized a March on Washington and delivered his famous "I have a dream" speech. In 1964, he was awarded the Nobel Peace Prize for furthering **brotherhood**. In 1968, he was shot to death as he walked onto the balcony of his hotel room. The inscription on his gravestone reads: "Free at last, free at last. Thank God **Almighty**, I'm free at last."

No.	Word	Meaning
1200	□ **exasperate** [ɪgzǽspərèɪt, egz-]	[他] 激怒させる，憤慨させる ⇒[派] **exasperated** [形] …(by) に激怒した，憤慨した
1201	□ **racism** [réɪsɪ̀zm]	[名] 人種差別，人種的偏見 ⇐[派] **race** [名] 人種，民族，種族
1202	□ **autograph** [ɔ́:təgræ̀f, ɑ́:tə-]	[他] …にサインする [名] (有名人の記念のための) サイン
1203	□ **razor** [réɪzər]	[名] カミソリ cf. **razor-sharp** カミソリのように鋭い
1204	□ **surgical** [sə́:rdʒɪkl]	[形] 外科の，外科手術の，手術用の ⇒[派] **surgically** [副] 外科的に，手術によって ⇐[派] **surgery** [名] 手術，外科 [派] **surgeon** [名] 外科医
1205	□ **sneeze** [sní:z]	[名] くしゃみ [自] くしゃみをする

マーティン・ルーサー・キング・ジュニア

マーティン・ルーサー・キング・ジュニアはアメリカの公民権運動の指導者である。キングは 1929 年に生まれた。1954 年にモンゴメリーのデクスター・アベニュー・バプティスト教会の牧師に就任した。1955 年のバス・ボイコット運動を組織して以降，公民権運動を指導した。黒人指導者の中には人種差別への怒りから暴力を肯定する者もいたが，キングは非暴力を掲げた。1958 年，著書にサインしている時に話しかけてきた中年の黒人女性に，カミソリのように鋭いペーパーナイフで突然胸を刺された。刃物は手術で取り除かれたが，医師によると一回でもくしゃみをしたら死んでいたとのことだ。1963 年の奴隷制廃止 100 周年にはワシントン行進を組織し，有名な「私には夢がある」演説を行った。1964 年，友愛を促進した功績を讃えてノーベル平和賞を授与された。1968 年，滞在中のホテルの部屋からバルコニーに出たところを射殺された。彼の墓石にはこう刻まれている。「ついに自由になった，ついに自由になった。全能の神に感謝します，私はついに自由になった」

1206 □ **brotherhood** [brʌ́ðərhʊ̀d]	名 友愛，友好，兄弟愛
1207 □ **almighty** [ɔ́ːlmáɪti]	形 全能の cf. **God Almighty** 全能の神

Glossary

□ ℓ.1	**civil rights movement**	公民権運動
□ ℓ.4	**Bus Boycott**	バス・ボイコット運動（人種差別に抗議して，黒人がバスをボイコットした運動）
□ ℓ.8	**middle-aged**	中年の
□ ℓ.9	**letter opener**	ペーパーナイフ
□ ℓ.12	**deliver a speech**	演説をする

おすすめ関連書籍
・黒崎真『マーティン・ルーサー・キング　非暴力の闘士』岩波新書

139 Malcolm X

Malcolm X was an American black rights activist. He was born Malcolm Little in 1925. In 1946, he was jailed for **robbery**. While in prison, he joined a black religious organization called the Nation of Islam, or NOI, and renamed himself Malcolm X. He committed himself to a **rigorous** course of study in the prison library. His **breadth** of understanding transformed him into a critic of white Western values. After being released in 1952, he became an NOI minister. In his speeches, he **severely** attacked the white race for being responsible for the **plight** of black people. His rising profile as a **vocal** spokesman of the NOI helped boost membership. But he soon grew **disillusioned** with the NOI, until he left it in 1964. In 1965, he had his home destroyed with Molotov cocktails, and was killed with a **shotgun**, by NOI members. His popularity grew again with the 1992 release of the film *Malcolm X*, an **adaptation** of *The Autobiography of Malcolm X*, published after his assassination.

1208	□ **robbery** [rɑ́:bəri]	名 強盗，強奪，盗難 ⇐派 **rob** 他 奪う，強奪する
1209	□ **rigorous** [ríɡərəs]	名 厳密な，厳格な，厳しい
1210	□ **breadth** [brédθ, brétθ]	名 横幅，広さ，豊富さ ⇐派 **broad** 形 （幅の）広い
1211	□ **severely** [sɪvíərli]	副 ひどく，激しく，厳しく ⇐派 **severe** 形 厳しい，厳格な
1212	□ **plight** [pláɪt]	名 悪い状態，苦境，窮地
1213	□ **vocal** [vóʊkl]	形 音声の，遠慮なく意見を述べる，はっきりものを言う ⇒派 **vocalist** 名 歌手，ボーカリスト
1214	□ **disillusioned** [dìsɪlú:ʒənd]	形 …（with）に幻滅した，がっかりした ⇐派 **disillusion** 他 幻滅させる，がっかりさせる

マルコム X

マルコム X はアメリカの黒人人権活動家である。1925 年に生まれ，マルコム・リトルと名づけられた。1946 年に強盗で投獄された。獄中で黒人宗教団体ネイション・オブ・イスラム（NOI）に改宗し，マルコム X と改名した。刑務所の図書室でひたすら勉強に打ち込んだ。幅広い知識を身につけるにつれて，白人の西洋中心の価値観を批判するようになった。1952 年に釈放されると，NOI の導師になった。演説では，黒人の窮状の原因だとして白人種を痛烈に攻撃した。マルコムが NOI の声高なスポークスマンとして有名になるにつれて，NOI の信者は増加していった。しかしやがてマルコムは NOI に対する幻滅を深め，1964 年に離脱した。1965 年に NOI 信者に自宅を火炎瓶で破壊され，散弾銃で射殺された。暗殺後に出版された『マルコム X 自伝』の映画版『マルコム X』が 1992 年に公開されると，人気が再燃した。

1215 □ **shotgun** [ʃɑ́ːtgʌ̀n]	名 散弾銃，猟銃，ショットガン
1216 □ **adaptation** [æ̀dæptéɪʃən]	名 改作，翻案物 ⇐派 **adapt** 他 改作する，翻案する，適合させる
1217 □ **autobiography** [ɔ̀ːtəbaɪɑ́ːgrəfi]	名 自叙伝，自伝

Glossary

□ ℓ.1	**black rights activist**	黒人人権活動家
□ ℓ.3	**in prison**	服役して
□ ℓ.4	**commit *oneself* to**	…に専念する
□ ℓ.12	**Molotov cocktail**	火炎瓶

おすすめ関連書籍

・マルコム X『完訳　マルコム X 自伝　上・下』濱本武雄訳，中公文庫

140 Richard Nixon

Richard Nixon was the 37th president of the United States. He was born the son of a **grocer** in California in 1913. After serving as vice president to Republican Dwight Eisenhower, he was elected president in 1968. In 1972, five **burglars**, who turned out to be Nixon's aides, were caught breaking into the Watergate complex to bug the offices of the Democratic Party headquarters. Still, Nixon was reelected that year by an overwhelming majority, 520 to 17 in the **electoral** vote. He declared that he was "not a **crook**." In 1974, under order from the Supreme Court, the White House released tapes of Nixon's conversations. Despite his **denials**, he had used the CIA in an effort to **obstruct** the FBI in its inquiry. With the **disclosure** of evidence, his support vanished. Faced with the almost certain prospect of being **impeached**, Nixon decided to resign from the presidency. In his resignation speech, he said that he was resigning in order not to consume the time and energy of the nation in a **lengthy impeachment** trial. After writing a number of books in his retirement, Nixon died in 1994.

1218	□ **grocer** [gróusər]	名 食料雑貨店主 ⇒派 **grocery** 名 食料雑貨店
1219	□ **burglar** [bə́ːrglər]	名 強盗，泥棒，侵入窃盗犯
1220	□ **electoral** [ıléktərəl]	形 選挙の，選挙に関する，選挙人の cf. **electoral vote** 選挙人投票 ⇐派 **election** 名 選挙
1221	□ **crook** [krúk]	名 悪玉，いかさま師，ペテン師
1222	□ **denial** [dınáıəl]	名 否定，拒絶，否認 ⇐派 **deny** 他 否定する
1223	□ **obstruct** [əbstrʌ́kt]	他 ふさぐ，妨害する，妨げる ⇒派 **obstruction** 名 障害物，さえぎり，妨害（☞57）

リチャード・ニクソン

リチャード・ニクソンはアメリカの第 37 代大統領である。1913 年にカリフォルニアの雑貨屋の息子として生まれた。共和党のドワイト・アイゼンハワー大統領の下で副大統領を務めて，1968 年に大統領に選出された。1972 年，5 人の泥棒が民主党本部の盗聴目的でウォーターゲート・ビルに侵入したところを逮捕された。泥棒はニクソンの側近だった。それでも同年ニクソンは選挙人投票で 520 対 17 という圧倒的多数で再選された。彼は自分は「ペテン師ではない」と断言した。1974 年，最高裁判所の命令で，ホワイトハウスはニクソンの会話を録音したテープを公開した。繰り返し否定していたにもかかわらず，彼は CIA を使って FBI の捜査を妨害しようとしていたのだった。証拠が明るみに出たことで，彼は支持を失った。弾劾されることがほぼ確実になり，ニクソンは大統領の辞任を決意した。辞任演説では，長い弾劾裁判で国民の時間とエネルギーを消耗しないために辞任すると述べた。引退後は本を数冊書いて，1994 年に死去した。

1224 □ **disclosure** [dɪsklóʊʒər]	名 公開，発表，暴露 ⇐派 **disclose** 他 暴く，公表する
1225 □ **impeach** [ɪmpíːtʃ]	他 弾劾する，訴追する，告発する ⇒派 **impeachment** 名 弾劾，訴追，告発
1226 □ **lengthy** [léŋkθi]	形 長い，長時間にわたる，冗長な ⇐派 **length** 名 長さ

Glossary

□	ℓ.3	**vice president**	副大統領
□	ℓ.3	**Republican**	共和党の
□	ℓ.5	**aide**	側近
□	ℓ.5	**break into**	…に侵入する
□	ℓ.6	**bug**	盗聴する
□	ℓ.9	**Supreme Court**	最高裁判所
□	ℓ.9	**White House**	ホワイトハウス
□	ℓ.10	**CIA**	＝ Central Intelligence Agency（中央情報局）
□	ℓ.11	**FBI**	＝ Federal Bureau of Investigation（連邦捜査局）

おすすめ関連書籍
・ロデリック・ナッシュ，リチャード・グレイヴズ『人物アメリカ史　上・下』足立康訳，講談社学術文庫

141 Fela Kuti

Fela Kuti was a Nigerian musician. He was born Fela Ransome-Kuti in 1938. His father, the **Reverend** I.O. Ransome-Kuti, was a school principal, and his mother, Funmilayo, was a women's rights activist. In the mid-1960's, Kuti formed a band, later to be called Afrika '70, while working for Nigeria Broadcasting Corporation. He created Afrobeat with drummer Tony Allen, **fusing** jazz with his African **rhythmic** roots. In 1969, he took his band to the United States, where they stayed in Los Angeles. While there, he was influenced by Malcolm X and became politically conscious. After returning to Nigeria, he **unloaded** his "slave name" of Ransome and began championing Pan-Africanism. His lyrics, which **wittily** condemned the **hypocrisy** of the ruling class, made him popular throughout Africa but unpopular with the government. In 1977, he was raided by troops and suffered a **fractured skull**. He **expired** of complications from HIV/AIDS in 1997.

1227 □ **reverend** [révərənd]	[形]〈R-〉敬愛する，…牧師 ⇐[派] **revere** [他] 崇敬する，尊敬する，あがめる（☞99） ⇒[派] **reverence** [名] 崇敬，敬愛
1228 □ **fuse** [fjúːz]	[他] 融合させる，一体化させる ⇒[派] **fusion** [名] 融合，融解，混合物（☞13）
1229 □ **rhythmic** [ríðmɪk]	[形] リズミカルな，調子のいい，律動的な ⇐[派] **rhythm** [名] リズム
1230 □ **unload** [ʌnlóʊd]	[他] おろす，取り除く，処分する ⇔[反] **load** [他] 積む，…に積み込む
1231 □ **witty** [wíti]	[形] 機知のある，気のきいた ⇒[派] **wittily** [副] 機知を働かせて，当意即妙に
1232 □ **hypocrisy** [hɪpáːkrəsi]	[名] 偽善 ⇐[派] **hypocrite** [名] 偽善者（☞64） ⇒[派] **hypocritical** [形] 偽善的な，見せかけの

フェラ・クティ

フェラ・クティはナイジェリアの音楽家である。1938年に生まれ，フェラ・ランソム＝クティと名づけられた。父I・O・ランソム＝クティ牧師は学校の校長で，母フンミラヨは女権活動家だった。1960年代半ば，クティはナイジェリア放送に勤めるかたわら，後にアフリカ70となるバンドを結成した。ドラマーのトニー・アレンとともに，ジャズに自身のルーツであるアフリカのリズムを融合させて，アフロビートを創造した。1969年にバンドを率いて渡米し，ロサンゼルスに滞在した。当地でマルコムXに感化され，政治的意識に目覚めた。ナイジェリア帰国後は，奴隷の出自を表すランソムという名前を捨てて，汎アフリカ主義を標榜するようになった。彼の歌詞は支配層の偽善を機知に富んだ言葉で糾弾する内容で，それにより彼はアフリカ中で人気を博したが，政府には嫌われた。1977年には軍隊に襲撃され，頭蓋骨を骨折させられた。1997年にHIV・エイズの合併症で死去した。

1233 □ **fracture** [frǽktʃər]	他 折る，砕く 自 折れる，砕ける 名 骨折，砕けること，破損
1234 □ **skull** [skʌ́l]	名 頭骨，頭蓋骨
1235 □ **expire** [ɪkspáɪər, eks-]	自 有効期限が切れる，終了する，息を引き取る

Glossary

□ ℓ.3	**women's rights activist**	女権活動家
□ ℓ.6	**Afrobeat**	アフロビート
□ ℓ.11	**Pan-Africanism**	汎アフリカ主義（アフリカ諸国をアフリカ人の手で統合し独立させようとする思想）
□ ℓ.15	**HIV**	HIV，ヒト免疫不全ウイルス
□ ℓ.15	**AIDS**	エイズ，後天性免疫不全症候群

おすすめ関連書籍
・カルロス・ムーア『フェラ・クティ自伝』菊池淳子訳，KEN BOOKS

142 John Lennon

John Lennon was a British musician who founded the Beatles. He was born in Liverpool in 1940. Having formed a band which would later become the Beatles, he met Paul McCartney in 1957. After George Harrison and Ringo Starr joined, they put out their **debut** single, "Love Me Do," in 1962. The following year, they released "Please, Please Me," which reached the UK No. 1 spot. Lennon and Harrison soon wanted to put all their efforts into recording, which **horrified** McCartney, who loved **live** performance. After their last performance in 1966, the band continued **solely** as recording artists. **Ironically**, some of their most successful compositions were recorded in this period. The Beatles broke up in 1970. The legal **wrangles** over the band's fortune continued until 1977. Lennon became focused on his career as a solo artist, but he disappeared from the music **arena** in 1975. After he began to organize a **comeback** in 1980, he was shot with a **revolver** in front of his home. The whole world was **stunned**. His fans surrounded his home, playing his music on tape recorders.

1236 □ **debut** [deɪbjúː]	[名] デビュー，初舞台
1237 □ **horrify** [hɔ́ːrəfàɪ, hɑ́ːr-]	[他] ぞっとさせる，震え上がらせる，…にショックを与える ⇐[派] **horror** [名] 恐怖，恐ろしさ
1238 □ **live** [láɪv]	[形] 生きている，生の，ライブの ⇒[派] **lively** [形] 元気な，活発な
1239 □ **solely** [sóʊlli]	[副] 単独で，ただ，単に ⇐[派] **sole** [形] 唯一の，単独の
1240 □ **ironic, -ical** [aɪrɑ́ːnɪk(l)]	[形] 皮肉の，皮肉好きな ⇒[派] **ironically** [副] 皮肉にも，皮肉なことに，皮肉を言えば ⇐[派] **irony** [名] 皮肉
1241 □ **wrangle** [rǽŋgl]	[名] …（over）をめぐる論争，口論

ジョン・レノン

ジョン・レノンはイギリスの音楽家で，ビートルズの創設メンバーである。1940 年にリバプールに生まれた。1957年, 後にビートルズとなるバンドを結成したレノンは, ポール・マッカートニーに出会った。ジョージ・ハリスンとリンゴ・スターが加入後，1962 年にシングル『ラブ・ミー・ドゥ』でデビューした。翌年『プリーズ・プリーズ・ミー』で全英一位になった。レノンとハリスンはやがてレコーディングに専念したいと考えるようになったが，ライブが好きなマッカートニーにとって，それはとんでもないことだった。1966 年の最後のライブ以降はレコーディング専門のバンドとして活動した。皮肉にも，彼らの最も成功した作品の中にはこの時期のものがある。1970 年にビートルズは解散した。1977 年までバンドの財産をめぐる法廷闘争が続いた。レノンはソロ活動に力を入れたが，1975 年に音楽界から姿を消した。1980 年に活動を再開した矢先に，自宅前でリボルバーで射殺された。世界中が茫然とした。ファンが彼の自宅を取り囲み，テープレコーダーで彼の音楽を流した。

1242 □ **arena** [ərí:nə]	名 競技場，公演会場，舞台
1243 □ **comeback** [kʌ́mbæ̀k]	名 返り咲き，活動再開，復帰
1244 □ **revolver** [rivɑ́:lvər]	名 リボルバー，回転式連発拳銃
1245 □ **stun** [stʌ́n]	他 気絶させる，失神させる，茫然とさせる

Glossary

- □ ℓ.1 **Beatles** ビートルズ
- □ ℓ.4 **put out** 発売する
- □ ℓ.7 **put *one*'s efforts into** …に力を注ぐ
- □ ℓ.11 **break up** 解散する

おすすめ関連書籍
・ハンター・デイヴィス『増補完全版　ビートルズ　上・下』小笠原豊樹他訳，河出文庫

143 Ruhollah Khomeini

Ruhollah Khomeini was the first supreme leader of the Islamic Republic of Iran, who led the Iranian Revolution. Born in 1902, he studied ethics and Islamic law and taught at the Feyziyeh School. In 1962, he started to **uncompromisingly** denounce the Shah's Westernizing policies. Being detained and banished in 1963, he settled in Iraq. In 1975, after resolving the **boundary** dispute with Iraq, the Shah began to advance his policies more **fiercely**. In 1977, when Khomeini's eldest son died a **dubious** death that was attributed to the Shah's secret police, people recollected Khomeini, and he became the leader of the revolution. In 1978, he was drummed out of Iraq and sought **sanctuary** in France. After the Shah left Iran in 1979, Khomeini returned to Iran, welcomed by a **joyful** crowd, and declared that he would appoint the government. Thus, the Pahlavi dynasty ended and the Islamic Republic of Iran began, with Khomeini as **lifelong** supreme leader. He **refuted** the idea of separation of religion and politics and supervised the government from the Islamic standpoint, until he died in 1989.

1246 □	**uncompromising** [ʌnkɑ́ːmprəmàɪzɪŋ]	形 妥協しない，強硬な，断固たる ⇒派 **uncompromisingly** 副 妥協せず，強硬に，断固
1247 □	**boundary** [báʊndəri]	名 境界，国境，限界
1248 □	**fiercely** [fíərsli]	副 激しく，猛烈に ⇐派 **fierce** 形 激しい，厳しい，猛烈な
1249 □	**dubious** [d(j)úːbiəs]	形 不審な，疑わしい，…（of）について疑わしいと思う
1250 □	**sanctuary** [sǽŋktʃuèri]	名 保護，保護区域，避難所
1251 □	**joyful** [dʒɔ́ɪfl]	形 喜ばせる，喜んだ，楽しそうな ⇐派 **joy** 名 喜び，歓喜

ルーホッラー・ホメイニー

ルーホッラー・ホメイニーはイラン・イスラム共和国の初代最高指導者である。イラン革命を指導した。ホメイニーは1902年に生まれ，倫理学やイスラム法学を学んで，フェイズィーエ学院で教鞭をとった。1962年，シャーの欧化政策を強硬に批判しはじめた。1963年に拘留後国外に放逐(ほうちく)されて，イラクに落ち着いた。1975年，イラクとの国境紛争を解決したシャーは自身の政策に弾みをつけた。1977年，ホメイニーの長男がシャーの秘密警察によると見られる不審死を遂げたことでホメイニーの記憶が人々に蘇り，彼は革命の指導者となった。1978年に彼はイラクを追放され，フランスに亡命した。1979年にシャーが出国すると，ホメイニーは歓呼の群衆に迎えられて帰国し，組閣を宣言した。こうしてパフラヴィー朝は終焉を迎え，イラン・イスラム共和国が成立して，ホメイニーは終身最高指導者となった。ホメイニーは政教分離の考えを退け，イスラム教の立場から政治を指導して，1989年に死去した。

1252 □ **lifelong** [láɪflɔ̀ːŋ]	形 終身の，終生の，生涯続く
1253 □ **refute** [rɪfjúːt]	他 論駁する，論破する，否認する

Glossary

□	ℓ.1	**supreme leader**	最高指導者
□	ℓ.2	**Iranian Revolution**	イラン革命
□	ℓ.3	**Islamic law**	イスラム法学
□	ℓ.4	**Shah**	シャー（イランの君主の称号）
□	ℓ.10	**drum out of**	…から追放する

おすすめ関連書籍
・富田健次『ホメイニー　イラン革命の祖』山川出版社

144 Mother Teresa

Mother Teresa was a Catholic **nun** who founded the Missionaries of Charity. She was born Agnes Gonxha in 1910 in what is today North Macedonia. She joined the Sisters of Loreto in 1928, and went over to India, where she became a **novice** and named herself Teresa. She took her **solemn** vows and became a nun in 1937. While living in Kolkata, she was increasingly **disturbed** by the poverty there. In 1946, she suddenly felt that God had given her the special job of serving the poor. After learning how to nurse at a hospital, she found a small hut with a **courtyard** and started her school in 1948. She taught poor children to read and write and helped the **dying** and the **homeless** in the **filthy** slums of Kolkata. She worked so hard that her helpers were surprised at how strong this **frail** woman was. In 1950, her congregation was recognized by the Pope as the Missionaries of Charity. In 1979, she received the Nobel Peace Prize. She died in 1997, and was declared a saint in 2016.

1254 □ **nun** [nʌ́n]	名 修道女，尼，尼僧
1255 □ **novice** [nɑ́:vəs]	名 新米，修練士，修練女
1256 □ **solemn** [sɑ́:ləm]	形 まじめな，心からの，厳かな
1257 □ **disturbed** [dɪstə́:*r*bd]	形 …（by/at）に動揺した，不安な，精神障害のある ⇐派 **disturb** 他 邪魔する，不安にさせる
1258 □ **courtyard** [kɔ́:*r*tjɑ̀:*r*d]	名 中庭
1259 □ **dying** [dáɪɪŋ]	形 瀕死の；〈the -〉死にかけている人々

マザー・テレサ

マザー・テレサは「神の愛の宣教者会」を創立したカトリックの修道女である。1910年，今日の北マケドニアに生まれ，アグネス・ゴンジャと名づけられた。1928年にロレット修道女会に入ってインドへ赴き，修練女になってテレサと名のった。1937年，終生誓願を立てて，修道女になった。コルカタで暮らしながら，次第にその地の貧困に心を乱されるようになった。1946年に貧しい人々に奉仕するようにとの神のお告げを受けた。1948年，病院で看護法を学んでから，中庭付きの小屋で学校をはじめた。貧しい子供たちに読み書きを教え，コルカタの汚いスラム街に住む瀕死の人たちや家のない人たちに手をさしのべた。このか弱い女性のどこにそんな力があるのかと，支援者が驚くほどの働きぶりだった。1950年，彼女のグループが「神の愛の宣教者会」としてローマ教皇に認められた。1979年にはノーベル平和賞を受賞した。マザー・テレサは1997年に逝去し，2016年に列聖された。

1260 □ **homeless** [hóʊmləs]	形 家のない；〈the -〉ホームレス，家のない人々
1261 □ **filthy** [fílθi]	形 汚れた，汚い，不潔な
1262 □ **frail** [fréɪl]	形 虚弱な，弱い，はかない

Glossary

- □ ℓ.1 **Missionaries of Charity** 神の愛の宣教者会
- □ ℓ.3 **Sisters of Loreto** ロレット修道女会
- □ ℓ.14 **Nobel Peace Prize** ノーベル平和賞
- □ ℓ.15 **declare a saint** 列聖する

おすすめ関連書籍
・ナヴィン・チャウラ『マザー・テレサ愛の軌跡　増補改訂版』三代川律子訳，日本教文社

145 Michel Foucault

Michel Foucault was a French philosopher. He was born into a **solidly** bourgeois family in 1926. He **excelled** at the École Normale Supérieure, where he studied psychology and philosophy. After taking up a series of **marginal** posts in Sweden, Poland and West Germany, he finished his Ph.D. thesis in 1961, **sponsored** by one of the most powerful professors at the Sorbonne. In 1966, he published *The Order of Things*, which became an academic bestseller and earned him international fame. His **induction** into the Collège de France in 1970 gave him the opportunity to conduct **intensive** research. In his books such as *The Archaeology of Knowledge*, *Discipline and Punish*, and *The History of Sexuality*, he used a historical method to **illuminate** the **evolving** relationships between discourse, knowledge, institutions, and power. He spent **extended** periods in foreign countries such as Brazil, Japan and the United States, lecturing to packed **auditoriums**, until he died of complications from HIV/AIDS in 1984.

1263 □ **solidly** [sɑ́:lədli]	副 堅固に，強固に，連続して ⇐派 **solid** 形 固い，強固な，手堅い
1264 □ **excel** [ɪksél, ek-]	自 ひいでている ⇒派 **excellent** 形 非常に優れた，優秀な，すばらしい ⇒派 **excellence** 名 優秀さ，卓越
1265 □ **marginal** [mɑ́:rdʒɪnəl]	形 重要でない，傍流の，辺境の ⇐派 **margin** 名 余白，欄外，重要でない部分
1266 □ **sponsor** [spɑ́:nsər]	他 …の広告主を務める，支援する，…に資金提供する 名 スポンサー，広告主，支援者
1267 □ **induction** [ɪndʌ́kʃən]	名 就任，入会，帰納
1268 □ **intensive** [ɪnténsɪv]	形 集中的な，徹底的な，集約的な ⇐派 **intense** 形 強烈な，激しい

ミシェル・フーコー

ミシェル・フーコーはフランスの哲学者である。1926年に非常に裕福な家庭に生まれた。高等師範学校で心理学と哲学を学び，優秀な成績をおさめた。スウェーデン，ポーランド，それから西ドイツで日の当たらない職を転々とした後，1961年にソルボンヌ大学の有力な教授の支援のもとで博士論文を完成させた。1966年に出版した『言葉と物』は学術書にしてベストセラーとなり，フーコーは国際的に有名になった。1970年にコレージュ・ド・フランスに着任したことで，研究に集中できるようになった。『知の考古学』『監獄の誕生』『性の歴史』などの本で，言説，知識，制度，権力の間の関係の移り変わりを歴史的な手法によって明らかにした。ブラジルや日本やアメリカなどの外国に長期間滞在して，満員の聴衆に講演する生活を送り，1984年にHIV・エイズの合併症で死去した。

1269 □ **illuminate** [ɪlúːmənèɪt]	他 照らす，明るくする，明らかにする ⇒派 **illumination** 名 照明，イルミネーション
1270 □ **evolve** [ɪvɑ́ːlv]	自 進化する，発展する，発達する ⇒派 **evolution** 名 進化
1271 □ **extended** [ɪksténdɪd, eks-]	形 延長された，拡大された，長期の ⇐派 **extend** 他 延長する，広げる
1272 □ **auditorium** [ɔ̀ːdətɔ́ːriəm]	名 観客席，聴衆席，講堂

Glossary

□ ℓ.3	**take up**	…につく
□ ℓ.10	**archaeology**	考古学
□ ℓ.14	**packed**	満員の

おすすめ関連書籍 ・ミシェル・フーコー『フーコー・ガイドブック』小林康夫・石田英敬・松浦寿輝編，ちくま学芸文庫

Ⅳ・現代 Contemporary Period

146 Deng Xiaoping

Deng Xiaoping was China's paramount leader in the 1980's. Born in Sichuan in 1904, Deng joined the Communist Party of China in 1924 while he was studying in France. In the 1966 Cultural Revolution, he was heavily criticized and disgraced. After Mao Zedong died in 1976, Deng ascended to power in 1978. Even though he was merely vice chairman of the Communist Party and vice premier, he had secretary general Hu Yaobang and premier Zhao Ziyang carry out his agenda. He **ingeniously** avoided ideological battles and undertook reforms and opening-up policies on his own timetable, while **constraining** the markets to maintain state economic planning. Within three decades, visitors to China would see **skyscrapers**. China joined the World Bank and the International **Monetary** Fund under Deng's leadership. Deng **implemented** the one-child policy, **reiterating** that the policy was necessary to **attain** a high average income. He peacefully negotiated the return of Hong Kong from British to Chinese sovereignty. In the 1989 Tiananmen Incident, he ordered troops to shoot **unarmed** citizens on the streets of Beijing. Having stepped aside in 1992, he died in 1997, four months before the return of Hong Kong.

1273 □	**ingenious** [ɪndʒíːnjəs]	形 巧妙な，独創的な，器用な ⇒派 **ingeniously** 副 巧妙に，器用に
1274 □	**constrain** [kənstréɪn]	他 制限する，抑える
1275 □	**skyscraper** [skáɪskrèɪpər]	名 超高層ビル，摩天楼
1276 □	**monetary** [mάːnətèri]	形 貨幣の，通貨の，金融の cf. **International Monetary Fund** 国際通貨基金
1277 □	**implement** [ímpləmènt]	他 実行する，履行する，実施する
1278 □	**reiterate** [riítərèɪt]	他 何度も繰り返して言う

鄧小平

鄧小平（とうしょうへい）は1980年代の中国の最高指導者である。1904年に四川省に生れた鄧は，フランス留学中の1924年に中国共産党に入党した。1966年の文化大革命では激しい批判を受け失脚した。1976年に毛沢東（もうたくとう）が死去すると，1978年に鄧が権力を手にした。自身は共産党副主席で副総理にすぎなかったが，胡耀邦（こようほう）総書記と趙紫陽（ちょうしよう）総理に自身の政策を実行させていた。イデオロギー論争を巧妙に避け，自らの日程表に沿って改革開放を進める一方，市場に制限を課して国家の経済計画を維持した。30年後の中国には高層ビル群が見られるようになる。鄧の指導下で中国は世界銀行と国際通貨基金に加盟した。鄧は一人っ子政策を実施し，平均収入を高くするために必要な政策だと説き続けた。イギリスから中国への香港の主権の返還を円満に協定した。1989年の天安門事件では軍隊を投入して北京の路上で丸腰の市民に向けて銃を発砲させた。1992年に引退し，香港返還を4カ月後に控えた1997年に死去した。

1279 □ **attain** [ətéɪn]	他 達成する，成し遂げる，獲得する ⇒派 **attainment** 名 達成，到達
1280 □ **unarmed** [ʌnáːrmd]	形 非武装の，武器を持たない，丸腰の ⇔反 **armed** 形 武装した，武器使用の

Glossary

□ ℓ.3	**Cultural Revolution**	文化大革命
□ ℓ.5	**ascend to power**	権力を握る
□ ℓ.8	**reforms and opening-up policies**	改革開放政策
□ ℓ.13	**one-child policy**	一人っ子政策
□ ℓ.15	**return of Hong Kong**	香港返還
□ ℓ.16	**Tiananmen Incident**	天安門事件
□ ℓ.17	**step aside**	引退する

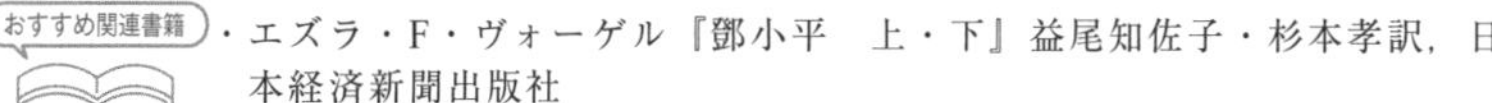

・エズラ・F・ヴォーゲル『鄧小平　上・下』益尾知佐子・杉本孝訳，日本経済新聞出版社

147 Mikhail Gorbachev

Mikhail Gorbachev was the last leader of the USSR. Gorbachev was born to peasants in Stavropol in 1931. He began his political career when he was appointed deputy director of the Young Communist League's **agitation** and propaganda department of the Stavropol region in 1955. From then on, he steadily climbed up the ladder in the Communist Party, until he was appointed general secretary in 1985. He denounced Stalin's crimes in a **candid** speech. In 1987, he signed a **disarmament** treaty with US President Ronald Reagan. His **innovations** led to the liberation of Eastern Europe, **exemplified** by the 1989 **Velvet** Revolution in Czechoslovakia, as well as to the fall of the Berlin Wall, followed with **startling swiftness** by the unification of West and East Germany. In 1990, Gorbachev was chosen president. But a coup broke out in August 1991. Although it soon collapsed, Gorbachev was finished after the coup, and was unable to prevent the **unraveling** of the USSR. In December, the USSR ceased to exist, and Gorbachev resigned. Thereafter he kept busy running the Gorbachev Foundation, writing a column **syndicated** by the *New York Times*, and founding the Social Democratic Party of Russia, until he died in 2022.

1281 □ **agitation** [ædʒətéɪʃən]	名 動揺，不安，社会運動をすること ⇐派 **agitate** 自 扇動する　動 かき乱す
1282 □ **candid** [kǽndɪd]	形 率直な，遠慮のない，包み隠しのない
1283 □ **disarmament** [dɪsɑ́ːrməmənt]	名 軍備縮小，軍備制限，武装解除 ⇔反 **armament** 名 軍備を整えること，武装化
1284 □ **innovation** [ìnəvéɪʃən]	名 新しい考え，新機軸，革新 ⇐派 **innovate** 自 革新する，刷新する
1285 □ **exemplify** [ɪgzémpləfàɪ, egz-]	他 …のよい例となる，体現する，例示する
1286 □ **velvet** [vélvət]	名 ビロード，ベルベット cf. **Velvet Revolution** ビロード革命

ミハイル・ゴルバチョフ

ミハイル・ゴルバチョフはソ連の最後の指導者である。ゴルバチョフは1931年にスタヴロポリの農家に生れた。1955年にスタヴロポリ地区共産主義青年同盟の教宣局次長になったところから彼の政治家人生は始まった。その後共産党で順調に出世し，1985年に書記長にのぼりつめた。彼は公開演説でスターリンの犯罪を指弾した。1987年には米大統領ロナルド・レーガンと軍縮条約に調印した。彼の改革は，1989年のチェコスロバキアのビロード革命に見られるように，東欧の自由化をもたらした。またベルリンの壁の崩壊にもつながり，それは驚くべき速さで東西ドイツ統一へと進んだ。1990年にゴルバチョフは大統領に選任された。しかし1991年8月にクーデターが勃発した。これは頓挫したものの，以降の彼は死に体になり，ソ連崩壊を阻止できなかった。12月にソ連は消滅し，ゴルバチョフは辞任した。以降はゴルバチョフ財団の運営，『ニューヨーク・タイムズ』で配信されるコラムの執筆，ロシア社会民主党の創設と多忙な日々を送り，2022年に死去した。

1287 □ **startling** [stáːrtlɪŋ]	形 びっくりさせる，仰天させる，驚くべき ⇐派 **startle** 他 びっくりさせる，仰天させる
1288 □ **swift** [swíft]	形 速やかな，即座の，足が速い ⇒派 **swiftness** 名 迅速さ，速やかさ，速さ
1289 □ **unravel** [ʌnrǽvl]	自 ほどける，ほつれる，崩壊する
1290 □ **syndicate** 他 [síndɪkèɪt] 名 [-dɪkət]	他 同時配信する，配給する 名 企業連合，通信社，系列新聞

Glossary

- □ ℓ.3 **deputy director** 次長
- □ ℓ.4 **propaganda** プロパガンダ
- □ ℓ.5 **climb up the ladder** 出世する
- □ ℓ.6 **general secretary** 書記長
- □ ℓ.11 **unification** 統一，統合

おすすめ関連書籍 ・ウィリアム・トーブマン『ゴルバチョフ　その人生と時代　上・下』松島芳彦訳，白水社

148 14th Dalai Lama

The 14th Dalai Lama is the spiritual leader of Tibet. Born in the **hamlet** of Taktser in 1935, he was identified as the 14th Dalai Lama at age 2, based on **omens** such as the direction of the 13th Dalai Lama's **corpse**, and was installed as the Dalai Lama in 1940. In 1950, the Chinese army invaded Tibet. According to a report on how the Chinese **oppressed** Tibetans, burning and burying alive were **commonplace**, not to mention dragging people behind **galloping** horses or throwing them into **icy** water. To prevent them from shouting out "Long live the Dalai Lama" on the way to **execution**, they tore out their tongues. The Dalai Lama set up the Tibetan Government in Exile in India in 1959. Since then, he has traveled the world and called for the liberation of Tibet. The leader in Beijing called him the "wolf in **monk**'s **robes**." In 1989, he was awarded the Nobel Peace Prize for his dedication to peace.

1291 □ **hamlet** [hǽmlət]	名 小村，小集落，小部落
1292 □ **omen** [óʊmən]	名 前兆，兆し，予兆
1293 □ **corpse** [kɔ́ːrps]	名 死体，死骸，屍
1294 □ **oppress** [əprés]	他 虐げる，差別する，迫害する ⇒派 **oppression** 名 圧政，抑圧，弾圧（☞51）
1295 □ **commonplace** [kɑ́ːmənplèɪs]	形 ありふれた，ごく普通の，珍しくない
1296 □ **gallop** [gǽləp]	自 ギャロップで駆ける 他 ギャロップで駆けさせる
1297 □ **icy** [áɪsi]	形 氷のように冷たい，凍った，氷の ⇐派 **ice** 名 氷

ダライ・ラマ 14 世

ダライ・ラマ 14 世はチベットの精神的指導者である。1935 年，タクツェルという寒村に生まれた。ダライ・ラマ 13 世の遺体の向きなどのお告げによって 2 歳の時にダライ・ラマ 14 世に指名され，1940 年に即位した。1950 年に中国軍がチベットを侵略した。中国人のチベット人迫害に関する報告書によると，焙(あぶ)り殺しや生き埋めはざらで，馬で引きずり回したり，凍った水に投げ込んだりという行為は枚挙に暇(いとま)がなかった。処刑中に「ダライ・ラマ万歳」と叫べないよう舌を引き抜いたりもした。ダライ・ラマは 1959 年にインドにチベット亡命政権を樹立した。以来世界中を飛び回ってチベット解放を訴えてきた。中国の指導者には「僧衣を着た狼」と呼ばれた。1989 年，平和への献身を讃えてノーベル平和賞を授与された。

1298 □ **execution** [èksəkjúːʃən]	名 処刑，死刑執行，実行 ⇐ 派 **execute** 他 死刑にする，処刑する，実行する (☞22)
1299 □ **monk** [mʌ́ŋk]	名 修道士，僧侶
1300 □ **robe** [róʊb]	名 礼服，衣服，ローブ

Glossary

□ ℓ.1	**spiritual leader**	精神的指導者
□ ℓ.1	**Tibet**	チベット
□ ℓ.7	**not to mention**	…は言うまでもなく
□ ℓ.10	**tear out**	引きはがす

おすすめ関連書籍

・ダライ・ラマ『ダライ・ラマ自伝』山際素男訳，文春文庫

149 Ngũgĩ wa Thiong'o

Ngũgĩ wa Thiong'o is a Kenyan writer who writes primarily in the indigenous African language, Gĩkũyũ. Ngũgĩ was born in 1938 into a large peasant family. He received **bachelor's** degrees from Makerere University in 1963 and from the University of Leeds in 1964. He published his debut novel ***Weep** Not, Child* in English in 1964. He began teaching English literature as a **lecturer** at the University of Nairobi in 1967. He published a number of works, which earned him a reputation as one of Africa's most **articulate** social critics. In 1977, he was jailed in **solitary** confinement by the authorities when his politically controversial play *I Will Marry When I Want* was performed. While in prison, he decided to contribute to the richness of his mother tongue Gĩkũyũ instead of paying **homage** to the **colonists'** language. Since then, he has written his works in Gĩkũyũ. In 2004, he was **brutally** assaulted in his home, supposedly for political reasons. Currently he is distinguished professor of **Comparative** Literature and English at the University of California, Irvine. His most famous novels include *Devil on the Cross* and ***Wizard** of Crow.*

1301 □ **bachelor** [bǽtʃələr]	名 未婚の男性，独身男性，学士 cf. **bachelor's degree** 学士号
1302 □ **weep** [wíːp]	自 しくしく泣く，涙を流す，嘆き悲しむ（**wept, wept**）
1303 □ **lecturer** [léktʃərər]	名 講演者，講師 ⇐派 **lecture** 自 講演〔講義〕する　名 講演，講義
1304 □ **articulate** 形 [ɑːrtíkjələt] 他 [ɑːrtíkjəlèɪt]	形 明確な，明瞭な，はっきりした 他 はっきりと言葉で述べる
1305 □ **solitary** [sɑ́ːlətèri]	形 ひとりだけの，孤立した
1306 □ **homage** [hɑ́ːmɪdʒ, ɑ́ːm-]	名 敬意，尊敬，賞賛 cf. **pay homage to** …に敬意を表する

グギ・ワ・ジオンゴ

グギ・ワ・ジオンゴはケニアの作家である。主にアフリカ土着のキクユ語で作品を発表している。グギは1938年に農家の大家族に生まれた。1963年にマケレレ大学で，1964年にリーズ大学で学士号を取得した。1964年に英語の小説『泣くな，わが子よ』でデビューした。1967年にナイロビ大学講師に就任し，英文学を講じはじめた。数多くの作品を発表し，アフリカ有数の歯に衣着せぬ社会批評家との名声を獲得した。1977年，政治的に物議をかもす戯曲『したいときに結婚するわ』が上演されると，当局により独房に監禁された。監禁中に，植民地支配者の言語に敬意を表するのはやめて，母語のキクユ語を豊かにすることに貢献しようと心に決めた。以後，彼はキクユ語で作品を執筆してきた。2004年には自宅で襲撃されて，ひどい暴行を受けた。政治的な背景があったとされている。現在はカリフォルニア大学アーバイン校の比較文学および英語の特別教授をつとめる。代表作には『十字架の上の悪魔』『カラスの妖術師』がある。

1307 □ **colonist** [kά:lənıst]	名 植民地開拓者，入植者 ⇐派 **colony** 名 植民地（☞92）
1308 □ **brutal** [brú:tl]	形 残虐な，残忍な，容赦ない ⇒派 **brutally** 副 残虐に，残忍に，容赦なく
1309 □ **comparative** [kəmpǽrətıv, -pǽr-]	形 比較による，相対的な，比較級の cf. **comparative literature** 比較文学 ⇐派 **compare** 他 比較する，比べる
1310 □ **wizard** [wízərd]	名 魔法使い，妖術師，ウィザード ⇔反 **witch** 名（女の）魔法使い

Glossary

□ ℓ.2	**indigenous**	土着の
□ ℓ.2	**Gĩkũyũ**	キクユ語
□ ℓ.9	**confinement**	監禁
□ ℓ.15	**distinguished**	優れた

おすすめ関連書籍
・グギ・ワ・ジオンゴ『増補新版　精神の非植民地化』宮本正興・楠瀬佳子訳，第三書館

Ⅳ • 現代 Contemporary Period

150 Indian gaming

When the Cabazon Indian Band in California opened a casino on their reservation in 1980, sheriffs arrested the people concerned. The Cabazon Band sued, arguing that their reservation did not fall under the state's **jurisdiction**. In 1987, the Supreme Court **upheld** their sovereignty. This decision recognized the **inherent** right of native tribes to conduct gaming free of state **interference**. In 1988, Congress passed the Indian Gaming Regulatory Act, which **ushered** in the era of Indian gaming. The United States now has more than 400 casinos run by over 200 tribes. Profits from Indian casinos **exceed** those from commercial casinos including those in Las Vegas. Indian gaming has been **lucrative** for some tribes, but unsuccessful for many others. While some gaming tribes invest in other reservation industries or **donate** to **charitable** organizations to increase their political power, there is a concern about the spread of gambling **addiction**.

1311 □ **jurisdiction** [dʒùərɪsdíkʃən]	名 司法権，支配権，管轄権
1312 □ **uphold** [ʌphóʊld]	他 支持する，是認する，擁護する（**upheld, upheld**）
1313 □ **inherent** [ɪnhíərənt]	形 本来備わっている，生来の，固有の ⇐派 **inhere** 自 本来備わっている，含まれている
1314 □ **interference** [ìntərfíərəns]	名 邪魔，干渉，口出し ⇐派 **interfere** 自 干渉する，じゃまをする，妨げる
1315 □ **usher** [ʌ́ʃər]	他 案内する　名 案内係 cf. **usher in** …の先駆けとなる
1316 □ **exceed** [ɪksíːd]	他 越える，上回る，…以上である ⇒派 **excess** 名 過剰，超過，行き過ぎ
1317 □ **lucrative** [lúːkrətɪv]	形 利益の上がる，儲かる

インディアン・カジノ

1980年にカリフォルニアのカバゾン・インディアン部族が保留地でカジノの営業を始めると，保安官が関係者を逮捕した。カバゾン部族は，保留地は州の管轄外だとして訴訟を起こした。1987年，最高裁判所は彼らの自治権を擁護した。この判決により，先住民の部族が州に干渉されずにカジノを経営する固有の権利をもつことが認められた。1988年，インディアン・ゲーミング規制法が議会で可決され，インディアン・カジノの時代が始まった。今日，アメリカでは200以上の部族が400軒以上のカジノを経営している。インディアン・カジノの収益は，ラスベガスを含む商業カジノを上回る。インディアン・カジノは一部の部族に大きな利益をもたらしたが，うまく行っていない部族も多い。他の保留地産業に投資したり，慈善団体に寄付して政治力を高めたりするカジノ部族もある一方，ギャンブル依存症の蔓延が問題となっている。

1318 □ **donate** [dóʊneɪt]	自 …（to）に寄付する，提供する 他 寄付する，寄贈する，贈る ⇒派 **donation** 名 寄付（金），寄贈（品）
1319 □ **charitable** [tʃǽrətəbl]	形 慈善の，人助けの，支援の ⇐派 **charity** 名 慈善，チャリティー
1320 □ **addiction** [ədíkʃən]	名 常用，中毒，依存 ⇒派 **addictive** 形 習慣性の，中毒性の，依存症の

Glossary

□ ℓ.1	**casino**	カジノ
□ ℓ.2	**sheriff**	保安官
□ ℓ.7	**gaming**	賭け事，ギャンブル
□ ℓ.7	**regulatory**	規制する

おすすめ関連書籍

・野口久美子『インディアンとカジノ』ちくま新書

知っておきたい 名言集 Ⅳ

113

Albert Einstein

Put your hand on a hot stove for a minute, and it seems like an hour. Sit with a pretty girl for an hour, and it seems like a minute. That's relativity.

アルバート・アインシュタイン

熱いストーブに触れている1分間は1時間にも感じられるが，かわいい女の子と過ごす1時間は1分にしか感じない。相対性とはそういうことだ。

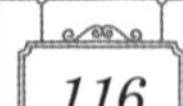

116

Winston Churchill

Democracy is the worst form of government except all those other forms that have been tried from time to time.

ウィンストン・チャーチル

民主主義は最悪の政治体制である。これまでに試みられてきた他のすべての政治体制を除けば。

119

Charles Chaplin

Life is a tragedy when seen in close-up, but a comedy in long-shot.

チャールズ・チャップリン

人生は近くで見ると悲劇だが，遠くから見ると喜劇である。

121

Franz Kafka

God gives the nuts, but he does not crack them.

フランツ・カフカ

神はクルミを与えてくださるが，それを割ってはくださらない。

123

Mahatma Gandhi

Victory attained by violence is tantamount to a defeat, for it is momentary.

マハトマ・ガンジー

暴力で得る勝利は負けと同じだ。なぜならそれはつかの間のものだから。

学校単語 800

本編に登場する単語のうち,
中学・高校で学習した
基本単語・熟語800語を
掲載しています。
教養単語を学ぶ基礎となる単語です。
語彙力アップに役立てましょう。

1	Ancient Egypt	【p.20～21】
001	☐ **collapse** [kəlǽps]	自 崩壊する，つぶれる，滅亡する 名 崩壊，倒壊，滅亡
002	☐ **come into being**	出現する，誕生する，設立される
003	☐ **establish** [ɪstǽblɪʃ, es-]	他 設立する，建国する，制定する ⇒派 **establishment** 名 施設，設立，確立
004	☐ **expand** [ɪkspǽnd, eks-]	他 膨張させる，拡大させる 自 膨張する，拡大する
005	☐ **found** [fáʊnd]	他 設立する，創立する，建国する
006	☐ **include** [ɪnklúːd]	他 含む，含んでいる，入れる
007	☐ **independent** [ìndɪpéndənt]	形 独立した，中立公正の立場からの，自主的な
008	☐ **national** [nǽʃənl]	形 全国的な，国家の，国民の
009	☐ **patron** [péɪtrən]	名 後援者，支援者，ひいき客
010	☐ **prosperity** [prɑːspérəti]	名 繁栄，成功，豊かさ
011	☐ **territory** [térətɔ̀ːri]	名 領土，領地，地域

2	King Hammurabi	【p.22～23】
012	☐ **civilization** [sìvələzéɪʃən]	名 文明
013	☐ **code** [kóʊd]	名 暗号，符号，法典
014	☐ **emphasize** [émfəsàɪz]	他 強調する，重視する，…に重点を置く
015	☐ **focus** [fóʊkəs]	他 集中させる　focused 形 …（on）に気持ちを集中させた

016	□ **force** [fɔ́ːrs]	名 暴力，影響力，軍隊
017	□ **issue** [íʃuː]	他 出す，発行する，発布する 名 問題，出版物，発行
018	□ **one after another**	一つまた一つと，次々と
019	□ **phrase** [fréɪz]	名 句，言い回し，表現
020	□ **political** [pəlítɪkl]	形 政治の
021	□ **punish** [pʌ́nɪʃ]	他 罰する，こらしめる
022	□ **successor** [səksésər]	名 後継者，後任者，後継ぎ
023	□ **take over**	引き継ぐ，受け継ぐ，乗っ取る
024	□ **victim** [víktɪm]	名 犠牲者，被害者，被災者

□collapse（☞1）

3 Nebuchadnezzar II 【p.24～25】

025	□ **construct** [kənstrʌ́kt]	他 建設する，築き上げる，組み立てる
026	□ **decline** [dɪkláɪn]	自 減少する，衰える，衰退する
027	□ **describe** [dɪskráɪb]	他 …の特徴を述べる，記述する，説明する
028	□ **empire** [émpaɪər]	名 帝国
029	□ **gateway** [géɪtwèɪ]	名 出入口，門口，表玄関
030	□ **gorgeous** [gɔ́ːrdʒəs]	形 素晴らしい，豪華な，華麗な

031	□ **inhabitant** [ɪnhǽbətənt]	名 住民，居住者，定住者
032	□ **succeed** [səksíːd]	他 …の後任となる，後を継ぐ，…に続く 自 成功する，後を継ぐ

4	Zoroastrianism	【p.26 ~ 27】
033	□ **arise** [əráɪz]	自 起こる，生じる，起因する (**arose, arisen**)
034	□ **combat** 動 [kəmbǽt, kάːm-] 名 [kάːmbæt, kʌ́m-]	他 …と戦う，…に立ち向かう 名 戦闘，争い，競争
035	□ **concept** [kάːnsept]	名 概念，観念，考え
036	□ **everlasting** [èvərlǽstɪŋ]	形 永久に続く，永遠の，恒久の
037	□ **fortune** [fɔ́ːrtʃən]	名 運，大金，財産
038	□ **individually** [ìndəvídʒuəli]	副 個々に，別々に，一人一人 ⇐ 派 **individual** 形 個々の，一人一人の，個人の
039	□ **pray** [préɪ]	自 祈る
040	□ **prosper** [prάːspər]	自 栄える，繁栄する，成功する
041	□ **religion** [rɪlídʒən, rə-]	名 宗教，宗派，宗旨
042	□ **root** [rúːt]	名 根，根本，〈-s〉ルーツ
043	□ **rule** [rúːl]	他 支配する 名 支配，規則，法則，習慣
044	□ **supreme** [su(ː)príːm]	形 最高の，至高の，究極の
045	□ **trace** [tréɪs]	他 見つけ出す，突き止める，たどる

□ found (☞1)

5 Pythagoras 【p.28 ~ 29】

046	□ **accidental** [æksədéntl]	形 偶然の，予期しない
047	□ **complexity** [kəmpléksəti]	名 複雑さ，複雑性
048	□ **connection** [kənékʃən]	名 関係，接続，連絡
049	□ **evidence** [évədəns]	名 証拠，証言，形跡
050	□ **hidden** [hídn]	形 隠れた，見つけにくい，秘密の
051	□ **impact** [ímpækt]	名 影響，影響力，衝撃
052	□ **potential** [pəténʃəl, pou-]	形 可能性を秘めた，将来そうなりうる，潜在的な
053	□ **relationship** [rɪléɪʃənʃɪp, rə-]	名 関係
054	□ **record** [名 rékərd, 動 rɪkɔ́:rd]	名 記録　他 記録する，録画する ⇒派 **recording** 名 録画，録音，レコーディング
055	□ **remarkably** [rɪmá:rkəbli]	副 目立って，著しく，異常に ⇐派 **remarkable** 形 著しい
056	□ **settle** [sétl]	自 解決する，定住する，移住する
057	□ **significant** [sɪgnífɪkənt]	形 重要な，重大な，かなりの
058	□ **work out**	よく考える，解決する；うまくいく

□found（☞1）

6 Socrates 【p.30 ~ 31】

059	□ **awareness** [əwéərnəs]	名 知ること，意識，自覚
060	□ **chiefly** [tʃí:fli]	副 主に，第一に，特に

061	☐ **criticize** [krítəsàɪz]	他 非難する，批判する，…のあら捜しをする
062	☐ **encourage** [ɪnkə́:rɪdʒ, en-]	他 励ます，促進する，助長する
063	☐ **escape** [ɪskéɪp, es-, əs-]	自 逃げる，逃れる，逃走する
064	☐ **ignorance** [ígnərəns]	名 無知，不知，知らないこと
065	☐ **jail** [dʒéɪl]	名 刑務所，拘置所 他 拘置する，投獄する
066	☐ **justice** [dʒʌ́stɪs]	名 正義，正当性，裁判
067	☐ **military** [míləteri]	形 軍隊の，軍用の，軍人の
068	☐ **participate** [pɑ:rtísəpèɪt]	他 …に参加する，関与する，あずかる
069	☐ **politician** [pɑ̀:lətíʃən]	名 政治家
070	☐ **unreasonable** [ʌnrí:znəbl]	形 分別のない，不合理な ⇒派 **unreasonably** 副 無分別に，法外に
071	☐ **wisdom** [wízdəm]	名 英知，知恵，分別

7 Plato 【p.32 ～ 33】

072	☐ **according to**	…によれば，…に従って，…に応じて
073	☐ **approach** [əpróʊtʃ]	名 取り組み方法，研究法，接近 他 …に近づく，接近する
074	☐ **athlete** [ǽθli:t]	名 運動選手，スポーツ選手，アスリート
075	☐ **dialogue** [dáɪəlɔ̀:g]	名 対話，会話，会談
076	☐ **figure** [fígjər]	名 数，人物，体つき

No.	単語	意味
077	□ **follower** [fɑ́:louər]	名 信奉者，弟子，信者 ⇐派 **follow** 他 …の後についていく，…に従う
078	□ **name after**	…にちなんで名づける
079	□ **philosophy** [fəlɑ́:səfi]	名 哲学
080	□ **poetry** [póuətri]	名 詩，詩的美しさ，詩趣
081	□ **public** [pʌ́blɪk]	形 公共の，公的な，公然の ⇒派 **publicly** 副 公然と，おおっぴらに
082	□ **skilled** [skíld]	形 熟練した，上手な，熟練を要する
083	□ **striking** [stráɪkɪŋ]	形 著しい，目立つ，際立つ
084	□ **theory** [θí:əri, θíəri]	名 学説，理論，説

□found（☞1）

8 Aristotle 【p.34～35】

No.	単語	意味
085	□ **amazingly** [əméɪzɪŋli]	副 驚くほど，驚いたことに
086	□ **astronomy** [əstrɑ́:nəmi]	名 天文学
087	□ **bring up**	育てる，養育する，しつける
088	□ **expert** [ékspə:rt]	名 専門家，熟練者，第一人者
089	□ **range** [réɪndʒ]	名 種類，範囲，幅 自 範囲に及ぶ

□dialogue（☞7）　□establish（☞1）　□political（☞2）

9 Alexander the Great 【p.36～37】

No.	単語	意味
090	□ **advance** [ədvǽns]	自 進出する，進歩する　他 進歩させる，推進する 名 前進，進軍，進歩

091 □ **fever** [fíːvər]	名 熱，発熱，熱病
092 □ **invade** [ɪnvéɪd]	他 侵略する，侵攻する，攻略する
093 □ **launch** [lɔ́ːntʃ]	他 始める，開始する
094 □ **refuse** [rɪfjúːz, rə-]	他 断る，拒む，辞退する
095 □ **seize** [síːz]	他 つかみ取る，奪い取る
096 □ **split** [splít]	自 分かれる，分裂する，裂ける 他 分ける，分裂させる，裂く（**split, split**）
097 □ **vast** [vǽst]	形 広大な，非常に広い，莫大な

□concept（☞4）□decline（☞3）□empire（☞3）□succeed（☞3）
□take over（☞2）

10 Confucius 【p.38～39】

098 □ **appoint** [əpɔ́ɪnt]	他 任命する，指名する，決める
099 □ **belief** [bɪlíːf, bə-]	名 信念，信用，信仰
100 □ **depart** [dɪpɑ́ːrt]	他 出発する，発つ，離れる 自 出発する，発つ，それる
101 □ **document** [dɑ́ːkjəmənt]	名 文書，書類，証書
102 □ **edit** [édɪt]	他 校閲する，編纂する，編集する ⇒派 **editor** 名 編集長
103 □ **insight** [ínsàɪt]	名 洞察力，理解，見識
104 □ **minister** [mínəstər]	名 大臣，牧師，聖職者
105 □ **morality** [mərǽləti]	名 道徳，倫理，道義

No.	単語	意味
106	□ **ruler** [rúːlər]	名 統治者，君主，定規
107	□ **sincerity** [sɪnsérəti, sən-]	名 裏表のないこと，誠実さ，誠意
108	□ **translate** [trǽnsleɪt, trǽnz-, ˊ-]	他 翻訳する，訳す
109	□ **virtue** [vəːrtʃuː]	名 美徳，徳，長所
110	□ **vision** [víʒən]	名 視力，視野，洞察
111	□ **warrior** [wɔ́ːriər, -jər, wɑ́ːr-]	名 戦士，武士，軍人

□ found（☞1） □ include（☞1） □ poetry（☞7） □ political（☞2）

11 Buddhism 【p.40 ~ 41】

No.	単語	意味
112	□ **achieve** [ətʃíːv]	他 達成する，獲得する，成し遂げる
113	□ **era** [íːrə, éərə]	名 時代，時期，紀元
114	□ **develop** [dɪvéləp, də-]	他 発達させる，開発する，展開する ⇒派 **development** 名 発達，成長，開発
115	□ **forbid** [fərbíd, fɔːr-]	他 禁ずる，禁止する，許さない （**forbade, forbidden**）
116	□ **influence** [ínfluəns]	名 影響，影響力 他 …に影響する
117	□ **largely** [lɑ́ːrdʒli]	副 主に，大部分は，主として
118	□ **mainly** [méɪnli]	副 主に，大部分は，たいていは
119	□ **promote** [prəmóut]	他 促進する，普及させる，登用する

□ arise（☞4） □ establish（☞1） □ religion（☞4）

12 Gautama Buddha 【p.42～43】

120 □ **anxiety** [æŋzáɪəti]	名 心配，不安，悩み
121 □ **comfortably** [kʌ́mftəbli]	副 快適に，不自由なく，楽に
122 □ **get married**	結婚する
123 □ **on *one's* way**	途中で
124 □ **robber** [rɑ́ːbər]	名 盗賊，強盗
125 □ **temptation** [temptéiʃən]	名 誘惑，衝動
126 □ **variety** [vəráɪəti]	名 変化，多様性，種類

13 Hinduism 【p.44～45】

127 □ **among others**	とりわけ，…など，たとえば
128 □ **attachment** [ətǽtʃmənt]	名 愛着，傾倒，付属物
129 □ **Bible** [báɪbl]	名（the）聖書
130 □ **consequently** [kɑ́ːnsəkwèntli]	副 したがって，その結果，必然的に
131 □ **consider** [kənsídər]	他 よく考える，みなす，考慮に入れる
132 □ **depend** [dɪpénd, də-]	自 …（on）次第である
133 □ **divine** [dɪváɪn]	形 神の，神聖な，神々しい
134 □ **injure** [índʒər]	他 傷つける，痛める，負傷させる

135 □ **regard** [rɪɡɑ́ːrd]	他 …（as）とみなす，考える，評価する
136 □ **worship** [wə́ːrʃəp]	他 崇拝する，礼拝する 名 崇拝，礼拝，祈り

□develop（☞11）　□religion（☞4）

14 Emperor Shi Huang of Qin 【p.46～47】

137 □ **as well**	…も，さらに，その上
138 □ **as well as**	…だけでなく，…のほかに
139 □ **county** [káʊnti]	名 郡
140 □ **cultural** [kʌ́ltʃərəl]	形 文化の，文化的な，教養の ⇒派 **culturally** 副 文化的に，文化面で
141 □ **district** [dístrɪkt]	名 地域，地方，地区
142 □ **divide** [dɪváɪd, də-]	他 分ける，分割する
143 □ **economically** [èkənɑ́ːmɪkəli, ìːk-]	副 経済的に，経済上，節約して
144 □ **emperor** [émpərər]	名 皇帝，天皇
145 □ **hire** [háɪər]	他 雇う，採用する，登用する
146 □ **nephew** [néfjuː]	名 甥
147 □ **policy** [pɑ́ːləsi]	名 政策，方針，信条
148 □ **profound** [prəfáʊnd, proʊ-]	形 多大な，重大な，深刻な
149 □ **social** [sóʊʃəl]	形 社会の ⇒派 **socially** 副 社会的に，社会階級的に，社交的に

150 □ **status** [stéɪtəs, stǽtəs]	名 地位，身分，状態

□civilization（☞2） □empire（☞3） □force（☞2） □found（☞1）
□impact（☞5） □succeed（☞3）

15 Modu Chanyu 【p.48～49】

151 □ **advantage** [ədvǽntɪdʒ]	名 有利な点，利点，優位
152 □ **bravery** [brèɪvəri]	名 勇敢さ，勇気，勇気ある行為
153 □ **commander** [kəmǽndər]	名 指揮官，司令官
154 □ **cotton** [kɑ́:tn]	名 綿，綿布，木綿
155 □ **dominate** [dɑ́:mənèɪt]	他 支配する，牛耳る，…で優位を占める
156 □ **last** [lǽst]	自 続く，継続する，もつ ⇒派 **lasting** 形 永続的な，長続きする，後世に残る
157 □ **reverse** [rɪvə́:rs]	他 覆す，入れかえる，逆にする
158 □ **reward** [rɪwɔ́:rd, rə-]	名 報酬，ほうび，報奨金
159 □ **strength** [stréŋkθ, ʃtréŋkθ]	名 力，強さ，強み
160 □ **surround** [səráʊnd]	他 囲む，包囲する，包む ⇒派 **surrounding** 形 周囲の，周辺の
161 □ **treaty** [trí:ti]	名 条約，協定，盟約

□appoint（☞10） □emperor（☞14） □empire（☞3） □escape（☞6）
□include（☞1） □rule（☞4）

16 Emperor Wu of Han 【p.50～51】

162 □ **call on**	…に依頼する，訴える，求める

163	□ **carry out**	遂行する，実行する，行う
164	□ **employ** [ɪmplɔ́ɪ, em-]	他 雇う，使う，利用する
165	□ **govern** [gʌ́vərn]	他 治める，統治する ⇒派 **governor** 名 総督, 知事, 長官
166	□ **government** [gʌ́vərnmənt, gʌ́vəmənt]	名 政府，政治，行政
167	□ **imperial** [ɪmpíəriəl]	形 帝国の，皇帝の
168	□ **improve** [ɪmprúːv]	他 改良する，改善させる，向上させる
169	□ **in case of**	…の場合は，…に備えて，…の用心のために
170	□ **in place of**	…の代わりに
171	□ **official** [əfíʃəl]	名 公務員，職員，高官 形 公の，公式の
172	□ **organize** [ɔ́ːrgənàɪz]	他 手配する，まとめる，結成する
173	□ **set up**	設立する，樹立する，組み立てる
174	□ **systematically** [sìstəmǽtɪkəli]	副 組織的に，体系的に，整然と

□expand（☞1） □emperor（☞14） □individual（☞4） □last（☞15）
□rule（☞4） □surrounding（☞15） □territory（☞1）

17 Cao Cao 【p.52 ~ 53】

175	□ **assume** [əs(j)úːm]	他 本当だと思う，想定する，掌握する
176	□ **battle** [bǽtl]	名 戦闘，戦い，闘争
177	□ **break out**	急に発生する，起こる，勃発する

178 □ **cliff** [klíf]	名 絶壁，がけ，岸壁
179 □ **create** [kriéɪt, krìː-, ⌐–]	他 創造する，創作する，創設する
180 □ **defeat** [dɪfíːt]	他 破る，負かす，挫折させる 名 敗北
181 □ **distinguish** [dɪstíŋgwɪʃ]	他 区別する
182 □ **foundation** [faʊndéɪʃən]	名 土台，基盤，財団
183 □ **gradually** [grǽdʒuəli, grǽdʒəli]	副 だんだんと，次第に，徐々に
184 □ **makeup** [méɪkʌ̀p]	名 化粧，扮装，メーク
185 □ **novel** [nɑ́ːvl]	名 小説
186 □ **suppress** [səprés]	他 鎮圧する，抑圧する，抑える ⇒派 **suppression** 名 抑圧，禁止，抑制

□appoint（☞10） □divide（☞14） □emperor（☞14） □imperial（☞16）

18 Judaism 【p.54～55】

187 □ **accuse** [əkjúːz]	他 …（of）のかどで訴える，告発する，非難する
188 □ **chew** [tʃúː]	他 かむ，かんで食べる，咀嚼する
189 □ **crab** [krǽb]	名 カニ
190 □ **domestic** [dəméstɪk]	形 国内の，家庭の，人に飼育されている
191 □ **exclude** [ɪksklúːd, eks-]	他 除外する，排除する，締め出す
192 □ **goose** [gúːs]	名 ガチョウ（geese）

193 □ **octopus** [ɑ́:ktəpəs]	名 タコ（octopi）
194 □ **preserve** [prɪzə́:rv, prə-]	他 保護する，保存する，保つ

□develop（☞11） □divide（☞14） □follower（☞7） □include（☞1）
□religion（☞4） □profound（☞14）

19 Jesus of Nazareth 【p.56～57】

195 □ **analyze** [ǽnəlàɪz]	他 分析する，解明する ⇒派 **analysis** 名 分析，解明
196 □ **arrest** [ərést]	他 逮捕する 名 逮捕
197 □ **criminal** [krímənl]	名 犯人，罪人，犯罪者 形 罪を犯した，犯罪の，刑事上の
198 □ **critically** [krítɪkəli]	副 批判的に，決定的に，瀕死状態に ⇐派 **critical** 形 批判的な，重大な，危険な
199 □ **crowd** [kráʊd]	名 群衆，人ごみ，観衆
200 □ **grow up**	成長する，育つ，大人になる
201 □ **merchant** [mə́:rtʃənt]	名 商人
202 □ **ministry** [mínəstri]	名 省，聖職者，宣教
203 □ **trial** [tráɪəl]	名 裁判，試み，試し
204 □ **willingly** [wílɪŋli]	副 進んで，喜んで，自発的に

□consider（☞13）

20 Christianity 【p.58～59】

205 □ **characterize** [kǽrəktəràɪz, kǽr-]	他 特徴づける，…の特徴をなしている
206 □ **compare** [kəmpéər]	他 比較する，比べる

207	☐ **feature** [fíːtʃər]	他 呼び物にする，特集する，出演させる 名 特徴，特色，特集記事
208	☐ **orthodox** [ɔ́ːrθədɑ̀ːks]	形 正統的な；〈O-〉正教会の
209	☐ **priest** [príːst]	名 聖職者，（旧教の）司祭，（新教の）牧師
210	☐ **representation** [rèprɪzentéɪʃən]	名 表現，描写，絵画
211	☐ **saint** [séɪnt]	名 聖人，聖者
212	☐ **separate** 形 [sépərət] 動 [sépərèɪt]	形 離れた，別個の，別々の 他 分ける，区別する，引き離す
213	☐ **unity** [júːnəti]	名 単一性，統一性，まとまり

☐Bible（☞13） ☐development（☞11） ☐divide（☞14） ☐establish（☞1）
☐religion（☞4） ☐split（☞9）

21 Julius Caesar 【p.60～61】

214	☐ **adopt** [ədɑ́ːpt]	他 養子にする，採用する ⇒派 **adopted** 形 養子になった，採用された
215	☐ **cross** [krɔ́ːs]	他 横断する，渡る　自 横断する，渡る 名 十字形，十字架
216	☐ **formerly** [fɔ́ːrməli]	副 以前は，昔は，かつては
217	☐ **meanwhile** [míːnwàɪl]	副 そうしている時に，その間に，一方では
218	☐ **millionaire** [mìljənéər]	名 金持ち，富豪，百万長者
219	☐ **noble** [nóʊbl]	形 高潔な，高貴な，貴族の
220	☐ **province** [prɑ́ːvɪns]	名 州，地方，属州

221	□ **republic** [rɪpʌ́blɪk]	名 共和国，共和制
222	□ **senator** [sénətər]	名 上院議員，理事，元老院議員
223	□ **solar** [sóʊlər]	形 太陽の

□break out（☞17）　□defeat（☞17）　in place of（☞16）　□phrase（☞2）

22 Cicero 【p.62～63】

224	□ **abroad** [əbrɔ́ːd]	副 外国へ，海外へ
225	□ **elect** [ɪlékt, ə-]	他 選ぶ，選挙する，決定する
226	□ **enemy** [énəmi]	名 相手，敵対者，反対者
227	□ **forum** [fɔ́ːrəm]	名 公開討論会，フォーラム
228	□ **invitation** [ìnvətéɪʃən]	名 招待，依頼，勧誘 ⇐派 **invite** 他 招待する
229	□ **obligation** [ɑ̀ːblɪgéɪʃən]	名 義務，恩義，借り
230	□ **owe** [óʊ]	他 …（to）に借りている，負っている，おかげをこうむる
231	□ **vigorously** [vígərəsli]	副 精力的に，力強く，活発に

□accuse（☞18）　□as well as（☞14）　□decline（☞3）　□force（☞2）
□largely（☞11）　□noble（☞21）　□remarkable（☞5）　□republic（☞21）

23 Cleopatra VII 【p.64～65】

232	□ **flee** [flíː]	他 …から逃げる（**fled, fled**） 自 逃げる
233	□ **joint** [dʒɔ́ɪnt]	形 共同の，共有の，連帯の
234	□ **restore** [rɪstɔ́ːr]	他 回復する，復活させる，修復する

235	□ **suffer** [sʌ́fər]	自 …（from）で苦しむ，…にかかる 他 経験する，こうむる
236	□ **supposed** [səpóʊzd]	形 …と思われている，…と考えられている，…とされている
237	□ **victory** [víktəri]	名 勝利，戦勝，優勝

□defeat（☞17）　□force（☞2）　□found（☞1）　□ruler（☞10）

24 Augustus 【p.66～67】

238	□ **considerable** [kənsídərəbl]	形 かなりの，相当な
239	□ **efficiently** [ɪfíʃəntli]	副 効率的に，能率的に
240	□ **extend** [ɪksténd, eks-]	他 延長する，拡大する，伸ばす
241	□ **fairly** [féərli]	副 けっこう，公正に，公平に
242	□ **gain** [géɪn]	他 獲得する，手に入れる，増す
243	□ **generation** [dʒènəréɪʃən]	名 同世代の人々，世代，代
244	□ **grant** [grǽnt]	他 承諾する，授与する，認める
245	□ **invest** [ɪnvést]	自 …（in）に投資する 他 投資する，使う，注ぐ
246	□ **wealthy** [wélθi]	形 富裕な，裕福な，金持ちの ⇐派 **wealth** 名 富，財産

□adopt（☞21）　□battle（☞17）　□defeat（☞17）　□foundation（☞17）
□govern（☞16）　□public（☞7）　□succeed（☞3）　□territory（☞1）

25 Hadrian 【p.68～69】

247	□ **consist** [kənsíst]	自 …に本質がある，…（of）から成る，成り立つ
248	□ **expansion** [ɪkspǽnʃən, eks-]	名 拡張，拡大，膨張

249 □ **niece** [níːs]	名 姪
250 □ **personality** [pə̀ːrsənǽləti]	名 個性，性格，人間性
251 □ **require** [rɪkwáɪər, rə-]	他 必要とする；…（to）することを要求する，命ずる
252 □ **resort** [rɪzɔ́ːrt]	名 行楽地，景勝地，頼ること
253 □ **secure** [sɪkjúər]	他 確保する，手に入れる，守る 形 不安のない，安定した，安全な
254 □ **succession** [səkséʃən]	名 連続，相続，継承 ⇒派 **successive** 形 連続する
255 □ **visible** [vízəbl]	形 目に見える，明らかな，はっきりとした

□adopt（☞21） □construct（☞3） □nephew（☞14） □policy（☞14）
□province（☞21） □relationship（☞5）

26 Julian 【p.70～71】

256 □ **approve** [əprúːv]	他 承認する，認可する，公認する 自 妥当だと認める，賛成する
257 □ **conceal** [kənsíːl]	他 隠す，秘密にする，見せない
258 □ **convert** [kənvə́ːrt]	自 …（to）に変わる，転向する，改宗する 他 変える，改宗させる
259 □ **motion** [móʊʃən]	名 運動，動作
260 □ **relative** [rélətɪv]	名 親族，親戚　形 比較上の，相対的な ⇒派 **relatively** 副 比較的
261 □ **religious** [rɪlídʒəs, rə-]	形 宗教の，宗教に関する，信心深い
262 □ **transformation** [træ̀nsfərméɪʃən]	名 変化，一変，変革

□gain（☞24） □nephew（☞14） □philosophy（☞7） □succeed（☞3）
□victory（☞23）

27 Islam 【p.72～73】

263 □ **at least**	少なくとも，最低でも，せめて
264 □ **fatten** [fǽtn]	他 太らせる，肥やす，富ます
265 □ **far from**	…にはほど遠い，決して…でない，…するどころか
266 □ **holy** [hóʊli]	形 神聖な，聖なる
267 □ **honor** [ɑ́ːnər]	他 …に栄誉を授ける，…の栄誉を称える 名 尊敬，信義，栄誉
268 □ **lifetime** [láɪftàɪm]	名 一生，生涯，寿命
269 □ **sacrifice** [sǽkrəfàɪs]	名 犠牲，いけにえ
270 □ **struggle** [strʌ́gl, ʃtrʌ́gl]	自 奮闘する，努力する，格闘する 名 争い，闘争，競争
271 □ **take place**	起こる，生じる，行われる
272 □ **translation** [trænsléɪʃən, trænz-]	名 翻訳，翻訳作品，訳文

□follower（☞7） □military（☞6） □pray（☞4） □religion（☞4）
□require（☞25） □worship（☞13）

28 Muhammad 【p.74～75】

273 □ **declare** [dɪkléər]	他 宣言する，断言する，申告する
274 □ **pass away**	死ぬ
275 □ **periodically** [pìəriɑ́ːdɪkəli]	副 周期的に，定期的に，規則的に
276 □ **raise** [réɪz]	他 上げる，高める，育てる

277 □ **recognize** [rékəgnàɪz]	他 …（as）だとわかる，認識する，認める
278 □ **successful** [səksésfl]	形 成功した，成功を収めた，出世した ⇒派 **successfully** 副 首尾よく，成功裡に，うまく
279 □ **tribe** [tráɪb]	名 種族，部族
280 □ **verse** [vә́ːrs]	名 韻文，詩，節

□ follower（☞7）　□ religion（☞4）　□ rule（☞4）

29 Ali 【p.76～77】

281 □ **fame** [féɪm]	名 名声
282 □ **oppose** [əpóʊz]	他 …に反対する，反発する，対抗する
283 □ **respect** [rɪspékt, rə-]	他 尊敬する，敬う，尊重する 名 尊敬，敬意，尊重
284 □ **secretary** [sékrətèri, sékə-]	名 秘書，長官，大臣

□ appoint（☞10）　□ break out（☞17）　□ establish（☞1）　□ pray（☞4）
□ recognize（☞28）　□ refuse（☞9）　□ warrior（☞10）

30 Al-Mansur 【p.78～79】

285 □ **direct** [dərékt, daɪ-]	他 向ける，指導する，監督する 形 直接の，まっすぐな，率直な
286 □ **elevate** [éləvèɪt]	他 昇進させる，引き上げる，上げる
287 □ **equally** [íːkwəli]	副 等しく，平等に，均一に
288 □ **in order to**	…するために
289 □ **inherit** [ɪnhérət]	他 相続する，継承する，引き継ぐ

290 □ **race** [réɪs]	名 人種，民族，種族
291 □ **regardless of**	…にかまわず，…とは関係なく，…を問わず
292 □ **treat** [tríːt]	他 扱う，待遇する，治療する

□declare（☞28）□encourage（☞6）□foundation（☞17）

31 Emperor Taizong of Tang 【p.80～81】

293 □ **criticism** [krítəsìzm]	名 批判，諫言，批評
294 □ **fearful** [fíərfəl]	形 …（of）を恐れる，心配する，恐しい
295 □ **incident** [ínsədənt, -dènt]	名 出来事，事件，事変
296 □ **interrupt** [ìntərʌ́pt]	他 さえぎる，…のじゃまをする，一時中断する
297 □ **suited** [súːtɪd]	形 お似合いである，…（to）するのに適した ⇐派 **suit** 他 …に適する，…に好都合である，…に似合う

□break out（☞17）□consider（☞13）□create（☞17）
□dialogue（☞7）□minister（☞10）□rule（☞4）

32 An Lushan 【p.82～83】

298 □ **capture** [kǽptʃər]	他 捕える，攻略する，占領する
299 □ **claim** [kléɪm]	他 主張する，言い張る，要求する
300 □ **cruel** [krúːəl, krúːl]	形 残酷な，残忍な，むごい
301 □ **murder** [mə́ːrdər]	他 殺す　名 殺人，殺害
302 □ **qualified** [kwɑ́ːləfàɪd]	形 …（to）する資格を有する，…するのに適任の，…（for）にふさわしい

303 □ **regain** [rigéin, rə-, rì-]	他 取り戻す，回復する，奪還する
304 □ **sake** [séɪk]	名 ため，目的，理由
305 □ **servant** [sə́ːrvnt]	名 使用人，家来，公務員

□abroad（☞22）□flee（☞23）□launch（☞9）□raise（☞28）□status（☞14）

33 Liu Zongyuan 【p.84～85】

306 □ **a series of**	一連の，ひと続きの
307 □ **affair** [əféər]	名 事態，事件，浮気
308 □ **aggressive** [əgrésɪv]	形 攻撃的な，積極的な
309 □ **charming** [tʃɑ́ːrmiŋ]	形 魅力的な，チャーミングな，感じのよい
310 □ **movement** [múːvmənt]	名 動き，動作，運動
311 □ **reform** [rɪfɔ́ːrm]	他 改善する，改革する 名 改善，改革

□forbid（☞11）□influence（☞11）□official（☞16）□oppose（☞29）
□seize（☞9）□suffer（☞23）□promote（☞11）

34 Yelü Abaoji 【p.86～87】

312 □ **constant** [kɑ́ːnstənt]	形 絶え間なく続く，一定の，不変の
313 □ **similar** [símələr]	形 …（to）に似ている，類似した，…と同じような
314 □ **skillful** [skílfl]	形 上手な，うまい，巧みな
315 □ **unexpectedly** [ʌ̀nɪkspéktɪdli, -eks-, -əks-]	副 思いがけなく，突然に，不意に

□advance（☞9）□collapse（☞1）□enemy（☞22）□expansion（☞25）
□last（☞15）□on *one's* way（☞12）□one after another（☞2）□tribe（☞28）

35 Wang Anshi 【p.88～89】

316 □ **cancel** [kǽnsl]	他 取り消す，中止する，撤回する
317 □ **disaster** [dɪzǽstər, də-, -sǽs-]	名 災害，大惨事，災難
318 □ **highly** [háɪli]	副 非常に，とても，高度に
319 □ **progress** 動 [prəgrés] 名 [prɑ́ːgres, -rəs]	自 進歩する，発展する，前進する 名 進歩，発展，前進
320 □ **regulation** [règjəléɪʃən]	名 規則，規制，調整
321 □ **resign** [rɪzáɪn]	自 辞職する，辞任する，やめる 他 辞職する，辞任する，やめる
322 □ **warning** [wɔ́ːrnɪŋ]	名 …（against）に対する警告，警報，注意

□a series of（☞33）□appoint（☞10）□carry out（☞16）□edit（☞10）
□government（☞16）□imperial（☞16）□official（☞16）
□one after another（☞2）□politician（☞6）□reform（☞33）

36 Wanyan Aguda 【p.90～91】

323 □ **chief** [tʃíːf]	名 長，かしら，族長 形 主要な，最も重要な，最高位の
324 □ **deal with**	処理する，扱う，取引する（**deal, dealt**）
325 □ **destroy** [dɪstrɔ́ɪ, də-]	他 破壊する，破棄する，台なしにする
326 □ **intend** [ɪnténd]	他 意図する，…（to *do*）するつもりである
327 □ **repeatedly** [ripíːtɪdli]	副 何度も，繰り返して，再三再四
328 □ **strike** [stráɪk, ʃtráɪk]	他 ぶつける，打つ，襲う（**struck, struck**） 名 ストライキ，攻撃

329 □ **threat** [θrét]	名 脅迫，脅し，脅威

□create（☞17）□defeat（☞17）□flee（☞23）□succeed（☞3）
□tribe（☞28）

37 Charlemagne 【p.96～97】

330 □ **beforehand** [bɪfɔ́ːrhæ̀nd]	副 あらかじめ，前もって，前から
331 □ **comparable** [kɑ́mpərəbl, kəmpérəbl]	形 …（to）と比較できる，…に匹敵する，…と同等の
332 □ **court** [kɔ́ːrt]	名 法廷，裁判所，宮廷
333 □ **scholar** [skɑ́ːlər]	名 学者
334 □ **spur** [spɔ́ːr]	他 せきたてる，…にはっぱをかける，促す 名 拍車，刺激，動機

□claim（☞32）□divide（☞14）□defeat（☞17）□found（☞1）
□improve（☞16）□inherit（☞30）

38 Al-Ghazali 【p.98～99】

335 □ **acceptable** [əkséptəbl, æk-]	形 受け入れられる，容認される，…（to）にとって受け入れ可能な
336 □ **authority** [əθɔ́ːrəti, ɔː-, ɑː-]	名 権威，権限；〈the -ies〉当局
337 □ **majority** [mədʒɔ́ːrəti]	名 大部分，過半数，多数派
338 □ **prominent** [prɑ́ːmɪnənt]	形 卓越した，有名な，重要な
339 □ **resume** [rɪz(j)úːm]	他 再開する，再び始める，再び続ける
340 □ **scholarship** [skɑ́ːlərʃɪp]	名 奨学金，学問，学識

□create（☞17）□establish（☞1）□oppose（☞29）□publicly（☞7）
□scholar（☞37）

39 Saladin	【p.100～101】
341 □ **defend** [dɪfénd]	他 守る，防御する，防衛する ⇒派 **defender** 名 擁護者，弁護者，守備の選手
342 □ **go along with**	…と一緒に行く，…に同行する
343 □ **height** [háɪt]	名 高さ，高度，頂点
344 □ **occupy** [ɑ́:kjəpàɪ]	他 占有する，占領する，占める
345 □ **significance** [sɪgnífɪkəns]	名 重要性，重大さ，意味

□gain（☞24）□national（☞1）□territory（☞1）

40 Genghis Khan	【p.102～103】
346 □ **continue** [kəntínju:. -tínju]	他 …（to）し続ける，続ける，継続させる 自 続く
347 □ **fearless** [fíərləs]	形 恐れを知らない，大胆な
348 □ **maintain** [meɪntéɪn, men-, mən-]	他 続ける，維持管理する，主張する
349 □ **progressive** [prəgrésɪv]	形 進歩的な，革新的な，先進的な
350 □ **rescue** [réskju:]	他 救う，救出する，開放する
351 □ **specifically** [spəsífɪkəli]	副 はっきりと，特に，具体的には
352 □ **such as**	…のような，…など，たとえば
353 □ **vastly** [vǽstli]	副 大いに，はるかに，ずっと

□claim（☞32）□declare（☞28）□empire（☞3）□gradually（☞17）
□progress（☞35）□promote（☞11）□similar（☞34）□suppress（☞17）
□tribe（☞28）□variety（☞12）□record（☞5）□religious（☞26）

41 Marco Polo 【p.104～105】

354	□ **deliver** [dılívər, də-]	他 配る，届ける，見舞う
355	□ **desert** [dézərt]	名 砂漠
356	□ **experience** [ıkspíəriəns, eks-, əks-]	名 経験
357	□ **inspire** [ınspáıər]	他 鼓舞する，感化する，…に考えを吹き込む

□court（☞37） □include（☞1） □merchant（☞19）

42 Ibn Battuta 【p.106～107】

358	□ **bride** [bráıd]	名 花嫁，新婦，新妻
359	□ **complete** [kəmplíːt]	他 完成させる，完了する，成就する 形 完全な，完成した
360	□ **completion** [kəmplíːʃən]	名 完成，完了，成就
361	□ **dangerously** [déındʒərəsli]	副 危険なほどに，危険なやり方で，危険を冒して
362	□ **officer** [áːfəsər]	名 将校，役人，役員
363	□ **recover** [rıkʌ́vər, rə-]	自 回復する，元通りになる，立ち直る 他 取り戻す，回復する
364	□ **set off**	出発する

□cross（☞21） □poetry（☞7） □scholar（☞37）

43 Mansa Musa 【p.108～109】

365	□ **drop in at**	ちょっと訪ねる，ちょっと立ち寄る
366	□ **give out**	大勢に配る，与える

367 □ **inflation** [ɪnfléɪʃən]	名 インフレーション，インフレ
368 □ **result** [rɪzʌ́lt, rə-]	名 結果，結末，成り行き 自（…）に起因する
369 □ **slave** [sléɪv]	名 奴隷 ⇐派 **enslavement** 名 奴隷あつかい
370 □ **set out on**	…に出かける

□collapse（☞1）　□continue（☞40）　□height（☞39）　□patron（☞1）
□on *one's* way（☞12）　□scholar（☞37）　□variety（☞12）　□wealth（☞24）

44 Ottoman Empire 【p.110～111】

371 □ **artistic** [ɑːrtístɪk]	形 芸術の，芸術家としての，芸術的な
372 □ **incapable** [ɪnkéɪpəbl]	形 能力を欠いた，無能の，無力の
373 □ **literary** [lítərèri]	形 文学の，文芸の，文語的な
374 □ **magnificent** [mægnífəsənt]	形 壮大な，壮麗な，立派な
375 □ **obtain** [əbtéɪn]	他 得る，手に入れる
376 □ **transform** [trænsfɔ́ːrm]	他 変形させる，変容させる，変える

□capture（☞32）　□expand（☞1）　□last（☞15）

45 Yi Seong-gye 【p.112～113】

377 □ **attack** [ətǽk]	他 襲う，攻撃する，侵攻する 名 暴行，襲撃，攻撃
378 □ **opposition** [ɑ̀ːpəzíʃən]	名 反対，抵抗，抗議
379 □ **plot** [plɑ́ːt]	名 筋，陰謀，たくらみ
380 □ **prove** [prúːv]	自 …であるとわかる，判明する 他 証明する，立証する

381 □ **reaction** [riǽkʃən]	名 反応，反発，反動
382 □ **replace** [rɪpléɪs, rə-, rì:]	他 …に取って代わる，…（with）と取り換える
383 □ **transfer** [trænsfə́:r, ´‐‐]	他 転任させる，移す，譲渡する
384 □ **troop** [trú:p]	名 〈-s〉軍隊，軍勢

□assume（☞17） □battle（☞17） □distinguish（☞17） □foundation（☞17）
□official（☞16）

46 Timur 【p.114～115】

385 □ **architect** [á:rkətèkt]	名 建築家，設計者
386 □ **descend** [dɪsénd]	他 下りる 自 下りる
387 □ **pretend** [prɪténd]	他 …（to）するふりをする
388 □ **related** [rɪléɪtɪd, rə-]	形 …と（to）関係がある，親戚関係の，同族の
389 □ **roughly** [rʌ́fli]	副 おおよそ，だいたい，概略で

□chief（☞36） □establish（☞1） □recover（☞42） □ruler（☞10）
□scholar（☞37） □territory（☞1） □vast（☞9） □warrior（☞10）

47 Yongle Emperor 【p.116～117】

390 □ **be faced with**	…に直面する
391 □ **command** [kəmǽnd]	他 命令する，指揮する，率いる 名 命令
392 □ **crush** [krʌ́ʃ]	他 押しつぶす，粉砕する，打ち砕く
393 □ **impress** [ɪmprés]	他 …に感銘を与える，感心させる，…に印象づける

394 □ **overwork** [òuvərwə́:rk]	名 過労，働きすぎ 他 こき使う 自 働きすぎる

□ appoint（☞10） □ arrest（☞19） □ establish（☞1） □ launch（☞9） □ military（☞6） □ nephew（☞14） □ successful（☞28） □ transfer（☞45）

48 Zheng He 【p.118～119】

395 □ **colonial** [kəlóuniəl]	形 植民地の
396 □ **decade** [dékeɪd, -ˊ, di-]	名 10年間
397 □ **navy** [néɪvi]	名 海軍
398 □ **vessel** [vésl]	名 船
399 □ **voyage** [vɔ́ɪɪdʒ]	名 船旅，航海

□ command（☞47） □ expansion（☞25） □ follow（☞7）

49 Johannes Gutenberg 【p.120～121】

400 □ **accessible** [æksésəbl]	形 行きやすい，手に入れやすい，理解しやすい
401 □ **debt** [dét]	名 借金，負債
402 □ **historian** [hɪstɔ́:riən]	名 歴史家，歴史学者
403 □ **invention** [ɪnvénʃən]	名 発明品，発明
404 □ **masterpiece** [mǽstərpì:s]	名 傑作，名作，代表作
405 □ **sophisticated** [səfístɪkèɪtɪd]	形 洗練された，精巧な，高級な
406 □ **unable** [ʌnéɪbl]	形 …（to do）することができない

□ Bible（☞13） □ reform（☞33） □ take over（☞2） □ trial（☞19）

50 Francisco Pizarro 【p.122～123】

407 □ **along with**	…と一緒に，…と並んで，…のほかに
408 □ **conflict** [kɑ́:nflɪkt]	名 対立，紛争，矛盾
409 □ **demand** [dɪmǽnd, də-]	他 要求する，請求する，必要とする 名 要求，負担，需要
410 □ **rival** [ráɪvl]	名 競争相手，ライバル，好敵手
411 □ **release** [rɪlí:s, rə-]	他 釈放する，発売する，公開する 名 釈放，発売，一般公開

□a series of（☞33） □attack（☞45） □capture（☞32） □colonial（☞48）
□create（☞17） □emperor（☞14） □empire（☞3） □governor（☞16）
□imperial（☞16） □invade（☞9） □obtain（☞44） □secure（☞25）

51 Bartolomé de Las Casas 【p.124～125】

412 □ **call for**	…を求める，呼ぶ，要求する
413 □ **expose** [ɪkspóʊz, eks-]	他 あらわにする，暴露する，さらす
414 □ **peaceful** [pí:sfl]	形 穏やかな，平和な，平和的な ⇒派 **peacefully** 副 平和に，円満に，安らかに
415 □ **treatment** [trí:tmənt]	名 治療，取り扱い，待遇

□criticize（☞6） □cruel（☞32） □describe（☞3） highly（☞35）
□priest（☞20） □repeatedly（☞36） □slave（☞43） □unable（☞49）

52 Babur 【p.126～127】

416 □ **anniversary** [æ̀nəvə́:rsəri]	名 …周年記念，記念日，記念祭
417 □ **attempt** [ətémpt]	名 試み，企て，努力 他 試みる，企てる
418 □ **expedition** [èkspədíʃən]	名 遠征，探検，遠征隊

419 □ **give up**	やめる，放棄する，引き渡す；あきらめる，やめる，降参する
420 □ **superior** [su(ː)píəriər]	形 よりすぐれている，まさっている，上位の
421 □ **value** [vǽljuː]	名 価値，価格；〈-s〉価値観 他 評価する，尊重する

□adopt（☞21） □battle（☞17） □defeat（☞17） □descend（☞46） □found（☞1） □gain（☞24） □highly（☞35） □issue（☞2） □national（☞1）

53 William Tyndale 【p.128 ~ 129】

422 □ **apart from**	…と離れて，…を除けば，…以外では
423 □ **continent** [kɑ́ːntənənt]	名 大陸，〈the C-〉ヨーロッパ大陸，北米大陸
424 □ **illegal** [ɪlíːgl]	形 違法の，不法の，禁じられた
425 □ **possess** [pəzés]	他 所有している，所持している，持っている
426 □ **stake** [stéɪk]	名 くい，火刑柱，出資額

□arrest（☞19） □Bible（☞13） □inspire（☞41） □grant（☞24） □priest（☞20） □translate（☞10） □translation（☞27）

54 Francisco Xavier 【p.130 ~ 131】

427 □ **ashore** [əʃɔ́ːr]	副 岸に，浜に，陸上に
428 □ **devote** [dɪvóʊt]	他 捧げる，振り向ける
429 □ **imitation** [ìmətéɪʃən]	名 模造品，見習うこと，模倣
430 □ **poverty** [pɑ́ːvərti]	名 貧乏，清貧，欠乏
431 □ **share** [ʃéər]	他 共有する，分ける，分かち合う

□consider（☞13） □establishment（☞1） □fever（☞9） □found（☞1）
□inspire（☞41）

55 Ivan the Terrible 【p.132～133】

432	□ **beat** [bíːt]	他 打ち負かす，打つ，たたく（**beat, beaten**）
433	□ **exploration** [èkspləréɪʃən, -plɔː-]	名 探検旅行，実地踏査，調査
434	□ **modestly** [mɑ́ːdəstli]	副 控えめに，謙遜して，ほどほどに ⇐派 **modest** 形 控えめな
435	□ **suspicious** [səspíʃəs]	形 …（of）を疑っている，疑い深い，猜疑心が強い
436	□ **terrible** [térəbl]	形 恐ろしい，ぞっとする，ひどい
437	□ **wound** [wúːnd]	他 傷つける　名 傷，外傷，けが

□expand（☞1） □murder（☞32） □noble（☞21） □prove（☞45）
□strike（☞36）

56 Philip II 【p.134～135】

438	□ **cancer** [kǽnsər]	名 癌
439	□ **enforce** [enfɔ́ːrs]	他 施行する，守らせる，押し付ける
440	□ **invasion** [ɪnvéɪʒən]	名 侵略，侵攻，侵害
441	□ **peak** [píːk]	名 最高点，絶頂，頂き

□battle（☞17） □conceal（☞26） defeat（☞17） □defender（☞39）
□distinguish（☞17） □holy（☞27） □invade（☞9） □lifetime（☞27）

57 Elizabeth I 【p.136～137】

442	□ **aim** [éɪm]	自 …（to）することを目指す，…するつもりである 名 目標，目的，ねらい
443	□ **unaware** [ʌ̀nəwéər]	形 …に（of）気がつかない，知らない

□inherit（☞30）□maintain（☞40）□plot（☞45）□prince（☞12）
□replace（☞45）□succeed（☞3）

58 William Shakespeare 【p.138～139】

444	□ **bury** [béri]	他 埋葬する，埋める
445	□ **grandchild** [grǽntʃàɪld, grǽnd-]	名 孫（grandchildren）
446	□ **hometown** [hóʊmtáʊn]	名 故郷，郷里，ふるさと
447	□ **popularity** [pɑ̀ːpjəlérəti, -lǽr-]	名 人気，評判，大衆性
448	□ **retire** [rɪtáɪər, rə-]	自 退職する，引退する，辞める
449	□ **shadow** [ʃǽdoʊ]	名 影，陰，陰り
450	□ **tragedy** [trǽdʒədi]	名 悲しい事件，惨事，悲劇
451	□ **work on**	…に働きかける，…に取り組む

□a series of（☞33）□peak（☞56）□such as（☞40）

59 Galileo Galilei 【p.140～141】

452	□ **despite** [dɪspáɪt]	前 …にもかかわらず
453	□ **disagree** [dìsəgríː]	自 …（with）と意見が合わない，食い違う，合わない
454	□ **discovery** [dɪskʌ́vəri]	名 発見 ⇐派 **discover** 他 発見する，見つける
455	□ **enroll** [enróʊl, -róʊwəl]	自 入学する，加入する 他 入学させる，加入させる
456	□ **insistence** [ɪnsístəns]	名 主張，要求，強要
457	□ **path** [pǽθ]	名 小道，進路，軌跡

458	□ **publish** [pʌ́blɪʃ]	他 出版する，発行する，掲載する
459	□ **telescope** [téləskòʊp]	名 望遠鏡

□arrest（☞19） □continue（☞40） □lasting（☞15）

60 Sikhism 【p.142 ~ 143】

460	□ **assign** [əsáɪn]	他 割り当てる，就かせる，任命する
461	□ **be made up of**	…から成り立っている
462	□ **comb** [kóʊm]	名 くし
463	□ **compose** [kəmpóʊz]	他 組み立てる，構成する，作曲する
464	□ **prime** [práɪm]	形 最も重要な，主要な，最良の
465	□ **strap** [strǽp]	名 つり皮，革紐，ストラップ
466	□ **sword** [sɔ́ːrd]	名 剣，刀
467	□ **term** [tə́ːrm]	名 専門用語，学期，任期

□generation（☞24） □minister（☞10） □religion（☞4） □status（☞14）
□succeed（☞3） □successive（☞25）

61 Hong Taiji 【p.144 ~ 145】

468	□ **competitor** [kəmpétətər]	名 競争者，競争相手
469	□ **get rid of**	…から抜け出す，片づける，取り除く
470	□ **structure** [strʌ́ktʃər]	名 構造，構成，建造物

□adopt（☞21） □attack（☞45） □appoint（☞10） □emperor（☞14）
□foundation（☞17） □government（☞16） □imperial（☞16）
□official（☞16） □succeed（☞3） □troop（☞45）

62 Li Zicheng 【p.146 ~ 147】

471 □ **head for**	…に向かって進む
472 □ **multiple** [mʌ́ltəpl]	形 多数の
473 □ **revenge** [rɪvéndʒ]	他 復讐する 名 復讐，仕返し，雪辱

□approach（☞7） □attack（☞45） □claim（☞32） □declare（☞28）
□descend（☞46） □flee（☞23） □gradually（☞17） □seize（☞9）

63 Zheng Chenggong 【p.148 ~ 149】

474 □ **at the end of**	…の末期に，…の終わりに
475 □ **lord** [lɔ́ːrd]	名 君主，貴族；〈L-〉神
476 □ **resist** [rɪzíst]	他 …に抵抗する，反抗する，敵対する ⇒派 **resistance** 名 抵抗，反抗

□collapse（☞1） □dominate（☞15） □emperor（☞14） □era（☞11）
□govern（☞16） □government（☞16） □imperial（☞16） □maintain（☞40）

64 Oliver Cromwell 【p.150 ~ 151】

477 □ **install** [ɪnstɔ́ːl]	他 取り付ける，設置する，任命する
478 □ **parliament** [pάːrləmənt]	名 議会；（P-）国会
479 □ **praise** [préɪz]	他 ほめる，たたえる，賞賛する
480 □ **revolution** [rèvəl(j)úːʃən]	名 革命，大変革，回転

□authority（☞38） □appoint（☞10） □command（☞47）
□elect（☞22） □fever（☞9） □figure（☞7） □invade（☞9）
□lord（☞63） □restore（☞23） □suffer（☞23） □victory（☞23）

65 Louis XIV 【p.152 ~ 153】

481 □ **brilliant** [bríljənt]	形 すばらしい，華やかな，優秀な

482 □ **diplomat** [dípləmæ̀t]	名 外交官
483 □ **league** [lí:g]	名 リーグ，同盟，連盟

□advantage（☞15） □chief（☞36） □flee（☞23） □minister（☞10） □republic（☞21） □skilled（☞7） □miritary（☞6） □succession（☞25） □transform（☞44）

66 Peter the Great

【p.154～155】

484 □ **advanced** [ədvǽnst]	形 進歩した，先進的な，高等の
485 □ **conclude** [kənklú:d]	他 結論を下す，終える，締結する
486 □ **embassy** [émbəsi]	名 大使館職員，大使館
487 □ **emerge** [ɪmə́:rdʒ]	自 現れる，明らかになる，台頭する

□along with（☞50） □beat（☞55） □civilization（☞2） □deliever（☞41） □go along with（☞39） □joint（☞23） □transfer（☞45） □treaty（☞15）

67 Frederick the Great

【p.156～157】

488 □ **absolute** [ǽbsəlù:t]	形 完全な，絶対の，絶対的な ⇒派 **absolutely** 副 絶対に，まったく，本当に
489 □ **acquire** [əkwáɪər]	他 得る，獲得する，入手する
490 □ **armchair** [á:rmtʃèər]	名 肘掛け椅子 形 実経験のない，机上の
491 □ **faith** [féɪθ]	名 信頼，信仰，信教
492 □ **influential** [ɪnfluénʃl]	形 影響力のある，勢力のある，有力な
493 □ **press** [prés]	名 報道機関，記者団，報道陣
494 □ **victorious** [vɪktɔ́:riəs]	形 …（in）で勝利を得た，勝利に終わる，勝ち誇った

□analysis（☞19） □bury（☞58） □emerge（☞66） □experience（☞41）
□issue（☞2） □majority（☞38） □result（☞43） □such as（☞40）
□successor（☞2） □suffer（☞23）

68 Maria Theresa 【p.158～159】

495	□ **revenue** [révən(j)ùː]	名 歳入，税収，財源
496	□ **standard** [stǽndərd]	名 基準，水準，規範

□assume（☞17） □authority（☞38） □break out（☞17） □criticize（☞6）
□defend（☞39） □elect（☞22） □holy（☞27） □ruler（☞10）

69 Napoleon Bonaparte 【p.160～161】

497	□ **earn** [ə́ːrn]	他 得る，生む，もたらす
498	□ **manage** [mǽnɪdʒ]	他 経営する，管理する，どうにかやり遂げる
499	□ **withdraw** [wiðdrɔ́ː, wɪθ-]	自 撤退する，引きこもる 他 退かせる，取り消す（**withdrew, withdrawn**）

□attempt（☞52） □break out（☞17） □crush（☞47） □elect（☞22）
□escape（☞6） □injure（☞13） □invade（☞9） □saint（☞20）
□seize（☞9） □troop（☞45）

70 Johann Wolfgang von Goethe 【p.162～163】

500	□ **friendship** [fréndʃɪp]	名 友人関係，交流，友情
501	□ **lawyer** [lɔ́ɪər, lɔ́ːjər]	名 弁護士，法律家
502	□ **literature** [lítərətʃər]	名 文学，文芸，文献
503	□ **memorize** [méməràɪz]	他 暗記する，記憶する
504	□ **pursue** [pərs(j)úː]	他 追及する，…に従事する，追う

□complete（☞42） □criticism（☞31） □fame（☞29） □follow（☞7）
□include（☞1） □inspire（☞41） □literary（☞44） □minister（☞10）
□novel（☞17） □poetry（☞7） □publish（☞59） □wealthy（☞24）

71 Muhammad Ali 【p.164～165】

505	□ **ambition** [əmbíʃən]	名 強い願望，念願，野望
506	□ **barrier** [bériər, bǽr-]	名 防壁，障害，障壁
507	□ **import** 動 [ɪmpɔ́ːrt, ´-] 名 [´-]	他 輸入する，持ち込む，移入する 名 輸入品，外来品，輸入
508	□ **occupation** [ɑ̀ːkjəpéɪʃən]	名 職業，占領，占有
509	□ **peninsula** [pənínsələ, -ʃələ]	名 半島

□a series of（☞33） □collapse（☞1） □commander（☞15）
□expedition（☞52） □governor（☞16） □influence（☞11） □press（☞67）

72 George Stephenson 【p.166～167】

510	□ **fix** [fíks]	他 修理する，しっかり固定する，定める
511	□ **formal** [fɔ́ːrml]	形 正式の，堅苦しい，形式的な
512	□ **income** [ínkʌm]	名 収入，所得
513	□ **operate** [ɑ́ːpərèɪt]	他 操作する，運転する，経営する 自 働く，営業する，運用される
514	□ **passenger** [pǽsəndʒər]	名 乗客，旅客
515	□ **practical** [prǽktɪkl]	形 実践的な，現実的な，実用的な
516	□ **railroad** [réɪlròud]	名 鉄道
517	□ **railway** [réɪlwèɪ]	名 鉄道
518	□ **repair** [rɪpéər, rə-]	他 修理する，修繕する，修復する
519	□ **steam** [stíːm]	名 水蒸気，蒸気，湯気

□expert（☞8） □hire（☞14） □prove（☞45） □successfully（☞28）

73 Simón Bolívar 【p.168～169】

520 □ **cope** [kóʊp]	自 …（with）を処理する，…に対処する
521 □ **currently** [kə́ːrəntli]	副 現在のところ，今，こんにち
522 □ **defense** [dɪféns]	名 防御，防衛，国防
523 □ **fragile** [frǽdʒəl]	形 壊れやすい，もろい，脆弱な
524 □ **independence** [ìndɪpéndəns]	名 独立，自立，自活
525 □ **mutual** [mjúːtʃuəl]	形 相互の，双方の，共通の
526 □ **propose** [prəpóʊz]	他 提案する，計画する，申し込む
527 □ **union** [júːnjən]	名 労働組合，同盟，連邦

□collapse（☞1） □create（☞17） □declare（☞28） □establish（☞1） □launch（☞9） □movement（☞33） □preserve（☞18） □threat（☞36） □treaty（☞15） □victory（☞23） □withdraw（☞69）

74 Lin Zexu 【p.170～171】

528 □ **appointment** [əpɔ́ɪntmənt]	名 約束，予約，任命
529 □ **blame** [bléɪm]	他 …（for）を理由にとがめる，責める
530 □ **interest** [íntərəst, -èst]	名 関心，利子，権益

□appoint（☞10） □force（☞2） □imperial（☞16） □literature（☞70） □on *one's* way（☞12） □threat（☞36） □warning（☞35）

75 Hong Xiuquan 【p.172～173】

531 □ **heavenly** [hévnli]	形 天国の，神の

532 □ **possibly** [pɑ́ːsəbli]	副 ことによると，ひょっとしたら，何とかして
533 □ **powerless** [páuərləs]	形 権力のない，無力な，頼りない
534 □ **prevent** [prɪvént, prə-]	他 …が…（from *doing*）するのを妨げる，阻止する

□capture（☞32）　□claim（☞32）　□commander（☞15）
□incident（☞31）　□separate（☞20）　□surround（☞15）

76 Baha'i Faith 【p.178～179】

535 □ **background** [bǽkgràund]	名 背景，生い立ち，経歴
536 □ **believe in**	…の存在を信じる
537 □ **leadership** [líːdərʃìp]	名 指導者の地位，リーダーシップ，指導力
538 □ **messenger** [mésəndʒər]	名 使者，伝令
539 □ **nationality** [næ̀ʃənǽləti]	名 国籍
540 □ **relief** [rɪlíːf, rə-]	名 安堵，軽減，救済
541 □ **understanding** [ʌ̀ndərstǽndɪŋ]	名 理解，知識，合意

□belief（☞10）　□call on（☞16）　□faith（☞67）　□follower（☞7）
□justice（☞6）　□race（☞30）　□revolution（☞64）　□require（☞25）

77 Tecumseh 【p.180～181】

542 □ **cooperate** [kouɑ́ːpərèɪt]	自 …（with）と協力する，協働する，組む
543 □ **gather** [gǽðər]	他 集める，収集する
544 □ **settlement** [sétlmənt]	名 解決，合意，入植地

545 □ **shoot** [ʃúːt]	他 発射する，撃つ，射る（shot, shot）

□chief（☞36） □continent（☞53） □influence（☞11） □resist（☞63）
□tribe（☞28） □vision（☞10）

78 Sitting Bull 【p.182 ~ 183】

546 □ **disease** [dɪzíːz, dəz-]	名 病気，疾病，疾患
547 □ **reservation** [rèzərvéɪʃən]	名 予約，保留，保留地

□arrest（☞19） □as well（☞14） □battle（☞17） □demand（☞50）
□give up（☞52） □officer（☞42） □refuse（☞9） □regard（☞13）
□shoot（☞77） □struggle（☞27） □treaty（☞15） □unreasonable（☞6）

79 Kingdom of Hawai'i 【p.184 ~ 185】

548 □ **apologize** [əpɑ́ːlədʒàɪz]	自 謝罪する
549 □ **cabinet** [kǽbənət]	名 内閣，閣僚，戸棚
550 □ **officially** [əfíʃəli]	副 公式に，正式に
551 □ **resolution** [rèzəlúːʃən]	名 決議，解決，決意

□authority（☞38） □carry out（☞16） □govern（☞63）
□gradually（☞17） □influence（☞11） □issue（☞2） □illegal（☞53）
□occupy（☞39） □republic（☞21）

80 Ainu 【p.186 ~ 187】

552 □ **advantageous** [æ̀dvəntéɪdʒəs]	形 …（to）に有利な，都合のよい
553 □ **distinction** [dɪstíŋkʃən]	名 区別
554 □ **explode** [ɪksplóʊd, eks-]	自 爆発する，破裂する
555 □ **incorporate** [ɪnkɔ́ːrpərèɪt]	他 合併させる，組み入れる，編入する

556 □ **reside** [rizáɪd, rə-]	自 居住する，住む

□conflict（☞50） □distinguish（☞17） □gain（☞24） □mainly（☞11）
□take place（☞27） □territory（☞1）

81 Ryukyu Kingdom 【p.188～189】

557 □ **call off**	中止する，取り消す，打ち切る
558 □ **disappear** [dìsəpíər]	自 見えなくなる，姿を消す，消失する
559 □ **identity** [aɪdéntəti, ɪdén-]	名 身元，アイデンティティー，個性
560 □ **mission** [míʃən]	名 任務，使節団，伝道
561 □ **opportunity** [ὰ:pərt(j)ú:nəti]	名 機会，好機，チャンス
562 □ **profit** [prá:fət]	名 利益，収益，利潤
563 □ **unusual** [ʌnjú:ʒuəl]	形 ふつうでない，異常な，まれな

□adopt（☞21） □incorporate（☞80） □invade（☞9） □merchant（☞19）
□relationship（☞5） □replace（☞45） □rival（☞50） □transform（☞44）

82 Shô Tai 【p.190～191】

564 □ **award** [əwɔ́:rd]	他 与える，授ける，授与する 名 賞，賞品，賞金
565 □ **funeral** [fjú:nərəl]	名 葬式，葬儀，告別式
566 □ **household** [háushòuld, háusòuld]	名 家族，世帯，家庭

□bury（☞58） □in order to（☞30） □ministry（☞19） □result（☞43）

83 Thomas Glover 【p.192～193】

567 □ **assist** [əsíst]	自 …（in *doing*）するのを助ける，手伝う 他 助ける，手伝う

568 □ **creature** [kríːtʃər]	名 生き物，動物
569 □ **imaginary** [ɪmǽdʒənèri]	形 想像上の，実在しない，架空の
570 □ **mine** [máɪn]	名 鉱山，鉱脈，鉱床

□award（☞82）□cross（☞21）□import（☞71）□manage（☞69）
□official（☞16）□political（☞2）□set up（☞16）□treat（☞30）

84 Louis Braille 【p.194 ~ 195】

571 □ **institution** [ìnstət(j)úːʃən]	名 機構，組織，制度
572 □ **invent** [ɪnvént]	他 作り出す，発明する，考案する
573 □ **international** [ìntərnǽʃənl]	形 国家間の，国際的な，国際上の
574 □ **slice** [sláɪs]	自 …（into）を切ってしまう 他 薄く切る 名 薄く切った１枚
575 □ **slip** [slíp]	自 すべる
576 □ **surface** [sə́ːrfəs]	名 表面，外面，外見
577 □ **workshop** [wə́ːrkʃɑ̀ːp]	名 作業場，仕事場，工場

□as well as（☞14）□barrier（☞71）□create（☞17）□develop（☞11）
□gradually（☞17）□press（☞67）□raise（☞28）

85 Charles Darwin 【p.196 ~ 197】

578 □ **adapt** [ədǽpt]	他 適応させる，翻案する
579 □ **biologist** [baɪɑ́lədʒɪst]	名 生物学者
580 □ **evolution** [èvəlúːʃən]	名 進化，発展，発達

581 □ **manufacturer** [mæ̀njəfǽktʃərər, mæ̀nə-]	名 製造業者，メーカー，製造会社
582 □ **origin** [ɔ́(:)rədʒɪn]	名 起源，由来，出身
583 □ **survive** [sərváɪv]	自 生き残る，生き延びる 他 切り抜ける，…より長生きする

□publish（☞59） □set off（☞42） □theory（☞7） □work out（☞5）

86 Otto von Bismarck 【p.198 ～ 199】

584 □ **acquisition** [æ̀kwəzíʃən]	名 獲得，習得，取得
585 □ **tension** [ténʃən]	名 緊張，緊迫状態，対立
586 □ **triple** [trípl]	形 三つの部分から成る，三倍の，三重の

□critical（☞19） □create（☞17） □defeat（☞17） □development（☞11）
□minister（☞10） □politician（☞6） □resign（☞35） □transfer（☞45）

87 Karl Marx 【p.200 ～ 201】

587 □ **keep on**	…し続ける，何度も…する，繰り返し…する
588 □ **predict** [prɪdíkt]	他 予言する，予測する
589 □ **research** [ríːsə̀ːrtʃ, rɪsə́ːrtʃ, rə-]	名 研究 ⇒派 **researcher** 名 研究者，研究員，調査員
590 □ **scientific** [sàɪəntífɪk]	形 科学の，科学上の，科学的な

□destroy（☞36） □edit（☞10） □friendship（☞70） □publish（☞59）

88 Florence Nightingale 【p.202 ～ 203】

591 □ **argue** [ɑ́ːrgjuː]	他 議論する，主張する，…（for）に賛成の意見を述べる 自 議論する
592 □ **advise** [ədváɪz]	自 …（on）について助言する 他 …（-ing）することを勧める

593 □ **circumstance** [sə́ːrkəmstæ̀ns]	名 状況，境遇，環境
594 □ **frame** [fréɪm]	名 枠，骨組み，体格
595 □ **prevention** [prɪvénʃən, prə-]	名 止めること，予防，防止
596 □ **realize** [ríːəlàɪz]	他 はっきり理解する，悟る，実現する
597 □ **reduce** [rɪd(j)úːs, rə-]	他 減少させる，減らす，還元する
598 □ **revolutionary** [rèvəl(j)úːʃənèri]	形 革命の，革新的な，画期的な 名 革命家

□appoint（☞10） □found（☞1） □improve（☞16） □theory（☞7）

89 Friedrich Nietzsche 【p.204～205】

599 □ **excellence** [éksələns]	名 優秀さ，卓越
600 □ **intentional** [ɪnténʃənl]	形 意図的な，故意の ⇒派 **intentionally** 副 意図的に，故意に
601 □ **revise** [rɪváɪz]	他 改める，修正する，改訂する

□advise（☞88） □complete（☞42） □phrase（☞2） □resign（☞35）
□value（☞52）

90 Ludwik Zamenhof 【p.206～207】

602 □ **artificial** [àːrtəfíʃl]	形 人工の，模造の，不自然な
603 □ **booklet** [bʊ́klət]	名 小冊子，パンフレット
604 □ **noun** [náʊn]	名 名詞

□adopt（☞21） □attempt（☞52） □complete（☞42） □describe（☞3）
□international（☞84） □promote（☞11） □publish（☞59）

91 Muhammad Abduh 【p.208～209】

No.	単語	意味
605	□ **article** [ɑ́ːrtɪkl]	名 記事，論説，条項
606	□ **committee** [kəmíti]	名 委員会
607	□ **curriculum** [kəríkjələm]	名 教科課程，教育課程，履修課程
608	□ **journal** [dʒə́ːrnl]	名 雑誌，会報，定期刊行物
609	□ **liberal** [líbərəl]	形 寛大な，自由主義の，進歩的な
610	□ **proposal** [prəpóuzl]	名 提案，申し出，案

□appoint（☞10） □among others（☞13） □court（☞37） □criticize（☞6） □enroll（☞59） □promote（☞11） □reform（☞33） □scholar（☞37） □scientific（☞87）

92 Philippine Revolution 【p.210～211】

No.	単語	意味
611	□ **consult** [kənsʌ́lt]	他 …に意見を求める，…と相談する，調べる

□break out（☞17） □capture（☞32） □declare（☞28） □establish（☞1） □independence（☞73） □national（☞1） □promote（☞11） □recognize（☞28） □revolutionary（☞88） □troop（☞45）

93 Ishi 【p.212～213】

No.	単語	意味
612	□ **forced** [fɔ́ːrst]	形 強制された，強制的な，無理じいの
613	□ **rush** [rʌ́ʃ]	名 勢いよく流れること，ラッシュ

□as well as（☞14） □capture（☞32） □discovery（☞59） □disease（☞78） □scholar（☞37） □survive（☞85） □tribe（☞28）

94 John Peabody Harrington 【p.214～215】

No.	単語	意味
614	□ **access** [ǽkses]	名 接近方法，近づきやすさ，権利

615 □ **appearance** [əpíərəns]	名 外見，出現，出演
616 □ **colleague** [ká:li:g]	名 同僚
617 □ **numerous** [n(j)ú:mərəs]	形 多数の，多くの，たくさんの
618 □ **primary** [práımèri, -məri]	形 主要な，主な，最初の

□gather（☞77） □improve（☞16） □personality（☞25） □record（☞5）
□result（☞43） □suspicious（☞55） □value（☞52）

95 Woodrow Wilson 【p.216～217】

619 □ **appeal** [əpí:l]	名 上訴，魅力，呼びかけ
620 □ **financially** [fənǽnʃəli, faı-]	副 財政的に，金銭的に
621 □ **insist** [ınsíst]	他 要求する，主張する 自 要求する，主張する
622 □ **intellectual** [ìntəléktʃuəl]	形 知的な，知性の，知力の ⇒派 **intellectually** 副 知的に，知性の点で
623 □ **neutral** [n(j)ú:trl]	形 中立の，どちらの側にも与しない，不偏不党の
624 □ **prize** [práız]	名 賞，賞品，賞金
625 □ **upgrade** [ʌpgréıd]	他 改良する，昇進させる，格上げする

□award（☞82） □call for（☞51） □deliver（☞41） □dominate（☞15）
□elect（☞22） □establishment（☞1） □governor（☞16） □league（☞65）
□pass away（☞28） □policy（☞14）

96 Mexican Revolution 【p.218～219】

626 □ **challenge** [tʃǽlındʒ]	他 …の妥当性を疑う，…に異議を唱える，…に挑む 名 試練，挑戦，異議
627 □ **election** [ılékʃən, ə-]	名 選挙，当選

628 □ **initial** [ɪníʃl]	形 初めの，最初の ⇒派 **initially** 副 当初，最初，初めのうちは

□arrest（☞19） □call for（☞51） □dominate（☞15） □movement（☞33） □policy（☞14） □reaction（☞45） □release（☞50） □revolutionary（☞88） □split（☞9） □suppression（☞17） □take place（☞27）

97 Mustafa Kemal Atatürk 【p.220～221】

629 □ **citizen** [sítəzn, -sn]	名 国民，公民，市民
630 □ **clause** [klɔ́:z]	名 条項，条文，節

□defeat（17） □direct（☞30） □divide（☞14） □formerly（☞21） □grant（☞24） □movement（☞33） □republic（☞21） □require（☞25） □territory（☞1） □treatment（☞51）

98 Empress Dowager Cixi 【p.222～223】

631 □ **crisis** [kráɪsɪs]	名 危機，重大局面，重大な分かれ目
632 □ **drown** [dráʊn]	他 溺死させる 自 おぼれ死ぬ，溺死する

□declare（☞28） □install（☞64） □nephew（☞14） □niece（☞25） □recognize（☞28）

99 Sun Yat-sen 【p.224～225】

633 □ **democracy** [dɪmɑ́:krəsi, də-]	名 民主主義，民権主義，民主制
634 □ **distribute** [dɪstríbjət]	他 分配する，配布する，販売する
635 □ **platform** [plǽtfɔ̀:rm]	名 プラットホーム，演壇，綱領
636 □ **revive** [rɪváɪv]	自 生き返る，復活する 他 生き返らせる，復活させる

□break out（☞17） □cancer（☞56） □defeat（☞17） □direct（☞30） □equally（☞30） □establish（☞1） □expedition（☞52） □league（☞65） □plot（☞45） □republic（☞21） □revolution（☞64）

100 Yuan Shikai 【p.226～227】

637 □ **councilor** [káʊnsələr]	名 評議員，市会議員
638 □ **negotiate** [nɪgóʊʃɪèɪt]	自 …（with）と交渉する，協議する，話し合う
639 □ **violently** [váɪələntli]	副 激しく，猛烈に，乱暴に

□crush（☞47） □enemy（☞22） □establish（☞1） □influence（☞11） □oppose（☞29） □politician（☞6） □reform（☞33） □republic（☞21）

101 Sigmund Freud 【p.228～229】

640 □ **behavior** [bɪhéɪvjər, bə-]	名 ふるまい，態度，行動
641 □ **consciousness** [kɑ́ːnʃəsnəs]	名 意識，正気，自覚
642 □ **emotion** [ɪmóʊʃən, ə-]	名 感情，情緒
643 □ **explore** [ɪksplɔ́ːr, eks-]	他 探検する，調査する，探る
644 □ **interpretation** [ɪntə̀ːrprətéɪʃən]	名 解釈，説明，判断
645 □ **sexual** [sékʃuəl, sékʃəl]	形 性の，性的な，男女の ⇒派 **sexuality** 名 性
646 □ **unconscious** [ʌnkɑ́ːnʃəs]	形 意識を失った，無意識の，自覚していない 名〈the -〉無意識
647 □ **utter** [ʌ́tər]	形 完全な，まったくの，徹底的な

□believe in（☞76） □cancer（☞56） □publish（☞59） □suffer（☞23）

102 Ferdinand de Saussure 【p.230～231】

648 □ **childhood** [tʃáɪldhʊ̀d]	名 子供の頃，子供時代，幼少期
649 □ **discipline** [dísəplɪn]	名 しつけ，統制，分野

650 □ **existence** [ɪɡzístəns, eɡz-]	名 存在
651 □ **primitive** [prímətɪv]	形 原始的な，原始時代の，太古の

□article（☞91） □colleague（☞94） □devote（☞54） □emphasize（☞2） □influence（☞11） □prominent（☞38） □publish（☞59） □range（☞8） □shoot（☞77） □set up（☞16） □social（☞14）

103 Eliezer Ben-Yehuda 【p.232～233】

652 □ **accord** [əkɔ́ːrd]	他 与える 名 一致，合致，調和
653 □ **crazy** [kréɪzi]	形 まともでない，どうかした，ばかげた
654 □ **engage** [enɡéɪdʒ]	他 引きつける，引き入れる，雇う
655 □ **prison** [prízn]	名 刑務所，監獄，拘置所
656 □ **resentment** [rɪzéntmənt]	名 憤り，恨み

□accuse（☞18） □along with（☞50） □era（☞11） □holy（☞27） □independence（☞73） □initially（☞96） □movement（☞33） □official（☞16） □revive（☞99） □status（☞14）

104 Vladimir Lenin 【p.234～235】

657 □ **badly** [bǽdli]	副 下手に，ひどく，悪く
658 □ **democratic** [dèməkrǽtɪk]	形 民主主義の，民主的な；〈D-〉民主党の ⇐派 **democracy** 名 民主主義
659 □ **labor** [léɪbər]	名 労働，仕事

□break out（☞17） □demand（☞50） □encourage（☞6） □injure（☞13） □politician（☞6） □retire（☞58） □revolutionary（☞88） □secretary（☞29） □split（☞9） □strength（☞15） □suffer（☞23）

105 Lev Trotsky 【p.236～237】

660 □ **charge** [tʃáːrdʒ]	他 請求する，告発する，非難する

□consult（☞92） □defeat（☞17） □democratic（☞104） □labor（☞104）
□murder（☞32） □politician（☞6） □split（☞9） □struggle（☞27）
□saccession（☞25）

106 Marie Curie 【p.238～239】

661 □ **bone** [bóʊn]	名 骨
662 □ **chemist** [kémɪst]	名 化学者，化学（chemist） ⇐派 **chemistry** 名 化学
663 □ **physics** [fízɪks]	名 物理学 ⇒派 **physicist** 名 物理学者
664 □ **seriously** [síəriəsli]	副 まじめに，深刻に，重く

□crowd（☞19） □crush（☞47） □collapse（☞1） □cross（☞21）
□expose（☞51） □prize（☞95）

107 Chen Duxiu 【p.240～241】

665 □ **protest** [prətést, proʊ-, ´-]	自 …（against）に抗議する，異議を唱える 他 …に抗議する，反対する
666 □ **retain** [rɪtéɪn]	他 保つ，保持する，維持する

□arrest（☞19） □call for（☞51） □collapse（☞1） □criticize（☞6）
□distribute（☞99） □interest（☞74） □jail（☞6） □morality（☞10）
□release（☞50） □resign（☞35） □revolutionary（☞88） □secretary（☞29）

108 Kim Ok-kyun 【p.242～243】

667 □ **anxious** [ǽŋkʃəs]	形 心配な，不安な，気がかりな
668 □ **increasingly** [ɪnkríːsɪŋli]	副 ますます，いよいよ，次第に

□flee（☞23） □independence（☞73） □invitation（☞22） □occupy（☞39）
□option（☞71） □politician（☞6） □pursue（☞70） □restore（☞23）
□treat（☞30） □troop（☞45）

109 Chulalongkorn the Great 【p.244～245】

669 □ **ban** [bǽn]
他 …（from -ing）することを禁止する，禁じる

□colonial（☞48） □manage（☞69） □occupy（☞39） □peninsula（☞71） □promote（☞11） □realize（☞88） □reform（☞33） □threat（☞36）

110 Phan Bội Châu 【p.246～247】

670 □ **flood** [flʌ́d]
名 洪水，大水，殺到

□arrest（☞19） □continue（☞40） □governor（☞16） □influence（☞11） □independence（☞73） □invade（☞9） □launch（☞9） □military（☞6） □reduce（☞88）

111 Rastafari 【p.252～253】

671 □ **association** [əsòusiéiʃən, -ʃi-]
名 協会，組織，団体

672 □ **consume** [kəns(j)úːm]
他 消費する，消耗する，摂取する

673 □ **destiny** [déstəni]
名 運命，宿命

674 □ **improvement** [imprúːvmənt]
名 改良，改善，向上

675 □ **stand for**
…を表す，意味する，象徴する

□aim（☞57） □follower（☞7） □popularity（☞58） □recognize（☞28） □supposed（☞23） □wealth（☞24）

112 Navajo 【p.254～255】

676 □ **altogether** [ɔ̀ːltəgéðər, ---́-]
副 まったく，全部で，総計で

677 □ **hawk** [hɔ́ːk]
名 タカ

678 □ **instance** [ínstəns]
名 例，実例，事例

679 □ **marine** [məríːn]
形 海の
名〈M-〉海兵隊員

680 □ **select** [səlékt]	名 選ぶ，選び出す

□artificial（☞90） □code（☞2） □ideal（☞3） □military（☞6） □motion（☞26） □as well（☞14） □suit（☞31） □term（☞60） □tribe（☞28）

113 Albert Einstein 【p.256～257】

681 □ **confirm** [kənfə́ːrm]	他 示す，確認する，実証する
682 □ **observation** [àːbzərvéɪʃən, -sər-]	名 観察，観測，偵察

□achieve（☞11） □complete（☞42） □continue（☞40） □settle（☞5） □solar（☞21） □theory（☞7）

114 Benito Mussolini 【p.258～259】

683 □ **dismiss** [dɪsmís]	他 退ける，払いのける，解任する
684 □ **explosion** [ɪksplóʊʒən, eks-]	名 爆発，破裂，爆破
685 □ **shortage** [ʃɔ́ːrtɪdʒ]	名 不足
686 □ **substitute** [sʌ́bstət(j)ùːt]	名 代わり，代用，代理

□advance（☞9） □editor（☞10） □election（☞96） □escape（☞6） □injure（☞13） □minister（☞10） □recognize（☞28） □strike（☞36）

115 Raoul Wallenberg 【p.260～261】

687 □ **diplomatic** [dìpləmǽtik]	形 外交の，外交上の，外交官の
688 □ **refugee** [rèfjʊdʒíː]	名 難民，避難民，亡命者

□arrest（☞19） □diplomat（☞65） □document（☞10） □honor（☞27） □import（☞71） □issue（☞2） □occupy（☞39） □opportunity（☞81） □regard（☞13） □status（☞14）

116 Winston Churchill 【p.262 ~ 263】

689 □ **consistently** [kənsístəntli]	副 絶えず，いつも，一貫して
690 □ **deny** [dɪnáɪ]	他 否定する，認めない
691 □ **description** [dɪskrípʃən, də-]	名 記述，説明，描写

□anniversary（☞52） □as well（☞14） □as well as（☞14） □brilliant（☞65） □clause（☞97） □defend（☞39） □load（☞63） □imperial（☞16） □independence（☞73） □jail（☞6） □literature（☞70） □politician（☞6） □value（☞52） □vision（☞10）

117 J. Robert Oppenheimer 【p.264 ~ 265】

692 □ **academic** [æ̀kədémɪk]	形 学校の，教育の，学問の
693 □ **atomic** [ətá:mɪk]	形 原子力の
694 □ **chairman** [tʃéərmən]	名 議長，委員長，理事長
695 □ **halt** [hɔ́:lt, há:lt]	他 止める，中止させる 自 止まる，中止される
696 □ **laboratory** [lǽbərətɔ̀:ri]	名 実験室，研究室，研究所
697 □ **nuclear** [n(j)ú:klɪər, -klɪər]	形 核エネルギーの，核兵器の
698 □ **regret** [rɪgrét, rə-]	他 後悔する，残念に思う，遺憾に思う
699 □ **technical** [téknɪkl]	形 技術的な，技術の，専門の
700 □ **throat** [θróʊt]	名 のど

□accuse（☞18） □committee（☞91） □development（☞11） □invitation（☞22） □intellectual（☞95）

118 Joseph Stalin	【p.266 ~ 267】
701 □ **involved** [ɪnvɑ́:lvd]	形 …（in, with）に参加して，関わって，巻き込まれて
702 □ **prominence** [prɑ́:mənəns]	名 目立つこと，重要性，著名

□emerge（☞66） □enroll（☞59） □labor（☞104） □launch（☞9） □organize（☞16） □personality（☞25） □politician（☞6） □revolutionary（☞88） □secretary（☞29）

119 Charles Chaplin	【p.268 ~ 269】
703 □ **lean** [lí:n]	自 寄りかかる，傾く
704 □ **producer** [prəd(j)ú:sər]	名 生産者，制作者，プロデューサー

□artistic（☞44） □childhood（☞102） □convert（☞26） □era（☞11） □foundation（☞17） □grant（☞24） □give up（☞52） □height（☞39） □poverty（☞54） □skillful（☞34） □successful（☞28）

120 Ibn Saud	【p.270 ~ 271】
705 □ **concession** [kənséʃən]	名 譲歩，免許，利権
706 □ **handful** [hǽnd*d*fùl]	名 一握りの量；（a handful of）少数の，わずかの

□accuse（☞18） □collapse（☞1） □conflict（☞50） □consist（☞25） □crush（☞47） □modest（☞55） □organize（☞16） □poverty（☞54） □regain（☞32） □religious（☞4） □standard（☞68） □wealthy（☞24）

121 Franz Kafka	【p.272 ~ 273】
707 □ **attention** [əténʃən]	名 注意，注目，配慮
708 □ **attract** [ətrǽkt]	他 魅惑する，引き寄せる，引く
709 □ **contain** [kəntéɪn]	他 含む，持っている，入れている
710 □ **fantastic** [fæntǽstɪk]	形 すばらしい，法外な，不思議な

711	□ **fiction** [fíkʃən]	名 小説，フィクション，作りごと
712	□ **insect** [ínsekt]	名 昆虫，虫
713	□ **instruct** [ɪnstrʌ́kt]	他 指示する，命令する，教える
714	□ **insurance** [ɪnʃúərəns]	名 保険
715	□ **mixture** [míkstʃər]	名 入り混じったもの，混合物，混合
716	□ **uneasy** [ʌníːzi]	形 不安な，心配な，不安定な

□destroy（☞36）□fame（☞29）□lifetime（☞27）□novel（☞17）
□transform（☞44）

122 Rachel Carson 【p.274～275】

717	□ **agency** [éɪdʒənsi]	名 代理店，機関，局
718	□ **chemical** [kémɪkl]	名 化学製品，化学薬品，化学物質 形 化学の，化学的な
719	□ **courage** [kə́ːrɪdʒ]	名 勇気，度胸，大胆さ
720	□ **environmental** [ɪnvàɪərnméntl, en-, -vàɪrən-, -rəmén-]	形 自然環境の，自然環境への，環境保護の
721	□ **frighten** [fráɪtn]	他 ぎょっとさせる，ぞっとさせる，恐れさせる
722	□ **protection** [prətékʃən, proʊ-]	名 保護，援護

□accuse（☞18）□award（☞82）□biologist（☞85）□breast（☞23）
□insect（☞121）□marine（☞112）□praise（☞64）

123 Mahatma Gandhi 【p.276～277】

723	□ **harmony** [háːrməni]	名 調和，一致，融和

724 □ **medium** [mí:diəm]	名 情報伝達手段，媒体，手段
725 □ **painful** [péɪnfl]	形 痛みのある，苦しい，つらい
726 □ **racial** [réɪʃəl]	形 人種の，民族の，種族の
727 □ **seek** [sí:k]	他 捜す，得ようとする，…しようと務める（**sought, sought**）
728 □ **violence** [váɪələns]	名 暴力

□absolutely（☞67） □justice（☞6） □political（☞2） □politician（☞6）
□translate（☞10） □raise（☞28）

124 Bhimrao Ambedkar 【p.278 ~ 279】

729 □ **bare** [béər]	他 裸の，むきだしの，最低限の

□aim（☞57） □article（☞91） □connection（☞5） □convert（☞26）
□devote（☞54） □criticize（☞6） □election（☞96） □labor（☞104）
□majority（☞38） □politician（☞6） □prove（☞45） □secure（☞25）
□seek（☞123）

125 Chiang Kai-shek 【p.280 ~ 281】

730 □ **impose** [ɪmpóʊz]	他 課す，与える，押しつける
731 □ **in turn**	次には，さらに

□complete（☞42） □elect（☞22） □expedition（☞52） □launch（☞9）
□occupy（☞39） □regain（☞32） □replace（☞45） □revolution（☞64）
□succeed（☞3）

126 Aisin Gioro Puyi 【p.282 ~ 283】

732 □ **detail** [dí:teɪl, dɪtéɪl]	他 詳述する，列挙する 名 細部，細目，詳細
733 □ **management** [mǽnɪdʒmənt]	名 経営，管理，経営陣

734 □ **prisoner** [príznər]	名 囚人，受刑者，捕虜

□article（☞91） □badly（☞104） □cancer（☞56） □collapse（☞1）
□criminal（☞19） □install（☞64） □invitation（☞22） □settlement（☞77）

127 Aung San 【p.284～285】

735 □ **agreement** [əgríːmənt]	名 協定，契約，同意
736 □ **shortly** [ʃɔ́ːrtli]	副 少し，ちょっと，まもなく

□defense（☞73） □independence（☞73） □name after（☞7） □plot（☞45）
□politician（☞6）

128 Hồ Chí Minh 【p.286～287】

737 □ **conscious** [kɑ́ːnʃəs]	形 意識している，意識のある，意識的な
738 □ **division** [dɪvíʒən, də-]	名 分割，部門，師団
739 □ **negotiation** [nɪgòʊʃiéɪʃən]	名 交渉，折衝，談判
740 □ **recognition** [rèkəgníʃən]	名 承認，認可，認識

□agreement（☞127） □command（☞47） □declare（☞28） □earn（☞69）
□fame（☞29） □negotiate（☞100） □occupy（☞39） □recognize（☞28）
□revolutionary（☞88） □seize（☞9）

129 Charles de Gaulle 【p.288～289】

741 □ **widen** [wáɪdn]	自 広くなる，広がる，大きく開く

□command（☞47） □diplomatic（☞115） □elect（☞22） □explode（☞80）
□flee（☞23） □issue（☞2） □nuclear（☞117） □secure（☞25）
□social（☞14） □relationship（☞5） □resign（☞35）

130 Mao Zedong 【p.290～291】

742 □ **countryside** [kʌ́ntrɪsàɪd]	田舎，地方，農村

743 □ **ladder** [lǽdər]	名 はしご，出世の階段
744 □ **vote** [vóʊt]	他 投票する，投票で選ぶ，選出する 名 投票，採決，評決

□ban（☞109） □focus（☞2） □influence（☞11） □pursue（☞70） □relatively（☞26） □suffer（☞23）

131 Sukarno 【p.292～293】

□authority（☞38） □break out（☞17） □claim（☞32） □conflict（☞50） □declare（☞28） □embassy（☞66） □peak（☞56） □plot（☞45） □reverse（☞15） □withdraw（☞69）

132 Kwame Nkrumah 【p.294～295】

745 □ **involve** [ɪnvɑ́:lv, -vɔ́:lv, -vɑ́:v]	他 必要とする，巻き込む，かかわらせる

□absolute（☞67） □approve（☞26） □attempt（☞52） □cancer（☞56） □concept（☞4） □increasingly（☞108） □launch（☞9） □plot（☞45） □survive（☞85） □union（☞73）

133 Margaret Mead 【p.296～297】

746 □ **casual** [kǽʒuəl]	形 あまり気にしない，無頓着な，のんきな ⇒派 **casualness** 名 のんきさ
747 □ **critic** [krítɪk]	名 批評家，評論家，批判者
748 □ **encounter** [enkáʊntər]	名 出会い，遭遇，経験 他 …に遭遇する，直面する，出会う
749 □ **frequently** [frí:kwəntli]	副 しばしば，頻繁に，よく
750 □ **make up**	組み立てる，でっちあげる，作り上げる

□affair（☞33） □cultural（☞14） □committee（☞91） □confirm（☞113） □description（☞116） □formal（☞72） □improve（☞16） □range（☞8）

134 Kurt Gödel 【p.298～299】

751 □ **appreciate** [əprí:ʃièɪt, -si-]	他 …の価値を認める，ありがたく思う，正しく理解する

752 □ **fixed** [fíkst]
形 固定した，一定の，定着した

□advanced（☞66） □circumstance（☞88） □contain（☞121）
□direct（☞30） □enroll（☞59） □fix（☞72） □formal（☞72）
□increasingly（☞108） □obtain（☞44） □personality（☞25）
□prove（☞45） □withdraw（☞69）

135 Peter Scott 【p.300～301】

753 □ **charity** [tʃérəti, tʃǽr-]
名 慈善行為，慈善事業，慈善団体

754 □ **observe** [əbzə́ːrv]
他 気づく，観察する，見守る

755 □ **pole** [póʊl]
名 極

756 □ **sail** [séɪl]
自 航行する，帆走する，出帆する

□chairman（☞117） □childhood（☞102） □enroll（☞59） □found（☞1）
□international（☞84） □involve（☞132）

136 Gamal Abdel Nasser 【p.302～303】

757 □ **positive** [pɑ́ːzətɪv]
形 前向きの，積極的な，肯定的な

□association（☞111） □declare（☞28） □expand（☞1）
□invade（☞9） □leadership（☞76） □officer（☞42）
□revolution（☞64） □withdraw（☞69）

137 Ernesto “Che” Guevara 【p.304～305】

758 □ **global** [glóʊbl]
形 全世界の，世界的な，地球規模の

□attempt（☞52） □capture（☞32） □complete（☞42）
□revolutionary（☞88）

138 Martin Luther King, Jr. 【p.306～307】

759 □ **avenue** [ǽvən(j)ùː]
名 大通り，本通り，大街路

760 □ **boycott** [bɔ́ɪkɑːt]
名 不買運動，ボイコット
他 …の購買を拒否する，ボイコットする

761 □ **chest** [tʃést]	名 胸
762 □ **surgeon** [sə́ːrdʒən]	名 外科医

□anniversary（☞52） □approach（☞7） □organize（☞16） □violence（☞123）

139 Malcolm X 【p.308～309】

763 □ **organization** [ɔ̀ːrgənəzéɪʃən]	名 組織，団体，組織化
764 □ **profile** [próʊfaɪl]	名 横顔，紹介，注目度
765 □ **responsible** [rɪspɑ́ːnsəbl, rə-]	形 …（for）に責任がある，責任を負うべき，…の原因である

□jail（☞6） □popularity（☞58） □race（☞30） □release（☞50） □transform（☞44） □understanding（☞76） □value（☞52）

140 Richard Nixon 【p.310～311】

766 □ **conversation** [kɑ̀ːnvərséɪʃən]	名 会話，対談，おしゃべり
767 □ **headquarters** [hédkwɔ̀rtərz]	名 本部，司令部，本署
768 □ **inquiry** [ínkwəri, ɪnkwáɪəri]	名 質問，調査，捜査
769 □ **overwhelming** [òʊvərhwélmɪŋ]	形 たいへんな，抗しがたい，圧倒的な
770 □ **prospect** [prɑ́ːspekt]	名 可能性，見通し，見込み
771 □ **retirement** [rɪtáɪərmənt, rə-]	名 退職，引退，余生
772 □ **vanish** [vǽnɪʃ]	自 消える，なくなる，消滅する

□consume（☞111） □democratic（☞104） □elect（☞22） □evidence（☞5） □majorrity（☞38） □release（☞50） □resign（☞35） □supreme（☞4） □vote（☞130）

141 Fela Kuti 【p.312〜313】

773 □ **broadcasting** [brɔ́:dkæ̀stiŋ] 名 放送

774 □ **condemn** [kəndém] 他 責める，非難する，糾弾する

775 □ **corporation** [kɔ̀:rpəréɪʃən] 名 株式会社，大企業，法人

776 □ **unpopular** [ʌnpá:pjələr] 形 人気がない，不評の，はやらない

□conscious（☞128） □influence（☞11） □root（☞56） □slave（☞43）
□suffer（☞23） □troop（☞45）

142 John Lennon 【p.314〜315】

777 □ **composition** [kà:mpəzíʃən] 名 構成，作品，創作

778 □ **performance** [pərfɔ́:rməns, pə-] 名 上演，演奏，業績

□continue（☞40） □disappear（☞81） □organize（☞16） □record（☞5）
□release（☞50） □successful（☞28） □surround（☞15）

143 Ruhollah Khomeini 【p.316〜317】

779 □ **dispute** [dɪspjú:t, ⸗‐] 名 論争，口論，紛争

780 □ **resolve** [rɪzá:lv] 他 解決する，決心する，決議する

781 □ **separation** [sèpəréɪʃən] 名 分離，離脱，分類

□advance（☞9） □crowd（☞19） □policy（☞14） □revolution（☞64）
□settle（☞5） □supreme（☞4）

144 Mother Teresa 【p.318〜319】

□charity（☞135） □declare（☞28） □focus（☞2） □found（☞1）
□increasingly（☞108） □mission（☞81） □poverty（☞54） □prize（☞95）
□reorganize（☞28） □saint（☞20）

145 Michel Foucault 【p.320 ~ 321】

782 □ **conduct** [kəndʌ́kt]	他 行う，経営する，指揮する

□academic（☞117） □discipline（☞102） □fame（☞29）
□international（☞84） □institution（☞84） □opportunity（☞81）
□philosophy（☞7） □publish（☞59） □relationship（☞5）
□research（☞87） □sexuality（☞101）

146 Deng Xiaoping 【p.322 ~ 323】

783 □ **merely** [míərli]	副 …にすぎない，…だけの，ただ…
784 □ **timetable** [táɪmtèɪbl]	名 予定表，日程表，時刻表
785 □ **undertake** [ʌ̀ndərtéɪk]	他 引き受ける，着手する，企てる（**undertook, undertaken**）

□carry out（☞16） □citizen（☞97） □criticism（☞31） □criticize（☞6）
□decade（☞48） □incident（☞31） □income（☞72） □leadership（☞76）
□maintain（☞40） □negotiate（☞100） □policy（☞14） □secretary（☞29）
□shoot（☞77）

147 Mikhail Gorbachev 【p.324 ~ 325】

786 □ **deputy** [dépjəti]	名 代理，代行
787 □ **steadily** [stédəli]	副 しっかりと，着々と，順調に

□appoint（☞10） □as well as（☞14） □be faced with（☞47）
□break out（☞17） □collapse（☞1） □democratic（☞104）
□foundation（☞17） □prevent（☞75） □resign（☞35） □secretary（☞29）
□unable（☞49）

148 14th Dalai Lama 【p.326 ~ 327】

788 □ **alive** [əláɪv]	形 生きて，生き生きして，存続して
789 □ **direction** [dərékʃən, daɪ-]	名 方向，向き 形 全方位の
790 □ **drag** [drǽg]	他 引きずる，引っ張る

791 □ **identify** [aɪdéntəfàɪ, ɪdén-]	他 …（as）であると確認する，特定する，同一視する
792 □ **mention** [ménʃən]	他 話に出す，…に言及する
793 □ **spiritual** [spírɪtʃuəl]	形 精神的な，精神上の，宗教上の

□according to（☞7） □bury（☞58） □call for（☞51） □install（☞64）
□invade（☞9） □set up（☞16）

149 Ngũgĩ wa Thiong'o 【p.328～329】

794 □ **contribute** [kəntríbjuːt]	自 …（to）に寄付する，…に貢献する 他 寄稿する，貢献する
795 □ **devil** [dévl]	名 悪魔，魔王，悪霊
796 □ **primarily** [praɪmérəli]	副 主として，主に，第一に
797 □ **reputation** [rèpjətéɪʃən]	名 評判，世評，名声
798 □ **richness** [rítʃnəs]	名 豊富であること，肥沃さ，豊かさ，

□cross（☞21） □currently（☞73） □include（☞1）
□jail（☞6） □literature（☞70）

150 Indian gaming 【p.330～331】

799 □ **commercial** [kəmə́ːrʃəl]	形 商業の，通商の，営利的な
800 □ **concern** [kənsə́ːrn]	名 心配，懸念，関心 他 関係する，心配させる

□argue（☞88） □arrest（☞19） □conduct（☞145） □court（☞37）
□era（☞11） □invest（☞24） □organization（☞139） □profit（☞81）
□recognize（☞28） □reservation（☞78） □supreme（☞4） □tribe（☞28）

索 引

・赤太字の単語は教養単語，黒太字は学校単語，細字は派生語・反意語・類義語を表します。

・数字はページを表し，太字になっている数字は教養単語が見出し語として出てくるページを表しています。

・熟語は「学校単語800」で取り上げた熟語とそのページを表します。

A

□ ability 134
□ abolish 46, 244
□ abolition 46, 244
□ aboriginal 214
□ abound 221
□ abroad 349
□ abrupt 71
□ abruptly 71
□ absolute 369
□ absolutely 369
□ absurd 277
□ academic 387
□ accentuate 214
□ accept 195
□ acceptable 357
□ acceptance 195
□ access 379
□ accessible 362
□ accidental 258, 337
□ accidentally 258
□ accommodate 87
□ accomodation 87
□ accomplish 62, 145
□ accomplishment 62, 145
□ accord 383
□ accumulate 27
□ accuracy 214
□ accurate 214
□ accuse 346
□ achieve 341
□ acquaint 70
□ acquainted 70
□ acquire 369
□ acquisition 377
□ acute 38
□ adapt 309, 376
□ adaptation 309
□ addiction 331
□ addictive 331
□ adhere 262
□ adherent 262
□ administer 46, 50, 209
□ administration 50
□ administrative 46, 50
□ administrator 209
□ admirable 114
□ admire 114
□ adolescent 100
□ adopt 220, 348
□ adopted 348
□ adoption 220
□ adore 45
□ adorn 101
□ adornment 101
□ advance 130, 339
□ advanced 369
□ advancement 130
□ advantage 344
□ advantageous 374
□ adversary 294
□ advise 264, 377
□ advisory 264
□ advocacy 38
□ advocate 38
□ aesthetic 162
□ affair 355
□ affectionate 285
□ affectionately 285
□ affiliate 86
□ affiliated 86
□ affluent 138
□ agency 389
□ agenda 223
□ aggressive 355
□ agitate 236, 324
□ agitation 324
□ agitator 236
□ agreement 391
□ ailment 293
□ aim 365
□ alcohol 180
□ alcoholic 180
□ alert 274
□ alive 396
□ allege 105, 269
□ alleged 269
□ allegedly 105
□ allegiance 188
□ alliance 62
□ ally 62, 144
□ almighty 307
□ altogether 385
□ amass 27
□ amazingly 339
□ ambassador 198
□ ambition 371
□ ambush 122
□ amnesty 168
□ amuse 296
□ analysis 347
□ analyze 347
□ anatomy 34
□ anecdote 214
□ animosity 57
□ annex 152
□ anniversary 363
□ annul 58
□ anthem 211
□ anxiety 342
□ anxious 384
□ ape 197
□ apex 110
□ apologize 374
□ appeal 380
□ appearance 380
□ appease 227
□ applause 62
□ applicability 262
□ applicable 262
□ appoint 340
□ appointment 372
□ appraise 89

☐ **appreciate** 392
☐ **apprehend** 233
☐ apprehension 82
☐ **apprehensive** 82
☐ **apprentice** 43
☐ **approach** 338
☐ appropriate 235
☐ approval 288
☐ **approve** 351
☐ **arbitrary** 231
☐ arbitrate 76
☐ **arbitration** 76
☐ **archipelago** 196
☐ **architect** 361
☐ **architectural** 110
☐ architecture 110
☐ **archive** 169
☐ **ardent** 108
☐ **arena** 315
☐ **argue** 377
☐ **arise** 336
☐ **aristocracy** 152
☐ aristocrat 152
☐ **arithmetic** 166
☐ arithmetical 166
☐ armament 324
☐ **armchair** 369
☐ armed 323
☐ **armor** 286
☐ armored 286
☐ **arouse** 240
☐ **arrest** 347
☐ **arsenal** 154
☐ **artery** 303
☐ **article** 379
☐ **articulate** 328
☐ **artificial** 378
☐ **artillery** 126
☐ **artistic** 360
☐ **ascend** 22
☐ ascent 102
☐ **ashore** 364
☐ aspiration 128, 130
☐ **aspire** 128, 130
☐ assassin 36, 284
☐ **assassinate** 36
☐ assassination 36
☐ **assault** 96
☐ assemble 226
☐ **assembly** 226
☐ **assign** 367
☐ **assimilate** 187
☐ assimilation 187
☐ **assist** 375
☐ **association** 385
☐ **assume** 345
☐ astonish 256
☐ **astonishing** 256
☐ **astronomy** 339
☐ **asylum** 236
☐ **at least** 352
☐ **athlete** 338
☐ atmosphere 166
☐ **atmospheric** 166
☐ **atomic** 387
☐ **attachment** 342
☐ **attack** 360
☐ **attain** 323
☐ attainment 323
☐ **attempt** 363
☐ **attention** 81, 388
☐ **attentive** 81
☐ **attest** 230
☐ **attorney** 214
☐ **attract** 388
☐ **attribute** 44
☐ **auditorium** 321
☐ **authentic** 104
☐ **authoritative** 44
☐ **authority** 44, 238, 357
☐ **authorize** 288
☐ **auto** 268
☐ **autobiography** 309
☐ **autograph** 306
☐ **auxiliary** 206
☐ **avenue** 393
☐ **avert** 135
☐ avoidable 292
☐ **awaken** 42
☐ **award** 375
☐ **awareness** 337

B

☐ **bachelor** 328
☐ **background** 373
☐ **badge** 305
☐ **badly** 383
☐ **baffle** 273
☐ baffling 273
☐ **bamboo** 269
☐ **ban** 385
☐ **banish** 113
☐ **bankrupt** 192
☐ bankruptcy 192
☐ **banner** 40
☐ **baptism** 56
☐ Baptist 56
☐ **bare** 390
☐ **barrier** 371
☐ **barrister** 277
☐ **batter** 82
☐ **battle** 345
☐ **battlefield** 156
☐ **beast** 40
☐ **beat** 365
☐ **beforehand** 357
☐ **befriend** 163
☐ **behavior** 382
☐ **belated** 222
☐ belatedly 222
☐ **belief** 340
☐ **belligerent** 216
☐ **bent** 290
☐ **bestow** 148
☐ **betray** 276
☐ **beverage** 252
☐ **Bible** 128, 342
☐ **biblical** 128
☐ **bind** 197
☐ **biologist** 376
☐ **bishop** 58
☐ **blackmail** 260
☐ **blame** 372
☐ **bleak** 183
☐ **blunt** 81

□ bolster 184
□ bomb 254
□ bomber 254
□ bone 384
□ booklet 378
□ boost 186
□ borough 150
□ bosom 86
□ boulevard 24
□ boundary 316
□ bourgeois 234
□ bout 150
□ bowel 191
□ boycott 393
□ brace 265
□ bravery 344
□ breadth 308
□ breakdown 227
□ bribe 30
□ bribery 31
□ bride 359
□ brilliant 368
□ bring up 339
□ broad 308
□ broadcasting 395
□ broken 68
□ broker 165
□ bronze 300
□ brotherhood 307
□ brutal 329
□ brutally 329
□ bully 282
□ bureau 214
□ bureaucracy 78, 144
□ bureaucrat 78, 144
□ bureaucratic 78, 144
□ burglar 310
□ bury 366
□ butcher 209

C

□ cabinet 374
□ calamity 153
□ cancel 356
□ cancer 365
□ candid 324
□ cane 269
□ capitalism 201
□ capitalist 201
□ captive 24
□ captivity 24
□ capture 354
□ cardinal 152
□ carpenter 56
□ casual 392
□ casualness 392
□ casualty 36
□ caterpillar 300
□ caucus 234
□ celebrity 106
□ celestial 82
□ celibacy 131
□ cemetery 191
□ censor 141
□ ceremonial 226
□ ceremonially 226
□ ceremony 226
□ chairman 387
□ challenge 380
□ chapel 131
□ characterize 347
□ charge 384
□ charitable 331
□ charity 331, 393
□ charming 355
□ charter 262
□ chemical 389
□ chemist 384
□ chemistry 384
□ cherish 39
□ chest 394
□ chew 346
□ chief 356
□ chiefly 337
□ childhood 382
□ chore 76
□ chronic 154
□ chronically 154
□ chronicle 88
□ cipher 254
□ circle 142
□ circular 142
□ circumstance 378
□ citation 98
□ cite 98
□ citizen 381
□ citizenship 66
□ city 278
□ civic 278
□ civilian 275
□ civilization 334
□ claim 354
□ clarity 84
□ clause 381
□ cleanse 56
□ clergyman 96
□ clerical 150
□ clerk 150
□ cliff 346
□ cling 75
□ clumsy 194
□ coalition 161
□ cocoon 300
□ code 334
□ coffin 157
□ coherent 98
□ coincidence 263
□ collapse 334
□ colleague 380
□ collected 75
□ collective 84
□ collectively 84
□ colonial 210, 362
□ colonist 210, 329
□ colonize 210
□ colony 210, 329
□ comb 367
□ combat 336
□ come into being 334
□ comeback 315
□ comedian 268
□ comedy 268
□ comet 140
□ comfortably 342
□ command 361

☐ commander 344
☐ commemorate 127
☐ commemoration 127
☐ commence 154
☐ commerce 304
☐ commercial 304, 397
☐ commission 170
☐ commissioner 170
☐ committee 379
☐ commonplace 326
☐ commonwealth 150
☐ communism 200
☐ communist 200
☐ companion 64
☐ comparable 357
☐ comparative 329
☐ compare 329, 347
☐ compatible 99
☐ compel 96
☐ compensate 22
☐ compensation 22
☐ competent 78, 91
☐ competitor 367
☐ compile 117
☐ complete 359
☐ completion 359
☐ complexity 337
☐ complicate 303
☐ complication 303
☐ compose 367
☐ composition 395
☐ comprise 87
☐ compulsory 219
☐ comrade 122
☐ concave 140
☐ conceal 351
☐ concede 185
☐ conceive 86, 228
☐ concept 336
☐ conception 86, 228
☐ concern 397
☐ concerned 397
☐ concession 185, 388
☐ conclude 369
☐ condemn 395
☐ conduct 396
☐ confederation 198
☐ confer 118
☐ confine 73
☐ confined 73
☐ confirm 68, 386
☐ conflict 132, 363
☐ confluence 181
☐ confuse 86
☐ confusion 86
☐ conglomerate 27
☐ congregation 26
☐ congregational 26
☐ congress 185, 216
☐ congressional 185, 216
☐ connection 337
☐ conquer 36
☐ conqueror 36
☐ conquest 36
☐ conscience 124, 134
☐ conscientious 134
☐ conscientiously 134
☐ conscious 124, 391
☐ consciousness 382
☐ consequently 342
☐ conservation 300
☐ conserve 300
☐ consider 28, 342
☐ considerable 350
☐ consign 233
☐ consist 87, 350
☐ consistency 298
☐ consistent 245, 298
☐ consistently 387
☐ consolidate 78
☐ consonant 230
☐ consort 114
☐ conspicuous 121
☐ conspiracy 123, 237
☐ conspire 123, 237
☐ constant 355
☐ constitution 184
☐ constitutional 184
☐ constrain 322
☐ construct 335
☐ consular 246
☐ consult 379
☐ consume 385
☐ contain 388
☐ contemplate 74
☐ contemplation 74
☐ contemporary 102
☐ contempt 54
☐ contend 218
☐ contention 60
☐ contentment 134
☐ continent 364
☐ contingency 50
☐ contingent 164
☐ continual 138
☐ continually 138
☐ continue 358
☐ contraction 294
☐ contradict 68
☐ contradictory 68
☐ contribute 240, 397
☐ contributor 240
☐ controversial 124
☐ controversy 124
☐ convene 226
☐ conversation 394
☐ conversion 124
☐ convert 124, 351
☐ convince 32
☐ convinced 206
☐ convincing 32
☐ convoy 258
☐ cooperate 373
☐ coordinate 267
☐ coordination 267
☐ cope 372
☐ cordial 192
☐ corporation 395
☐ corps 226
☐ corpse 326
☐ corrupt 30
☐ corruption 30
☐ cosmos 28
☐ cotton 344
☐ councilor 382

☐ counselor 76
☐ countless 232
☐ **countryside** 391
☐ **county** 343
☐ coup 97
☐ **courage** 389
☐ courageous 156
☐ courageously 156
☐ **court** 357
☐ courtesy 38
☐ courtship 296
☐ courtyard 318
☐ covert 247
☐ **crab** 346
☐ craftsman 114
☐ cramp 203
☐ cramped 203
☐ crate 192
☐ **crazy** 383
☐ **create** 346
☐ **creature** 376
☐ creed 178
☐ creek 212
☐ **criminal** 347
☐ **crisis** 381
☐ **critic** 392
☐ critical 347
☐ **critically** 347
☐ **criticism** 354
☐ **criticize** 338
☐ crook 310
☐ **cross** 348
☐ **crowd** 347
☐ crucify 57
☐ **cruel** 354
☐ cruiser 287
☐ crumble 146
☐ **crush** 361
☐ culminate 54
☐ cult 172
☐ **cultural** 343
☐ culturally 343
☐ cunning 48
☐ currency 47
☐ **currently** 372
☐ **curriculum** 379

D

☐ dairy 252
☐ **dangerously** 359
☐ dash 194
☐ daughter-in-law 121, 113
☐ dawn 181
☐ dazzle 297
☐ deacon 58
☐ dead 274
☐ deadly 274
☐ **debt** 362
☐ debut 314
☐ **decade** 362
☐ decipher 254
☐ **declare** 352
☐ **decline** 335
☐ decree 71
☐ dedicate 232, 266
☐ dedication 232, 266
☐ deed 26
☐ deem 235
☐ deep 106
☐ deepen 106
☐ **defeat** 346
☐ **defend** 358
☐ defender 358
☐ **defense** 372
☐ defer 227
☐ defiant 304
☐ defy 90
☐ deity 20
☐ delegation 91
☐ deliberate 116
☐ deliberation 116
☐ **deliver** 359
☐ delta 208
☐ **demand** 363
☐ demise 116
☐ **democracy** 381, 383
☐ democrat 236
☐ **democratic** 236, 383
☐ den 57
☐ denial 310
☐ denomination 59
☐ denounce 89
☐ deny 310, 387
☐ **depart** 340
☐ **depend** 288, 342
☐ dependency 288
☐ deplete 182
☐ depletion 182
☐ deport 24
☐ depose 52
☐ deprive 184
☐ **deputy** 396
☐ **descend** 22, 79, 361
☐ descendant 79
☐ descent 102
☐ **describe** 335
☐ **description** 387
☐ **desert** 359
☐ designate 255
☐ designation 255
☐ desperate 182
☐ desperately 182
☐ desperation 182
☐ despise 232
☐ **despite** 366
☐ **destiny** 385
☐ **destroy** 356
☐ detach 189
☐ detachment 189
☐ **detail** 390
☐ detain 182
☐ deteriorate 287
☐ determination 262
☐ detest 90, 162
☐ detour 106
☐ **develop** 341
☐ development 341
☐ device 87
☐ **devil** 397
☐ devise 87
☐ devoid 51
☐ **devote** 77, 142, 364
☐ devotee 142
☐ devotion 77

☐ devout 113
☐ dew 173
☐ diagnose 272
☐ diagnosis 272
☐ dialogue 338
☐ dictate 104
☐ dictation 104
☐ dictator 60, 218
☐ dictatorship 60, 218
☐ diligent 155
☐ diligently 155
☐ diplomacy 288
☐ diplomat 288, 369
☐ diplomatic 288, 386
☐ direct 353
☐ direction 396
☐ directory 160
☐ disagree 266, 366
☐ disagreement 266
☐ disappear 375
☐ disapproval 288
☐ disarmament 324
☐ disaster 160, 356
☐ disastrous 160
☐ discharge 241
☐ disciple 33
☐ discipline 33, 382
☐ disclose 311
☐ disclosure 311
☐ discontent 134
☐ discord 80
☐ discourse 73
☐ discover 366
☐ discovery 366
☐ discredit 302
☐ discriminate 187
☐ discrimination 187
☐ disease 374
☐ disgrace 136
☐ dishonor 48
☐ disillusion 308
☐ disillusioned 308
☐ disintegrate 20
☐ disintegration 20
☐ dismiss 386
☐ disobedience 276
☐ disobey 276
☐ disorder 115
☐ dispatch 144
☐ dispose 189
☐ disposition 189
☐ dispute 395
☐ disregard 112
☐ dissent 302
☐ dissenting 302
☐ dissolve 83
☐ distinct 32
☐ distinction 374
☐ distinguish 346
☐ distort 228
☐ distorted 228
☐ distribute 381
☐ district 343
☐ distrust 294
☐ disturb 298, 318
☐ disturbance 298
☐ disturbed 318
☐ diverse 102
☐ diversity 102
☐ divide 343
☐ divine 342
☐ division 391
☐ divorce 136
☐ doctrine 224
☐ document 340
☐ domain 188
☐ domestic 346
☐ dominate 65, 344
☐ domination 65
☐ donate 331
☐ donation 331
☐ doom 80
☐ doomed 80
☐ downward 259
☐ doze 74
☐ draft 279
☐ drag 396
☐ drainage 202
☐ dredge 88
☐ drought 88
☐ drown 381
☐ drunk(en) 270
☐ dual 188
☐ dubious 316
☐ dusk 181
☐ dying 318
☐ dynasty 21

E

☐ earn 370
☐ eccentric 215
☐ eclipse 257
☐ economically 343
☐ economics 296
☐ economist 296
☐ edit 340
☐ editor 240, 340
☐ editorial 240
☐ efficiently 350
☐ eject 282
☐ elect 349
☐ election 310, 380
☐ electoral 310
☐ electric 256
☐ electrify 256
☐ elevate 96, 353
☐ elevation 96
☐ eloquence 274
☐ eloquent 274
☐ eloquently 274
☐ elude 280
☐ emanate 168
☐ embassy 369
☐ emblem 101
☐ embrace 234
☐ emerge 369
☐ emigrant 232
☐ emigrate 78, 232
☐ emigration 78, 212, 232
☐ eminence 301
☐ eminent 301
☐ emotion 382
☐ emperor 343
☐ emphasize 334

□ **empire** 335
□ **employ** 345
□ **enact** 102
□ enactment 102
□ **encounter** 392
□ **encourage** 338
□ **encroach** 186
□ **encyclopedia** 117
□ **endorse** 197
□ endorsement 197
□ **enemy** 349
□ **energetic** 300
□ energy 300
□ **enforce** 365
□ **engage** 383
□ **enhance** 302
□ **enlighten** 40
□ enlightened 40
□ enlightenment 40
□ **enlist** 160
□ **enrage** 30, 132
□ **enrich** 153
□ **enroll** 366
□ enslavement 360
□ **entitle** 158
□ **entrust** 68
□ **environmental** 389
□ **envoy** 90
□ **epic** 162
□ **epidemic** 68
□ equality 289
□ **equally** 353
□ **equation** 257
□ **equitable** 206
□ **era** 341
□ **erect** 157
□ erode 180
□ **erosion** 180
□ **escape** 338
□ **escort** 242
□ **establish** 334
□ establishment 334
□ ethical 34
□ **ethics** 34
□ **ethnic** 178
□ **evacuate** 222, 286
□ **evacuation** 222, 286
□ **evade** 245
□ **everlasting** 336
□ **evidence** 337
□ **evolution** 321, 376
□ **evolve** 321
□ **exaggerate** 147
□ **exalt** 263
□ **exasperate** 306
□ exasperated 306
□ **exceed** 330
□ **excel** 320
□ **excellence** 320, 378
□ excellent 320
□ exceptional 236
□ **exceptionally** 236
□ excess 330
□ **exclaim** 60
□ exclamation 60
□ **exclude** 346
□ exclusive 44
□ **exclusively** 44
□ **execute** 63, 327
□ **execution** 63, 327
□ **exemplify** 324
□ **exempt** 103
□ **exert** 159
□ **exertion** 73
□ **exhort** 190
□ **exile** 70
□ **existence** 383
□ **exotic** 260
□ **expand** 334
□ **expansion** 350
□ **expedition** 363
□ **expel** 56
□ **experience** 359
□ **experiment** 120
□ **expert** 339
□ **expire** 313
□ **explode** 374
□ exploit 186
□ **exploitation** 186
□ **exploration** 365
□ **explore** 104, 382
□ **explorer** 104
□ **explosion** 386
□ **expose** 363
□ **expulsion** 158
□ **extend** 321, 350
□ **extended** 321
□ **exterminate** 172
□ **external** 157
□ extinct 119
□ **extinction** 119
□ **extract** 290
□ extraction 290
□ **extravagant** 109
□ **eyesight** 194

F

□ **fabulous** 104
□ **faction** 64
□ **fairly** 350
□ **faith** 369
□ faithful 149
□ **faithfully** 149
□ **fake** 154
□ **fame** 353
□ familiar 154
□ **familiarize** 154
□ **fanatic** 270
□ **fancy** 272
□ **fantastic** 388
□ **fascinate** 64
□ fascinated 64
□ fatal 133
□ **fatally** 133
□ **fatigue** 284
□ **fatten** 352
□ **favorable** 48
□ **fearful** 354
□ **fearless** 358
□ **feast** 72
□ **feat** 160
□ **feature** 348
□ **federation** 292
□ **feeble** 81
□ **feign** 116

☐ ferocious 151
☐ ferociously 151
☐ fertile 253
☐ fertility 253
☐ feud 102
☐ feudal 46
☐ feudalism 46
☐ **fever** 340
☐ **fiction** 389
☐ fierce 316
☐ fiercely 316
☐ **figure** 338
☐ filthy 319
☐ fin 55
☐ **financially** 380
☐ finished 273
☐ firearm 126
☐ fishery 274
☐ **fix** 371
☐ **fixed** 393
☐ flare 122
☐ flatly 36
☐ **flee** 349
☐ fleet 117
☐ flock 28
☐ **flood** 385
☐ flu 183
☐ fluency 254
☐ fluent 254
☐ flyer 240
☐ **focus** 334
☐ folklore 147
☐ follow 339
☐ **follower** 339
☐ folly 270
☐ forage 213
☐ **forbid** 341
☐ **force** 335
☐ **forced** 379
☐ forcible 113
☐ forcibly 113
☐ fore 299
☐ foresee 262
☐ foresight 145
☐ form 180
☐ **formal** 371
☐ formation 180
☐ **formerly** 348
☐ formidable 118
☐ formula 28
☐ formulate 28
☐ fortify 152
☐ **fortune** 336
☐ **forum** 349
☐ **found** 42, 334
☐ **foundation** 346
☐ founder 42
☐ fowl 54
☐ fracture 313
☐ **fragile** 372
☐ fragment 107
☐ frail 319
☐ **frame** 378
☐ framework 98
☐ fraud 229
☐ fraught 268
☐ freak 126
☐ **frequently** 392
☐ **friendship** 370
☐ **frighten** 389
☐ frugal 30
☐ frustrate 276
☐ frustrated 276
☐ **funeral** 375
☐ furious 232
☐ furiously 232
☐ fury 232
☐ fuse 44, 312
☐ fusion 44, 312
☐ futile 180

G

☐ gain 350
☐ gallant 76
☐ gallop 326
☐ garment 143
☐ garner 171
☐ garrison 292
☐ **gateway** 335
☐ **gather** 373
☐ gauge 167
☐ **generation** 350
☐ generosity 276
☐ generous 276
☐ genesis 25
☐ gentry 150
☐ geological, -ic 34
☐ geology 34
☐ geometry 140
☐ gifted 128
☐ gigantic 118
☐ glean 178
☐ gleaning 178
☐ glide 301
☐ glider 301
☐ gliding 301
☐ glitter 108
☐ glittering 108
☐ **global** 393
☐ **goose** 346
☐ **gorgeous** 335
☐ gospel 56
☐ **govern** 345
☐ **government** 85, 345
☐ governmental 85
☐ governor 345
☐ **gradually** 346
☐ **grandchild** 366
☐ **grant** 350
☐ gravel 212
☐ grim 238
☐ grocer 310
☐ grocery 310
☐ grove 34
☐ grudge 182
☐ guard 34
☐ guardian 34
☐ guerrilla 304
☐ gunman 284

H

☐ hail 125
☐ **halt** 387
☐ hamlet 326
☐ **handful** 388

□ harass 27
□ harassment 27
□ harden 303
□ hardship 268
□ harmony 389
□ harsh 160
□ harshly 160
□ hastily 146
□ hasty 146
□ haul 167
□ haunt 199
□ hawk 385
□ hazard 274
□ hazardous 274
□ headquarters 394
□ heavenly 372
□ height 358
□ heir 37
□ helm 111
□ herald 108
□ herb 252
□ herd 182
□ hereditary 220
□ hero 100
□ heroism 100
□ hesitate 282
□ hesitation 282
□ hidden 337
□ highly 356
□ hire 343
□ historian 362
□ hold 260
□ holder 260
□ hollow 155
□ holy 352
□ homage 328
□ homeland 179
□ homeless 319
□ hometown 366
□ homosexual 99
□ homosexuality 99
□ honor 204, 352
□ honorary 204
□ hoof 54
□ horizon 194
□ horizontal 194
□ horrify 314
□ horror 314
□ hostage 48
□ hostile 116, 226
□ hostility 116, 226
□ household 375
□ human 215
□ humanitarian 261
□ humanitarianism 261
□ humankind 178
□ humble 283
□ humiliate 302
□ humiliating 302
□ hut 247
□ hydrogen 264
□ hymn 142
□ hypocrisy 151, 312
□ hypocrite 151, 312
□ hypocritical 151, 312
□ hypothesis 230
□ hypothetical 230
□ hysteria 228
□ hysterics 228

I

□ ice 326
□ icon 58
□ icy 326
□ identify 397
□ identity 375
□ ignorance 338
□ ignore 112
□ illegal 364
□ illiterate 166
□ illuminate 321
□ illumination 321
□ imaginary 376
□ imaginative 38
□ imagine 38
□ imitate 34
□ imitation 34, 364
□ immature 51
□ immerse 98
□ immersed 98
□ immigrate 121, 232
□ immigration 78, 212
□ imminent 245
□ immune 213
□ immunity 213
□ impact 337
□ impartial 216
□ impeach 311
□ impeachment 311
□ impending 222
□ impenetrable 195
□ imperial 345
□ implement 322
□ implication 299
□ imply 299
□ import 371
□ impose 390
□ imposing 25
□ impoverish 146
□ impoverished 146
□ impress 361
□ imprison 141, 282
□ imprisonment 141, 282
□ improve 345
□ improvement 385
□ imprudent 134
□ inability 134
□ inappropriate 235
□ inauguration 165
□ incapable 360
□ incessant 134
□ incident 354
□ incline 294
□ inclined 294
□ include 334
□ income 371
□ incompatible 99
□ incompetent 78, 91
□ incomplete 298
□ incompleteness 298
□ inconsistency 62
□ inconsistent 62, 245
□ inconspicuously 121
□ incorporate 374
□ increasingly 384

☐ incredulous 104
☐ **independence** 372
☐ **independent** 334
☐ indifference 226
☐ indifferent 226
☐ indigenous 186
☐ indignant 282
☐ indignation 282
☐ individual 336
☐ **individually** 336
☐ induce 126
☐ induction 320
☐ inequality 289
☐ infamous 146
☐ infancy 276
☐ infant 276
☐ **inflation** 360
☐ **influence** 341
☐ **influential** 369
☐ inform 213
☐ informant 213
☐ ingenious 322
☐ ingeniously 322
☐ ingenuity 260
☐ **inhabitant** 336
☐ inhere 330
☐ inherent 330
☐ **inherit** 158, 353
☐ inheritance 158
☐ inhuman 215
☐ **initial** 381
☐ initially 381
☐ initiate 206
☐ initiative 206
☐ **injure** 342
☐ injustice 206
☐ innovate 324
☐ innovation 324
☐ **inquiry** 394
☐ insane 116, 205
☐ insanity 116, 205
☐ inscribe 22, 40
☐ inscription 22, 40
☐ **insect** 389
☐ insert 236
☐ insertion 236
☐ insider 192
☐ **insight** 340
☐ **insist** 380
☐ **insistence** 366
☐ **inspire** 359
☐ **install** 368
☐ **instance** 385
☐ instigate 183
☐ instigator 183
☐ institute 202
☐ **institution** 376
☐ **instruct** 389
☐ instrument 130
☐ instrumental 130
☐ **insurance** 389
☐ insurgent 112
☐ insurrection 234
☐ intact 278
☐ integrate 289
☐ integrated 289
☐ integrity 50
☐ **intellectual** 380
☐ intellectually 380
☐ **intend** 356
☐ intense 137, 198, 320
☐ intensely 137
☐ intensify 198
☐ intensive 320
☐ **intentional** 378
☐ intentionally 378
☐ intercept 83
☐ interception 83
☐ interchange 265
☐ intercourse 296
☐ **interest** 372
☐ interfere 330
☐ interference 330
☐ interim 281
☐ intermittent 156
☐ intermittently 156
☐ internal 157
☐ **international** 376
☐ **interpretation** 382
☐ interrogate 137
☐ interrogation 137
☐ **interrupt** 354
☐ intervene 123, 242
☐ intervention 123, 242
☐ intolerant 158
☐ intrigue 230
☐ intrigued 230
☐ **invade** 340
☐ invalid 291
☐ invariably 207
☐ **invasion** 365
☐ **invent** 120, 376
☐ **invention** 120, 362
☐ inventor 120
☐ inventory 192
☐ **invest** 350
☐ **invitation** 349
☐ invite 349
☐ invoke 285
☐ **involve** 392
☐ **involved** 388
☐ inward 298
☐ ironic, -ical 314
☐ ironically 314
☐ irony 314
☐ irritate 270
☐ irritation 270
☐ isle 217
☐ isolate 119, 199
☐ isolation 119, 199
☐ **issue** 335
☐ itinerary 105

J

☐ jail 338
☐ **joint** 349
☐ **journal** 379
☐ joy 316
☐ joyful 316
☐ jubilee 203
☐ judicial 107
☐ juncture 198
☐ jurisdiction 330
☐ **justice** 338
☐ juvenile 51

K

- □ kidnap 102
- □ kidney 193
- □ kikker 284

L

- □ labor 383
- □ **laboratory** 387
- □ **ladder** 392
- □ lag 244
- □ landlord 150
- □ landmark 66
- □ lapse 172
- □ **largely** 341
- □ **last** 344
- □ lasting 344
- □ latent 228
- □ **launch** 340
- □ lavish 24
- □ lawsuit 120
- □ **lawyer** 370
- □ lax 270
- □ laxity 270
- □ **leadership** 373
- □ **league** 369
- □ leak 242
- □ **lean** 388
- □ lecture 328
- □ lecturer 328
- □ legacy 61
- □ legend 86
- □ legendary 86
- □ legislate 111
- □ legislation 111
- □ legislative 294
- □ legitimate 37
- □ length 311
- □ lengthy 311
- □ **liberal** 379
- □ liberate 124, 168
- □ liberation 124, 168
- □ lifelong 317
- □ **lifetime** 352
- □ linear 231
- □ liquor 49
- □ literacy 96
- □ literal 38
- □ literally 38
- □ **literary** 360
- □ literate 166
- □ **literature** 370
- □ live 314
- □ livelihood 225
- □ lively 314
- □ load 312
- □ loathe 90
- □ locate 114
- □ location 114
- □ locomotive 166
- □ lodging 130
- □ loot 24
- □ **lord** 368
- □ loyal 148
- □ loyalty 148
- □ lucrative 330
- □ lull 161
- □ lunar 61
- □ lure 48
- □ lust 99
- □ luxurious 208
- □ luxury 208
- □ lyric 162

M

- □ machine 50
- □ machinery 50
- □ **magnificent** 140, 360
- □ magnify 140
- □ mainland 224
- □ **mainly** 341
- □ mainstream 304
- □ **maintain** 358
- □ majesty 252
- □ major 140
- □ **majority** 357
- □ makeshift 192
- □ **makeup** 346
- □ malice 53
- □ malicious 53
- □ malign 54
- □ mammoth 118
- □ **manage** 370
- □ **management** 390
- □ mandate 146
- □ maneuver 122
- □ manipulate 36, 86
- □ manipulation 36, 86
- □ mantle 210
- □ **manufacturer** 377
- □ manuscript 128
- □ mar 69
- □ margin 320
- □ marginal 320
- □ **marine** 385
- □ marrow 239
- □ marshal 225
- □ martial 281
- □ massacre 70
- □ master 263
- □ **masterpiece** 362
- □ mastery 263
- □ maternal 32
- □ matrix 199
- □ mature 51
- □ **meanwhile** 348
- □ measure 47
- □ measurement 47
- □ mechanic 166
- □ meddle 216
- □ mediate 216
- □ mediation 216
- □ meditate 42
- □ meditation 42
- □ **medium** 390
- □ memoir 127
- □ memorable 268
- □ memorably 268
- □ **memorize** 370
- □ menace 170
- □ **mention** 397
- □ mercenary 164
- □ merchandise 104
- □ **merchant** 104, 347
- □ **merely** 396

□ merge 20
□ messenger 373
□ metropolis 115
□ metropolitan 115
□ midst 59
□ midway 280
□ might 165
□ mighty 165
□ migrate 27, 212
□ migration 27, 212
□ military 338
□ millionaire 348
□ mime 268
□ mine 376
□ mingle 190
□ minister 340
□ ministry 347
□ miracle 256
□ miraculous 256
□ miserable 54
□ misery 54
□ misfortune 239
□ mislead 30
□ misleading 30
□ mission 41, 375
□ missionary 41
□ mistress 103
□ mistrust 267
□ mitigate 246
□ mixture 389
□ mobile 156
□ mobility 156
□ mock 211
□ moderate 280
□ moderately 280
□ modern 164
□ modernization 164
□ modernize 164
□ modest 365
□ modestly 365
□ modification 67
□ modify 67
□ monarch 111, 156
□ monarchy 111, 156
□ monastery 58
□ monastic 58
□ monetary 322
□ monk 327
□ monologue 33
□ monopolize 186, 304
□ monopoly 186, 304
□ monument 88
□ monumental 88
□ morality 340
□ morbid 132
□ morbidly 132
□ mortal 42
□ mortality 42
□ mortify 42
□ mosque 76
□ motion 351
□ motivate 229
□ motivation 229
□ motto 252
□ mourn 191
□ mournful 191
□ movement 355
□ mug 305
□ multiple 368
□ multitude 284
□ murder 132, 354
□ murderous 132
□ mustache 193
□ muster 235
□ mutual 372
□ mystical 41
□ mythological 44
□ mythology 44

N

□ nadir 50
□ naive 296
□ narration 24
□ narrative 24
□ narrowly 48
□ national 275, 334
□ nationalism 224
□ nationalist 224
□ nationality 373
□ nationally 275
□ naturalization 238
□ naturalize 238
□ navy 362
□ negotiate 382
□ negotiation 391
□ nephew 343
□ neurotic 228
□ neutral 302, 380
□ neutrality 302
□ niece 351
□ nobility 190
□ noble 190, 348
□ nominal 154
□ nominate 266
□ nomination 266
□ nortorious 146
□ notable 170, 252
□ notably 170, 252
□ noun 378
□ novel 346
□ novice 318
□ nuclear 387
□ numerical 126
□ numerically 126
□ numerous 380
□ nun 318
□ nurture 208
□ nutrition 296
□ nutritional 296

O

□ oak 68
□ oath 211
□ obedience 276
□ obedient 266
□ obese 100
□ obesity 100
□ obey 266
□ obligation 349
□ oblige 89
□ oblivion 23
□ obscure 272
□ obscurity 272
□ observation 386
□ observe 393

☐ obstinate 90
☐ obstinately 90
☐ obstruct 136, 310
☐ obstruction 136, 310
☐ obtain 360
☐ occupation 371
☐ occupy 358
☐ octopus 347
☐ offend 23
☐ offender 23
☐ officer 359
☐ official 345
☐ officially 374
☐ offspring 196
☐ ointment 67
☐ omen 326
☐ onset 262
☐ onward 138
☐ operate 371
☐ opportunity 375
☐ oppose 353
☐ opposition 360
☐ oppress 125, 326
☐ oppression 125, 326
☐ optimistic 204
☐ optional 219
☐ oral 31
☐ orally 31
☐ ordain 124
☐ order 115, 204
☐ orderly 204
☐ ordinance 163
☐ organism 196
☐ organization 394
☐ organize 345
☐ origin 142, 377
☐ originate 142
☐ orphan 74
☐ orthodox 348
☐ oust 148
☐ outbreak 280
☐ outcry 179
☐ outline 256
☐ outpost 149
☐ outrage 64, 132
☐ outrageous 253
☐ outrageously 253
☐ outright 168
☐ outsider 192
☐ overnight 242
☐ overpower 184
☐ overrun 49
☐ overseas 118
☐ oversee 110
☐ overshadow 80
☐ oversight 179
☐ overthrow 25
☐ overture 292
☐ overturn 192
☐ overwhelming 394
☐ overwork 362
☐ owe 349

P

☐ pact 210
☐ pad 305
☐ painful 390
☐ paralyze 234
☐ paramount 24
☐ parish 139
☐ parliament 368
☐ parole 241
☐ partial 216
☐ participate 338
☐ partisan 258
☐ partition 276
☐ passenger 371
☐ patent 256
☐ paternal 32
☐ path 366
☐ patriot 171, 247
☐ patriotism 171, 247
☐ patron 334
☐ pave 120
☐ peaceful 363
☐ peacefully 363
☐ peak 365
☐ peasant 158
☐ pebble 28
☐ pedigree 62
☐ peer 191
☐ penetrable 195
☐ peninsula 371
☐ performance 395
☐ period 240
☐ periodical 240
☐ periodically 352
☐ perish 169
☐ permanently 190
☐ perpetual 142
☐ persecute 70
☐ persecution 70
☐ persist 287
☐ persistent 287
☐ personality 351
☐ persuade 240
☐ persuasion 240
☐ pessimistic 204
☐ petition 246
☐ petty 170
☐ phenomenal 66
☐ phenomenally 66
☐ philosopher 28, 33
☐ philosophical 33
☐ philosophy 28, 33, 339
☐ phrase 335
☐ physicist 140, 384
☐ physics 140, 384
☐ pierce 70
☐ pilgrim 72, 106
☐ pilgrimage 72, 106
☐ pillar 22
☐ pious 204
☐ pistol 243
☐ plague 88
☐ plank 224
☐ plateau 20
☐ platform 381
☐ pledge 200
☐ plight 308
☐ plot 360
☐ plough 128
☐ plumber 244
☐ plumbing 244
☐ plunge 212

☐ plural 207
☐ pneumonia 205
☐ poetic 138
☐ **poetry** 138, 339
☐ point 133
☐ pointed 133
☐ poise 96
☐ poised 96
☐ poison 67
☐ poisonous 67
☐ **pole** 393
☐ **policy** 343
☐ **political** 286, 335
☐ politically 286
☐ **politician** 338
☐ ponder 28
☐ **popularity** 366
☐ porcelain 196
☐ portfolio 279
☐ portrait 53
☐ portray 53
☐ **positive** 393
☐ **possess** 364
☐ **possibly** 373
☐ posterity 151
☐ postman 302
☐ post-war 264
☐ potent 144
☐ **potential** 337
☐ pottery 196
☐ **poverty** 364
☐ **powerless** 373
☐ **practical** 371
☐ **praise** 368
☐ **pray** 336
☐ preach 26, 208
☐ preacher 26, 208
☐ precarious 280
☐ precaution 183
☐ precedent 21
☐ precipitation 20
☐ precise 84
☐ precision 84
☐ **predict** 377
☐ prefectural 189
☐ prefecture 189
☐ premature 136
☐ premier 98
☐ prescribe 44, 162
☐ prescription 44, 162
☐ present-day 100
☐ **preserve** 347
☐ **press** 236, 369
☐ pressing 236
☐ presume 261
☐ **pretend** 361
☐ prevail 40, 188, 242
☐ prevailing 242
☐ prevalent 40, 188
☐ **prevent** 373
☐ **prevention** 378
☐ **priest** 348
☐ **primarily** 397
☐ **primary** 380
☐ **prime** 367
☐ **primitive** 383
☐ priority 246
☐ **prison** 383
☐ **prisoner** 391
☐ private 230
☐ privately 230
☐ privilege 298
☐ privileged 298
☐ privy 137
☐ **prize** 380
☐ procession 65
☐ proclaim 22
☐ proclamation 22
☐ procure 148
☐ **producer** 388
☐ productive 158
☐ productivity 158
☐ **profile** 394
☐ **profit** 375
☐ **profound** 290, 343
☐ profoundly 290
☐ **progress** 356
☐ **progressive** 358
☐ prohibit 172
☐ prohibition 172
☐ prolific 124
☐ prolifically 124
☐ prolong 132
☐ prolonged 132
☐ **prominence** 388
☐ **prominent** 357
☐ **promote** 341
☐ prone 82
☐ prophecy 72, 252
☐ prophet 72, 252
☐ **proposal** 379
☐ **propose** 372
☐ prose 84
☐ prosecute 30
☐ prosecution 30
☐ **prospect** 394
☐ **prosper** 336
☐ **prosperity** 280, 334
☐ prosperous 280
☐ protect 114
☐ **protection** 389
☐ protector 114
☐ **protest** 384
☐ **prove** 360
☐ providence 89
☐ **province** 348
☐ provincial 66
☐ provisional 225
☐ provoke 137
☐ prudent 134
☐ pry 69
☐ **public** 339
☐ publicist 297
☐ publicity 297, 339
☐ **publish** 367
☐ punctuation 194
☐ **punish** 335
☐ puppet 52
☐ pure 239, 270
☐ purge 266
☐ purify 270
☐ purity 239
☐ **pursue** 370

Q

☐ qualified 354
☐ qualm 294
☐ quest 126
☐ queue 282
☐ quotation 290
☐ quote 290

R

☐ race 306, 354
☐ racial 390
☐ racism 306
☐ rack 139
☐ radiation 238
☐ raid 102
☐ rage 30, 64, 132
☐ railroad 371
☐ railway 371
☐ raise 352
☐ random 228
☐ range 339
☐ ransom 122
☐ ratify 169
☐ razor 306
☐ reaction 361
☐ readily 299
☐ ready 299
☐ realize 378
☐ realm 97
☐ reappraise 89
☐ rear 148
☐ reassurance 74
☐ reassure 74
☐ rebel 80
☐ rebellion 52
☐ rebuild 56
☐ rebuke 125
☐ recapture 164
☐ recitation 72
☐ recite 72
☐ reclaim 170
☐ recognition 391
☐ recognize 353
☐ recollect 237
☐ recollection 237
☐ reconcile 206
☐ reconstruct 56
☐ reconstruction 56
☐ record 337
☐ recording 337
☐ recover 359
☐ reduce 378
☐ reelect 143
☐ reelection 143
☐ referendum 294
☐ refine 120, 127
☐ refined 127
☐ refinement 120
☐ reflect 84
☐ reflective 84
☐ reform 355
☐ refrain 45
☐ refuge 35
☐ refugee 386
☐ refuse 340
☐ refute 317
☐ regain 355
☐ regard 112, 343
☐ regent 132
☐ regime 218
☐ regret 387
☐ regulate 271
☐ regulation 271, 356
☐ rehabilitation 283
☐ reign 21
☐ rein 159
☐ reinforce 64, 278
☐ reinforcement 64, 278
☐ reiterate 322
☐ rejoin 293
☐ related 361
☐ relationship 337
☐ relative 351
☐ relatively 351
☐ release 363
☐ relief 373
☐ relieve 235
☐ religion 336
☐ religious 351
☐ relinquish 120
☐ relocate 114
☐ reluctant 162
☐ reluctantly 162
☐ remain 145
☐ remainder 145
☐ remains 26
☐ remarkable 337
☐ remarkably 337
☐ reminiscence 107
☐ reminiscent 87
☐ remnant 26
☐ remote 292
☐ render 291
☐ renounce 42
☐ renown 257
☐ renowned 257
☐ repair 371
☐ repay 62
☐ repeatedly 356
☐ replace 361
☐ reportedly 109
☐ representation 348
☐ repress 206
☐ repression 206
☐ reproach 88
☐ republic 349
☐ republican 63
☐ reputation 397
☐ repute 284
☐ reputed 284
☐ require 351
☐ rescue 358
☐ research 377
☐ researcher 377
☐ resent 220
☐ resentful 220
☐ resentment 383
☐ reservation 374
☐ reside 375
☐ resign 218, 356
☐ resignation 218
☐ resist 368
☐ resistance 368
☐ resolute 112

□ resolution 112, 374
□ resolve 395
□ resort 351
□ resound 65
□ resounding 65
□ respect 66, 353
□ respectable 66
□ respective 201
□ respectively 201
□ response 80
□ responsible 394
□ responsive 80
□ rest 145
□ restoration 171
□ restore 171, 349
□ restrain 42
□ restraint 42
□ result 360
□ resume 357
□ resurrection 58
□ retain 384
□ retake 164
□ retard 264
□ retire 366
□ retirement 394
□ retract 158
□ retreat 112
□ retrieve 100
□ reunion 286
□ reunite 236
□ reveal 75
□ revelation 75
□ revenge 368
□ revenue 370
□ revere 224, 312
□ reverence 312
□ reverend 312
□ reverse 344
□ revise 164, 378
□ revision 164
□ revive 381
□ revoke 152
□ revolt 135
□ revolution 368
□ revolutionary 378
□ revolver 315
□ reward 344
□ rhetoric 32
□ rhythm 312
□ rhythmic 312
□ rich 153
□ richness 397
□ riddle 214
□ rig 218
□ rigorous 308
□ rip 243
□ rite 39
□ ritual 38
□ rival 288, 363
□ rivalry 288
□ rob 308
□ robber 342
□ robbery 308
□ robe 327
□ root 336
□ roughly 361
□ rout 83
□ royal 114
□ royalty 237
□ rule 336
□ ruler 341
□ rush 379
□ ruthless 132
□ ruthlessly 132

S

□ sack 146
□ sacrifice 352
□ sail 393
□ saint 348
□ sake 355
□ salvation 43
□ sanction 122
□ sanctuary 316
□ sanitary 202, 244
□ sanitation 202, 244
□ savage 304
□ savagely 304
□ save 26
□ savior 26
□ saw 63
□ scale 55
□ scant 272
□ scholar 128, 357
□ scholarly 128
□ scholarship 357
□ scientific 377
□ scrape 246
□ scripture 26
□ scroll 29
□ scrub 203
□ sculptor 30
□ sculpture 30
□ seaman 119
□ seclude 74, 222
□ seclusion 74, 222
□ secrecy 215
□ secret 215
□ secretary 353
□ sect 44
□ secular 220
□ secure 351
□ seduce 64
□ seek 390
□ seize 340
□ seizure 234
□ select 386
□ senator 349
□ separate 184, 348
□ separately 184
□ separation 395
□ serene 31
□ serenely 31
□ seriously 384
□ sermon 124
□ servant 355
□ setback 85
□ settle 182, 337
□ settlement 373
□ settler 182
□ sever 278
□ severe 308
□ severely 308
□ sewer 244
□ sexual 382

- ☐ sexuality 382
- ☐ **shadow** 366
- ☐ **share** 364
- ☐ shed 238
- ☐ **shoot** 374
- ☐ **shortage** 386
- ☐ **shortly** 391
- ☐ shotgun 309
- ☐ shrewd 53
- ☐ shuffle 85
- ☐ shun 233
- ☐ sibling 284
- ☐ siege 126
- ☐ **significance** 358
- ☐ **significant** 337
- ☐ **similar** 355
- ☐ simple 260
- ☐ simplify 260
- ☐ simultaneous 168
- ☐ simultaneously 168
- ☐ **sincerity** 341
- ☐ singular 207
- ☐ skeptical 284
- ☐ **skilled** 339
- ☐ **skillful** 355
- ☐ skirmish 210
- ☐ skull 313
- ☐ skyscraper 322
- ☐ slaughter 72
- ☐ **slave** 244, 360
- ☐ slavery 244
- ☐ slay 186
- ☐ **slice** 376
- ☐ **slip** 376
- ☐ smuggle 129
- ☐ sneeze 306
- ☐ sober 270
- ☐ sociable 68
- ☐ **social** 69, 343
- ☐ socialism 200
- ☐ socialist 200
- ☐ socially 343
- ☐ sociologist 296
- ☐ sociology 296
- ☐ soil 233
- ☐ sojourn 131
- ☐ solace 278
- ☐ **solar** 349
- ☐ sole 314
- ☐ solely 314
- ☐ solemn 318
- ☐ solid 320
- ☐ solidly 320
- ☐ solitary 328
- ☐ solitude 204
- ☐ son-in-law 113, 121
- ☐ **sophisticated** 362
- ☐ sorrow 163
- ☐ sorrowful 163
- ☐ sovereign 185, 198
- ☐ sovereignty 185, 198
- ☐ span 100
- ☐ spear 71
- ☐ **specifically** 358
- ☐ specimen 196
- ☐ spectacle 160
- ☐ spectacular 160
- ☐ spell 292
- ☐ spelling 292
- ☐ spine 79
- ☐ **spiritual** 397
- ☐ spite 204
- ☐ splender 108
- ☐ **split** 340
- ☐ sponsor 320
- ☐ spot 60
- ☐ spouse 271
- ☐ spring 295
- ☐ **spur** 357
- ☐ squire 198
- ☐ stab 60
- ☐ stabilize 78
- ☐ stable 51
- ☐ stably 51
- ☐ stagger 108
- ☐ staggering 108
- ☐ **stake** 364
- ☐ stalk 200
- ☐ **standard** 46, 370
- ☐ standardize 46
- ☐ standpoint 241
- ☐ standstill 258
- ☐ startle 325
- ☐ startling 325
- ☐ starvation 298
- ☐ starve 298
- ☐ statesman 60
- ☐ statue 221
- ☐ **status** 344
- ☐ statute 162
- ☐ steadfast 199
- ☐ steadfastly 199
- ☐ **steadily** 396
- ☐ **steam** 371
- ☐ steamship 286
- ☐ stint 108
- ☐ stipulate 219
- ☐ stipulation 219
- ☐ stockholder 302
- ☐ straightforward 207
- ☐ strait 106
- ☐ strangle 82
- ☐ **strap** 367
- ☐ strategic 152
- ☐ strategy 152
- ☐ **strength** 344
- ☐ strengthen 46
- ☐ stride 290
- ☐ strife 132
- ☐ **strike** 356
- ☐ **striking** 339
- ☐ strip 70
- ☐ strive 41
- ☐ stroke 133
- ☐ strong 46
- ☐ stronghold 110
- ☐ **structure** 367
- ☐ **struggle** 352
- ☐ stubborn 262
- ☐ stubbornly 262
- ☐ stuck 112
- ☐ stumble 195
- ☐ stun 315
- ☐ subdue 48
- ☐ submarine 217

- □ submission 72
- □ submit 72
- □ subsidize 200
- □ subsist 271
- □ subsistence 271
- □ **substitute** 386
- □ **succeed** 336
- □ **successful** 353
- □ successfully 353
- □ **succession** 351
- □ successive 351
- □ **successor** 335
- □ succumb 37
- □ sue 120
- □ **suffer** 350
- □ suffrage 220
- □ suit 354
- □ **suited** 354
- □ summarize 224
- □ summary 224
- □ summon 34
- □ superb 138
- □ superintendent 202
- □ **superior** 364
- □ superstition 208
- □ supervise 264
- □ supervisor 264
- □ supplement 166
- □ **supposed** 32, 350
- □ supposedly 32
- □ **suppress** 346
- □ suppression 346
- □ supremacy 63
- □ **supreme** 336
- □ **surface** 376
- □ **surgeon** 306, 394
- □ surgery 306
- □ surgical 306
- □ surgically 306
- □ surname 148
- □ surpass 106
- □ surrender 47
- □ **surround** 344
- □ surrounding 344
- □ surveillance 290
- □ **survive** 377
- □ **suspicious** 365
- □ sway 90
- □ swear 82
- □ sweeping 223
- □ swell 180
- □ swerve 77
- □ swift 325
- □ swiftness 325
- □ **sword** 367
- □ sworn 82
- □ symbol 286
- □ symbolic 286
- □ sympathize 265
- □ sympathizer 265
- □ sympathy 265
- □ syndicate 325
- □ synthesis 274
- □ synthetic 274
- □ **systematically** 345

T

- □ taboo 196
- □ tactic 156
- □ takeover 190
- □ talented 46
- □ talker 254
- □ tax 103
- □ taxation 103
- □ **technical** 387
- □ telegram 246
- □ **telescope** 367
- □ tempest 139
- □ temporarily 190
- □ **temptation** 342
- □ **tension** 377
- □ **term** 367
- □ terminate 185
- □ termination 185
- □ **terrible** 365
- □ **territory** 334
- □ testify 72
- □ theater 138
- □ theatrical 138
- □ theological 98, 266
- □ theology 98, 266
- □ theoretical 256
- □ **theory** 256, 339
- □ thereafter 144
- □ thigh 160
- □ thirst 136
- □ thirsty 136
- □ thoroughfare 285
- □ **threat** 357
- □ **throat** 387
- □ throne 22
- □ thump 279
- □ thumping 279
- □ thunderbolt 110
- □ thwart 223
- □ tier 190
- □ **timetable** 396
- □ tolerance 70, 218
- □ tolerant 158
- □ tolerate 70, 218
- □ tongue 254
- □ torment 42
- □ torpedo 254
- □ torture 157
- □ totalitarian 258
- □ totalitarianism 258
- □ **trace** 336
- □ trade 118
- □ trader 118
- □ **tragedy** 366
- □ trait 32
- □ tram 238
- □ tramp 268
- □ trance 172
- □ tranquil 81
- □ **transfer** 361
- □ **transform** 360
- □ **transformation** 351
- □ **translate** 341
- □ **translation** 352
- □ transmission 254
- □ transmit 254
- □ traverse 105
- □ treacherous 52
- □ treachery 52

- □ **treat** 354
- □ treatise 170
- □ **treatment** 363
- □ **treaty** 344
- □ tremble 74
- □ trench 258
- □ **trial** 347
- □ tribal 90
- □ **tribe** 90, 353
- □ tribunal 282
- □ tributary 49
- □ tributary 49, 188
- □ tribute 49, 188
- □ trickle 212
- □ trigger 35
- □ **triple** 377
- □ trivial 134
- □ **troop** 361
- □ troublesome 136
- □ trustee 301
- □ trustworthy 76
- □ tuberculosis 272
- □ tuck 142
- □ tumble 79
- □ tumult 84
- □ turbulent 52
- □ turmoil 23
- □ tutor 34
- □ tyrannical 80
- □ tyranny 80

U

- □ unable 362
- □ unanimous 121
- □ unanimously 121
- □ unarmed 323
- □ unavoidable 292
- □ **unaware** 365
- □ unbroken 68
- □ uncompromising 316
- □ uncompromisingly 316
- □ **unconscious** 382
- □ undamaged 278
- □ undermine 292
- □ **understanding** 373
- □ **undertake** 396
- □ undoubted 180
- □ undoubtedly 180
- □ **uneasy** 389
- □ **unexpectedly** 355
- □ unfinished 273
- □ unfold 178
- □ unify 20
- □ **union** 372
- □ unite 236
- □ **unity** 348
- □ unkind 243
- □ unkindly 243
- □ unlawful 218
- □ unlawfully 218
- □ unload 312
- □ unofficial 211
- □ unofficially 211
- □ **unpopular** 395
- □ unprecedented 21
- □ unravel 325
- □ **unreasonable** 338
- □ unreasonably 338
- □ unrest 289
- □ unruly 118
- □ unstintingly 108
- □ unswerving 77
- □ untold 278
- □ **unusual** 375
- □ unwavering 200
- □ update 142
- □ **upgrade** 380
- □ uphold 330
- □ usher 330
- □ utility 167
- □ utilize 208
- □ utmost 298
- □ **utter** 135, 382
- □ utterly 135

V

- □ vain 38
- □ **value** 364
- □ van 259
- □ **vanish** 394
- □ variation 195
- □ **variety** 342
- □ vary 195
- □ **vast** 340
- □ **vastly** 358
- □ velvet 324
- □ venerable 66
- □ venomous 65
- □ ventilate 202
- □ ventilation 202
- □ verdict 98
- □ verge 168
- □ vernacular 129
- □ **verse** 353
- □ vertical 194
- □ **vessel** 362
- □ veteran 266
- □ veto 184
- □ vibrate 29
- □ vibration 29
- □ **victim** 335
- □ **victorious** 369
- □ **victory** 350
- □ **vigorously** 349
- □ **violence** 390
- □ **violently** 382
- □ virtual 78
- □ virtually 78
- □ **virtue** 341
- □ **visible** 351
- □ **vision** 272, 341
- □ visionary 272
- □ vocal 308
- □ vocalist 308
- □ vocation 202
- □ vocational 202
- □ **vote** 392
- □ vow 130
- □ vowel 230
- □ **voyage** 362

W

- □ wade 300
- □ wagon 238
- □ wane 172

☐ warden 31
☐ warehouse 210
☐ warfare 152
☐ **warning** 356
☐ **warrior** 341
☐ watchful 216
☐ waver 200
☐ wealth 350
☐ **wealthy** 350
☐ weary 36
☐ weed 173
☐ weep 328
☐ well 222
☐ well-being 178
☐ well-off 202
☐ well-to-do 300
☐ Westernize 220
☐ whereabouts 260
☐ whisker 193
☐ wicked 54
☐ wickedness 54
☐ **widen** 391
☐ wield 264
☐ wilderness 213
☐ willing 96
☐ **willingly** 347
☐ willingness 96
☐ **wisdom** 338
☐ witch 329
☐ **withdraw** 164, 370
☐ withdrawal 164
☐ withhold 91
☐ witness 21
☐ wittily 312
☐ witty 312
☐ wizard 329
☐ **workshop** 376
☐ worldly 130
☐ **worship** 343
☐ worth 110
☐ worthy 110
☐ **wound** 365
☐ wrangle 314
☐ wreck 265
☐ wretched 247

Z

☐ zeal 32
☐ zealous 32
☐ zenith 50

熟語

☐ **a series of** 355
☐ **according to** 338
☐ **along with** 363
☐ **among others** 342
☐ **apart from** 364
☐ **as well** 343
☐ **as well as** 343
☐ **at the end of** 368
☐ **be faced with** 361
☐ **be made up of** 367
☐ **believe in** 373
☐ **break out** 345
☐ **call for** 363
☐ **call off** 375
☐ **call on** 344
☐ **carry out** 345
☐ **deal with** 356
☐ **drop in at** 359
☐ **far from** 352
☐ **get married** 342
☐ **get rid of** 367
☐ **give out** 359
☐ **give up** 364
☐ **go along with** 358
☐ **grow up** 347
☐ **head for** 368
☐ **in case of** 345
☐ **in order to** 353
☐ **in place of** 345
☐ **in turn** 390
☐ **keep on** 377
☐ **make up** 392
☐ **name after** 339
☐ **on *one's* way** 342
☐ **one after another** 335
☐ **pass away** 352
☐ **regardless of** 354
☐ **set off** 359
☐ **set out on** 360
☐ **set up** 345
☐ **stand for** 385
☐ **such as** 358
☐ **take over** 335
☐ **take place** 352
☐ **work on** 366
☐ **work out** 337

参考文献

Mamoru Akamine, *The Ryukyu Kingdom*, translated by Lina Terrell, University of Hawai'i Press.

Robert Andrews, *The Routledge Dictionary of Quotations,* Routledge & Kegan Paul.

Julia Annas, *Plato: A Very Short Introduction*, Oxford University Press.

Hilda Barrio & Gareth Jenkins, *The Che Handbook*, MQ Publications.

Beverley Birch, *Louis Braille*, Exley.

Beverley Birch, *Marie Curie*, Longman.

Paul Bouissac, *Saussure: A Guide for the Perplexed,* Continuum.

Marjorie Boulton, *Zamenhof*, Routledge & Kegan Paul.

G.W. Bowersock, *Julian the Apostate*, Harvard University Press.

Marsha Bronson, *Bob Marley*, Exley.

Pam Brown, *Florence Nightingale*, Exley.

Stephen F. Brown, *Christianity.* Facts On File.

Jung Chang & Jon Halliday, *Mao: The Unknown Story*, Vintage Books.

Charles Chaplin, *My Autobiography,* Penguin Books.

Julia Courtney, *Sir Peter Scott*, Exley.

The Dalai Lama, *Freedom in Exile*, Abacus.

David Daniell, *William Tyndale*, Yale University Press.

John W. Dawson, Jr., *Logical Dilemmas: The Life and Work of Kurt Gödel,* A K Peters.

Bartolomé de Las Casas, *A Short Account of the Destruction of the Indies*, BN Publishing.

Anthony Everitt. *Augustus: The Life of Rome's First Emperor,* Random House.

Anthony Everitt, *Cicero: The Life and Times of Rome's Greatest Politician*, Random House.

Anthony Everitt, *Hadrian and the Triumph of Rome*, Random House.

Nicholas Fearn, *Zeno and the Tortoise*, Grove Press.

Kitty Ferguson, *The Music of Pythagoras*, Walker.

Herbert Fingarette, *Confucius*, Harper.

Frederick II, King of Prussia, *Anti-Machiavel: Or, an Examination of Machiavel's Prince.*

M.K. Gandhi, *The Story of My Experiments with Truth*, translated by Mahadev Desai, Navajivan.

M.K. Gandhi, *India of My Dreams*, Rajpal.

Michael Gardiner, *At the Edge of Empire: The Life of Thomas Blake Glover*, Birlinn.

Charlotte Gray, *Mother Teresa*, Longman.

Gary Gutting, *Foucault: A Very Short Introduction*, Oxford University Press.

Paua Hartz, *Baha'i Faith*, Facts On File.

Paula Hartz, *Zoroastrianism*, Facts On File.

Franz Kafka, *Metamorphosis and Other Stories*, translated by Willa and Edwin Muir, Penguin.

Dhananjay Keer, *Dr. Babasaheb Ambedkar: Life and Mission,* Popular Prakashan.

Joanne Kelly, *The Gigantic Book of Famous Quotations.*

Elizabeth Knowles, *Oxford Dictionary of Quotations,* Oxford University Press.

Theodora Kroeber, *Ishi in Two Worlds*, 50th anniversary edition, University of California Press.
Carobeth Laird, *Encounter with an Angry God*, Malki Museum Press.
Louise Levathes, *When China Ruled the Seas*, Oxford University Press.
Fiona Macdonald, *Albert Einstein*, Exley.
Gurinder Singh Mann, *Sikhism*, Prentice Hall.
Manning Marable, *Malcolm X: A Life of Reinvention*, Penguin Books.
Joan Mark, *Margaret Mead: Coming of Age in America*, Oxford University Press.
Karl Marx & Friedrich Engels, *Manifesto of the Communist Party*, translated by Terrill Carver, In: Terrill Carver and James Farr, eds., *The Cambridge Companion to The Communist Manifesto*, Cambridge University Press.
Carlos Moore, *Fela: This Bitch of a Life*, Lawrence Hill.
Margaret Muckenhoupt, *Sigmund Freud: Explorer of the Unconscious*, Oxford University Press.
Roderick Nash & Gregory Graves, *From These Beginnings*, 2 volumes, 7th edition, Pearson.
Ngũgĩ wa Thiong'o, *Decolonising the Mind*, James Currey.
Michael Nicholson & David Winner, *Raoul Wallenberg*, Exley.
Dvorah Omer, *Rebirth*, The Jewish Publication Society of America.
Ritchie Robertson, *Kafka: A Very Short Introduction*, Oxford University Press.
Malise Ruthven, *Islam: A Very Short Introduction*, Oxford University Press.
Valerie Schloredt & Pam Brown, *Martin Luther King*, Exley.
K.M. Sen, *Hinduism*, Penguin.
Robert Service, *Trotsky: A Biography,* Harvard University Press.
William Shakespeare, *Antony and Cleopatra.*
William Shakespeare, *Julius Caesar.*
Simon Singh, *The Code Book*, Anchor Books.
Norman Solomon, *Judaism: A Very Short Introduction*, Oxford University Press.
Anna Sproule, *Charles Darwin*, Exley.
William Taubman, *Gorbachev: His Life and Times*, Norton.
Ezra F. Vogel, *Deng Xiaoping and the Transformation of China*, Harvard University Press.
Ginger Wadsworth, *Rachel Carson*, Lerner.
Jack Weatherford, *Genghis Khan and the Making of the Modern World*, Broadway Books.
Francis Wheen, *Karl Marx: A Life*, Norton.
Michael White, *Galileo Galilei*, Exley.
Michael White, *John Lennon*, Exley.
Wu Jing, *The Essentials of Governance,* edited and translated by Hilde De Weerdt, Glen Dudbridge and Gabe van Beijeren, Cambridge University Press.
The Analects of Confucius, translated by Burton Watson, Columbia University Press.

参考文献

青木道彦『エリザベス女王』山川出版社
青柳かおる『ガザーリー』山川出版社
赤嶺守『琉球王国』講談社選書メチエ
浅見雅一『フランシスコ＝ザビエル』山川出版社
ジュリア・アナス『プラトン』大草輝政訳．岩波書店
池田美佐子『ナセル』山川出版社
稲野強『マリア・テレジアとヨーゼフ2世』山川出版社
今井昭夫『ファン・ボイ・チャウ』山川出版社
フランシス・ウィーン『カール・マルクスの生涯』田口俊樹訳．朝日新聞社
上垣豊『ナポレオン』山川出版社
ジャック・ウェザーフォード『チンギス・ハンとモンゴル帝国の歩み』星川淳監訳．パンローリング
エズラ・F・ヴォーゲル『鄧小平　上・下』益尾知佐子訳．日本経済新聞出版社
内田杉彦『古代エジプト入門』岩波ジュニア新書
アントニー・エヴァリット『アウグストゥス』伊藤茂訳．白水社
アントニー・エヴァリット『キケロ』高田康成訳．白水社
アントニー・エヴァリット『ハドリアヌス』草皆伸子訳．白水社
江藤文夫『チャップリン』岩波ジュニア新書
海老澤哲雄『マルコ・ポーロ』山川出版社
大内宏一『ビスマルク』山川出版社
大谷敏夫『魏源と林則徐』山川出版社
大野誠『ワットとスティーヴンソン』山川出版社
小田島雄志『シェイクスピア物語』岩波ジュニア新書
デボラ・オメル『ベン・イェフダ家に生まれて』母袋夏生訳．福武文庫
マイケル・ガーデナ『トマス・グラバーの生涯』村里好俊・杉浦裕子訳．岩波書店
ガリー・ガッティング『フーコー』神崎繁訳．岩波書店
加藤博『ムハンマド・アリー』山川出版社
カフカ『変身』高橋義孝訳．新潮文庫
川畑恵『尚泰』山川出版社
マハトマ・ガンジー『ガンジー自伝』蝋山芳郎訳．中公文庫
ダナンジャイ・キール『アンベードカルの生涯』山際素男訳．光文社新書
菊池秀明『太平天国　皇帝なき中国の挫折』岩波新書
木畑洋一『チャーチル』山川出版社
グギ・ワ・ジオンゴ『増補新版　精神の非植民地化』宮本正興・楠瀬佳子訳．第三書館
国本伊代『メキシコ革命』山川出版社
久保一之『ティムール』山川出版社
シャーロット・グレイ『マザー・テレサ』橘弓枝訳．偕成社
シオドーラ・クローバー『イシ』行方昭夫訳．岩波現代文庫
桑野栄治『李成桂』山川出版社

ジュリア・コートニー『ピーター・スコット』乾侑美子訳．偕成社
呉兢『貞観政要』守屋洋訳．ちくま学芸文庫
小泉徹『クロムウェル』山川出版社
高野太輔『マンスール』山川出版社
小林義廣『王安石』山川出版社
ロバート・サーヴィス『トロツキー　上・下』山形浩生・守岡桜訳．白水社
佐藤彰一『カール大帝』山川出版社
佐藤文俊『李自成』山川出版社
沢田勲『冒頓単于』山川出版社
澤田典子『アレクサンドロス大王』山川出版社
シェイクスピア『アントニーとクレオパトラ』松岡和子訳．ちくま文庫
シェイクスピア『ジュリアス・シーザー』安西徹雄訳．光文社古典新訳文庫
設樂國廣『ケマル・アタテュルク』山川出版社
時空旅人編集部編『今こそ知りたいアイヌ』サンエイ新書
V・シュローデト／P・ブラウン『キング牧師』松村佐知子訳．偕成社
サイモン・シン『暗号解読　上・下』青木薫訳．新潮文庫
鈴木恒之『スカルノ』山川出版社
鈴木紘司『預言者ムハンマド』PHP 新書
砂野幸稔『ンクルマ』山川出版社
アンナ・スプロウル『ダーウィン』乾侑美子訳．偕成社
クシティ・モーハン・セーン『ヒンドゥー教』中川正生訳．講談社現代新書
染田秀藤『ラス＝カサス』清水書院
ノーマン・ソロモン『ユダヤ教』山我哲雄訳．岩波書店
高橋進『ムッソリーニ』山川出版社
髙畠純夫『古代ギリシアの思想家たち』山川出版社
立石博高『フェリペ２世』山川出版社
田中比呂志『袁世凱』山川出版社
デイヴィド・ダニエル『ウィリアム・ティンダル』田川建三訳．勁草書房
ダライ・ラマ『ダライ・ラマ自伝』山際素男訳．文春文庫
ユン・チアン／ジョン・ハリデイ『新説毛沢東　上・下』土屋京子訳．講談社＋α文庫
チャールズ・チャップリン『チャップリン自伝　全２冊』中里京子訳．新潮文庫
塚瀬進『溥儀』山川出版社
ジョン・W・ドーソン Jr『ロジカル・ディレンマ』村上祐子・塩谷賢訳．新曜社
ウィリアム・トーブマン『ゴルバチョフ　上・下』松島芳彦訳．白水社
戸崎哲彦『柳宗元』山川出版社
土肥恒之『ピョートル大帝』山川出版社
冨田健之『武帝』山川出版社
中島毅『スターリン』山川出版社
中田一郎『ハンムラビ王』山川出版社
中村元・田辺和子『ブッダ物語』岩波ジュニア新書

長沼秀世『ウィルソン』山川出版社
長堀祐造『陳独秀』山川出版社
ロデリック・ナッシュ／グレゴリー・グレイヴズ『人物アメリカ史　上・下』足立康訳．講談社学術文庫
M・ニコルソン／D・ウィナー『ワレンバーグ』日暮雅通訳．偕成社
布目潮渢『隋の煬帝と唐の太宗』清水書院
野口久美子『インディアンとカジノ』ちくま新書
ビバリー・バーチ『キュリー夫人』乾侑美子訳．偕成社
ビバリー・バーチ『ブライユ』乾侑美子訳．偕成社
P・R・ハーツ『ゾロアスター教』奥西峻介訳．青土社
P・R・ハーツ『バハイ教』奥西峻介訳．青土社
荷見守義『永楽帝』山川出版社
林佳世子『オスマン帝国の時代』山川出版社
林田伸一『ルイ 14 世とリシュリュー』山川出版社
林田愼之助『「三国志」の英雄曹操』清水書院
早瀬晋三『未完のフィリピン革命と植民地化』山川出版社
イルダ・バリオ／ギャレス・ジェンキンズ『チェ・ゲバラ』鈴木淑美訳．原書房
G・W・バワーソック『背教者ユリアヌス』新田一郎訳．思索社
ポール・ブーイサック『ソシュール超入門』鷲尾翠訳．講談社選書メチエ
キティ・ファーガソン『ピュタゴラスの音楽』柴田裕之訳．白水社
ニコラス・ファーン『考える道具』中村元訳．角川書店
ハーバート・フィンガレット『孔子』山本和人訳．平凡社ライブラリー
深澤秀男『西太后』山川出版社
深町英夫『孫文　近代化の岐路』岩波新書
ブノアメシャン『砂漠の豹イブン・サウド』河野鶴代・牟田口義郎訳．筑摩書房
スティーヴン・F・ブラウン『キリスト教』秦剛平訳．青土社
パム・ブラウン『ナイチンゲール』茅野美ど里訳．偕成社
フリードリヒ二世『反マキアヴェッリ論』大津真作監訳．京都大学学術出版会
マーシャ・ブロンソン『ボブ・マーリー』五味悦子訳．偕成社
マージョリー・ボウルトン『エスペラントの創始者ザメンホフ』水野義明訳．新泉社
保阪正康『蔣介石』文春新書
マイケル・ホワイト『ガリレオ・ガリレイ』日暮雅通訳．偕成社
マイケル・ホワイト『ジョン・レノン』乾侑美子訳．偕成社
ジョーン・マーク『マーガレット・ミード』西田美緒子訳．大月書店
フィオナ・マクドナルド『アインシュタイン』日暮雅通訳．偕成社
マーガレット・マッケンハウプト『フロイト』林大訳．大月書店
松尾剛次『仏教入門』岩波ジュニア新書
松田俊道『サラディン』山川出版社
松本弘『ムハンマド・アブドゥフ』山川出版社
間野英二『バーブル』山川出版社

マニング・マラブル『マルコムX　上・下』秋元由紀訳．白水社
マルクス／エンゲルス『共産党宣言』大内兵衛・向坂逸郎訳．岩波文庫
グリンダル・シン・マン『シク教』保坂俊司訳．春秋社
南川高志『ユリアヌス』山川出版社
カルロス・ムーア『フェラ・クティ自伝』菊池淳子訳．KEN BOOKS
毛利晶『カエサル』山川出版社
森部豊『安禄山』山川出版社
矢口祐人『ハワイの歴史と文化』中公新書
屋敷二郎『フリードリヒ大王』山川出版社
家島彦一『イブン・ジュバイルとイブン・バットゥータ』山川出版社
安村直己『コルテスとピサロ』山川出版社
山我哲雄『キリスト教入門』岩波ジュニア新書
山田重郎『ネブカドネザル2世』山川出版社
吉村作治『ピラミッドの謎』岩波ジュニア新書
ラス・カサス『インディアスの破壊についての簡潔な報告』染田秀藤訳．岩波文庫
ルイーズ・リヴァシーズ『中国が海を支配したとき』君野隆久訳．新書館
マリーズ・リズン『イスラーム』菊地達也訳．岩波書店
キャロベス・レアード『怒れる神との出会い』一ノ瀬恵訳．三省堂
リッチー・ロバートソン『カフカ』明星聖子訳．岩波書店
ジンジャー・ワズワース『レイチェル・カーソン』上遠恵子訳．偕成社
和田春樹『レーニン』山川出版社
渡辺和行『ド・ゴール』山川出版社
『論語』金谷治訳注．岩波文庫
https://www.britannica.com/
https://www.wikipedia.org/

［著者］
永井忠孝（ながい・ただたか）
1972年（昭和47）年，熊本市生まれ。東京大学文学部言語学科卒業。米アラスカ大学フェアバンクス校大学院人類学部にて博士号取得。同校外国語外国文学部助教授を経て，現在青山学院大学経営学部教授。専門は言語学（エスキモー語）。著書に『北のことばフィールド・ノート』（共著，北海道大学図書刊行会），『英語の害毒』（新潮新書）など。

スーパー英語.comシリーズ
世界史で学ぶ教養の英単語
――IELTS & TOEFL®テストの頻出単語2120語

2023年4月18日　第1刷発行

著　者――――永井忠孝
発行所――――ダイヤモンド社
〒150-8409　東京都渋谷区神宮前6-12-17
https://www.diamond.co.jp/
電話／03･5778･7235（編集）　03･5778･7240（販売）
装丁――――――ダイヤモンド・グラフィック社
編集協力――――株式会社シー・レップス
企画・編集協力――株式会社エル・インターフェース
製作進行――――ダイヤモンド・グラフィック社
印刷――――――勇進印刷
製本――――――ブックアート
編集担当――――今給黎健一

ISBN 978-4-478-11759-0